HEYNE

Das Buch

England, 1660. Nach den Wirren des blutigen Bürgerkriegs und der Zeit des Lordprotektorats unter Oliver Cromwell gelangt König Karl II. auf den Thron. Er erlässt mit der Akte der Verzeihung ein Generalpardon für alle, die am Bürgerkrieg beteiligt waren. Ausgenommen sind die Königsmörder, jene Hochverräter, die das Urteil zur Enthauptung seines Vaters Karl I. unterzeichnet haben. Dazu gehören auch die Oberste Whalley und Goffe, die im Bürgerkrieg auf der Seite Oliver Cromwells kämpften. Sie können rechtzeitig in die neuen Kolonien in Amerika fliehen. Die Flüchtlinge treffen dort auf eine Gesellschaft, die durch einen puritanischen Fanatismus geprägt ist und sich gerade vom Mutterland jenseits des Atlantiks abspaltet. Hier könnten sich die beiden unter Gleichgesinnten in Sicherheit wiegen, wären ihnen nicht ebenso fanatische Häscher auf den Fersen.

Faszinierende Einblicke in eine Zeit des großen Umbruchs – die Loslösung der Neuen Welt von der englischen Monarchie

Der Autor

Robert Harris wurde 1957 in Nottingham geboren und studierte in Cambridge. Seine Romane *Vaterland, Enigma, Aurora, Pompeji, Imperium, Ghost, Titan, Angst, Intrige, Dictator, Konklave, München – Das Abkommen, Der zweite Schlaf* und *Vergeltung* wurden allesamt internationale Bestseller. Er lebt mit seiner Familie in Berkshire.

ROBERT HARRIS

KÖNIGSMÖRDER

Roman

Aus dem Englischen
von Wolfgang Müller

WILHELM HEYNE VERLAG
MÜNCHEN

Die Originalausgabe erscheint unter dem Titel
Act of Oblivion
bei Hutchinson, London

FSC
www.fsc.org
MIX
Papier aus verantwortungsvollen Quellen
FSC® C014496

Penguin Random House Verlagsgruppe FSC® N001967

Umschlaggestaltung: Eisele Grafik·Design, München,
unter Verwendung von © Hoberman Collection / Getty Images
Satz: Schaber Datentechnik, Austria
Druck und Bindung: GGP Media GmbH, Pößneck
Printed in Germany

ISBN 978-3-453-44191-0

www.heyne.de

Für Gill

INHALT

VORBEMERKUNG DES AUTORS

Dieser Roman ist die fantasievolle Neuschöpfung einer wahren Geschichte, der Suche nach den »Königsmördern« von König Karl I., der größten Menschenjagd des 17. Jahrhunderts – insbesondere der Verfolgung von Edward Whalley und William Goffe durch ganz Neuengland. Die Ereignisse, die Zeitangaben und die Orte sind historisch zutreffend, und fast jede handelnde Figur hat tatsächlich gelebt – außer Richard Nayler. Er musste erfunden werden: keine Menschenjagd ohne einen Menschenjäger. Wer er auch war, seine Identität ist jedenfalls im Nebel der Geschichte verloren gegangen.

Sonst war ich bemüht, mich genau an die überlieferten Tatsachen zu halten, und habe dabei sogar einige entdeckt, die zuvor noch nicht bekannt waren, wie beispielsweise Goffes Geburtsort und -datum sowie die Identität von Whalleys zweiter Frau.

Aber es ist nun einmal ein Roman. Wer der Geschichte weiter auf den Grund gehen möchte, findet im Nachwort einige Quellen.

Robert Harris, Juni 2022

DRAMATIS PERSONAE

Die Königsmörder

Oberst Edward Whalley
Oberst William Goffe

In Massachusetts

Daniel Gookin – Siedler in Cambridge, Massachusetts
Mary Gookin – Frau von Daniel Gookin
Mary, Elizabeth, Daniel, Samuel, Nathaniel – Kinder der Gookins
John Endecott – Gouverneur von Massachusetts
Jonathan Mitchell – Pfarrer von Cambridge
John Norton – Geistlicher der Ersten Kirche in Boston
Kapitän Thomas Breedon – Kaufmann und Schiffseigner aus Boston; Royalist
Thomas Kellond – Schiffseigner; Royalist
Kapitän Thomas Kirke – Royalist
John Chapin – Naylers Führer
John Stewart, William Mackwater, Niven Agnew, John Ross – Schotten, Mitglieder von Naylers Suchtrupp
John Dixwell – Königsmörder

In New Haven

Reverend John Davenport – Pfarrer und Mitgründer von New Haven
Nicholas Street – Vikar und Schulleiter in New Haven
William Jones – Einwohner von New Haven
Hannah Jones – Frau von William Jones
William Leete – Gouverneur von New Haven
Dennis Crampton – Einwohner von New Haven
Richard Sperry – Bauer

In Connecticut

John Winthrop – Gouverneur von Connecticut
Simon Lobdell – Führer
Micah Tomkins – Besitzer des Krämerladens in Milford
Kapitän Thomas Bull – Puritaner in Hartford
John Russell – Geistlicher in Hadley

In London

Richard Nayler – Beamter des Kronrats
Katherine Whalley – Frau von Edward Whalley
Frances Goffe – Frau von William Goffe, Tochter von Edward Whalley
Frankie, Betty, Nan, Judith, Richard – Kinder der Goffes
Reverend William Hooke – Schwager von Edward Whalley
Jane Hooke – Frau von William Hooke, Schwester von Edward Whalley
Oberst Francis Hacker – ehemaliger Befehlshaber der Bewachertruppe von König Karl I.
Isabelle Hacker – Frau von Francis Hacker

Sir Edward Hyde (später Graf von Clarendon) – Lordkanzler
Sir William Morice – Staatssekretär für das nördliche Departement
Sir Arthur Annesley, Sir Anthony Ashley-Cooper – Mitglieder des Kronrats
Barbara Palmer (später Lady Castlemaine) – Mätresse von Karl II.
Samuel Nokes – Sekretär von Richard Nayler
Herzog von York – jüngerer Bruder von Karl II.
Samuel Wilson – Kaufmann

In Europa

Sir George Downing – Seiner Majestät Botschafter in Den Haag
Sir John Barkstead, John Dixwell, Oberst John Okey, Miles Corbet, Edmund Ludlow – Unterzeichner des Todesurteils für den König
James Fitz Edmond Cotter, Miles Crowley, John Rierdan – irische Offiziere der Royalisten
Sir John Lisle – Advokat und Organisator des Prozesses gegen König Karl I.

Im Bürgerkrieg

Oliver Cromwell – Vetter von Edward Whalley
Henry Ireton – Schwiegersohn von Oliver Cromwell
General Thomas Fairfax – Befehlshaber der Parlamentsarmee
Kornett George Joyce – Soldat bei der Verhaftung des Königs
John Bradshaw – Gerichtspräsident beim Prozess gegen Karl I.
John Cooke – Ankläger beim Prozess gegen Karl I.
Thomas Harrison – Unterzeichner des Todesurteils für den König

TEIL EINS

SUCHEN

1660

KAPITEL 1

Wenn man im Sommer 1660 in Massachusetts die vier Meilen von Boston nach Cambridge gereist wäre, hätte man nach der Überquerung des Flusses Charles als Erstes das Haus der Gookins gesehen. Es stand an der Straße am Südrand der Niederlassung, gleich hinter der Flussbiegung auf halber Strecke im sumpfigen Land zwischen dem Charles und dem Harvard College – ein stattliches zweistöckiges Holzgebäude auf eingezäuntem eigenem Grund, mit einem Speicher unter einem steilen Dach, von wo man freie Sicht auf den Charles hatte. In jenem Jahr baute die Kolonie die erste Brücke über den Fluss. Neben der Böschung, wo die Fähre anlegte, wurden gerade dicke Holzpfeiler in den Schlamm getrieben. Die einschläfernde Mittsommerluft trug das Hämmern und Sägen und die Rufe der Arbeiter bis zum Haus.

An diesem besonderen Tag – Freitag, der 27. Juli – stand die Vordertür weit offen, und an den Torpfosten war ein Schild genagelt worden, auf das in Kinderschrift *Willkommen zu Hause* stand. Es hatte geheißen, ein Schiff aus London, die *Prudent Mary,* sei zwischen Boston und Charlestown vor Anker gegangen. Und unter den Passagieren befinde sich Mr Daniel Gookin, der Herr des Hauses, der nach zweijähriger Abwesenheit nach Amerika zurückgekehrt sei.

Das ohnehin makellose Haus war noch einmal aufgeräumt und ausgekehrt, die Kinder geschrubbt und in ihre beste Sonntagskleidung gesteckt worden. Am frühen Nachmittag saßen alle fünf mit Mrs Gookin in der Stube und warteten: Mary, zwanzig Jahre alt, benannt nach ihrer Mutter, Elizabeth, achtzehn, und die drei jüngeren Brüder Daniel junior, zehn, Samuel, acht, und der vierjährige, an seinen Haaren herumzupfende Nathaniel, der bei Gookins Abreise noch nicht sprechen konnte und keine Erinnerung an ihn hatte.

Mrs Gookin wusste, dass er nicht deshalb so unruhig war, weil sie ihn an diesem sonnigen Nachmittag nicht aus dem Haus ließ, sondern weil er zum ersten Mal bewusst seinen Vater sehen würde. Sie hob ihn auf ihre Knie, strich ihm über den Scheitel und erzählte ihm von dem Mann, der bald durch die Tür kommen würde – von seiner Güte und Freundlichkeit, seiner Kraft und Tapferkeit und seiner bedeutenden Arbeit für die Regierung in London, wohin ihn der Lordprotektor persönlich gerufen hatte. »Er liebt dich, Nat, und mit Gottes Hilfe wirst auch du ihn lieben.«

»Was ist ein Lorbebäcker?«

»Lordprotektor. Das war der Herrscher und Beschützer von England und Amerika.«

»Wie ein König?«

»Ja, wie ein König. Nur besser, weil das Parlament ihn gewählt hat. Aber der Protektor ist jetzt tot. Deshalb kommt dein Vater nach Hause.«

Nat machte große Augen. »Aber wenn der tot ist, wer tut uns dann beschützen?«

Das war die Frage, auf die die intelligentesten Köpfe Englands keine Antwort gehabt hatten und auf die auch Mrs Gookin keine hatte. Sie wandte sich über Nats Kopf hinweg an ihre Tochter. »Mary, geh doch mal hinauf in den Speicher, und schau, ob dein Vater schon kommt.«

Mary rannte die Treppe hinauf, kam eine Minute später zurück und berichtete, die Fähre liege immer noch am Ufer gegenüber, und auch auf der Straße sei niemand zu sehen.

Nun stieg alle Viertelstunde eines der Kinder hinauf in den Speicher und hielt Ausschau, aber jedes kehrte immer mit der gleichen Antwort zurück. Allmählich überkam Mrs Gookin der schreckliche Gedanke, dass ihr Mann überhaupt nicht mehr kommen würde, dass das Schiff gar nicht angelandet sei oder dass es zwar angelegt habe, aber ihr Mann gar nicht an Bord gewesen sei. Vielleicht war er in London gar nicht an Bord gegangen, oder auf der zweimonatigen Atlantiküberquerung war ihm irgendein Unglück widerfahren. Der verhüllte Leichnam, die versammelte Besatzung, die kurzen Gebete, die am Hals beschwerte Leiche, die mit dem Kopf voraus die Laufplanke hinunter in die Wellen glitt – das alles stand ihr deutlich vor Augen. Auf ihrer ersten Überfahrt von England nach Amerika vor knapp zwanzig Jahren hatten sie dergleichen zweimal miterlebt.

»Lauft, Jungs, wartet draußen auf ihn.«

Nat kletterte von ihrem Schoß, und alle drei Jungen rannten zur Tür hinaus wie Katzen, die man aus einem Sack in die Freiheit entließ.

»Aber macht euch nicht schmutzig!«

Die Mädchen blieben sitzen. Mary, die mit ihrer beharrlichen praktischen Natur ihrer Mutter am ähnlichsten war und in den letzten beiden Jahren die Rolle des Mannes im Haushalt ausgefüllt hatte, sagte: »Du brauchst dir keine Sorgen zu machen, Mama. Er steht unter Gottes Schutz.«

Woraufhin Elizabeth – die Hübschere, die ständig über ihre häuslichen Pflichten murrte – laut sagte: »Das Schiff müsste schon seit sieben Stunden da sein, und bis Boston ist es nur eine Stunde!«

»Es steht dir nicht zu, deinen Vater zu kritisieren«, sagte Mrs Gookin. »Wenn er sich verspätet, wird er gute Gründe haben.«

Ein paar Minuten später rief Daniel von draußen: »Da kommt jemand!«

Sie liefen aus dem Haus, durch das kleine Tor und auf die zerfurchte lehmige Straße hinaus. Mrs Gookin schaute mit zusammengekniffenen Augen zum Fluss. Seit der Abreise ihres Mannes waren ihre Augen schlechter geworden. Sie erkannte lediglich die dunklen, einem Wasserkäfer ähnelnden Umrisse der Fähre, die das leuchtende Band des Wassers halb durchquert hatte.

»Ein Wagen!«, riefen die Jungen. »Ein Wagen! Da ist Papa auf einem Wagen!« Und dann rannten sie die Straße hinunter, um ihren Vater zu begrüßen. Mit seinen kurzen Beinen hatte Nat Mühe, mit den Brüdern Schritt zu halten.

»Ist er es wirklich?«, fragte Mrs Gookin und sah hilflos in die Richtung.

»Ja«, sagte Elizabeth. »Da, schau, er winkt.«

»Gott sei's gedankt.« Mrs Gookin fiel auf die Knie. »Gott sei's gedankt.«

»Ja, er ist es!«, rief Mary, hielt sich gegen die Sonne die Hand über die Augen und fuhr verwundert fort: »Aber es sind zwei Männer bei ihm.«

Im Überschwang der Küsse und der Umarmungen, der Tränen und des Gelächters, der in die Luft geworfenen und herumgewirbelten Kinder beachtete zunächst niemand die beiden Fremden, die hinten auf dem Wagen zwischen dem Gepäck saßen und höflich schwiegen.

Gookin setzte sich Nat auf die Schultern, klemmte sich Dan und Sam unter die Arme und lief mit ihnen auf dem Hof herum, sodass die Hühner die Flucht ergriffen. Dann wandte er seine Aufmerksamkeit den kreischenden Mädchen zu. Mary hatte vergessen, wie groß ihr Mann war, wie gut aussehend, wie mächtig in seiner Erscheinung. Sie musste ihn immerzu ansehen.

Schließlich setzte Gookin die Mädchen wieder ab, umfasste die Taille seiner Frau und flüsterte: »Ich muss dir zwei Männer vorstellen. Mach dir keine Sorgen.« Dann führte er sie zu dem Wagen. »Verzeiht, meine Herren. Ich habe ganz und gar meine Manieren vergessen. Darf ich Euch meine Frau vorstellen, die wahrhaft kluge Mary – in Fleisch und Blut, endlich.«

Die beiden wettergegerbten, zottelbärtigen Männer wandten sich ihr zu und nahmen die Hüte ab, unter denen langes, stumpfes Haar zum Vorschein kam. Sie trugen gelbbraune, salzverkrustete Ledermäntel und hohe abgewetzte braune Stiefel. Als sie etwas steif aufstanden, knarzte das dicke Leder, und Mary roch einen Hauch von Meer, Schweiß und Moder, als hätte man die Männer gerade vom Grund des Atlantiks gefischt.

»Mary«, sagte Gookin. »Das sind zwei gute Freunde, die mich auf der Überfahrt begleitet haben. Oberst Edward Whalley und sein Schwiegersohn Oberst William Goffe.«

»Es freut mich, Euch kennenzulernen, Mrs Gookin«, sagte Whalley.

Sie rang sich ein Lächeln ab und schaute zu ihrem Mann – *zwei Oberste?* –, aber er hatte ihre Hand schon losgelassen, um ihnen vom Wagen zu helfen. Ihr fiel auf, wie respektvoll er sich ihnen gegenüber benahm und wie sie leicht schwankten, als sie jetzt nach so vielen Wochen auf See die Füße auf festen Boden setzten. Sie mussten lachen und stützten sich gegenseitig ab. Die Kinder schauten sie mit großen Augen an.

Der Jüngere, Oberst Goffe, sagte: »Lasset uns Dank sagen für unsere Erlösung.« Unter seinem Bart verbarg sich ein feines, scharf geschnittenes gottesfürchtiges Gesicht. Seine Stimme klang melodisch. Er breitete die Arme mit offenen Handflächen aus und blickte gen Himmel. Die Gookins wandten ihren faszinierten Blick von ihm ab und senkten den Kopf. »Wir sprechen den Psalm einhundertsieben. ›Die sollen dem Herrn danken um seine Güte und um seine Wunder, die er an den Menschenkindern tut. Die mit Schiffen auf dem Meer fuhren und trieben ihren Handel in großen Wassern. Die des Herrn Werke erfahren haben und seine Wunder im Meer.‹ Amen.«

»Amen.«

»Und wen haben wir hier?«, sagte Oberst Whalley. Er ging die Reihe der Kinder entlang und fragte ihre Namen ab. Dann deutete er nacheinander einzeln auf jedes. »Mary. Elizabeth. Daniel. Samuel. Nathaniel. Sehr schön. Ich bin Ned, und das ist Will.«

»Hast du den Lorbebäcker denn gekannt, Ned?«, fragte Nathaniel.

»Ja, sehr gut sogar.«

»Aber der ist jetzt tot.«

»Sei still«, sagte Mrs Gookin.

»Stimmt, Nathaniel«, sagte Ned traurig. »Gott sei's geklagt.«

Schweigen.

»Also, Jungs«, sagte Gookin schließlich und klatschte in die Hände. »Tragt jetzt die Taschen der beiden Herren ins Haus.«

Bis zu diesem Augenblick hatte Mary Gookin gehofft, ihr Mann habe die beiden nur auf dem Wagen mitgenommen. Entsetzt sah sie nun, wie die beiden Männer ihren Söhnen das Gepäck vom Wagen hinunterreichten. Das war schwerlich das, was sie sich von seiner Heimkehr erträumt hatte – Verpflegung und Obdach für zwei höhere Offiziere der englischen Armee.

»Und wo sollen sie schlafen, Daniel?«, sagte sie so leise, dass die beiden es nicht hören konnten. Dabei schaute sie ihren Mann nicht an. So fiel es ihr leichter, sich zu beherrschen.

»In den Betten der Jungen. Die können unten schlafen.«

»Und für wie lange?«

»So lange wie nötig.«

»Was heißt das? Ein Tag? Ein Monat? Ein Jahr?«

»Das kann ich dir nicht sagen.«

»Warum hier? Gab es in Boston keine Zimmer? Können sich Oberste kein eigenes Bett leisten?«

»Der Gouverneur glaubt, dass es in Cambridge sicherer ist als in Boston.«

Sicherer …

»Du hast also mit dem Gouverneur über ihre Unterkunft gesprochen?«

»Wir waren den halben Tag beim Gouverneur. Er hatte uns zum Essen eingeladen.«

Also deshalb hatte er so lange von Boston bis nach Hause gebraucht. Sie schauten den Jungen hinterher, die sich mit den großen, schweren Taschen abmühten. Die beiden Oberste unterhielten sich mit den Mädchen, während sie den Jungen zum Haus folgten. Zu Mary Gookins Betroffenheit und Verärgerung kam plötzlich eine viel heftigere Gemütsregung hinzu: Angst.

»Und warum glaubt der Gouverneur, dass Cambridge sicherer ist als Boston?«, fragte sie stockend.

»Weil es in Boston von Schurken und Royalisten nur so wimmelt. Hier sind sie unter Gottgefälligen.«

»Dann sind das also keine Besucher aus England, sondern … Flüchtlinge?« Er antwortete nicht darauf. »Wovor sind sie denn auf der Flucht?«

Gookin nahm sich Zeit für seine Antwort. Als er endlich sprach, waren die Männer im Haus verschwunden. »Sie haben den König getötet«, sagte er leise.

KAPITEL 2

In England war es kurz vor neun Uhr abends. Die Sonne ging gerade unter, und Isabelle Hacker ritt in ihr Heimatdorf Stathern in Leicestershire. Nach zwei Tagen auf der Straße war das schlichte blaue Quäkerkleid mit einer braunen Staubschicht überzogen.

Ein anderer Reiter folgte ihr dichtauf. Seine ständige Nähe und seine Schweigsamkeit zermürbten sie. Er war ihr von London den ganzen Weg nach Norden gefolgt. Auch als sie ihre Reise für die Nacht unterbrachen, hatte er kaum ein Wort an sie gerichtet. In seiner Tasche führte er eine drei Tage zuvor vom Oberhaus ausgefertigte Vollmacht mit sich. Die hatte er vorgezeigt, als er in London an ihre Tür geklopft hatte: *Hierauf wird angeordnet, dass Oberst Hacker unverzüglich seine Frau aufs Land zu entsenden habe, um das in Rede stehende Todesurteil zu holen, und dass ihr der Gentleman Usher des Oberhauses zu diesem Zwecke einen Begleiter mit auf den Weg gebe.*

»Und dieser Begleiter bin ich«, hatte er gesagt.

Mrs Hacker hatte sich sofort bereit erklärt, zusammen mit dem Mann aufs Land zu reiten. Sie würde alles tun, um ihrem Mann zu helfen, den man wegen Verdachts auf Hochverrat in den Tower gesperrt hatte. Die dafür vorgesehene Strafe war ein Tod, der mit kaum vorstellbarer langwieriger Grausamkeit vollzogen wurde: Man wurde gehenkt, bis man das Bewusstsein verlor, dann vom Strick geschnitten und wiederbelebt, anschließend entmannt und ausgeweidet. Die Eingeweide wurden vor den Augen des noch lebenden Opfers verbrannt, dann wurde der Kopf vom Rumpf getrennt und dieser gevierteilt und öffentlich zur Schau gestellt. So unvorstellbar das auch war, standen ihr dennoch unablässig die quälenden Bilder vor Augen. Fast das Schlimmste war, dass er diese Welt unter solch unermesslichen Schmerzen verlassen würde und sie seinen Leib danach nicht einmal begraben konnte.

Sie hatte sich von ihren Kindern verabschiedet, und keine Stunde später waren sie auf der Straße. Immer wieder hatte sie ihren Begleiter verstohlen beobachtet und schätzte ihn auf etwa vierzig, ein paar Jahre jünger als sie selbst. Er humpelte kaum wahrnehmbar. Sie vermutete, dass die Behinderung von einem Geburtsfehler herrührte. Er hatte einen breiten Oberkörper, kurze Beine und eine eigentümlich leise Stimme, wenn sie sie denn einmal zu hören bekam. Sein Name sei Richard Nayler, hatte er gesagt. Sie nahm an, dass er ein Bediensteter des Kronrats war. Er war ein guter Reiter. Das war alles, was sie über ihn sagen konnte.

Es war ein heißer Tag gewesen, und jetzt am Abend war es immer noch warm. Ein paar Dorfbewohner gingen auf der Straße spazieren, andere saßen an ihren kleinen Häusern untätig vor dem Gartentor. Als sie das Klappern der Pferdehufe hörten, wandten sie den Kopf, sahen die Neuankömmlinge kurz an und dann schnell wieder zur Seite. Leute, die noch im Monat zuvor den Hut gezogen oder die Hand gehoben hätten, waren offenbar so empört, oder so verängstigt, dass sie Isabelle Hacker nicht grüßten. Sie mochte eine fromme Quäkerin und die Herrin des Gutshauses sein, aber sie war auch die Frau eines Revolutionärs. Sie schaute verächtlich auf sie hinab.

Stathern Hall, das stattlichste Haus im Dorf, befand sich neben der Kirche St. Guthlac. Das Läuten zur neunten Stunde verklang gerade, als sie von der Straße abbog und durch das offene Tor auf das Anwesen ritt. In den Wochen ihrer Abwesenheit, während der sie um Unterstützung für den Oberst geworben hatte, hatte im Gemüsegarten das Unkraut die Oberhand gewonnen. Aus dem Gras des Obstgartens war eine wuchernde Wiese geworden. In der Abenddämmerung machte das große, dunkel aufragende Haus einen verlassenen Eindruck.

Ihr Pferd trabte die Auffahrt hinauf zum Haus. Sie stieg ab, schlang die Zügel um das Eisengeländer neben dem Eingang und nahm, ohne sich zu dem hinter ihr absteigenden Nayler umzuschauen, den Schlüssel aus ihrer Tasche und schloss die schwere Tür auf. Sie wollte ihren Begleiter so schnell wie möglich wieder loswerden.

Sie betrat die geflieste Diele und rief nach oben in die widerhallende Stille. Sogar die Bediensteten hatten sich davongemacht. Als ihr Begleiter hinter ihr durch die Tür trat, fiel sein Schatten schwach in die Diele. Auf dem Weg zum Arbeitszimmer ihres Mannes hörte sie, wie Nayler ihr mit hastigen Schritten folgte, fraglos in der Absicht, jedem verzweifelten Akt der Zerstörung zuvorzukommen. Die Luft im Haus war stickig. In den Bäumen vor den Bleiglasfenstern sangen Nachtigallen. Sie hob einen kleinen Kasten aus einer Schublade, entnahm ihm einen Schlüssel und kniete sich damit vor das Tresorschränkchen. Sie hatte keine Vorstellung, was genau in dem Dokument stand, wusste aber, wie es aussah. *Gib es ihm, rette Francis vor dem Henker, vor dem Schlächter, und dann hinaus mit ihm.*

*

Bis zu diesem Augenblick war Nayler nicht davon überzeugt gewesen, dass das Schriftstück überhaupt noch existierte. Seit elf Jahren hatte es niemand mehr zu Gesicht bekommen. Seiner Erfahrung nach erzählten verzweifelte Männer alles Mögliche, um Zeit zu schinden – und Oberst Hackers Lage war in jeder Hinsicht verzweifelt. Aber jetzt kniete seine freudlose Frau auf dem Boden, wandte ihm in der düsteren Kammer ihren schmalen Rücken zu und kramte in den Besitzurkunden, Haushaltsbüchern und anderen Papieren herum. Schließlich zog sie etwas hervor, was er nicht genau erkennen konnte, und stand langsam wieder auf.

Er hatte etwas erwartet, falls es denn existierte, was wie ein erhabenes Stück Pergament im Stil eines vom Parlament beschlossenen Gesetzes aussah: der Bedeutung des Verbrechens angemessen. Aber was sie in Händen hielt, war ein albernes kleines, gut spannengroßes Etwas, das wie die zusammengerollte Kaufurkunde für ein Pferd oder ein Fass Wein aussah und mit einem zerfransten schwarzen Band zusammengebunden war. Allerdings war es für seine Größe vielversprechend schwer. Pergament, kein Papier. Er wog es in der Hand, ging damit zum Fenster, löste in dem trüben Licht das Band und entrollte es zu seiner ganzen Breite von zwei Spannen: das Todesurteil für Karl Stuart, König von England, Schottland und Irland, das Oberst Francis Hacker, dem für die Bewachung des Königs verantwortlichen Offizier, am Morgen von Seiner Majestät Hinrichtung von Oliver Cromwell höchstpersönlich ausgehändigt worden war.

Nayler legte das Schriftstück auf den Schreibtisch des Obersts, wo es sich sofort wieder zusammenrollte – wie eine Schlange, die sich gegen einen Angriff wappnete. Er setzte sich, nahm den Hut ab, legte ihn auf eine Seite des Schreibtischs und wischte sich am Mantel die Hände ab.

»Ich brauche mehr Licht, Mrs Hacker. Wenn Ihr so freundlich wärt.«

Sie ging in der Diele zu der Truhe, wo die Kerzen aufbewahrt wurden. Mit ihren zitternden Fingern brauchte sie eine Weile, bis aus Feuerstein und Stahl die Funken schlugen. Als sie mit zwei Kandelabern in das Arbeitszimmer zurückkehrte, saß Nayler genauso da, wie sie ihn verlassen hatte: regungslos am Schreibtisch neben dem Fenster, die Silhouette seines Kopfs vor violettem Licht. Sie stellte die Leuchter ab. Er zog sie wortlos zu sich heran und entrollte das Pergament.

Die Niederschrift, stellte er interessiert fest, war voller Löschungen und Einfügungen. Was hatte das zu bedeuten, fragte er sich. Vielleicht Hast. Verwirrtheit. Sinneswandel? Er begann laut zu lesen – mehr um selbst den Sinn richtig zu verstehen, weniger um Isabelle Hacker, die ihn gespannt ansah, mithören zu lassen.

»›Da Karl Stuart, König von England, wegen Hochverrats und anderer schwerer Verbrechen überführt, ergriffen und verurteilt ist und das Urteil am vorigen Samstag von diesem Gericht verkündet wurde, ist jenes mittelst Enthauptung zu vollziehen. Besagtes Urteil ist auf offener Straße vor dem Whitehall-Palast am dreißigsten Tage des Januars zwischen der zehnten Stunde des Morgens und der fünften Stunde des Nachmittags zu vollstrecken …‹«

Die schrecklichen, folgenschweren Worte verschlugen ihm die Sprache. Er musste sich räuspern und schlucken, bevor er fortfahren konnte.

»›… und zu diesem Zwecke diene dies als hinreichende Ermächtigung. Sie verlangt von allen Offizieren, Soldaten und anderen aufrechten Männern des Landes England, Euch bei dieser Aufgabe zu unterstützen. Höchstselbst unterzeichnet und besiegelt von …‹« Er hielt inne. »Hier stehen die Namen.« Er überflog die etwa fünfzig Unterschriften, die in sieben Spalten unter dem Text standen. Neben jedem Namen befand sich ein rotes Wachssiegel. Sie besudelten das Schriftstück wie Blutstropfen.

»Und der Name meines Mannes ist nicht dabei?«

Er überflog wieder die Unterschriften. Hier und da hielt er die Kerze näher an einen Namen. Gregory Clements. Edmund Ludlow. Thomas Harrison. William Goffe.

»Nein. Er hat nicht unterschrieben.«

Sie atmete tief durch. »Wie ich Euch gesagt habe. Er sagt die Wahrheit. Er war keiner der Richter des Königs, und er hat auch das Todesurteil nicht unterschrieben.«

»Das nicht, aber sein Name steht trotzdem hier. ›An Oberst Francis Hacker, Oberst Huncks und Oberstleutnant Phayre.‹« Er drehte das Pergament um und deutete auf eine Stelle. »Der Befehl ist sogar zuallererst an Euren Mann gerichtet. Weshalb sich das Schriftstück vermutlich auch in seinem Besitz befindet.«

»Aber nur in seiner Eigenschaft als Soldat«, wandte sie ein. »Als eines Offiziers, der hier nur Befehlen gehorcht und diese nicht etwa erteilt.«

»Das muss das Gericht entscheiden.« Für den Fall, dass sie Anstalten machen sollte, ihm das Dokument zu entreißen, zog er es schnell zurück. Hacker hatte die Hinrichtung überwacht: Seine Schuld war schwarz auf weiß erwiesen. Genauso gut hätte sie ihm die Henkersschlinge für ihren Mann aushändigen können. Sie schien das plötzlich zu begreifen, jedenfalls stand sie mit einem Gesicht so weiß wie das Kerzenwachs leicht schwankend neben dem Schreibtisch. Er wollte sie möglichst schnell loswerden, damit er das Dokument in Ruhe studieren konnte. Sie hatte ihre Rolle gespielt. »Es ist schon spät, Mrs Hacker. Ihr solltet Euch zurückziehen.« Er schaute zu der Polsterbank, die in der Ecke des Raums stand. »Ich werde die Nacht hier verbringen und dann beim ersten Tageslicht aufbrechen.«

Sie weigerte sich, den Schicksalsschlag einfach hinzunehmen. Die Plötzlichkeit, die Grausamkeit, nachdem sie zwei Tage im Sattel gesessen hatte. »Wir haben alles getan, was Eure Lordschaften verlangt haben, Mr Nayler. Das muss doch zählen.«

»Das zu entscheiden ist nicht an mir. Ich schlage vor, Ihr zieht Euch für die Nacht zurück und betet für Euren Mann.« Seinen Mund umspielte ein leises Lächeln. »Was auch immer geschieht, letzten Endes ist es Gottes Wille.«

Wie oft in den letzten elf Jahren hatte er diesen frömmlerischen Spruch gehört? Mal sehen, wie ihnen das jetzt gefiel.

Sie sah ihn weiterhin an und gestattete ihm nicht, ihrem Blick auszuweichen. Diesem Menschen genügte es nicht, die Feinde des Königs einfach nur zur Strecke zu bringen, einzukerkern und hinzurichten. Er musste sich auch noch über ihren Glauben lustig machen. Aber der Teufel zuckte in seinem Triumph nicht mit der Wimper. Er hielt ihrem Starren stand, bis sie sich schließlich umdrehte, auf unsicheren Beinen das Arbeitszimmer verließ und die Treppe hinauf in ihre Schlafkammer ging, wo sie ohnmächtig zu Boden stürzte.

Trotz der langen Reise verspürte Nayler weder Hunger noch Durst. Das Dokument war ihm Speis und Trank genug. Er setzte sich wieder an den Schreibtisch des Obersts und las das Todesurteil noch einmal durch. *Mittelst Enthauptung … auf offener Straße vor dem Whitehall-Palast …* Die Worte hatten immer noch eine schockierende Kraft. Er öffnete den Mantel, schnürte sein Hemd auf und senkte den Kopf, um das Lederband abzunehmen, das er seit elf Jahren um den Hals trug.

Daran befestigt war ein kleiner Beutel. Darin befand sich ein winziger blutbefleckter Leinenfetzen. Er drehte ihn zwischen den Fingern hin und her.

Er erinnerte sich an alles an jenem Tag im tiefen Winter – wie er sich bei Tagesanbruch aus dem Essex-Haus schlich; an den von der Themse heraufwehenden, bitterkalten Wind; wie er die Strand entlangeilte, vorbei an den großen Herrenhäusern, die hinten an den Fluss angrenzten; an den alten Dolch und die Pistole, die er unter seinem Umhang spürte. All das war ihm unwirklich vorgekommen. Einem gesalbten König den Kopf abschlagen? Unfassbar. Barbarisch. Ein Sakrileg. Das würde die Armee niemals in die Tat umsetzen. Dafür würde entweder der Befehlshaber der Parlamentsarmee General Fairfax sorgen, oder die Royalisten, die sich in der Stadt versteckt hielten, würden sich erheben, um das zu verhindern. Sollte man ihm den entsprechenden Befehl erteilen, so war er jedenfalls bereit, sein Leben für die Rettung des Souveräns zu opfern.

Dann war er am Charing Cross in Richtung Whitehall-Palast abgebogen, und seine Hoffnungen fielen in sich zusammen. Die Menge in der King Street, die fünf- oder sechshundert Menschen zählte, mochte zwar durchaus ausreichen, hier Unruhe zu stiften, aber die Soldaten – mindestens tausend – waren eindeutig in der Überzahl. Die Pikeniere standen Schulter an Schulter und hielten das Volk zurück. Dahinter sperrte Kavallerie die Mitte der breiten Straße ab und vereitelte jeden Versuch, zum Schafott vorzudringen. Das provisorische, in schwarzes Tuch gehüllte Holzgerüst grenzte an das Bankett-haus. Von der Straßenseite führten keine Stufen hinauf. Auf das Podest gelangte man vielmehr durch ein Fenster im ersten Stock. Ein methodischer Verstand, das sah er sofort, ein militärischer Verstand, hatte das alles sehr sorgfältig geplant.

Er bahnte sich seinen Weg durch den Pöbel. Von der Feiertagsstimmung, die sonst bei Hinrichtungen herrschte, war nichts zu spüren. Sogar die radikalsten Republikaner, die Levellers, erkennbar an den meergrünen Bändern an Mantel und Hut, hielten ausnahmsweise den Mund. Er bewegte sich hinter der schweigenden Menge an der Wand entlang, die den Whitehall-Palast vom Tilt Yard trennte. Um besser sehen zu können, standen die Leute auf der Mauer oder saßen beinebaumelnd darauf. Er entdeckte eine Lücke und rief nach oben, damit man ihn hinaufklettern ließ. Weil sich niemand rührte, packte er den Nächstbesten am Bein und drohte, ihn herunterzureißen, sollte er nicht zur Seite rücken. Nayler hatte die Statur eines Ringers. Man rückte zur Seite.

Jetzt konnte er ziemlich gut über die Köpfe der Schaulustigen und Soldaten hinwegschauen. Das Schafott befand sich in etwa dreißig Schritt Entfernung. Die Fenster im Banketthaus waren verrammelt bis auf jenes im ersten Stock, das den Zugang zum Gerüst ermöglichte. Von Zeit zu Zeit trat ein Offizier heraus und drehte eine Runde auf dem Podest. Nach einem prüfenden Blick auf die Menge stieg er dann wieder aus der Kälte hinein ins Gebäude, und das Fenster schloss sich hinter ihm. In der Mitte des Gerüsts befanden sich fünf kleine Gegenstände, und es dauerte einige Zeit, bis Nayler begriff, wozu sie dienten. Bei einem handelte es sich um einen sehr niedrigen hölzernen Hackblock, kaum höher als eine Männerhand breit, neben dem im Boden zu beiden Seiten Eisenringe verankert waren, und weiter hinten befanden sich noch zwei dicht nebeneinander liegende Bodenringe. Ihr Zweck bestand sichtlich darin, den König, während man ihm den Kopf abhieb, bäuchlings an Händen und Füßen zu fixieren, damit er sich nicht wehren konnte, wenn nicht gar gestikulierend die Menge aufstacheln. Wieder einmal gründlich durchdacht. Barbarisch.

Der Tag wurde nicht wärmer. Nicht ein einziger Sonnenstrahl milderte den eisernen Frost. Gelegentlich wirbelten ein paar Schneeflocken durch die Luft, aber sonst lastete der graue Himmel so schwer auf allem, als wollte er jegliche Farbe aus den Gebäuden pressen. Die Zeit wirkte wie eingefroren. Nayler steckte die Hände in die Taschen und trat beständig von einem Bein aufs andere, damit seine Glieder nicht taub wurden. Schließlich schlug eine halbe Meile südlich die Glocke der Westminster-Abtei zur neunten Stunde. Die alte Beinverletzung schmerzte Nayler, als steckte im Knochen ein Messer. Sein Geist wurde so stumpf wie der Himmel. Es gab nur den Schmerz im Bein, die Kälte und das Grauen. Eine weitere Stunde verstrich. Er zählte die zehn Glockenschläge, und kurze Zeit später vernahm er ein leises Trommeln, das irgendwo hinter ihm im St.-James-Park erklang: ein bedächtiger Trauermarsch. Kurz darauf verstummte der Marsch.

Er schaute nach rechts zum Holbein-Tor. Oberhalb des Bogens führte ein geschlossener Gang quer über die Straße zum Banketthaus. Hinter den gekuppelten Fenstern erschienen Gestalten: erst die von Soldaten, dann die eines kleineren Mannes mit vertrautem Profil, der sich kurz zur Seite wandte und hinunter auf die Menschenmenge und das Schafott schaute, dann zwei Geistliche, und schließlich wieder Soldaten. Im Augenblick des Erkennens schien alle Luft aus Nayler zu entweichen. Kurz darauf verschwand die Prozession. Aber auch andere hatten ihn gesehen. Die Neuigkeit verbreitete sich schnell. »Er ist da!«

Weiterhin geschah nichts. Es schlug elf Uhr. Dann Mittag. Und mit jeder verstreichenden Minute lebte gegen alle Vernunft Naylers Hoffnung wieder auf. Gerüchte über die Gründe für die Verzögerung schwirrten durch die Menge: das in diesem Augenblick tagende Unterhaus würde das Urteil aufheben;

der König hätte seiner Abdankung zugunsten seines Sohnes zugestimmt; die Holländer hätten für eine Begnadigung eine halbe Million Pfund geboten. Er wollte sich nicht vorstellen, welche Gedanken Seiner Majestät im Bankettaus gerade durch den Kopf gehen mochten. Schrecklich genug, dass man einen Menschen enthauptete; über alle Maßen grausam hingegen die Verlängerung seines Martyriums.

Es schlug eins und dann, kurz vor zwei, bewegte sich etwas. Das Fenster wurde geöffnet, und eine Reihe Soldaten nebst Offizieren traten ins Freie, gefolgt vom Henker und seinem Gehilfen, die beide einen langen schwarzen Wollumhang und schwarze Beinlinge trugen und deren Gesicht unter einer schwarzen Maske, schlecht sitzender grauer Perücke und falschem Bart verborgen war. Der kleinere der beiden Männer trug ein Beil, dessen langer Stiel auf seiner breiten Schulter ruhte. Hinter ihm erschien ein Bischof mit aufgeschlagenem Gebetbuch.

Als Letzter trat der König aus dem Fenster – eine schmächtige Gestalt, barhäuptig, kaum fünf Fuß und drei Zoll groß, obwohl er sich auch in seinen letzten Minuten wie stets aufrecht wie ein Riese hielt. Er ging geradewegs zu dem niedrigen Henkersblock, und offensichtlich beschwerte er sich bei seinen Offizieren über die Ehrverletzung, bei seiner Hinrichtung auf dem Bauch liegen zu müssen. Sie sahen sich an und schüttelten den Kopf. Der König wandte ihnen den Rücken zu. Unter seinem Umhang zog er ein kleines Stück Papier hervor und trat an den Rand des Schafotts. Er schaute hinunter zu den Soldaten, der Kavallerie und den Menschen dahinter und begriff anscheinend, dass seine Stimme die Menge nicht erreichen würde. Also ging er zurück zur Mitte des Gerüsts und las die Rede seinen Offizieren vor. Nayler verstand kein einziges Wort, aber der Wortlaut war bis zum nächsten Tag auf

Flugblätter gedruckt worden, die man auf Londons Straßen allenthalben erstehen konnte. *Hätte ich den Weg der Willkür eingeschlagen und alle Gesetze geändert nach Maßgabe der Macht des Schwertes, hätte ich heute nicht hierherkommen müssen. Deshalb sage ich Euch (und ich bete zu Gott, dass dies nicht Euch zur Last gelegt werde), dass ich der Märtyrer des Volkes bin …*

Der König öffnete den Umhang und legte ihn ab. Dann zog er seinen Rock aus und übergab ihn zusammen mit einigen glitzernden Schmuckstücken dem Bischof. Er stand im weißen Hemd in der Eiseskälte und steckte seine langen Haare unter eine Kappe. Er zitterte nicht. Er sagte etwas zum Henker und deutete wieder protestierend auf den Henkersblock, zuckte die Achsel, ging auf die Knie, legte sich dann der Länge nach auf den Boden und bewegte den Kopf auf dem Block hin und her, bis er bequem lag. Er streckte die Arme nach hinten. Der Henker stellte sich breitbeinig auf, hob das Beil und holte über die Schulter so weit aus, wie es ihm möglich war. Es vergingen ein paar Augenblicke, dann machte der König eine Geste mit seinen Händen, eine kurze, anmutige Bewegung, als wollte er zu einem Kopfsprung ansetzen, und das Beil fuhr mit solcher Wucht herab, dass der Hieb in der Stille über die ganze Whitehall hinweg zu hören war.

Das Blut schoss aus dem abgetrennten Torso. Der Soldat daneben drehte sich zur Seite, um dem Schwall auszuweichen, der sich jedoch schnell zu einem steten Blubbern wie bei einem hochkant gestellten Fass beruhigte. Der Henker, der nach wie vor das Beil in der einen Hand hielt, packte mit der anderen den Kopf an den Haaren, ging an den Rand des Gerüsts und zeigte der Menge das Gesicht des Königs. Er rief etwas, aber seine Worte verloren sich im lauten Gebrüll der Zuschauer, eine Mischung aus Jubel, Grauen und Bestürzung. Ein Teil der

Menge drängte nach vorn, durchbrach die Reihen der abgelenkten Pikeniere, die sich ebenfalls dem Spektakel zugewandt hatten, und lief zwischen den Pferden der Kavallerie hindurch. Nayler sprang von der Mauer und humpelte über die Whitehall hinter ihnen her.

Das Blut sickerte durch die Ritzen zwischen den Holzbohlen. Es klatschte auf den Boden wie die schweren Regentropfen, die ein nahes Unwetter ankündigten. Die drängelnden Menschen schlitterten um ihn herum. Er hielt sein Taschentuch in die Höhe und sah, wie es sich mit purpurroten Punkten einfärbte – einmal, zweimal, dreimal sogen sich die Tropfen in das Leinengewebe, zerflossen und bildeten schließlich einen einzigen Fleck. Nayler kämpfte sich durch die Menschentrauben die Whitehall hinauf in den Winternachmittag und ging dann durch die Strand bis zur Kapelle vom Essex-Haus, wo sein Herr, der Markgraf von Hertford, und seine Familie am Altar knieten und auf Nachricht warteten.

*

Das getrocknete Blut des Märtyrers hatte im Lauf der Jahre eine ausgebleichte rostige Farbe angenommen. Eines Tages würde es vielleicht ganz verschwinden. Aber solange es existierte, hatte Nayler geschworen, würde er alles in seiner Macht Stehende tun, die Ereignisse an jenem Januartag zu rächen. Er küsste das Stück Stoff, faltete es sorgfältig zusammen, steckte es zurück in den Beutel, verknotete das Band und hängte sich die Reliquie wieder um den Hals, sodass sie sich ganz nah an seinem Herzen befand.

Abgesehen vom Flackern der Kerzenleuchter, war es im Arbeitszimmer inzwischen dunkel. Das Vogelgezwitscher draußen vor dem Fenster war verstummt.

Er zählte die Unterschriften auf dem Todesurteil und kam auf neunundfünfzig. Einige bekannte Namen, einige unbekannte. Aber seit er ihren Spuren die letzten zehn Wochen anhand der verstaubten Prozessaufzeichnungen folgte, waren sie ihm vertraut. Und dennoch war es die eine Sache, zu wissen, ob dieser oder jener an diesem oder jenem Tag in der Westminster-Halle über Karl Stuart zu Gericht gesessen hatte; eine ganz andere Sache hingegen, zu beweisen, ob an den Händen eines Betreffenden tatsächlich Blut klebte. Das Todesurteil schließlich war ein unbestreitbarer Schuldbeweis. Der aalglatte Oberst Ingoldsby beispielsweise hatte bereits zugegeben, unterschrieben zu haben, allerdings darauf beharrt, unter Zwang gehandelt zu haben. Cromwell habe sich über seine Zimperlichkeit lustig gemacht, ihm die Feder gewaltsam zwischen die Finger gesteckt und dann seine Hand geführt. Aber hier in der fünften Spalte stand Ingoldsbys Name, die Unterschrift klar und deutlich und anscheinend ohne Eile niedergeschrieben, daneben das ordentlich platzierte Siegel.

Er widmete sich nun den Namen oben in der ersten Spalte. Die erste Unterschrift war die von John Bradshaw, der zum Gerichtspräsidenten beförderte Gelegenheitsanwalt, der sich so sehr vor einem Attentat fürchtete, dass er während des Prozesses eine Rüstung unter seiner Robe und einen mit Stahl ausgekleideten, kugelsicheren Biberfellhut trug. Zu seinem Glück war er seit fast einem Jahr tot, würde seiner Strafe also entgehen. Die zweite Unterschrift war die von Thomas Grey – Lord Grey von Groby, der »Leveller Lord« – ein Mann, der selbst Cromwell zu radikal war, weshalb er ihn schließlich ins Gefängnis werfen ließ. Auch er war tot. Der dritte Unterzeichner war Cromwell selbst, der wahre Architekt des gesamten diabolischen Unternehmens – tot, natürlich, und in der Hölle schmorend. Die vierte Unterschrift jedoch, direkt unter der von Cromwell, gehörte einem Mann, der, soweit Nayler wusste, noch am Leben war – ein Mann, den zu kennen er guten Grund hatte.

Er musste eine neue Liste anlegen.

Er nahm ein Blatt Papier von Hackers Schreibtisch, tauchte die Feder in das Tintenfass und schrieb mit seiner sorgfältigen Handschrift: *Col. Edw. Whalley.*

KAPITEL 3

Die drei Jungen der Gookins teilten sich ein Zimmer im hinteren Teil des Hauses. Von dort überblickte man das Dorf Cambridge, die dahinter aufragenden Dächer, die breiten Kamine und die dünne Turmspitze von Harvard College, die in der Spätnachmittagssonne wie eine Lanze golden glänzte. Als Mary in das Zimmer eilte, standen Oberst Whalley und Oberst Goffe am Fenster und begutachteten die Aussicht, so wie Daniel, Sam und Nathaniel die beiden Männer begutachteten. Zu Füßen der beiden Männer lagen zwei Taschen, anscheinend ihre alten Armeetaschen. Mary fiel auf, wie zerkratzt das Leder war, wie sehr an vielen Stellen geflickt und ausgebessert. Spärliches Gepäck für eine Reise um die halbe Welt, dachte sie. Sie müssen Hals über Kopf geflohen sein.

»Geht nach unten, Jungs, lasst die Gentlemen in Ruhe.«

»Aber Mama …«

»Ab nach unten!«

Sie stampften maulend die Treppe hinunter.

»Das ist seit ihrer Geburt das Zimmer der Jungen«, sagte Mary. »Was Mr Gookin Euch auch versprochen haben mag … Verzeiht, aber ich glaube, die Jungen sollten ihr Zimmer behalten.«

»Feine Burschen sind das«, sagte Oberst Whalley. »Sie erinnern mich an meine eigenen in dem Alter.« Er wandte sich vom Fenster ab. Zum ersten Mal konnte sie sein Gesicht aus nächster Nähe betrachten: die kräftige Nase, die dunklen Augen, den grauen, von schwarzen Strähnen durchzogenen Bart. »Wir würden nie von Euch verlangen, uns ihre Betten abzutreten.«

»Ich möchte nicht ungastlich erscheinen …«

»Keine Ursache.« Er schaute zur Decke. »Was ist da oben? Der Speicher?«

»Da oben ist nur ein Dienstbotenzimmer.«

»Ihr habt einen Bediensteten? Ich habe keinen gesehen.«

»Im Augenblick nicht«, sagte sie. »Aber der Speicher ist überhaupt nicht behaglich.«

»Nach dem Schiff wird er uns wie ein Palast vorkommen.«

Die beiden Soldaten schwangen sich die Taschen über die Schultern. Oberst Whalley war eindeutig ein Gentleman von Geburt: ein höflicher, an Rücksichtnahme gewohnter Mensch, dem man nur schwer etwas abschlagen konnte. Sie zögerte, da ihr aber kein weiterer Einwand einfiel, glaubte sie keine andere Wahl zu haben, als sie hinaus in den Gang und die schmale Treppe hinaufzuführen.

Der Speicher verlief über die Länge des Hauses. Die Decke bildete den Winkel des Daches ab. Whalley war groß – etwa einen Kopf größer als sein Schwiegersohn – und konnte nur in der Mitte des Raums aufrecht stehen, und als er nun zum Fenster ging, musste er sich selbst dort ducken, damit er mit dem Kopf nicht gegen die Querbalken stieß. Er öffnete den Riegel, lehnte sich hinaus, schaute hierhin und dorthin und zog den Kopf wieder zurück.

»Perfekt. Wir werden uns hier oben äußerst wohlfühlen. Was meinst du, Will?«

»Und ob. Zumindest werden wir Euch nicht im Weg herumstehen, Mrs Gookin. Wir bedauern sehr, Euch diese unerwarteten Umstände zu bereiten.«

Sie schaute sich skeptisch in dem schmalen, beengten Speicher um. Es gab hier nur ein Holzbett, dessen Strohmatratze sie sich würden teilen müssen. Und für Whalley war es zudem zu kurz. Bestimmt würden seine Füße über das Ende hinausragen. Im Halbdunkel am anderen Ende des Raums standen allerlei nicht mehr benutzte Möbelstücke. Unter anderem ein alter Stuhl und eine Truhe. Sie gab sich geschlagen.

»Nehmt Euch, was Ihr braucht. Ich werde die Mädchen mit Bettzeug und Decken schicken.«

»Sehr freundlich.« Oberst Whalley stand schon wieder am Fenster. Er nahm ein kleines Fernrohr aus seinem Mantel, zog es auseinander, stellte es scharf und suchte den Fluss ab. »Die Brücke wird die Wegzeit von Boston hierher deutlich verkürzen. Das sind sicher dreißig Mann, die da arbeiten. Wann soll sie fertig sein?«

»In einem halben Jahr, heißt es.«

»Also im Januar.« Die Antwort schien ihn zufriedenzustellen. »Perfekt«, sagte er noch einmal und schob das Fernrohr zusammen.

*

Daniel Gookin lag in ihrer Schlafkammer auf dem Bett, die Arme weit ausgebreitet, die Augen geschlossen, und schlief fest. Er hatte sich nicht die Mühe gemacht, die Stiefel auszuziehen. Er war jetzt achtundvierzig und dünner, als sie ihn in Erinnerung hatte. Die ergrauenden Schläfen ließen ihn distinguierter aussehen. Plötzlich spürte sie ihre große Liebe für ihn. Die beiden Oberste waren nicht die Ersten, deren er sich erbarmt hatte, und würden sicher nicht die Letzten sein. Sogar Indianer aus der Gegend hatten schon unter ihrem Dach geschlafen. Gookin hatte sich dem Anliegen verschrieben, sie die Heilige Schrift zu lehren. Schwächen wie die seinen kamen nur aus einem guten Herzen. Sie kniete sich am Fußende des Bettes auf den Boden und löste die Schnürsenkel seiner Stiefel. Er spürte die Bewegung und öffnete die Augen, hob den Kopf und sah sie an.

»Lass die Stiefel und leg dich neben mich.«

»Zügelt Eure Ungeduld, Mr Gookin.« Sie schnürte den einen Stiefel auf, fasste ihn an der Hacke und zog ihn vom Fuß und widmete sich dann dem anderen Stiefel. Während seiner Abwesenheit hatte sie die Wechseljahre durchgemacht. Sie würde keine Kinder mehr bekommen, wofür sie Gott dankte. Fünfzehn Schwangerschaften waren mehr als genug gewesen. Sie hob das Kleid und stieg aufs Bett.

Zehn Minuten später hörten sie über sich einen dumpfen Schlag, dann noch einen und schließlich das scharrende Geräusch eines schweren Gegenstands, der über den Boden gezogen wurde.

Gookin schaute zur Decke. »Hast du sie im Speicher untergebracht?«

»Sie wollten es so. Hast du etwas dagegen?« Sie stieg aus dem Bett und suchte ihre Unterkleider zusammen.

»Nein, wenn sie damit zufrieden sind.«

»Wenn du sie so magst, dann können sie auch hier bei uns schlafen, wenn dir das lieber ist.«

Er lachte und streckte die Hand nach ihr aus, aber sie drehte sich weg und zog sich weiter an.

Wieder ein dumpfer Schlag aus dem Speicher.

»Wie hast du sie kennengelernt, Dan?«

Er schwang die Beine aus dem Bett und setzte sich auf die Kante. »Erinnerst du dich an Reverend Hooke aus New Haven, der vor ein paar Jahren wieder zurück nach England gegangen ist?«

»Natürlich.«

»Seine Frau ist Oberst Whalleys Schwester. Als Hooke von meiner Absicht gehört hat, mit Kapitän Pierce nach Amerika zurückzufahren, hat er mich gebeten, auch für seinen Schwager eine Passage festzumachen. Und Ned hat dann Will überredet, auch mitzukommen. Der hat zunächst seiner jungen Familie wegen gezögert.«

»Und warum mussten sie so dringend das Land verlassen?«

»Um es kurz zu machen: Der Sohn des Königs kehrt auf Einladung des Parlaments auf den Thron zurück. Die Armee war mehrheitlich damit einverstanden, und damit ist England keine Republik mehr.«

Die Neuigkeit kam so überraschend und war so überwältigend, dass sie sich erst einmal sprachlos zu ihrem Mann auf das Bett setzen musste. Nach einigen Augenblicken sagte sie: »Warum hat die Armee dem zugestimmt?«

»Im Parlament ist ein neues Gesetz eingebracht worden, sie nennen es die Akte der Verzeihung. Die Vergangenheit soll ruhen. Alle, die gegen den toten König zu den Waffen gegriffen haben, werden amnestiert – mit einer Ausnahme: Alle Königsmörder, die am Prozess und an der Hinrichtung von Karl Stuart unmittelbar beteiligt waren, müssen sich stellen und aburteilen lassen.« Er nahm ihre Hand. »So ist die Lage, einfacher kann ich es nicht ausdrücken. Das war vor zehn Wochen. Unser Schiff war das erste, das mit dieser Nachricht in Boston eingelaufen ist. Das hatte ich dem Gouverneur sofort nach unserer Ankunft zu berichten.«

»Waren noch andere Königsmörder auf dem Schiff?«

»Nur die beiden.«

»Und die anderen?«

»Ein paar sind schon nach Holland geflohen. Die meisten halten sich aber noch in England versteckt. Einige haben wohl vor, sich zu stellen, und hoffen auf Gnade. Wir konnten gerade noch ablegen, bevor die Häfen geschlossen wurden. Jetzt noch zu entkommen wird schwer sein.« Er drückte fest ihre Finger, als könnte er so seine Kraft und seinen Glauben auf sie übertragen. »Es sind gute Männer, Mary. Ned ist ein Vetter von Cromwell. Er hat Cromwells Kavallerie befehligt und Will das Infanterieregiment. Sie brauchen einen Zufluchtsort, bis die Lage sich wieder beruhigt. Wir haben nichts zu befürchten. Niemand weiß, dass sie hier sind – außer dir, mir und der Gouverneur.«

»Oberst Whalley ist Cromwells Vetter? O Daniel!« Sie zog ihre Hand weg. »Die Lage wird sich nie beruhigen. Man wird sie ohne jeden Zweifel jagen. Nichts ist sicherer als das.«

Über ihnen wurde wieder ein Möbelstück verrückt. In Marys angstgetriebener Vorstellung hörte es sich an, als errichteten sie dort oben eine Barrikade.

*

Unten am Fluss hatten die Arbeiter ihr Tagewerk vollbracht. Die Ufer zu beiden Seiten lagen verlassen da. Das Wasser glitzerte einladend im Sonnenlicht. Ned stand wieder am Fenster und wurde von einem Gefühl der Zufriedenheit erfasst. Er mochte die Familie Gookin. Er mochte diesen Ort. In Amerika würde er sehr gut zurechtkommen.

Hinter ihm breitete Will ihr Waffenarsenal auf dem Bett aus: vier Luntenschlosspistolen, zwei Beutel Schießpulver, eine Schachtel Kugeln, zwei Dolche, zwei Schwerter. Seit sie das Haus betreten hatten, hatte er kaum ein Wort gesprochen.

»Lass das, Will.« Ned nahm zwei saubere Hemden aus seiner Tasche und warf eines davon Will zu. In den letzten vier Monaten waren sie ständig zusammen gewesen. Im Gesicht seines Schwiegersohns konnte er lesen, als schaute er durch eine Glasscheibe. Er sah alles, was ihm durch den Kopf ging. »Lass uns zum Fluss hinuntergehen, das Salz vom Leib schrubben. Wird uns guttun.«

Will schaute ihn fragend an. »Und wenn man uns sieht?«

»Da ist niemand, der uns sehen könnte. Und wenn, was soll's? Wir sind bloß zwei Männer, die baden.«

»Sollten wir Gookin nicht vorher fragen?«

»Er ist unser Gastgeber, nicht unser Gefängniswärter. Der Gouverneur hat gesagt, es sei hier sicher, wir könnten uns frei bewegen.« Er trat einen Schritt vor, fasste Will am Unterarm und schüttelte ihn sanft. »Du wirst deine Frau und die Kleinen wiedersehen, meine geliebte Frances und meine Enkel, da bin ich mir sicher. Gott wird dem Triumph der Frevler nicht lange zuschauen. Wir müssen Geduld üben, und wir müssen glauben.«

Will nickte. »Du hast recht. Verzeih mir.«

»Gut.« Ned ließ seinen Arm los.

Zusammen verstauten sie die Waffen in der Truhe, legten eine Decke darüber und gingen dann, Ned voraus, die Stufen hinunter. Die Türen der beiden gegenüberliegenden Schlafkammern im Gang unter dem Speicher waren geschlossen.

Mary saß auf dem Bett und hörte das Knarzen der Dielen. Sie sah zu ihrem Mann. »Was machen sie jetzt?«, flüsterte sie. Er hatte keine Ahnung und schüttelte den Kopf.

Die beiden Offiziere gingen durch die große Stube, hinaus in den Hof und dann durch das Tor hinunter zum Fluss.

Gookin war mit ihnen von Bord der *Prudent Mary* schnurstracks zum Haus des Gouverneurs gegangen. John Endecott war ein alter Mann, der mit seinem Spitzenkragen und der schwarzen Kappe auf Ned gewirkt hatte, als wäre jener dem England Königin Elisabeths entsprungen. Sie hatten ihre Einführungsschreiben überreicht – Wills stammte von John Rowe und Seth Wood, den Predigern in der Westminster-Abtei, Neds von Dr Thomas Goodwin von der Kirche der Independenten in der Fetter Lane. Während der alte Mann sich die Schreiben dicht vor die Augen hielt und sie studierte, hatte Ned ihm kurz die Umstände ihrer Abreise geschildert – wie sie sich in Gravesend zwei Tage lang unter Deck hatten verstecken müssen, während das gemeine Volk auf den Kais die baldige Rückkehr von Karl II., Sohn des toten Königs, feierte. Ihre Freudenfeuer ließen den Himmel über der Stadt in diabolischem Rot erglühen, und die Luft war vom Lärm der Zecher und dem Zischen brutzelnder Braten erfüllt. Die Feiern hatten bis schändlich spät in den Sabbat hinein angedauert. Als am Montag die Nachricht vom Parlament eintraf, dass sein Name und der von Will auf der Liste jener stünden, die als für die Ermordung Karls I. Verantwortliche gesucht würden, gab Kapitän Pierce den Befehl zum Auslaufen.

»Aber dank unserem guten Freund Mr Gookin hier waren auch wir an Bord«, schloss Ned.

»Ihr beide wart also Richter des Königs?«

»Ja, und wir haben sein Todesurteil unterzeichnet. Und ich sage es Euch offen, Mr Endecott, denn ich würde hier nie unter Vorspiegelung falscher Tatsachen leben wollen: Wir würden es morgen wieder tun.«

»Wahrhaftig!« Endecott legte die Schreiben zur Seite und musterte die beiden Besucher mit feucht verhangenen Augen, die so blassgrau waren wie Austern. Er umfasste die Kante seines Schreibtischs und erhob sich unter dem Knacken zahlreicher Gelenke. »Dann lasst mich die Hände schütteln, die jenes Urteil unterzeichnet haben, und Euch in Massachusetts willkommen heißen. Ihr werdet Euch inmitten guter Freunde bewegen.«

Sie suchten sich einen Platz etwas abseits der Straße, wo die Strömung einen Teil des Flussufers unterspült und so einen natürlichen Teich geschaffen hatte. Die Baumäste hingen hier fast bis auf die Wasseroberfläche herab. Jemand hatte ein Seil als Schaukel an einen dicken Ast gebunden. Eine lang gestreckte grüne Libelle, exotischer als alles, was sie in England je zu Gesicht bekommen hatten, schwirrte im Schilf herum. Nicht minder befremdliche Wandertauben gurrten im Blätterwerk. Ned zog seine Stiefel aus und steckte kurz den Fuß ins kühle Wasser, streifte dann seine salzstarre Kleidung ab und watete nackt in den Fluss. Er stieß einen lauten Schrei aus, so kalt war das Wasser, tauchte bis über die Schultern unter und hatte sich wenig später an die Temperatur gewöhnt. Will hatte die Stiefel und den Ledermantel ausgezogen, stand aber noch unschlüssig am Ufer. Ned watete zurück und spritzte ihm eine Handvoll Wasser ins Gesicht. Will lachte, hüpfte zur Seite und protestierte laut. Dann zog er sich schnell das Hemd über den Kopf und entledigte sich seiner restlichen Kleider.

Was für ein Bild sie wohl abgaben, dachte Ned, mit ihrem totenbleichen, vom Krieg gezeichneten Leib, Phantome inmitten saftigen Grüns. Er hatte Leichen gesehen, die besser aussahen. Ihre Haut war vorn wie hinten mit Striemen und Schnittwunden übersät. Über Wills Bauch verlief eine gezackte Linie, die aus der Schlacht bei Naseby von der Pike eines Royalisten stammte, er selbst hatte seit der Schlacht bei Dunbar, wo er vom Pferd gestürzt war, einen faustgroßen Krater unterhalb der rechten Schulter. Will stand am Wasser und hob die Arme über den Kopf. Mit zweiundvierzig war er immer noch so schmächtig wie ein Jüngling. Zu Neds Überraschung sprang er nun kopfüber in den Fluss, verschwand der Länge nach unter der Wasseroberfläche und tauchte Augenblicke später wieder auf.

Gab es ein köstlicheres Gefühl, als sich an einem Sommertag in frischem Wasser das getrocknete Salz von der verschwitzten Haut zu waschen? Gelobt sei Gott in all seiner Pracht, dass er uns zu diesem sicheren Ort geführt hat. Ned wühlte mit den Zehen im weichen Schlamm. Jahrelang hatte er nicht mehr geschwommen. Er war nie ein guter Schwimmer gewesen, schon als Knabe nicht. Aber jetzt breitete er die Arme aus und stürzte sich kopfüber ins Wasser, wo er sich dann auf den Rücken drehte. Katherine kam ihm in den Sinn, und ausnahmsweise bemühte er sich nicht, die Gedanken an sie zu verdrängen. Wo war sie jetzt? Wie ging es ihr? Vor vier Jahren hatte sie eine Fehlgeburt gehabt, war fast gestorben, und ihre Gesundheit und ihr Geist hatten sich nie richtig davon erholt. Was hatte es für einen Sinn, sich mit unerträglichen Spekulationen zu quälen, so wie es Will jede Nacht tat? Einer von ihnen musste stark bleiben. Sie hatten die Pflicht, am Leben zu bleiben, nicht für sich selbst, sondern für ihre Sache. Seine Bibelstelle, die Will schließlich davon überzeugte, sich ihm anzuschließen, war Christi Aufforderung an seine Jünger: *Wenn sie euch aber in einer Stadt verfolgen, so fliehet in eine andere. Wahrlich, ich sage euch: Ihr werdet die Städte Israels nicht ausrichten, bis des Menschen Sohn kommet.*

Als er sich wieder auf den Bauch drehte, war das Ufer plötzlich weit entfernt. Beim Zurückschwimmen spürte er die Strömung, die ihn hinaus in die Massachusetts-Bai ziehen wollte. Will stand mit in die Hüften gestemmten Armen bis zum Nabel im Fluss und beobachtete ihn. Ned trat auf der Stelle Wasser und winkte Will zu, da fiel ihm ein Mann auf, der hinter Will im Schatten der Bäume stand. Er konnte den Fremden nicht genau erkennen. Er war schwarz gekleidet, hatte dunkles Haar, einen kurzen dunklen Bart und stand vollkommen regungslos da. Kaum hatte Ned ihn bemerkt, stellte er fest, dass er wieder abtrieb. Die Strömung zerrte so stark an ihm, als könnte sie ihn, wenn er sich nicht dagegen wehrte, den ganzen Weg zurück nach England ziehen. Der Panik nahe, nahm er den Kopf herunter und schwamm mit aller Kraft in Richtung Ufer. Er zog die Arme durch und trat wie wild mit den Beinen. Als seine Füße schließlich den schlammigen Untergrund berührten und er sich wieder aufrichten konnte, war der Fremde verschwunden.

Er stolperte durch das Wasser und ließ sich atemlos und mit klopfendem Herzen ins Gras fallen. Will lief zu ihm, stand dann mit der Sonne im Rücken vor ihm und blickte lachend zu ihm hinunter. »Ich schwöre, in meinem ganzen Leben habe ich noch nie jemand derart schnell schwimmen sehen. Als wäre der Leviathan hinter dir her gewesen.«

Das hatte Ned schon lange nicht mehr erlebt: einen lachenden Will. Er stützte sich auf die Ellbogen, hustete und spuckte einen Mundvoll Flusswasser aus. Er sah zu den Bäumen hinüber, deren Blätter in der sanften Brise raschelten. Vielleicht hatte er sich die Gestalt nur eingebildet. Seinem Schwiegersohn gegenüber erwähnte er die Sache nicht, weil er ihm nicht die Laune verderben wollte. »Der Fluss ist wie der Mann, nach dem er benannt ist. An der Oberfläche wirkt er überaus freundlich, aber darunter will er einem ans Leben.«

Will lachte wieder, streckte die Hand aus und half Ned auf die Beine. Sie ließen sich von der Sonne trocknen, streiften dann die sauberen Hemden über und gingen auf der leeren Straße zum Haus zurück. Zwei englische Königsmörder, Arm in Arm.

Mrs Gookin stand mit umgebundener Schürze vor dem Herd und bereitete das Abendessen zu, als Ned den Kopf unter dem niedrigen Türstock in die Küche streckte und fragte, ob sie eine Schere und eine Bürste für ihn habe.

Natürlich hatte sie eine Schere, mit Klingen so scharf wie ein Federmesser, und natürlich hatte sie auch eine Bürste. Sie nahm beides aus dem Schrank.

»Und vielleicht noch einen Spiegel?«

Sie gab ihm auch den und sah ihm hinterher, wie er wieder die Treppe hinaufging. An der Stelle, wo er in der Tür gestanden hatte, war ein feuchter Fleck auf dem Boden.

»Wie lange bleiben sie hier, Mama?«, fragte Elizabeth, die den Tisch deckte.

»So lange sie wollen. Dein Vater hat sich da sehr klar ausgedrückt.«

»Aber warum sind sie von England nach Massachusetts gekommen? Für irgendwelche Amtsgeschäfte?«

»Schluss mit der Fragerei. Hol jetzt Wasser.«

Im Speicher stellte Ned den alten Stuhl neben das Fenster und sagte Will, er solle sich setzen. Dann machte er sich daran, ihm die Haare zu schneiden. Seit April waren sie nun auf der Flucht – zuerst anderthalb Monate in England, wo sie in den Häusern fremder Leute geschlafen hatten oder in Scheunen oder unter Hecken. Sie wurden vom Parlament wegen des Versuchs gesucht, die Armee zum Widerstand gegen das Abkommen mit dem exilierten Karl II. aufzustacheln. Und dann waren sie zehn Wochen lang auf dem stinkenden Schiff eingesperrt gewesen. Wills dunkle Locken fielen in Büscheln zu Boden.

Schließlich protestierte Will. »Das reicht jetzt, Ned. Hast du etwa vor, mich kahl zu rasieren?«

»Es reicht noch nicht. Jedenfalls wenn wir anständig aussehen wollen, und das sollten wir tunlichst. Solange wir wie Sträflinge auf der Flucht aussehen, werden wir auch wie solche behandelt. Jetzt das Gesicht, Soldat. Der Bart muss auch runter.«

Er ging vor Will in die Hocke und nahm sich der zotteligen Haare an, die seinem Schwiegersohn fast bis zur Brust reichten. Die Arbeit mit der Schere ging ihm flott von der Hand. Vor dem Krieg, vor langer Zeit in den Zwanzigern, war er in der Schneidergilde in die Lehre gegangen, um von der Pike auf den Tuchhandel zu erlernen. Der Umgang mit der Schere war seinen Fingern immer noch vertraut. Als der Bart fast zur Gänze verschwunden war, kam ein kräftiges, feingliedriges Gesicht voll spiritueller Kraft zum Vorschein – ein Gesicht wie aus der *Geschichte der Märtyrer* von John Foxe, dachte Ned, und genau ein solcher Märtyrer wäre aus dem jüngeren Mann geworden, wenn er ihn nicht zur Flucht überredet hätte.

»So ist es gut.« Er zeigte Will das Ergebnis im Spiegel, reichte ihm dann die Schere und nahm seinen Platz auf dem Stuhl ein. »Jetzt bin ich dran.«

Will zögerte. Sein Schwiegervater war immer ein Mann von repräsentativer Erscheinung gewesen. Er hatte bestickte Wämser und feines Schuhwerk getragen und in der King Street neben dem Whitehall-Palast in einem prachtvollen Haus gelebt. Die Levellers waren nicht die Einzigen gewesen, die ihm Eitelkeit vorgeworfen hatten. Der alte Mann vermisste das feine Leben sicherlich, doch beklagt hatte er sich nicht ein einziges Mal. Allerdings war er unter der Anspannung des letzten Jahres nunmehr vollständig ergraut.

Zaghaft schnitt Will eine Strähne ab.

»Nur zu, Will, herunter mit dem Putz«, befahl Ned aufgeräumt. Als gleich darauf Haarbüschel in der Farbe von Gänsedaunen zu Boden rieselten, nahm er den Spiegel in die Hand und stellte entsetzt fest, dass er so grau geworden war wie die Soldaten, die einst für die Royalisten gekämpft hatten und jetzt als alte Bettler durch die City von London streunten. Er legte den Spiegel beiseite.

Als sie eine halbe Stunde später zum Abendessen in die Küche herunterkamen, sahen sie wie verwandelt aus. Sie trugen nicht mehr die stinkenden ledernen Armeejacken. Nach ihrem Bad im Fluss rochen sie sauber. Wie die beiden jetzt hemdsärmelig mit der Familie Gookin am Tisch saßen, unterschieden sie sich nicht von anderen Engländern in Massachusetts. Gott sei's gedankt, dachte Mary Gookin, vielleicht würden sie ja doch unbemerkt bleiben.

Gookin senkte den Kopf. »O ewiger Gott und Vater, gelobet sei dein heiliger Name um aller Wohltaten und Gaben, damit du unsern Leib so gnädiglich speisest. Verzeihe uns alle unsere Sünden, und siehe nicht an unsere Missetaten. Erhalte und schütze deine allgemeine Kirche in diesen Zeiten der Not, und verleihe uns Gesundheit, Frieden und Wahrheit in Jesu Christo, unserm Herrn und einzigen Heiland. Amen.«

»Amen.«

Gookin hob den Kopf, lächelte und breitete die Hände aus. »Esst.«

Es war ein wahrlich einfaches Mahl – frisch gebackenes Brot, Käse, eingelegte Zunge. Die Gäste machten sich darüber her wie halb Verhungerte, auch wenn sie sich um einen Rest an guten Manieren bemühten, das Brot in kleinen Brocken aßen und jeden Bissen erst gut kauten, bevor sie den nächsten hinunterschlangen. Gookin holte einen Krug Bier. Ned trank gern davon, aber Will lehnte ab, worauf Gookin, als wäre das eine Erklärung für Wills Abstinenz, zu seiner Frau sagte: »Wills Vater war ein Geistlicher mit rigiden puritanischen Prinzipien.«

»Ist dem so, Oberst Goffe?«, fragte sie höflich.

»Äußerst rigide«, sagte Will, nachdem er wieder ein Stück Brot hinuntergeschluckt hatte. »Er hat sich geweigert, während einer Taufe das Kreuzeszeichen zu machen oder bei einer Trauung den Austausch von Ringen zu erlauben oder ein Chorhemd zu tragen. Irgendwann hat er sogar eine Petition an den König unterzeichnet, die sich gegen derartige Praktiken wandte, worauf er seinen Lebensunterhalt in Sussex verloren hat und gezwungen war, nach Wales zu gehen.«

»Und das ist für jedermann eine harte Strafe«, sagte Ned.

Will lächelte und wiegte den Kopf. »Ihr müsst ihm das nachsehen, Mrs Gookin. Derartige Witzeleien muss ich schon seit Jahren ertragen. Ich bin nämlich in Wales geboren, wie Ihr vielleicht bereits an meinem Tonfall erkannt habt.«

Mary lächelte. »Dann seid *Ihr* wohl kein Waliser, Oberst Whalley?«

»Nein, Gott sei's gepriesen, ich stamme aus Nottinghamshire.« Ned nahm einen Schluck Bier. »Aber Wales bringt gute Prediger hervor, das muss ich dem Land zugestehen, und Will ist mit ebenjener Gabe reichlich gesegnet. Oliver hat ihn für den besten Redner der Armee gehalten.«

Oliver. Die unbefangene Vertrautheit, mit der er den Namen fallen ließ, brachte das Gespräch am Tisch kurz zum Erliegen.

Gookin konnte nicht widerstehen, seinen Kindern zu erklären: »Ned ist nämlich der Neffe vom Lordprotektor.« Er bereute das Gesagte sofort. Mary warf ihm einen scharfen Blick zu, während die Kinder interessiert nachfragten.

»Wie war er?«

»Habt Ihr ihn oft getroffen?«

»Erzähl noch was vom Lorbebäcker, Ned …«

Ned lachte und hob die Hände. »Das sind zu viele Fragen auf einmal.«

»Habt Ihr Seine Hoheit gut gekannt?«

»Ja, ziemlich gut.«

Er hätte sagen können, dass sie im selben Jahr geboren wurden, dass sie von klein auf eng befreundet gewesen waren und gemeinsam die Universität besucht hatten, dass sie zusammen ausgeritten waren, mit Falken gejagt und am Spieltisch gesessen hatten (was vor Olivers Glaubenswechsel stattgefunden hatte), dass sie zusammen in London ein Haus bewohnt hatten, bevor sie beide heirateten, dass Oliver ihn überredet hatte, Soldat zu werden, und ihn zum Generalkommissar der gesamten englischen Kavallerie befördert hatte, dass sie Seite an Seite bei Marston Moor, Naseby und in einem Dutzend weiterer Schlachten gekämpft hatten, dass er während Cromwells Herrschaft für die militärische Sicherheit des Lordprotektors verantwortlich gewesen war, dass er an seinem Totenbett gesessen hatte, dass er ohne Oliver ein unbedeutendes Leben als erfolgloser Tuchhändler und gescheiterter Gutsbesitzer gelebt und nie das Todesurteil des Königs unterzeichnet hätte und dass er deshalb in seinem hohen Alter auch nie in einem Speicher auf der anderen Seite der Welt gelandet wäre.

Stattdessen sagte er nur: »Ich werde euch ein andermal von ihm erzählen.«

Um das Thema zu wechseln, sagte Gookin schnell: »Vielleicht erweist Ihr uns die Gunst eines Vortrags im Versammlungshaus, Will? Wir würden uns über eine Einweisung freuen.«

»Ist das klug, sich in aller Öffentlichkeit zu zeigen?«, fragte Mary.

»Ein berechtigter Einwand«, sagte Will. Er sah Rat suchend zu Ned. »Außerdem bin ich, was das öffentliche Reden anbelangt, etwas aus der Übung.«

»Wir sind nach Cambridge gekommen, um Männern und Frauen gleicher Gesinnung zu begegnen«, sagte Ned. »Wenn man uns einlädt, zusammen die Heilige Schrift zu studieren, so sollten wir das tun. Warum sonst sind wir hier? Schließlich, Mrs Gookin, können wir nicht den Rest unseres Lebens wie Gefangene in einem einzigen Raum zubringen, so prachtvoll Euer Speicher auch sein mag.«

Mary öffnete den Mund zu einer Entgegnung, besann sich aber eines Besseren.

Nach dem Essen wünschten die Offiziere ihren Gastgebern eine gute Nacht und zogen sich in den Speicher zurück.

Ned stand am Fenster, rauchte seine Pfeife und schaute hinunter auf den im Dämmerlicht blaugrauen Fluss und die dunklen Stützpfeiler der noch unvollendeten Brücke, die wie die Spieren eines Schiffswracks bei Ebbe aus dem Wasser ragten. Er öffnete das Fenster. Eine leichte Brise kräuselte den in der Luft hängenden Rauch. Früher war er zu dieser abendlichen Stunde oft von seinem Haus zum Whitehall-Palast nebenan gegangen, um mit dem Lordprotektor eine Pfeife zu rauchen. Den Tabak liebte Cromwell fast so sehr wie die Musik. Manchmal, wenn er jemand spielen oder, noch besser, wenn er jemand singen hörte, dann streifte er so lange durch seine offizielle Residenz, bis er die Quelle gefunden hatte, und hörte mit Tränen in den Augen zu.

Wenn ihr wissen wollt, wie er war: Das ist etwas, womit ihr vielleicht nicht gerechnet habt.

Will saß am Tisch und beugte sich über sein Tagebuch. Er schrieb in Kurzschrift, zum Schutz vor fremden Augen und um Papier zu sparen. Er hatte nur wenige Notizbücher mitnehmen können und hatte keine Ahnung, wann er Nachschub beschaffen konnte.

27. Juli 1660. Wir gingen am Morgen zwischen der 8. & 9. Stunde zwischen Boston und Charlestown vor Anker: Gottes schützender Hand sei es gedankt alle bei guter Gesundheit. Die sollen dem Herrn danken um seine Güte und um seine Wunder, die er an den Menschenkindern tut, Psalm 107:21, &c.

Für mehr war er zu müde. Er blies die Tinte trocken und kniete sich dann neben das Bett, um für Frances und beider fünf Kinder zu beten. Das älteste war sechs, das jüngste noch ein Säugling, der während ihrer Flucht zur Welt gekommen war und den er nie zu Gesicht bekommen hatte. »Dick, Betty, Frankie, Nan und Judith – behüte und beschütze sie, o Herr, vor allem Übel und erlöse sie durch deine heilige Gnade.« Ned hatte recht: Es war töricht, seinen Gedanken an sie zu oft nachzuhängen. Er musste daran glauben, sie wiederzusehen. Ihre Trennung konnte nur auf Gottes weisem Plan beruhen. Beim Anblick der Gookins war ihm die eigene Kinderschar aber wieder vor Augen getreten. Und doch stellte er fest, dass die Bilder von ihnen mit jedem Tag verschwommener wurden. Die Kleinen hatten jetzt sicher schon mit Laufen und Sprechen angefangen. Sie konnten einfach nicht mehr die sein, die er vor Augen hatte. Er sah sie wie durch Nebel.

Ein Pochen rief ihn in die Gegenwart zurück. Ned klopfte am Fensterbrett seine Pfeife aus. Wills Gedanken wurden schwer, die Müdigkeit übermannte ihn. Er konnte gerade noch aufs Bett kriechen. Das fremdartige Gefühl, auf einer Matratze und nicht in einer Hängematte zu liegen – die Festigkeit, das ausbleibende Meereswogen, weder Stimmengewirr noch Schritte auf einem Deck über ihm, die Stille. Er nahm kaum das Quietschen der Matratze wahr, als Ned sich neben ihm ausstreckte, und im Nu war er fest eingeschlafen.

KAPITEL 4

Richard Nayler verließ Stathern Hall am Samstag bei Sonnenaufgang. Vorsichtshalber schob er sich seine Pistole in den Gürtel. Gut möglich, dass Oberst Hacker auf seinem Anwesen Waffen versteckt hatte, und wer konnte schon sagen, wozu seine Frau in ihrer Verzweiflung imstande wäre. Leise schloss er die Tür hinter sich.

Er machte sein Pferd los und holte ihm einen Eimer Wasser. Während es auf der Obstwiese graste, wickelte er das Todesurteil in ein Stück Stoff, verstaute dieses sorgfältig in einer der Satteltaschen und zog die Riemen fest. Bevor er aufstieg, blickte er ein letztes Mal zum Haus. Die Fenster waren dunkel und leer und so leblos wie ein Mausoleum. Um fünf Uhr war er unterwegs.

Er ritt im Galopp in den Sommermorgen, den Oberkörper aus dem Sattel vorgebeugt, die Ellbogen eng an den Knien, den Blick starr geradeaus. Er ritt auf geschwungenen, verlassenen Wegen, ritt durch Dörfer, die gerade zum Leben erwachten, und erst nachdem er ein paar Meilen zwischen sich und Stathern Hall gelegt hatte, verlangsamte er das Tempo ein wenig. Um neun Uhr hatte er die Ruinen des alten römischen Forts erreicht, das die Kreuzung Fosse Way und Watling Street markierte. Die uralte Straße führte geraden Wegs gen Süden.

Im Laufe des Tages wechselte er zweimal das erschöpfte Pferd, das erste Mal in Burbage, dann noch einmal in Towcester. Erst am frühen Nachmittag, als er laut den Meilensteinen ganz in der Nähe des Schlachtfelds von Naseby sein musste, gestattete er dem Pferd ein, zwei Meilen gemächlichen Trabs. Er schaute nach links über die flache Landschaft von Northamptonshire und versuchte einen Hinweis auf den schrecklichen Tag von vor fünfzehn Jahren zu finden. Im Frühsommernebel eines Junimorgens waren hier Prinz Ruprechts Kavaliere durch Ginstergestrüpp und zwischen Kaninchenbauten hindurch dem Feind entgegen einen Hügel hinaufgestürmt, wo tausend »Gott ist unsere Kraft« brüllende Eisenreiter – unter dem Kommando von Oberst Edward Whalley, wie er später erfuhr – sie von der Seite angriffen. Nayler hatte noch einen Schuss abfeuern können, dann war die Kavallerie der Rundköpfe in ihre vorderste Linie eingedrungen. Sein Pferd war tödlich getroffen unter ihm zusammengebrochen.

Er lag damals eingeklemmt unter seinem toten Pferd, den ganzen Tag zwischen den Leichen, blutend, ein Bein zerschmettert und zu keiner Bewegung fähig. Er hörte das Stöhnen seiner verwundeten Kameraden und hielt bis zum Einbruch der Nacht aus, dann wurde er ohnmächtig. Als Nächstes erinnerte er sich an das Geräusch von Schüssen, etwas Spitzes bohrte sich in seine Brust, und als er die Augen öffnete, standen zwei Musketiere der Rundköpfe mit geladenen Gewehren über ihm und diskutierten darüber, ob sie ihm den Rest geben sollten oder nicht. »Warte«, sagte der eine. »Er sieht uns an.« Sie warfen ihn auf eine Karre, und so hatte er überlebt, auch wenn er sich in den folgenden Monaten oft wünschte, das wäre nicht der Fall gewesen. Gegen alle Wahrscheinlichkeit lebte er jetzt also und befand sich auf der Gewinnerseite, und er würde bestimmt nicht den Fehler begehen, Gnade walten zu lassen.

Er gab dem Pferd die Sporen und stürmte im Furor der Rache in einer Staubwolke weiter gen Süden.

In jener Nacht machte er zwanzig Meilen nördlich von London in St Albans halt, wo er sich im White Hart Inn mit zwei Reisenden ein Bett teilte – einem Getreidehändler aus Lincoln und einem Infanteriehauptmann, der zu seinem Regiment in Yorkshire unterwegs war. Als Nayler am Sonntagmorgen seine Reise fortsetzte, schnarchten die beiden noch. Gegen Mittag ritt er den Ludgate Hill hinab durch die City von London. Als wollten sie ihn bei seiner triumphalen Rückkehr willkommen heißen, erklangen in seinen Ohren die Glocken der Sankt-Pauls-Kathedrale. Er ritt auf direktem Weg zum Worcester-Haus in der Strand, hatte das Gebäude aber kaum betreten, als er von einer der Wachen des Lordkanzlers aufgehalten wurde.

»Richard Nayler«, sagte er. »Für Sir Edward Hyde.« Er war verdreckt, unrasiert, trug die staubige Satteltasche unter dem Arm und war schweißnass von Krämpfen und alten Schmerzen. Er wollte an der Wache vorbeigehen, aber der Mann versperrte ihm den Weg.

»Sir Edward weilt mit seiner Familie beim Gebet.«

»Dann meldet mich, sobald er fertig ist.«

Die Wache musterte ihn von oben bis unten. »Ihr wisst schon, dass heute der Tag der Ruhe ist?«

»Ich weiß, dass Ihr ein Trottel seid. Sagt ihm, ich habe das Urteil – genau so, versteht Ihr? Er weiß, was gemeint ist.«

Nayler humpelte durch den Gang zum Empfangsraum und setzte sich dort auf einen der Stühle. Die Grobheit der Wache empfand er nicht als Beleidigung. Er war es gewohnt, nicht erkannt zu werden. Ihm war das sogar lieber. Anonym konnte man wirkungsvoller agieren. Die Leute redeten drauflos und verrieten sich dabei. Vor seiner jetzigen Stellung war er Privatsekretär beim Markgrafen von Hertford gewesen. Nachdem der König wieder eingesetzt worden war, hatte der Markgraf ihm als Belohnung für seine langjährigen treuen Dienste einen Posten in der neuen Regierung verschafft.

Er hätte in angemessenem Rahmen jeden Posten haben können – im Schatzamt, bei der Marine, im Lordkanzleramt. Aber er hatte um eine Stellung im Kronrat gebeten, dem Beratungsgremium des Königs, und dort insbesondere in dem Ausschuss, der für die Ergreifung der Königsmörder geschaffen worden war. Die Arbeit lag ihm. Er hatte weder Frau noch Kinder, die ihn ablenken könnten. Für Müßiggang hatte er keine Zeit. Seine Reputation wuchs bereits. Er war eine jener Schattengestalten, die sich anonym zu allen Zeiten in den privaten Zwischenräumen und politischen Geheimkammern eines jeden Landes tummelten – ein Wort hier, eine Warnung dort, ein weitergegebenes Geheimnis, eine verratene Person. Er agierte als eine höchst nützliche Schattengestalt, die dafür sorgte, dass Dinge in die Tat umgesetzt wurden. Er streckte sein Bein aus und massierte den schmerzenden Muskel.

Nach wenigen Minuten erschien einer der Sekretäre des Lordkanzlers, ein geckenhafter, bräsig aussehender junger Bursche, sicherlich ein Verwandter eines Höflings. »Sir Edward ist gerade zu Tisch.« Er streckte die Hand aus. Spitzenwerk säumte sein Handgelenk, die Finger hatten schwer an den Ringen zu tragen. »Dennoch wünscht er das Schriftstück zu sehen, das Ihr erwähntet.«

Nayler zögerte, nahm das Dokument dann aber aus der Satteltasche und schaute ihm etwas neidisch hinterher, als es die Treppe hinaufgetragen wurde. Da er um die schwachen Seiten großer Männer wusste, hatte er gehofft, es Sir Edward persönlich überreichen zu können. Bald darauf wurde er jedoch befriedigt Zeuge der Wirkung, die das Schriftstück offenbar entfaltete. Plötzlich erwachte das große Palais aus seiner sonntäglichen Erstarrung, Befehle wurden gerufen, Kuriere eilten an der offenen Tür vorbei. Nach etwa einer halben Stunde war aus dem Innenhof das Geräusch einer heranrollenden Kutsche zu hören, und die langnasige Bluthundgestalt von Sir William Morice, Staatsseketär für das nördliche Departement, schlurfte herein. Ihm folgten kurz darauf Sir Anthony Ashley-Cooper und Sir Arthur Annesley, beide Mitglieder des Kronrats, die wie üblich gemeinsam erschienen, und ebenfalls wenig später tauchte der Sekretärsgeck wieder auf, der sich nun wesentlich ehrerbietiger zeigte.

»Sir Edward lässt Euch seine Grüße ausrichten, Mr Nayler, und verlangt Eure Anwesenheit bei einer Ratssitzung.«

Nayler nahm seine Satteltasche und folgte dem schmalhüftigen Sekretär in die Emporenhalle, die Haupttreppe hinauf und durch eine Abfolge von Empfangsräumen, die einen Blick über den Garten bis zur Themse boten, bis sie schließlich das private Arbeitszimmer des Lordkanzlers erreichten, wo der Sekretär einen Schritt beiseitetrat und ihm mit einer Handbewegung einzutreten bedeutete.

Wie immer war er überrascht, wie klein der Raum war, sozusagen kaum größer als eine Abstellkammer – die Wände holzvertäfelt, die Decke niedrig, die Luft stickig, mit dem winzigen Bleiglasfenster so düster, dass selbst an diesem Sommernachmittag Kerzen brannten. Und doch wurde England von hier regiert. Der schwere Tisch stand auf einem türkischen Teppich, der fast den gesamten Boden bedeckte. Nayler erfasste mit einem Blick die Mitglieder des Ausschusses – Morice an einer Seite, Ashley-Cooper und Annesley ihm gegenüber und am Kopfende des Tischs, gegenüber der Tür, des Königs Erster Minister Sir Edward Hyde. Er war unglaublich dick und saß ein Stück vom Tisch entfernt schräg zu den anderen, weil seine arthritischen Beine auf einem Hocker ruhten. Er las das Urteil und schaute nicht auf.

»Was ist das für ein Mensch, der ein derartiges Schriftstück noch aufbewahrt, nachdem seine Feinde an die Macht zurückgekehrt sind und er weiß, dass es ihn an den Galgen bringen wird? Könnt Ihr mir das beantworten, Mr Nayler?«

»Ein Fanatiker, Mylord.«

»Nun ja, ich glaube, da hat er in Euch seinen Meister gefunden.« Hyde hob nun den Blick und musterte Nayler aus den Augenwinkeln. »Nach Leicestershire und zurück in vier Tagen, das ist eine Leistung. Ihr habt nicht daran gedacht, jemand anderes zu schicken?«

»Ich erachtete den Auftrag als zu wichtig.«

Hyde nickte. »Richtig. Die Störung des Sabbats sei Euch verziehen.« Er nahm die Lektüre des Dokuments wieder auf, streckte gleichzeitig einen seiner Wurstfinger aus und deutete zum Tischende. »Setzt Euch.«

Nayler nahm seinen Hut ab und setzte sich. »Ich danke Euch, Mylord, aber in Wahrheit bin ich nur der Bote. Das Verdienst liegt ganz bei Sir Arthur und Sir Anthony für ihre Überredungskünste, die Oberst Hacker veranlassten, die Existenz des Schriftstücks preiszugeben.«

Überredungskünste, was für eine Beschönigung. Während er, Nayler, bei Hackers Vernehmung in einer Ecke saß und sich Notizen machte, hatten sie den Wachen im Tower befohlen, so lange mit Knüppeln auf den angeketteten Oberst einzudreschen, bis er alles, was er wusste, auskotzte. Beide waren Advokaten, die unter Cromwell gedient hatten, bevor sie ihre geschmeidige Loyalität dem König angedient hatten. Nayler schaute über den Tisch zu ihnen hinüber. Sie nickten ihm anerkennend zu. Er wusste, wie sehr sie bestrebt waren, ihren Eifer bei der Verfolgung ihrer früheren Kameraden zu beweisen.

»Hacker ist jetzt noch mehr ein toter Mann, als er es zuvor schon war«, sagte Hyde. »Was ist mit den beiden anderen

Offizieren, die das Todesurteil erhalten haben, Phayre und Huncks?«

»Beide in Gewahrsam, Mylord, und beide beharren darauf, den Befehl verweigert zu haben. Huncks behauptet, Cromwell habe ihn wegen seiner Feigheit misshandelt. Beide schieben alle Schuld auf Hacker.«

»Es ist wohl nun unsere Pflicht, das Todesurteil dem Oberhaus zu übergeben, oder?«

»Ja, Mylord«, sagte Annesley. »Zunächst muss es aber dem Leutnant im Tower übergeben werden, wo Hacker noch die Echtheit beschwören muss. Dann wird man es wie angewiesen den Lords zukommen lassen.«

»Und das muss wann geschehen? Sofort? Morgen?« Annesley und Ashley-Cooper nickten beide. Hyde seufzte. »Das wird wieder für Aufruhr im Parlament sorgen.« Er wandte seinen Blick Nayler zu. »Wie viele von den Unterzeichnern sind noch auf freiem Fuß? Das ist die erste Frage, die man uns stellen wird.«

»Wenn Ihr erlaubt, Mylord.« Nayler entnahm seiner Tasche die Liste, die er in der Nacht zuvor in Hackers Arbeitszimmer erstellt hatte. »Ich habe das Urteil durchgesehen. Neunundfünfzig Verräter haben es unterschrieben. Nach meiner Berechnung sind seitdem zwanzig gestorben. Fünfundzwanzig befinden sich in Gewahrsam, sie haben sich ergeben oder wurden gefasst. Einer – Oberst Ingoldsby – wurde von Seiner Majestät in Anerkennung seiner Hilfe bei der Festsetzung der anderen begnadigt. Das heißt, es bleiben insgesamt dreizehn übrig.«

»Und wer sind die?«, fragte Morice. Wie Hyde war er in den Jahren des Exils an der Seite des Königs geblieben. Aber er war ein im Kopf etwas verwirrter alter Mann und würde wahrscheinlich nicht sehr lange als Staatssekretär amtieren können. Dennoch brachte Nayler ihm mehr Respekt entgegen als Annesley und Ashley-Cooper, so schlau sie auch waren. Man ließ ihn also seine Zeit im Amt verdientermaßen vollenden.

»Whalley«, sagte er und fuhr mit dem Finger an den Namen entlang. »Livesey, Okey, Goffe, Hewson, Blagrave, Ludlow, Barkstead, Dixwell, Walton, Say, Challoner und Corbet.«

»Und wie weit sind wir, was ihre Gefangennahme angeht?«

»Livesey vermuten wir mit Frau und Kindern in den Niederlanden. Okey und Barkstead sind in Deutschland gesehen worden. Walton auch, ein alter und – nach allem, was man so hört – sehr kranker Mann. Hewson ist in Amsterdam. Blagrave, Challoner und Corbet sollen Gerüchten zufolge auch in den Niederlanden sein. Say ist in der Schweiz. Vom Rest haben wir noch keine Spur. Wir behalten ihre Familien im Auge.«

Hyde warf das Schriftstück auf den Tisch. »Das Ganze hört einfach nicht auf. Für die Ermordung des Königs hatten lediglich vier Männer sterben sollen, so lautete die Vereinbarung, als wir die Akte der Verzeihung ausgehandelt haben. Und kaum haben wir die Gerichtsunterlagen gefunden – genauer gesagt, Ihr habt sie gefunden, Mr Nayler –, und aus den vieren wurden acht, dann aus acht zwölf, und jetzt haben wir Dutzende. Und jedermann im Parlament hat irgendeinen Feind, den er von der Begnadigung ausnehmen will.«

Morice' Hängebacken bebten. »Ihr wollt doch nicht vorschlagen, Mylord, diese dreizehn in Freiheit zu belassen?«

»Nein, Sir William, das will ich keineswegs. Wir müssen sie zur Strecke bringen. Aber wir sollten die Angelegenheit irgendwie beschleunigen, damit wir uns endlich wieder mit anderen Dingen befassen können.« Während er nachdachte, hob er seine Perücke ab und kratzte sich am schweißnassen Schädel. Schließlich setzte er sie sich behutsam wieder auf den Kopf.

»Ich schlage vor, wir konzentrieren unsere Bemühungen auf die, die wir in Gewahrsam haben. Durch die Entdeckung des Todesurteils können wir den Fall gegen sie schnell abschließen.« Er wandte sich wieder an Nayler. »Die sich in der Hoffnung auf Gnade ergeben haben, werden die immer noch ohne Anklage im Lambeth-Haus festgehalten? Und nicht im Tower?«

Nayler nickte. »Um andere zu ermutigen, ihrem Beispiel zu folgen.«

»Nun, wir können davon ausgehen, dass keiner dieser Flüchtigen sich noch aus freien Stücken ergeben wird, sonst hätte er das bis jetzt schon getan. Deshalb ist es an der Zeit, den nächsten Schritt zu unternehmen.«

»Und das wäre, Mylord?«

»Wir verfrachten die Gefangenen umgehend in den Tower und stellen sie so schnell wie möglich vor Gericht.«

»Es wird also niemand mehr begnadigt?«, sagte Ashley-Cooper.

»Niemand.«

»Obwohl sie sich in der Erwartung auf Gnade ergeben haben?«

»Sie waren eben Idioten. Und ja, ich hätte gern eine andere Lösung bevorzugt. Gott weiß, dass ich den König vor all dem, was anstehen könnte, gewarnt habe. Aber die augenblickliche Stimmungslage im Parlament lässt mir keine Wahl. Seid Ihr anderer Meinung?«

»Nein, nein«, sagte Annesley eilig. »Wir sind alle Eurer Meinung, Mylord.«

»Mr Nayler?«

»Sie haben gegenüber dem König keine Gnade walten lassen, warum sollte man sie ihnen erweisen?«

»Gut gesagt. Dann werde ich also dem König und dem gesamten Kronrat empfehlen, so zu verfahren.«

»Und die Gefangennahme der anderen?«, fragte Nayler.

»Das verbleibt in Eurer Verantwortung, Mr Nayler. Die Arbeit ist ganz offensichtlich nach Eurem Geschmack.« Hyde hielt das Dokument in der ausgestreckten Hand und drehte den Kopf zur Seite, als erachtete er allein die Berührung dieses Papiers als degoutant. »Ihr bringt das jetzt am besten in den Tower hinüber.« Nayler stand auf, ging um den Tisch herum und nahm das Dokument entgegen. »Haltet uns über Eure Fortschritte auf dem Laufenden. Und jetzt habe ich mit meinen Kollegen noch eine heikle Angelegenheit zu erörtern.«

Damit betrachtete sich Nayler als entlassen. Er griff nach seiner Satteltasche und verbeugte sich vor den Anwesenden. »Mylords.«

Vor der Tür blieb er kurz stehen, scheinbar um das Todesurteil in seiner Tasche zu verstauen, was aber nur ein Vorwand zu lauschen war.

»Ein wahrhaft diensteifriger Bursche«, hörte er Morice anerkennend sagen.

Und dann vernahm er Hydes schrill keuchende Stimme. »In der Tat ein sehr eilfertiger Bursche. Zweihundert Meilen in vier Tagen? Wo diese Verbissenheit wohl herrühren mag.«

Er hätte gern noch ein paar Dinge mehr aufgeschnappt, aber der Sekretärsgeck wartete schon, um ihn nach draußen zu begleiten. Während sie sich von der offenen Tür entfernten, spitzte er angestrengt die Ohren, aber zu seinem Ärger verblassten die Stimmen zu einem unverständlichen Brummeln.

Die Südseite der Strand entlang zogen sich auf einer Strecke von einer Meile die prächtigen Paläste und Gärten des Adels bis zur Themse hinunter – zuerst Somerset-Haus im Osten, dann Worcester-Haus, Arundel-Haus und York-Haus bis Northumberland-Haus an der Abzweigung in die Whitehall. Inmitten dieser stattlichen Gebäude, heruntergekommen im Bürgerkrieg und den mageren Jahren des Protektorats, befand sich Essex-Haus, das elisabethanische Herrenhaus, das als die Londoner Residenz von William Seymour, 1. Markgraf von Hertford, diente. In diesen Tagen war es weniger ein Haus als ein Labyrinth aus Unterkünften in verschiedenen Gebäuden – zweiundvierzig Zimmer insgesamt, die meisten zur Erzielung von Einkommen vermietet. Hier, in diesem Monument royalistischen Niedergangs, wohnte Nayler seit vierzehn Jahren mietfrei als Mitglied des Haushalts des Markgrafen.

Er durchquerte den kopfsteingepflasterten Innenhof, ging an vom Wind aufgewehten Müllbergen vorbei, in denen Ratten raschelten, bis zu einer schweren Eichentür im Westflügel. Dort zog er einen Schlüsselbund hervor, schloss auf und stieg dann die Treppe bis ins oberste Stockwerk hinauf. Am Ende des dunklen Gangs öffnete er eine zweite Tür. Keiner der Diener besaß einen Schlüssel. Die Hitze der seit vier Tagen eingesperrten Luft schlug ihm ins Gesicht, als hätte er eine Ofenklappe geöffnet. In der Mitte des Raums, der ihm als Arbeitszimmer diente, kreiselte eine Säule aus Fliegen, andere schwirrten hilflos gegen das Bleiglasfenster. Auf jeder freien Fläche breiteten sich Berge mit vergilbten Papieren aus – der Prozess gegen die Königsmörder, mit Vollmacht sichergestellte Briefe, aber auch Sitzungsprotokolle, die er in vergessenen Winkeln von Advokatenbibliotheken und Familienarchiven, auf Speichern, in Kellern und unter Abfallhaufen aufgespürt hatte. Auf allem hatte sich rötlicher Staub niedergelassen, Dreck und Fäulnis, die dem Raum das eigentümliche Aroma von moderiger Trockenheit verliehen. Er ging zum Fenster und setzte dabei jeden Schritt sorgfältig zwischen die Stapel, was ein gelegentliches Stolpern aber nicht verhinderte. Das Papier raschelte wie totes Blattwerk, und seine Schritte wirbelten vom Teppich schwarze Sporenwolken auf. Sofort war seine Nase verstopft, und er spürte, wie sich jene widerlichen Kopfschmerzen ankündigten, die sich üblicherweise von der Nase bis hinter die Augen ausbreiteten.

Er öffnete das Fenster. Keine hundert Schritt entfernt floss träge die Themse vorbei. Die Ebbe entblößte schwarze Buckel klatschnassen, von grünen Algensträngen durchzogenen Schlicks. In der heißen Sonne stank es nach Meer und Moder. Menschliche Gestalten suchten nach Dingen, die sie brauchen oder verkaufen könnten. Über ihnen kreisten kreischende Möwen. Gelegentlich schoss eine nach unten, ließ sich kurz nieder und stieg gleich wieder auf. Nahe dem Ufer befand sich unten im Garten das Tor, das auf den Privatsteg hinausführte. Nayler verrenkte den Hals. Das Boot des Markgrafen war nicht da. Er vermutete, dass der alte Mann sich flussaufwärts hatte rudern lassen, um auf Schloss Hampton Court den König aufzusuchen.

In der Hoffnung auf etwas Durchzug ging Nayler in seine kleine Eckschlafkammer und öffnete ein zweites Fenster. Es befand sich an der Seite des Hauses, von wo man hinunter in die Milford Lane sah, die zwischen dem Essex-Haus und dem Arundel-Haus verlief – eine berüchtigte schmale Straße mit Bierschenken, billigen Läden, Bordellen und Mietshäusern, deren Bewohner nicht einmal die Anhänger Cromwells hatten zu Gott bekehren können. Es war ungewöhnlich ruhig an diesem Sonntagnachmittag. Seiner Erfahrung nach hielten Huren und Schankkellner den Sabbat genauso penibel ein wie jedermann sonst. Einige Male war er in den vergangenen Jahren selbst dort hinabgestiegen, wenn er die Einsamkeit und das schmerzende Verlangen nicht mehr hatte ertragen können.

Er schaute noch ein paar Minuten zum Fenster hinaus und drehte sich dann um. Er hielt die Schlafkammer frei von Papier und jeglicher Dekoration – mit Ausnahme einer Miniatur, die über dem Toilettentisch seiner Frau hing. Darunter stand eine Kerze, die er gern abends entzündete, um in ihrer Gesellschaft einschlafen zu können. Jetzt blickte sie ihn unter ihren dunklen Ringellocken hindurch an, ungefähr wie Sir Edward Hyde am Konferenztisch – der Kopf im Profil, ihm halb zugewandt, mit fragendem Gesichtsausdruck, wissend, amüsiert.

Zuletzt gesehen hatte er sie am Weihnachtstag 1657, als sich der gesamte Haushalt verbotswidrig in der Privatkapelle versammelt hatte, um die Geburt Christi zu feiern. Nach Ende der Predigt, der Priester teilte an der Kommunionbank – eine Kirchenvorrichtung, die für sich schon widerrechtlich war – gerade das Sakrament aus, flog auf einmal die Tür auf, und eine Reihe Soldaten kam hereinmarschiert und umstellte die Gemeinde. Sie richteten ihre Musketen auf die Kommunikanten, gestatteten ihnen aber noch, den Wein und die Hostien zu empfangen. Als Nayler mit Sarah zurück zur Sitzbank ging, fiel ihm auf, dass sich unter den Soldaten kein einziger befehlshabender Offizier befand. Als sie sich gesetzt hatten, nahm Sarah seine Hand und legte sie auf ihren Bauch. Er spürte den Tritt unter seiner Hand – er konnte ihn jetzt noch spüren, zweieinhalb Jahre später, ein festes, dumpfes Klopfen, wie ein Herzschlag. Sie hatte dabei kein Wort gesagt. Später erst begriff er, dass sie ihm auf diese Weise hatte sagen wollen, jetzt bloß keine Dummheit zu begehen, aber das hatte er sowieso nicht beabsichtigt.

Als jedoch nach mehreren Stunden, die sie als Gefangene auf der Kirchenbank ausharrten, schließlich zwei Offiziere erschienen – beide im Rang eines Obersts –, durch den Mittelgang zum Altar schritten und nach dem Grund für die gesetzwidrige Versammlung verlangten, spürte er, wie ihn die Wut zu überkommen drohte.

»Heute ist ein ganz gewöhnlicher Dienstag«, sagte der jüngere der beiden Offiziere. »Ein Wochentag wie jeder andere. Den Aberglauben der Geburt Christi zu feiern ist kraft Parlamentsbeschlusses verboten. Somit steht Ihr alle unter Arrest.«

Niemand erhob das Wort. Nicht einmal der Markgraf, der schweigend in der ersten Reihe saß. In die Stille hinein hörte sich Nayler flüstern: »Es ist keineswegs gegen das Gesetz, Gott zu huldigen.«

»Wie war das, Sir?«, sagte der Offizier.

Er wiederholte es lauter. »Ich habe gesagt, es sei nicht gegen das Gesetz, Gott zu huldigen.«

»Es gilt als Verstoß, dazu die Agende der englischen Kirche zu verwenden, was auf nichts anderes als die katholische Messe in englischer Sprache hinausläuft.«

Er spürte, wie Sarah seinen Arm umklammerte, konnte sich aber nicht zurückhalten. »Ich war der Meinung, Ihr habt den Krieg für die Freiheit des Gewissens geführt.«

»Für die Freiheit des Gewissens, Sir, nicht für Hochverrat. Das alte Gebetbuch bedeutet, dass Ihr vor allem für Karl Stuart betet – wollt Ihr das abstreiten?«

»Wir beten für alle christlichen Könige, Prinzen und Statthalter.«

»Dann betet Ihr also auch für den König von Spanien«, sagte der ältere Offizier. »Und der ist Feind und Papist zugleich.«

»Wir beten nur zu Gott, dass er alle Herrscher segne. Hier ist kein Papist.«

Die Offiziere hatten genug gehört. »Verhaftet den Mann.«

Nayler blieb keine Zeit, sich von Sarah zu verabschieden oder sie auch nur noch einmal richtig anzusehen. Er war so außer sich vor Zorn, dass er die beiden Soldaten, die sich hinter ihm aufgestellt hatten, nicht bemerkt hatte. Er hörte Sarah schreien, aber bevor er begreifen konnte, was gerade mit ihr passierte, wurde er schon weggezerrt, erst in den hinteren Teil der Kapelle und dann hinaus in die Kälte des Dezembers. Sie schleppten ihn durch die Straßen, die am Tag des Weihnachtsfests wie ausgestorben dalagen, was die Armee wohl besonders empört hatte. Schließlich erreichten sie das Newgate-Gefängnis, wo sie ihn in eine Zelle warfen und die nächsten sechs Monate verrotten ließen. Nach seiner Freilassung erfuhr er, dass der Säugling, ein Junge, in der Nacht seiner Verhaftung tot zur Welt gekommen war, eine durch den Schrecken hervorgerufene Frühgeburt, bei der auch Sarah das Leben ließ.

Wo diese Verbissenheit wohl herrühren mag.

Nun ja, da kann ein Mann schon einmal Grund zur Verbissenheit haben, meint Ihr nicht auch, Eure Lordschaft?

Vor allem, wo es sich bei den verhaftenden Offizieren um Oberst Whalley und Oberst Goffe handelte, gesucht wegen Königsmord und immer noch freien Fußes irgendwo auf Gottes schöner Erde wandelnd – wenn auch nicht mehr lange, Sir, jedenfalls nicht, solange es nach Mr Richard Nayler geht.

KAPITEL 5

Um seinen Schwiegervater nicht aufzuwecken, schlüpfte Will – barfüßig in Hemd und Kniehosen – beim ersten Sonnenlicht an diesem Tag des Herrn vorsichtig aus dem Bett. Aus einer der Hosentaschen zog er ein vergilbtes Blatt Papier, das er hinten aus einem alten Almanach herausgerissen hatte, und setzte sich damit an den Tisch. Er tauchte die Feder ins Tintenfass und schrieb nach kurzem Zögern – mit der gleichen sorgfältig kunstvollen, gewundenen Handschrift, mit der er auch das Todesurteil des Königs unterzeichnet hatte – oben auf das Papier: *Demütigste Bittschrift an die Christliche Gemeinde von Cambridge in Massachusetts, von William Goffe, Esq*.

Er hielt inne, hob den Kopf und suchte im Schatten der Dachschräge nach Inspiration. Man stelle ihn vor ein Publikum, einerlei wie groß, sogar mit Cromwell unter den Zuhörern, und der Herr würde eine solche Flut an Worten in seinen Kopf fließen lassen, dass er nur den Mund öffnen müsste, und sie würden wie eine Fontäne aus ihm heraussprudeln. Schreiben war etwas ganz anderes. Vielleicht wäre er, wenn er wie seine beiden Brüder nach Oxford hätte gehen können, darin selbstsicherer gewesen. Als er ins Alter für die Universität kam, hatte sein Vater jedoch seinen Lebensunterhalt verloren, und Will musste stattdessen eine Lehre als Salzsieder beim »frommen William« Vaughan antreten, einem puritanischen Krämer in

London, wodurch alle weiterführenden Bildungsanstrengungen dahin waren. Nach einer Weile begannen seine Gedanken nun jedoch Form anzunehmen, und schließlich huschte die Feder kratzend über das Papier.

Es dauerte fast eine ganze Stunde, bis er fertig war. Der Text war gestelzt und die Zeichensetzung fehlerhaft, aber seine Worte waren aufrichtig und brachten zum Ausdruck, was er sagen wollte. Er blies über das Papier, lehnte sich zurück und wartete, bis die Sonne ganz aufgegangen war und er von unten Geräusche hörte. Dann stand er auf, ging zum Bett und schüttelte Ned sanft an der Schulter.

»Ich habe etwas geschrieben.«

»Lass sehen.« Ned nahm die Bittschrift, hielt sie auf Armeslänge von sich und las mit zusammengekniffenen, noch verschlafenen Augen.

Bedacht mit der Gnade des Herrn, als er sein Heimatland verließ und die Tiefen des Meeres überquerte, wie auch in diesem Land, wo er ein Fremder ist. Jetzt vor dem Herrn in der kirchlichen Gemeinschaft seines Volkes, wünscht er voller Demut, dass die Gott gebührenden Lobpreisungen seinethalben verkündet werden. Und dass der Herr ersucht werden möge, seinen armseligen, unwürdigen Diener mit seiner Güte und Gnade zu begleiten, dass er gehen möge, wie es der Heiligen Botschaft geziemet, und für immer dem Herrn treu bleibe, ihn liebe und ihm diene unter allen Umständen.

Als er fertig gelesen hatte, nickte er: »Gut ausgedrückt.«

»Und die Grammatik ist auch gut?«

»Kann so durchgehen.«

»Dann sind wir uns einig? Wir geben uns zu erkennen?«

Ned gab ihm die Bittschrift zurück. Sie hatten das Thema den ganzen Tag zuvor von allen Seiten betrachtet. »Was würde Oliver an unserer Stelle tun?«, sagte er. »Er würde sich jedenfalls nicht in einem Speicher versteckt halten, das ist einmal sicher. Er würde am Tag des Herrn hocherhobenen Hauptes aus dem Haus gehen und sich dem öffentlichen Gottesdienst anschließen.«

»Dann gebe ich die Bittschrift unserem Freund.«

Will zog sich die Stiefel an.

Er fand die Gookins unten in der guten Stube. Sie richteten sich gerade für das Versammlungshaus her. Er gab Gookin die Bittschrift und die Empfehlungsschreiben ihrer Pfarrer in London, worin bestätigt wurde, dass sie beide ein Erweckungserlebnis gehabt hätten.

Gookin las die Bittschrift, runzelte die Stirn und kaute auf der Unterlippe. »Ihr versteht, dass ich die Wahrheit sagen muss, was Eure wahre Identität und den Grund für Eure Reise nach Amerika angeht?«

»Ja.«

»Mary, was meinst du?«

Marys Meinung war, dass es ein bisschen spät sei, sie jetzt noch um ihre Meinung zu bitten. Aber sie mochte Will, seine ruhige Ernsthaftigkeit, seine Frömmigkeit, die Fürsorglichkeit, mit der er zu den Kindern sprach. Sie wollte ihn nicht entmutigen. »Was immer du für das Beste hältst.«

In der Ferne begann eine Glocke zu läuten. Gookin stopfte das Papier in seine Hosentasche. »Ich werde Euch Bescheid geben, sobald die Kirchenmitglieder abgestimmt haben.«

Sie verließen das Haus in einer geordneten Prozession, Gookin am Kopf und der kleine Nathaniel als Nachhut. Will zog sich in den Speicher zurück.

»Sie sind weg.«

Ned, der sich mit nacktem Oberkörper über der Wasserschüssel wusch, grunzte.

Will setzte sich wieder auf den Stuhl vor dem Tisch, schloss die Augen, steckte einen Finger an einer beliebigen Stelle in die Bibel und schlug sie auf. Irgendwie führte Gott ihn immer zu einer passenden Stelle, und so war es auch an diesem Morgen. *Herr, erhöre die Gerechtigkeit, merk auf mein Geschrei; vernimm mein Gebet, das nicht aus falschem Munde gehet.*

Ned zog sein Hemd an. Dann ging er ans Fenster und suchte mit dem Fernrohr den Fluss ab. Die Fähre näherte sich. Sie transportierte einen Pferdewagen voller Passagiere und ein halbes Dutzend Männer und Frauen zu Fuß. Alle mittleren Alters. Keine Kinder. Sie schienen es eilig zu haben. Sobald sie die Cambridge-Seite erreicht hatten und die Rampe abgesenkt war, hasteten sie auf der Straße über den Bach, am Haus vorbei und weiter ins Sumpfland, bis sie nicht mehr zu sehen waren. Kurze Zeit später hörte die Glocke auf zu läuten, und es herrschte Stille.

Er schob das Fernrohr zusammen, legte sich aufs Bett und streckte sich aus. In achtzehn Jahren als Offizier hatte er gelernt, wie wichtig es war, Zuversicht auszustrahlen, selbst wenn er sie nicht besaß. Er war sich ziemlich sicher, dass es richtig war, sich zu erkennen zu geben, wenn auch nur deshalb, weil ohnehin schon viele ihre Identität kannten – Kapitän Pierce, einige ihrer Mitreisenden auf der *Prudent Mary,* Gouverneur Endecott, die Gookin-Familie … Sie konnten kaum darauf zählen, dass redselige Kinder so ein Geheimnis bewahren würden. Andererseits war er nicht davon überzeugt, dass die Gemeinde in Cambridge sie willkommen hieße. Was, wenn die Abstimmung gegen sie ausfiel – was dann? Sie hätten ihre Identität für nichts und wieder nichts preisgegeben und müssten schnell weiterziehen. Aber wohin? Dieses wenn auch derart unermesslich große Land hielt im Augenblick nicht gerade ein Übermaß an Zufluchtsorten bereit. Zumindest nicht für zwei Männer von sechzig und zweiundvierzig Jahren, die beide über wenig praktische Fähigkeiten und wenig Geld verfügten.

Als er eine halbe Stunde später hörte, wie die Haustür geöffnet wurde und schnelle Schritte die Stufen heraufeilten, war er in Sachen Ausweichplan kein Stück weitergekommen. Er griff unter das Kopfkissen und legte den Zeigefinger um den Abzug der Pistole, aber als die Tür aufflog, war es nur der junge Sam Gookin, der fast platzte, so wichtig hatte er es.

»Vater sagt, Ihr sollt sofort kommen.«

Sie nahmen ihre Bibeln und folgten ihm nach unten, hinaus auf die Straße und die Anhöhe hinauf zum Dorf. Sie schauten sich neugierig um. Ein halbes Dutzend Holzhäuser wie das der Gookins glänzte frisch in der Morgensonne – alle von der Straße etwas zurückgesetzt, in großen Abständen, auf eigenen eingezäunten Grundstücken. Geradeaus ragten die hohen Dächer und Kamine des Colleges über der Siedlung auf. Sie sahen nirgends eine Menschenseele. Die Weite, das Neue, die Leere übten eine sonderbar beunruhigende Wirkung aus, so als wandelten sie in einem Traum. Ned wurde plötzlich von Heimweh befallen. Lieber Gott, dachte er, daran werde ich mich nie gewöhnen.

Sam lief weiter voraus.

Das Versammlungshaus war ein bescheidener Bau, vierzig mal vierzig Fuß, zwei Stockwerke mit Fenstern, verschalt mit verwitterten Schindeln in silbrigem Fischschuppengrau, ein viereckiges Spitzdach, darauf ein kleiner bienenstockförmiger Glockenturm. Davor standen dicht an dicht Pferde, offene Wagen und Kutschen, aber von innen war kein Laut zu hören. Das einzige Geräusch war das Vogelgezwitscher. Sam öffnete die Tür, und sie betraten einen kühlen, gut beleuchteten Raum mit einer Galerie. Das Erdgeschoss und die Galerie waren vollgepfropft mit schweigenden Menschen – die Männer auf der einen Seite, die Frauen auf der anderen, die Kinder an der Rückwand. Alle drehten sich um, als die beiden Neuankömmlinge eintraten, und in diesem Augenblick war Ned überzeugt, so überzeugt wie noch nie in seinem Leben, dass die Abstimmung gegen sie ausgegangen war. Aber dann stand Daniel Gookin auf und begann zu klatschen, und im nächsten Moment fielen alle anderen ein, und plötzlich war das Holzgebäude mit Applaus erfüllt, und der Pfarrer stieg von der Kanzel herab und ging lächelnd mit ausgebreiteten Armen durch den Mittelgang auf sie zu.

Der Pfarrer begann seine Predigt mit einer Mahnung über die Notwendigkeit, jederzeit zum Sterben bereit zu sein. »Der Sünder muss den Tod bedenken, denn dessen Eintritt ist sicher und nur der Zeitpunkt nicht, und er gehe ein unendliches Wagnis ein, wenn er es nur einen Tag länger versäume, sich seiner Teilnahme in Christo zu versichern.« Er hielt die offenen Hände und die Augen gen Himmel gerichtet, während er mit tiefem, kräftigem Yorkshire-Tonfall seine Zuhörer anhielt, Gottes Gnade in tätiger Gastfreundschaft zu suchen.

Als Ehrengäste durften Ned und Will in der ersten Reihe Platz nehmen. Will hörte die ganze Zeit mit geschlossenen Augen zu, nickte und murmelte zustimmend, während sich Neds Aufmerksamkeit nach einer halben Stunde auf andere Dinge richtete. Mit nur leichten Kopfbewegungen konnte er unbemerkt einen Blick auf die verzückten Gesichter in der Kirchenbank zu beiden Seiten und in der überfüllten Galerie über dem Pfarrer werfen. Schließlich schaute er wieder zur Kanzel. Der Pfarrer war in den Dreißigern, untersetzt, hatte dunkles Haar, einen kurzen, schwarzen Bart und Augenbrauen, die sich in der Mitte trafen und auf der Stirn eine durchgehende dunkle Linie bildeten. Ned kam plötzlich der Gedanke, dass er ihn schon einmal gesehen hatte. Das war der Mann, der sie bei ihrem Bad im Fluss beobachtet hatte.

Er bemühte sich, den Gedanken beiseitezuschieben und sein Herz dem Herrn zu öffnen. Nach einer Stunde endete die Predigt, und er stimmte laut in den unbegleiteten Gesang der Psalmen *(»Ich harrte des Herrn«)* und das Vaterunser ein. Aufmerksam hörte er der Diskussion einer Stelle aus dem Buch Jesaja zu *(»Seid getrost, fürchtet euch nicht! Sehet, euer Gott, der kommt zur Rache …«)*. Nach der Versammlung standen sie draußen in der Sonne, und er strengte sich mächtig an, die Namen all der Kirchenmitglieder zu behalten, die Daniel Gookin ihm vorstellte, von denen der erste Reverend Charles Chauncey war. Der Präsident von Harvard College, eine große, stattliche Galionsfigur von Mann, gut sechzig Jahre alt, gekleidet in schwarzer Amtstracht und begleitet von einem kleinen Geschwader eifriger Studenten, die ständig respektvoll nickten.

»Ich bin davon überzeugt, dass der Herr Euch sowohl zu Eurem wie auch zu unsrem Besten in dieses Land geschickt hat.« Das breite, rosige Gesicht wurde oben von einer ins Orange spielenden Perücke eingefasst und unten von einem weißen Kragen mit Beffchen. Seine Sprache ähnelte der eines Richters, der Urteile verkündete. »Ihr müsst uns zum Essen im College besuchen.«

»Es wäre uns eine Ehre«, sagte Ned. »Nicht wahr, Will?«

»Gewiss, Mr Chauncey, eine Freude, wenn es Euch nicht zu viele Umstände bereitet.«

»Umstände? Ihr seid wie vom Himmel gefallene Engel.«

Nachdem der Präsident und seine Studenten weitergegangen waren, stellte ihm Gookin den Kirchenältesten vor, Mr Frost, der ihn schnaufend willkommen hieß, dann hielten ihm vier Bauern – Thomas Danforth, Golden Moore, Nathaniel Sparrowhawk und Abraham Errington – zur Begrüßung ihre schwieligen Hände hin. Die sonnengegerbten und von der harten Arbeit ausgemergelten Gesichter erinnerten Ned an die ersten Rekruten von Cromwells Reiterregiment.

Über ihre Schultern hinweg behielt er den Pfarrer im Auge, der neben dem Eingang stand und seine Gemeindemitglieder beim Verlassen des Gebäudes verabschiedete. Schließlich schien dieser zu spüren, dass er beobachtet wurde. Er sah zu Ned, und eine Minute später entschuldigte er sich und kam über den Rasen zu Gookin und den beiden Obersten herüber.

»Und nun erlaubt mir, wenn Euch der Kopf vor lauter Namen nicht schon schmerzt, Euch Reverend Jonathan Mitchell vorzustellen«, sagte Gookin und zog den Pfarrer in ihre Runde. »Jonathan, das sind Edward Whalley und William Goffe.«

Mitchell verneigte sich nacheinander vor beiden.

»Euren Namen, Mr Mitchell, werden wir sicherlich nicht vergessen«, sagte Will. »Nach einer solchen Predigt.«

»Nun ja, Mr Goffe«, sagte der Pfarrer bescheiden. »Ihr wisst ja, wie das ist, wenn der Geist Gottes einen packt. Das Verdienst gebührt ganz allein dem Herrn. Wie ich von Daniel weiß, seid auch Ihr ein mehr als ordentlicher Prediger.«

»Bei Gelegenheit.«

Mitchell wandte sich an Ned. »Und wie lange habt Ihr vor, in Cambridge zu bleiben, Oberst Whalley?«

»Das hängt ganz von der Entwicklung in England ab. Ich für meinen Teil mag nicht glauben, dass der Herr seinen Feinden einen langen Triumph gönnt. Sobald die Regierung stürzt, kehren wir nach Hause zurück.«

»Und in der Zwischenzeit, wenn ich recht verstehe, bieten wir Euch Zuflucht vor dem Sturm.«

In der Bemerkung lag ein leicht scharfer Unterton, der Ned nicht gefiel, auch wenn er nicht sagen konnte, woran es genau lag. Weder Will noch Gookin schien das aufgefallen zu sein. »Natürlich sind wir dankbar für einen sicheren Hafen«, sagte er und fügte beiläufig hinzu: »Habe ich Euch nicht schon gestern unten am Fluss gesehen?«

Mitchell runzelte die dichten Augenbrauen, als versuchte er sich zu erinnern. »Nein, ich glaube nicht. Ich war bis gestern Abend in Boston.« Er schaute an ihnen vorbei. »Gerade sehe ich die erst kürzlich verwitwete Mrs Simes. Sie wartet schon geduldig auf ein Wort. Wir unterhalten uns dann später weiter.« Er verbeugte sich wieder zweimal, dann war er verschwunden.

Als sie zusammen den Hügel hinunter zum Haus der Gookins gingen, sagte Will: »Du hast mir gar nicht erzählt, dass du am Fluss jemand gesehen hast.«

»Ich war mir nicht sicher, deshalb. Keine große Sache.«

In einem Punkt war er sich allerdings sicher: Der Pfarrer log. Wenn er wirklich in Boston gewesen war, dann lag es nahe, dass er sich über sie erkundigt hatte. Wenn er solche Erkundigungen aber nicht eingestehen wollte, dann war er nicht der Freund, der zu sein er vorgab.

In der folgenden Woche wurden die Offiziere tatsächlich behandelt, wie von Chauncey beschrieben, nämlich wie vom Himmel gefallene Engel. Sie saßen bei den Gookins in der Stube und empfingen einen Nachbarn nach dem anderen, die alle gespannt darauf waren, die beiden ranghöchsten Engländer zu treffen, die jemals amerikanischen Boden betreten hatten. Dass Ned ein Blutsverwandter Cromwells sei, hatte sich besonders schnell überall verbreitet, und so musste er diese Nachricht immer wieder bestätigen.

»Ja, mir ist diese Ehre vergönnt. Meine Mutter ist Frances Cromwell, die Schwester von Seiner Hoheit Vater.«

»Und wie war er?« Immer und immer wieder die gleiche Frage.

»Er war ein außergewöhnlicher Mensch«, sagte Ned darauf meist.

Getreu dem Geist der Gastfreundschaft luden die Besucher sie zu sich ein, um mit ihnen das Brot zu brechen und die Heilige Schrift zu studieren. Und da sie derzeit nichts zu tun hatten, nahmen sie an und wurden auf diese Weise zu ziemlich vertrauten Gestalten, die – immer zusammen – mit ihrer Bibel unter dem Arm auf den grasigen Wegen anzutreffen waren – die Wood Street hinauf zum Versammlungshaus, dann in die Cow Yard Lane, die Crooked Street oder die Creek Lane. Wann immer sie unterwegs waren, prägte sich Ned die Straßennamen ein und achtete genau auf die Verkehrswege: die Hauptstraße von Boston in Richtung Süden verlief zwischen Ox Marsh und Ship Marsh durch die ganze Stadt, am College vorbei und im Norden hinaus auf die Gemeindeflur, wo das Vieh weidete; den Pfad nach Watertown im Westen; und in östlicher Richtung den Weg am Fluss entlang zu der Austernbank und der Tongrube. Vier Straßen führten in die Stadt hinein und – wichtiger – aus ihr hinaus. Nicht dass er sich in Cambridge umgeben von so vielen Seelenverwandten unsicher fühlte, aber trotzdem, es war gut, diese Dinge zu wissen.

An ihrem zweiten Sabbat war das Versammlungshaus noch voller als bei der ersten Zusammenkunft. Anscheinend waren die Leute aus einem meilenweiten Umkreis gekommen, um einen Blick auf die Oberste zu werfen. Diese Bekanntheit passte den beiden gar nicht. Reverend Mitchell hielt abermals eine ausgezeichnete Predigt und ging ihnen danach sorgsam aus dem Weg. Zumindest erschien es Ned so.

Am Donnerstagmorgen, dem 9. August, dreizehn Tage nach ihrer Ankunft in Amerika, nahm der Lauf der Dinge eine entscheidende Wendung.

Sie befanden sich im Haus von Golden Moore. Die Gookin-Jungen hatten sie mitgenommen und zeigten ihnen gerade einen frischen Wurf Spanielwelpen, als Mary Gookin im Tor der Scheune von Old Moore erschien. Sie wischte sich nervös die Hände an ihrer Schürze ab und verkündete, dass John Norton zu Besuch gekommen sei.

»Wer ist John Norton?«, fragte Ned.

»Der Pfarrer der Ersten Kirche in Boston«, sagte der gebrechliche Golden Moore, der mit seinem krummen Rücken nicht mehr auf dem Feld arbeiten konnte. »Ein höchst gebildeter Mann.«

»Und er ist den ganzen Weg von Boston gekommen?«, fragte Will.

»Nun, das muss er wohl.«

»Mit einem so hervorragenden Mann, der von so weit her kommt, sollten wir uns unterhalten«, sagte Ned.

Die Jungen wollten unbedingt bleiben und noch mit den Welpen spielen. Sie hätten auch gern einen mit nach Hause genommen, aber Mary blieb hart, und so gingen sie alle ohne einen der jungen Hunde wieder den Hügel hinunter. Sam nahm Will an der einen und Nathaniel an der anderen Hand. Unten am Fluss trafen sie Reverend Norton, der sich die Bauarbeiten anschaute. Er war eine schlanke, würdige Erscheinung von vielleicht fünfzig Jahren mit langem, dünnem Haar, das in der Mitte gescheitelt war und wie ein Vorhang zu beiden Seiten seines schwermütigen Gesichts herunterhing. Er hatte einen Brief seiner Kirchenältesten dabei, mit dem sie die Oberste zu einem Vortrag Nortons am morgigen Nachmittag mit anschließendem Treffen in dessen Haus in Boston einluden. Ned las den Brief und reichte ihn an Will weiter.

»Unsere Gemeindemitglieder würden sich sehr freuen, Euch kennenzulernen«, sagte Norton. »Ich wollte Euch diesen Wunsch persönlich unterbreiten.«

Will las den Brief ebenfalls und schüttelte dann den Kopf. »Gouverneur Endecott hat uns geraten, Cambridge nicht zu verlassen.«

»Warum sollten wir es nicht dennoch tun, wo man in Boston doch schon weiß, dass wir hier sind«, sagte Ned. »Wer uns schaden will, der findet uns auch jetzt ganz leicht.«

»Wir sind eine strenge Kirche«, sagte Norton, um Will zu beruhigen. »Bei den Personen, die wir zu uns einladen, sind wir höchst vorsichtig. Ihr werdet ausschließlich mit Gleichgesinnten zusammenkommen.«

»Wir sollten aber trotzdem vorher den Gouverneur um Rat fragen.«

Norton lächelte. »Der Gouverneur wird auch da sein.«

Darauf wusste Will nichts zu erwidern.

Gookin sagte später, er könne sie nicht begleiten, weil er selbst einen Gast erwarte, aber er zeichnete ihnen den Weg auf. »Es ist eine stattliche Kirche, Ihr könnt sie nicht verfehlen. Haltet einfach immer auf den Hafen zu.«

Am nächsten Tag machten sie sich kurz nach Mittag auf den Weg. Sie nahmen ihre Schwerter mit und als zusätzlichen Schutz, verborgen unter ihren Ledermänteln, die Pistolen.

Bei der Fähre handelte es sich um eine klapprige Holzkonstruktion, die Platz für ein paar Fuhrwerke bot und an einem Seil über den Fluss gezogen wurde. Sie mussten ein paar Minuten warten, ob noch weitere Passagiere auftauchen würden. Der Fährmann ließ sie nicht aus den Augen. Als schließlich niemand mehr kam, holte er die Rampe ein, spuckte in die Hände, packte das Seil und machte sich daran, sie auf die andere Seite zu ziehen.

Es war kühler als die letzten Tage. Die Wolken hingen tief, und ein stürmischer Wind vom Atlantik peitschte die Wasseroberfläche des Charles auf und sandte erste Drohungen, dass es mit dem Sommer bald vorbei sein würde. Ned schaute zurück zu den zerstreuten grauen Holzhäusern, die langsam hinter ihnen zurückwichen, und versuchte sich vorzustellen, wie es wohl sein mochte, im Winter in einem solchen Ort festzustecken. Cambridge langweilte ihn bereits zusehends. Er war sich sicher, dass es richtig war, die Lage in Boston auszukundschaften. Sie hatten zusammen weniger als fünfzig Pfund übrig. Irgendwann würden sie etwas Geld verdienen müssen. Da bot eine größere Stadt bessere Aussichten.

»Vielleicht sollten wir uns noch einmal in unseren alten Berufen versuchen. Was meinst du, Will?« Er stieß seinem Schwiegersohn aufmunternd den Ellbogen in die Seite. »Du als Salzsieder, ich als Tuchhändler, na? Wir könnten einen Laden aufmachen. Oder du wirst Pfarrer, das war doch immer deine Berufung.«

Will hob kurz den Kopf, lächelte ihn kurz an und schaute dann wieder grübelnd aufs Wasser. *Frances, Dick, Betty, Frankie, Nan und Judith. Wie spät war es jetzt in England? Was sie wohl gerade machten?*

Es dauerte keine zwei Minuten, dann hatten sie übergesetzt. Die Straße auf der anderen Seite verlief am Fluss entlang. Zunächst hatten sie die Straße für sich – zu ihrer Linken der schnell fließende Fluss, zu ihrer Rechten sanftes, offenes Grasland mit kleinen Waldflecken, ähnlich wie in England, und in der Ferne die Ausläufer eines größeren Waldes, der sich wie eine dunkle Decke über die niedrigen Hügel legte. Kurz darauf begegnete ihnen ein Pferdefuhrwerk, das auf Cambridge zuhielt, und erste Anzeichen von Besiedelung erschienen: vereinzelte Gehöfte, eine Windmühle mit einem Haus und Nebengebäuden, Vieh auf einer umzäunten Weide mit einem Stall. Als sie etwa eine halbe Stunde gegangen waren, beschrieb der Fluss eine Biegung und öffnete sich zu seiner Mündung. Vor ihnen lag Boston – ein Fort auf der Landzunge und dahinter das Meer, stumpf wie Zinn, mit einem halben Dutzend hochmastiger Schiffe, die im Kanal vor Anker lagen. Sie beschleunigten ihren Gang.

Es war herrlich, nach so vielen Monaten wieder ungezwungen durch eine richtige Stadt zu spazieren, die Schritte auf hölzernen Gehwegen zu hören, einen geschäftigen Markt zu sehen, sich durch eine Gruppe Seeleute zu drängeln, frisch angelandeten Fisch zu riechen und sich an schönen Gebäuden aus Backstein und Ziegeln zu erfreuen. Unter den Hunderten von Menschen, die ihren Geschäften nachgingen, fielen die beiden Oberste niemand auf. Erst als Daniel Gookins Karte sie in eine Straße nahe dem Hafen führte, zu einem imposanten dreistöckigen Gebäude mit einem gepflasterten Platz vor der Eingangstür, wurden sie von einem Begrüßungskomitee mit Reverend Norton, Gouverneur Endecott und einem halben Dutzend weiterer Männer der Ersten Kirche in Boston empfangen.

Zum Thema seines Vortrags hatte Norton Paulus' Brief an die Hebräer ausgewählt oder genauer: Warum hatte Christus Menschen- und nicht Engelsgestalt angenommen? *»Denn er nimmt nirgend die Engel an sich, sondern den Samen Abrahams nimmt er an sich.«*

Während er ihm zuhörte, war Neds Herz so voll wie schon seit Monaten, ja seit Jahren nicht mehr. Verkörperte diese Kirche nicht genau das, wofür sie im Bürgerkrieg gekämpft hatten? Für das Recht, unter der Woche in einem Versammlungshaus zusammenzukommen und in Freiheit unmittelbar das Wort des Herrn zu erfahren – mit einem schlichten Tisch anstatt einem Altar, mit klarem Glas in den Fenstern anstatt den götzendienerischen farbigen Engelsbildern, ohne Chorhemden mit raffinierter Spitzenverzierung und ohne Orgelklänge, die von der Wahrheit ablenkten, ohne herablassende Bischöfe in ihren Palästen und ohne einen sündigen König, der blasphemisch als Oberhaupt von Christi Kirche posierte?

»Amen!«, rief er nach dem Vortrag laut. »Amen! Amen!«

Will sah ihn an. Er hatte nicht gewusst, dass sein Schwiegervater zu solch religiöser Leidenschaft fähig war. Auch nach der Diskussion, als sie alle hinaus in den trüben Nachmittag gingen, war Ned immer noch entrückt.

»Das war ein Zeugnis des wahren Glaubens, Will, ein ausgezeichnetes Zeugnis.« Ned packte Will am Ellbogen. »Der Herr sandte einen Mann aus Fleisch und Blut auf die Erde, dem wir folgen sollen – einen einfachen Menschen vom *Samen Abrahams* –, und erhob ihn über die Engel, sodass er uns lehren kann, keine Angst vor dem Tod zu haben.« Sie standen jetzt vor dem Versammlungshaus. »Alles andere ist Kasuistik und Papismus …«

»Whalley!«, rief jemand verwundert. »Edward Whalley!«

Ned verstummte und schaute sich um. Einige grob aussehende Burschen, anscheinend auf dem Weg vom Hafen in die Stadt, waren gegenüber der Kirche stehen geblieben. Einer zeigte auf ihn.

»Wenn das nicht der alte Ned Whalley ist!«, rief der Mann, dessen kehlige, vernuschelte Aussprache auf das ein oder andere Getränk schließen ließ, dessen Worte aber klar verständlich waren. »Ich kenne den alten Bastard!«, schrie er den Umstehenden zu. Er hatte den Arm wie den eines Propheten aus dem Alten Testament ausgestreckt. »In Dunbar, da hat er mich gefangen genommen.«

Norton, Endecott und die anderen drehten sich um. »Hört sich ganz so an, als wäre der mit dem schottischen Schiff gekommen, das heute Morgen angelegt hat«, sagte einer.

Ned hatte sich wieder gefasst und bemühte sich, einen unbeschwerten Ton anzuschlagen. »Ach ja, ein Schotte – was denn sonst!«

Plötzlich setzten sich die pöbelnden Männer in Bewegung und kamen über die Straße auf sie zu. Etwa zwanzig Mitglieder der Ersten Kirche in Boston bildeten sofort einen Schutzring um die beiden Offiziere. »Schnell«, sagte Norton. »Mein Haus ist gleich nebenan.«

Die Puritaner setzten sich auf dem Gehweg in Bewegung. Der Schotte und seine Kumpane folgten, schlossen auf der Straße zu ihnen auf und begleiteten sie auf gleicher Höhe. Inzwischen hatte das Schauspiel recht viele Zuschauer angezogen.

»Whalley, Whalley!«, skandierte der Quälgeist. »Und Goffe, sein Schwiegersohn, der kleine Wichser. Beide wegen Mord an unserm König gesucht.«

Ned wollte das Schwert ziehen, aber Will packte ihn am Arm. »Hier nicht, noch nicht.«

Sie erreichten Nortons Haus. Der alte, schwer schnaufende Endecott drehte sich um und sah dem Schotten ins Gesicht. »Ich bin der Gouverneur dieser Kolonie, und diese Männer sind unsere Freunde und unsere Ehrengäste. Hütet Eure Zunge, oder ich werde Euch wegen Ruhestörung einsperren lassen.« Damit wandte er dem Schotten und dessen Gefolge den Rücken zu und bedeutete den Obersten, ins Haus zu gehen.

Der zurechtgewiesene Schotte stand mit in die Hüften gestemmten Fäusten da. »Wenn die anderen nicht gewesen wären, hätten wir Euch an den Haaren aufgehängt!«, schrie er ihnen hinterher.

»Wir haben keine Angst vor Euch«, rief Will über die Schulter zurück. »Jedes einzelne unserer Haare ist gezählt vom Herrn!«

Die Tür fiel zu und wurde verschlossen und verriegelt.

Im Haus standen die Puritaner zu zweit oder dritt beisammen und warfen gelegentlich einen Blick auf die beiden Offiziere. Ned atmete schwer. Sein Blut kochte. Er wünschte sich, Will hätte ihn nicht daran gehindert, das Schwert zu ziehen. Er hätte dem schottischen Hund ein, zwei Hiebe versetzt, nur um ihn zu ermahnen, wie er sich in Zukunft zu benehmen habe.

»Es war Pech, Oberst Whalley, dass er gerade in diesem Augenblick vorbeikam und Euch gesehen hat. Ich nehme an, Ihr habt ihn nicht erkannt.«

»In Dunbar haben wir fünftausend Gefangene gemacht, Mr Endecott. Nein, ich habe ihn nicht erkannt.«

Bei der Erwähnung von Dunbar begann die Verletzung unter seiner Schulter zu pochen. Das war ein *richtiger* Kampf gewesen: in Unterzahl, mit dem Rücken zum Meer, und doch hatten sie die Schotten durch Gottes Gnade noch bei Dunkelheit kurz vor Tagesanbruch überraschen und den ganzen Weg zurück nach Edinburgh treiben können. Die meisten Gefangenen hatten sie nach England gebracht und in der Kathedrale von Durham eingesperrt. Tausendsechshundert waren an Hunger und Krankheit gestorben, eine üble Sache, nicht seine Schuld. Der Rest war in die Kolonien verschifft und als Sklaven verkauft worden. Dreitausend Pfund pro Schiffsladung, wenn er sich recht erinnerte: dringend benötigte Einnahmen.

Er erkannte, dass er sich zu scharf ausgedrückt hatte. In höflicherem Ton fügte er hinzu: »Wenn ich es mir genau überlege, erinnere ich mich daran, dass man einige Schotten nach Massachusetts geschickt hat.«

»Ja. Sie haben in den Eisenminen hier in der Nähe gearbeitet, und in Sägemühlen, an verschiedenen Orten. Den Letzten hat man erst letztes Jahr freigelassen.« Endecott machte einen nachdenklichen Eindruck. »Ich hatte nicht bedacht, dass Ihr in Dunbar dabei wart. Wir haben viele Schotten in der Kolonie, Veteranen aus der Armee des Königs. Boston ist vielleicht doch gefährlicher für Euch, als ich dachte.« Er blickte zum Fenster, von wo aus Norton die Straße im Auge behielt. »Sind die Rüpel verschwunden, Mr Norton?«

»Ja, Gouverneur, sie haben sich verzogen. Die suchen jetzt wahrscheinlich woanders Ärger.«

»Hauptmann Michelson!« Endecott wandte sich an einen korpulenten Mann in den Mittfünfzigern. »Wärt Ihr so gut, unseren Ehrengästen für ihre Rückkehr nach Cambridge ein paar Eurer Leute mitzugeben?« Zu Ned sagte er: »Hauptmann Michelson führt unsere Miliz.«

»Das ist sehr freundlich von Euch, Gouverneur«, sagte Ned. »Aber wir sind es gewohnt, auf uns selbst aufzupassen.«

»Das bezweifele ich nicht. Aber es zeigt allen, dass Ihr unter unserem Schutz steht. Es könnte ähnliche Rüpeleien in der Zukunft verhindern.«

Nachdem Michelson gegangen war, entspannte sich die Stimmung unter den Anwesenden etwas. Norton hatte ein großzügiges Haus mit schlichten, weiß getünchten Wänden, breiten Bodendielen und einer hohen Decke. Für seine Gäste standen auf einem langen Tisch Essen und Krüge mit Wasser bereit. Allmählich erfüllten lebhafte Gespräche den Wohnraum. Eine Stunde lang stellte Norton den Obersten die Anwesenden vor. Die Mitglieder der Ersten Kirche in Boston waren anders als die der Kirchengemeinde in Cambridge: weniger Bauern, mehr Kaufleute, Anwälte, ein Arzt. Mehrere Pastoren hatten sich den Vortrag angehört, darunter Jonathan Mitchell, der sie freundlich begrüßte und sein Bedauern über den unerfreulichen Vorfall auf der Straße zum Ausdruck brachte. »Betrunkenes Gesindel«, nannte er die Burschen, was offensichtlich auch die allgemeine Meinung wiedergab.

Ned nahm etwas Brot und ein Stück Käse. Er hätte gern ein Bier getrunken, aber das gehörte anscheinend nicht zum Angebot.

»Und das hier ist Mr John Crowne«, sagte Norton und deutete auf einen jungen Mann. »Ein Student vom Harvard College, der bei mir wohnt.«

Crowne war der Letzte, der ihnen vorgestellt wurde, und es war unübersehbar, dass er nur ungern ihre Bekanntschaft machte. Er bot ihnen nicht die Hand an. »Stimmt es, was der Schotte gesagt hat?«, platzte es aus ihm heraus. »Ihr werdet gesucht, weil Ihr den König ermordet habt?«

»Bei unserer Abreise aus England gab es jedenfalls keinen Haftbefehl gegen uns«, sagte Will. »Aber einerlei, es war nicht Mord.«

»Und danach?«

»John, bitte«, sagte Norton mahnend. »Die Herren sind Gäste in meinem Haus.«

»Natürlich, und Ihr dürft empfangen, wen Ihr wollt. Aber hätte ich von der Anschuldigung gewusst, wäre ich nicht erschienen.«

Die Anwesenden wandten neugierig den Kopf, plötzlich herrschte allgemeines Schweigen.

»Wie alt seid Ihr, Mr Crowne?«, fragte Ned höflich.

»Neunzehn.«

»Neunzehn, das dachte ich mir. Noch ein Wickelkind, als der König verurteilt wurde. Ihr kennt die Umstände nicht.«

»Ich kenne das fünfte Gebot: ›Du sollst nicht töten.‹«

»Und wir kennen das zweite Buch Mose«, sagte Will. »›Auge um Auge, Zahn um Zahn, Hand um Hand, Fuß um Fuß …‹ Karl Stuart war nicht unschuldig. Er hat Tausende auf dem Gewissen.«

»Aber er war immer noch Euer König … *unser* König.«

»Die Krone im Namen«, sagte Ned grinsend und wandte sich an die anderen im Raum. »Und die Krone im Herzen.«

Gelächter. Crowne errötete. »Verzeiht, Reverend Norton.« Er verbeugte sich vor seinem Hausherrn. »Ich kann nicht länger unter diesem Dach bleiben.«

»John …«

»Er soll sprechen, wie es ihm beliebt«, sagte Ned. »Er hat ein Recht auf seine Meinung.«

Von der Haustür war ein lautes Klopfen zu hören.

»Das muss Michelson sein«, sagte Endecott. »Lasst ihn herein, Mr Norton.«

Als Norton öffnete, stand da jedoch ein ganz anderer Mann vor der Tür – groß, gut gekleidet, aufrecht, selbstsicher. Hinter ihm drängelten sich der Schotte und sein Gefolge. Norton wollte die Tür gleich wieder zuschlagen, aber der Fremde streckte einen Stiefel vor und blockierte sie. Ned zog sein Schwert, und diesmal tat Will es ihm gleich.

»Guten Tag, Mr Norton«, sagte der Fremde höflich und berührte seinen Hut. »Ich bin Kapitän Thomas Breedon.«

»Ich weiß, wer Ihr seid«, antwortete Norton. »Das hier ist ein privates Treffen.«

Breedon verrenkte den Hals und lugte in den Raum. »Und da ist ja Mr Endecott, auch Euch einen schönen Tag, Gouverneur. Und, wenn ich nicht irre, haben wir hier Oberst Edward Whalley und Oberst William Goffe.«

»Tretet beiseite«, sagte Endecott in strengem Befehlston zu Mr Norton und stellte sich vor ihn. »Was ist Euer Anliegen, Kapitän Breedon?«

»*Mein* Anliegen, Gouverneur? Es handelt sich wohl eher um *Euer* Anliegen, nicht wahr? Diese Männer werden für den Mord am König gesucht.«

»Das sagt Ihr. Ich für meinen Teil habe in dieser Angelegenheit keinen Haftbefehl erhalten.«

»Dann werde ich Euch die neueste Mitteilung aus London vorlesen.« Breedon griff in seinen Mantel und zog ein bedrucktes Blatt Papier hervor. »Das schottische Schiff, das heute eingetroffen ist, hat einen Bericht über die folgende Abstimmung des Parlaments überbracht: ›Von den Abgeordneten des Parlaments wurde am 17. Mai 1660 beschlossen, dass alle Personen, die über Seine Majestät den König zu Gericht saßen, als das Todesurteil gegen ihn verkündet wurde, und alle Liegenschaften und persönlichen Besitztümer, die sich in deren oder anderer geflohener Personen Besitz befinden, zu beschlagnahmen und sicherzustellen sind. Betreffende Sheriffs und andere Beamte haben entsprechend wirksame Maßnahmen zu ergreifen.‹ Hier ist die Liste der Personen, die zusammen mit all ihrem Besitz zu ergreifen sind. Seht Ihr das, Sir?« Er deutete mit dem Finger auf das Papier und hielt es dem Gouverneur unter die Nase. »Die Namen Whalley und Goffe stehen hier ziemlich gut leserlich.«

»Das mag alles sein«, sagte Endecott und hob trotzig das Kinn. »Aber das ist ein Nachrichtenblatt, kein Haftbefehl.«

»Dann bestehe ich darauf, dass sie zumindest verhaftet und in Gewahrsam genommen werden, bis der Haftbefehl eintrifft.«

»Ach, Ihr *besteht* darauf, Sir?«, sagte Endecott mit vor Empörung schriller Stimme. »Ihr mögt bestehen, worauf Ihr wollt, Kapitän Breedon, aber Ihr verfügt in dieser Sache über keinerlei Befugnis. Die Befehlsgewalt in dieser Kolonie liegt in meinen Händen.«

»Ihr seid immer noch Diener der Krone …«

Während die Auseinandersetzung andauerte, wandte sich Ned im Flüsterton an Norton: »Wer ist dieser Kapitän Breedon?«

»Ein ziemlich wohlhabender Kaufmann. Schiffseigner und Royalist. Ein Gegner des puritanischen Glaubens.«

Ned schaute sich um. »Gibt es irgendeinen Hinterausgang in Eurem Haus?«

»Natürlich.«

»Was meinst du, Will? Sollten wir uns nicht lieber zurückziehen?«

Will machte sich kurz ein Bild ihrer Lage: der Gouverneur in der Tür; dahinter die Kirchenmitglieder zu seiner Unterstützung; Breedon an der Spitze des Pöbels, aber so versunken in die hitzige Debatte mit Endecott, dass er seine Beute anscheinend vergessen hatte.

»Ein vortrefflicher Gedanke.«

Die Offiziere steckten die Schwerter weg und folgten Norton durch die Küche, wo sich eine Dienstmagd mit offenem Mund an den Tisch drückte. Im Garten öffnete der Pfarrer ein Törchen in der Mauer und trat hinaus auf die Straße, wo er sich nach allen Seiten umsah. Er kam sofort zurück. »Die Luft ist rein. Hier links entlang, dann nach rechts, so kommt Ihr auf die Straße nach Cambridge.«

»Es tut uns leid, dass wir mit unseren Schwierigkeiten in Euer Haus eingedrungen sind«, sagte Ned zu Mr Norton.

»Das macht nichts. Unser Fehler. Wir hätten Euch nicht einladen sollen.«

»Wir kommen gern wieder, wenn Ihr uns ein andermal bittet.«

»Das werden wir, versprochen.« Das Zögerliche in seiner Stimme im Gegensatz zu der Eile, mit der er sie hinaus auf die Straße geführt hatte, ließ zumindest Will vermuten, dass sie Reverend Norton und die Erste Kirche in Boston das letzte Mal besucht haben könnten.

Sie gingen schnell dahin. Zwar rannten sie nicht gerade, weil das Verdacht erregt hätte, aber sie holten mit langen, zügigen

Schritten aus. Sie ließen die Stadt bald hinter sich und befanden sich wieder auf der Straße, die am Fluss Charles entlangführte. Erst dann riskierten sie einen Blick zurück. Niemand schien ihnen zu folgen.

Es begann zu regnen, große, schwere Spätsommertropfen, die überraschend kalt waren und den Fluss und das Laub der Bäume am Wegesrand wie Musketenkugeln bestrichen. Die tropfnassen Schultern zusammengezogen, stapften sie wortlos dahin. Beide dachten darüber nach, was gerade geschehen war. Nichts anderes hatten sie erwartet. Es in der Sprache des Parlaments veröffentlicht und vor aller Augen präsentiert zu bekommen ließ ihre Zwangslage allerdings umso realer erscheinen. Auch ihr Besitz wurde konfisziert! Das hatten sie nicht vorausgesehen. *Alle Liegenschaften und persönlichen Besitztümer, die sich in deren oder anderer geflohener Personen Besitz befinden …* Was hieß das? Die Beschlagnahme nicht nur der Häuser, die ihren Frauen und Kindern Obdach boten, sondern auch die Stühle, auf denen sie saßen, und die Messer und Löffel, mit denen sie aßen? Die Anwesen und Ländereien, deren Pachtzins ihr einziges Einkommen bildete? Das war der vollständige Ruin.

Ned spürte die Verbitterung seines Schwiegersohnes. Will hatte das richtige Gefühl gehabt: Ohne sich vorher ihrer Sicherheit zu vergewissern, hätten sie sich nie nach Boston wagen dürfen.

»Wenigstens kennen wir jetzt unsere tatsächliche Lage«, sagte er schließlich, um die Spannung zu lösen.

Will schaute ihn hämisch von der Seite an. Sein Gesicht war bleich, verkrampft, klatschnass. »Und inwiefern hilft uns das weiter?«

»Es zeigt uns, dass wir in Zukunft vorsichtiger sein müssen.«

»Das sagst du *jetzt?*«

Der Jüngere hatte noch nie in einem solchen Ton zu ihm gesprochen. Beide verfielen wieder in Schweigen.

Sie brauchten eine Stunde bis zur Anlegestelle. Inzwischen war es später Nachmittag. Es war düster und regnete immer noch. Die Fähre lag auf der Cambridge-Seite, und der Fährmann hatte offensichtlich beschlossen, seinen Arbeitstag zu beenden. Er stand, die Kapuze hochgezogen, mit dem Rücken zu ihnen. Zunächst tat er so, als hörte er sie nicht. Sie brüllten und wedelten mit den Armen, damit er noch einmal übersetzte und sie holte.

Ned stand breitbeinig allein auf der Plattform, während sie über den Fluss gezogen wurden. Er wischte sich mit dem Ärmel über die Augen.

Will näherte sich und sprach ihn an. »Verzeih mir, dass ich vorhin so grob war, Ned. Was meine private Lage angeht, mein Leben oder meinen Besitz, das kümmert mich nicht, das weißt du. Aber ich muss unentwegt an Frances und die Kinder denken. Es muss hart für sie sein. Härter als für uns.«

»Ich weiß. Es tut mir leid.«

»Ich glaube, es wäre klug, wenn wir von jetzt an in Cambridge blieben.« Will legte Ned die Hand auf die Schulter. Während sie durch das trübe Wasser glitten, betrachteten sie nachdenklich die trostlose Ansiedlung. »Wir müssen uns an den Glauben halten. *Der Wandel sei ohne Geiz; und lasset euch genügen an dem, das da ist. Denn er hat gesagt, ich will dich nicht verlassen noch versäumen.*«

Die Fähre lief am seichten Flussufer auf Grund, worauf beide leicht vorwärts stolperten.

»Amen«, sagte Ned.

KAPITEL 6

Gut zwei Wochen später, am letzten Samstag im August, einem Spätsommertag so lieblich, wie man ihn sich in England nur wünschen konnte, stand Nayler gegenüber dem Parlament auf der anderen Seite der Themse im Innenhof vom Lambeth-Haus. In einer Hand hielt er einen Stift, in der anderen einen Haftbefehl vom Unterhaus, in dem verfügt wurde, dass alle derzeit im Lambeth-Haus festgehaltenen Gefangenen an Nayler zu übergeben seien.

Er kannte alle vom Sehen. Trotzdem fragte er jeden, der an Hand- und Fußgelenken gekettet aus den Verliesen nach oben geführt wurde, höflich nach dessen Namen und hakte ihn auf seiner Liste ab. Von den siebzehn Männern, die an ihm vorbeizogen, hatten vierzehn das Todesurteil des Königs unterzeichnet, die anderen hatten bei dem Prozess auf der Richterbank gesessen. Alle hatten sich in der Hoffnung auf königliche Gnade dem Parlament ergeben. Als sie nun nach Monaten unter der Erde weiß wie Maden ins Tageslicht traten, kniffen sie gegen den plötzlichen Sonnenschein die Augen zusammen. Unter ihnen gab es nach wie vor einige, die sich noch nicht an den Verlust ihrer Stellung gewöhnt hatten und forsch fragten, was nun mit ihnen geschehe.

»Nur eine kurze Fahrt den Fluss hinunter«, sagte Nayler freundlich und deutete durch den Innenhof zur Anlegestelle, wo die Ruderbarkasse schon wartete.

Nachdem die Männer alle untergebracht waren und er dem Kastellan die Bestätigung über die Aushändigung quittiert hatte, setzte Nayler sich ins Heck, zog die Hutkrempe tief ins Gesicht und ließ, als die Barkasse abgelegt hatte, eine Hand locker über die Wasseroberfläche streichen. Ein zweites Boot mit Soldaten folgte ihnen. Wie von Hyde prophezeit, hatte das Auftauchen des Todesurteils im Parlament erneut einen Rachetaumel entfacht. Es schien kein Ende nehmen zu wollen. Aber all das würde doch ein Ende haben, sobald er nämlich alle neun noch Flüchtigen gefasst hatte. Den ungefähren Aufenthaltsort der meisten, die sich auf dem Kontinent aufhielten, kannte Nayler. Nur über Whalley und Goffe wusste er rein gar nichts. Der Gedanke, dass sich ausgerechnet diese beiden noch ihrer Freiheit erfreuten, machte ihm so zu schaffen, dass er sich davon fast die gute Laune verderben ließ.

Die Barkasse glitt unter dem mittleren Brückenabschnitt der London-Brücke hindurch und hielt sich dann links in Richtung Tower. Als sie durch die Verräterpforte fuhren, stöhnten einige der Gefangenen auf. Bis die Barkasse festgemacht war, hatte sich Sir John Robinson, Leutnant des Towers, mit einem Dutzend Wachen am Kai eingefunden. Nayler hatte nichts für ihn übrig, er war ein dummer, großmäuliger Kaufmann aus der Stadt. Er stieg aus, und Robinson fertigte unverzüglich die Empfangsbestätigung aus, indem er sich den Zettel auf den Oberschenkel legte und seine Unterschrift daraufkritzelte.

»Wollt Ihr die Gefangenen nicht zählen, Sir John?«, sagte Nayler, den eine solche Schlamperei ärgerte.

»Euer Wort genügt mir, Mr Nayler.«

Robinson reichte ihm die Bestätigung. Die Gefangenen wurden grob aus der Barkasse gezerrt und dann über den Kai getrieben. Oberst Scroope hatte eine blutende Wunde am Kopf. »Unsere neue Garnison ist ein irisch-katholisches Regiment«, sagte Robinson. »Die erinnern sich noch gut an Cromwells Massaker in Drogheda und Wexford. Ich befürchte, für einen Königsmörder wird es hier nicht sonderlich heimelig werden.«

Nayler wartete, bis der letzte Verräter über die Stufen stolpernd in die Dunkelheit des Towers gescheucht worden war, dann bestieg er die nunmehr leere Barkasse wieder und machte sich auf den Rückweg zur Whitehall. Während die Ruderblätter ins Wasser tauchten, die Barkasse sich von der grimmigen grauen Steinfeste mit den schmalen Fensterschlitzen entfernte und die Möwen über den grünschleimigen Felsen kreischten, überkam ihn zum ersten Mal in vielen Jahren eine Regung, die er fast vergessen hatte: ein Anflug von menschlichem Mitleid.

In den nächsten drei Tagen war Nayler ständig in Bewegung. Er schlief wenig und hastete mit seiner abgewetzten Ledertasche voller Verhörprotokolle und belastender Dokumente zwischen seiner Wohnung im Essex-Haus, seinem Arbeitszimmer im Gang des Kronrats im Whitehall-Palast, den Kammern der Kronanwälte in der Nähe der Fleet Street und den Versammlungsräumen des Parlaments in Westminster hin und her. Am Dienstag, dem 28. August, wurde die Akte der Verzeihung vom Parlament verabschiedet, und tags darauf erhielt Nayler als Belohnung für seine Bemühungen die Aufforderung, Sir Edward Hyde in der Kutsche zu begleiten, mit der dieser vom Worcester-Haus zum Oberhaus fuhr, um die Unterzeichnung des Gesetzes durch Seine Majestät zu bezeugen.

Nayler saß gegenüber dem Lordkanzler und seinem Pagen. Hyde war in eine schwere, schwarz-goldene Samtrobe gewandet, das wulstige Gesicht glänzte vor Schweiß, die feuchten Hände ruhten auf dem Knauf seines Gehstocks. Als sie am Bankettaus vorbeifuhren, schaute er zu dem Fenster hoch, aus dem der gepeinigte König am Tag seiner Hinrichtung aufs

Schafott getreten war. »Ein oder zwei Wochen lang werden die Straßen in Blut getränkt sein«, flüsterte er. »Wir können nur hoffen, dass danach alles vorüber ist.« Dann schwieg er, bis sie Westminster erreichten und vor dem Eingang des Oberhauses anhielten. »Also dann«, sagte er und seufzte. »Bringen wir es hinter uns.«

Nayler stand vor der Schranke zur Kammer der Lords und betrachtete gleichgültig den allgegenwärtigen Prunk. Die lebhaften Farben, die lauten Gespräche der versammelten Lords und Parlamentarier, die durchdringende Trompetenfanfare der Herolde, die abrupte Stille, das Öffnen der Tür neben dem Thron am hinteren Ende der Kammer, das der Versammlung anzeigte, sich zu erheben, und sogar der Auftritt des Königs selbst, die Krone und die prachtvolle, mit Hermelin gesäumte Robe aus rotem Samt – nichts davon berührte ihn. Eigentlich müsste es für ihn ein Augenblick des Triumphs sein, aber seit dem Verlust von Sarah hatte er jedes Gefühl von Zufriedenheit verloren.

Hyde erhob sich schwerfällig von seinem Platz auf dem roten Wollsack und erteilte dem König das Wort.

Karl II. war ein großer Mann, gut einen Kopf größer als sein Vater, männlich, gut aussehend, mit dunklem Haar und dunklen Augen. »Der schwarze Knabe« hatte man ihn als Kind genannt. Er verlas die Rede, die Hyde für ihn geschrieben und die Nayler geprüft hatte.

»Schon des Öfteren habe ich vor Euch gestanden, aber noch nie tat ich es bereitwilliger als in jetziger Zeit. Sicher kann es nur wenige Männer im ganzen Königreich geben, die mit größerer Ungeduld herbeigesehnt haben, dass dieses Gesetz verabschiedet werden möge …«

Nayler schaute sich in der Kammer um und suchte sich einige wenige Gesichter heraus, die er kannte – seinen Hausherrn, den Markgrafen von Hertford, inzwischen mit der Herzogswürde zum Herzog von Somerset erhoben, der alt und gebrechlich aussah; den Herzog von York, des Königs jüngerer Bruder, der mit gelangweiltem Gesicht neben dem Thron saß; Sir Orlando Bridgeman, der Oberste Richter, der zunächst den Anklägern helfen würde, die Anklageschrift aufzusetzen, um dann selbst dem Prozess gegen die Königsmörder vorzusitzen – wahrlich ein gerechtes Verfahren!

»… die gleiche Besonnenheit und die gleiche Gewissenhaftigkeit, die mich den meinem Wesen höchst zusagenden Gnadenakt zu verfügen veranlassten, werden mich auch zu Strenge und Härte verpflichten. Euch alle, Mylords und Gentlemen, muss ich dringendst ersuchen, mir in dieser gerechten und notwendigen Strenge beizupflichten …«

Bei der Wiederholung des Wortes *Strenge* stieg ein zustimmendes, männlich kehliges Raunen zur Kassettendecke auf.

Kurz danach beendete der König seine Ansprache mit einem pathetischen Aufruf um mehr Geld, der ihm wohl in letzter Minute noch eingefallen war. (»Ich konnte meinen Brüdern seit ihrer Ankunft in England nicht einen Schilling zukommen lassen.«) Dann legten ihm Beamte das Amnestiegesetz vor, er beugte sich über den Tisch, unterzeichnete es, nahm den Applaus entgegen und verschwand schließlich hinter der Tür, durch die er auch gekommen war, wobei er unterwegs hier und da Leuten zunickte, die er wohl kannte. Hyde wankte auf seinen aufgedunsenen Beinen hinter ihm her und bedeutete Nayler gestikulierend, ihnen in die überfüllte Kammer hinter dem Thron zu folgen.

Ein halbes Dutzend Frauen – juwelenbehängt, die Frisur der Mode nach hoch aufgetürmt, die Kleider der Mode nach tief ausgeschnitten – stand beisammen und beobachtete den König. Ein Bediensteter, der hinter dem König herging, nahm Seiner

Majestät die hermelingesäumte Robe ab, ein anderer, der rückwärts auf Zehenspitzen vor ihm ging, nahm ihm die Krone vom Kopf. Wie gewöhnlich der König plötzlich aussah, dachte Nayler. Träfe man ihn auf der Straße, man würde ihn für einen beliebigen italienischen Kaufmann auf dem Weg zu seinem Schneider halten.

Der König stand im Profil da und lächelte den Damen zwinkernd zu. »Eure Majestät«, sagte Hyde. »Darf ich Euch Mr Richard Nayler vorstellen, der sich in der Angelegenheit, die Mörder Eures Herrn Vater ihrer gerechten Strafe zuzuführen, als höchst gewissenhaft erwiesen hat?«

Widerwillig wandte sich der König von den Damen ab und streckte seine Hand aus. Nayler verbeugte sich und küsste sie. »Eure Majestät.« Er war ihm schon zweimal vorgestellt worden, aber der König hatte offenbar keinerlei Erinnerung an ihn.

»Wir sind Euren Bemühungen zu höchstem Dank verpflichtet.« Der König schaute Hyde an.

»Nayler«, sagte Hyde.

»Mr Nayler.« Der König lächelte, nickte und wandte sich wieder zu Hyde um. »Ich glaube, das ist wohl ganz anständig verlaufen, Sir Edward.«

»Euer Majestät Ausstrahlung war von außergewöhnlicher Souveränität.«

Die größte unter den Frauen löste sich aus der Gruppe, stellte sich vor den Lordkanzler und nahm den Arm des Königs. »Das ist genug Politik für heute, Sir Edward. Ich glaube, Seine Majestät braucht jetzt ein, zwei Stunden Ruhe.«

Der König lachte, entblößte seine großen, weißen Zähne und gestattete es, sich entführen zu lassen.

Hyde stampfte mit seinem Stock auf den Boden. »Ruhe? Nennt sie das Ruhe?«

»Sie ist sehr schön«, sagte Nayler vorsichtig. »Wer ist sie?«

»Das ist Mrs Palmer«, sagte Hyde angewidert. »Ihr wollt mir doch nicht erzählen, dass Ihr mit all Euren Spitzeln noch nie von ihr gehört habt. Der König hat sie gerade erst in einem Haus neben seinem Palast untergebracht.«

Nayler war sofort alarmiert.

»Und um welches Haus handelt es sich da, Sir Edward?«

»Natürlich das am nächsten gelegene, das alte von Whalley.«

Sobald er sich davonstehlen konnte – was nach etwa einer Stunde der Fall war –, verließ er Westminster eilig und lief an den Tavernen und schmalen Vorgärten vorbei die King Street hinauf in Richtung Whitehall-Palast.

In der Mitte der Straße verlief ein Bach. Die Häuser im Umkreis des Palasts waren alle im flämischen Stil erbaut: Reihenhäuser mit drei oder vier Stockwerken und Giebeldach, Rautenfenster in Erkern, die auf die Straße hinausgingen; die Holzbalken vergoldet und grell gestrichen, passend zu den Wappen ihrer Besitzer über den Haustüren.

Er wusste genau, welches Whalleys Haus gewesen war. Seit Ende Mai hatte er es beobachtet. Auf seine Anweisung hin war es Katherine Whalley, ihrer Stieftochter Frances Goffe und Goffes Kinderschar erlaubt worden, nach ihrem eigentlichen Rauswurf noch für eine Weile im Haus zu bleiben. Leider waren die Frauen vorsichtig gewesen. Kein Hinweis über den Aufenthaltsort ihrer Männer war aufgetaucht. Dennoch zog er es vor, sie dort zu wissen, wo er ein Auge auf sie haben konnte. Er hatte angenommen, eine Abmachung mit dem Minister der öffentlichen Arbeiten zu haben. Aber jetzt waren sie offenbar ausquartiert worden, um Platz für die Mätresse des Königs zu schaffen. Das Familienwappen der Whalleys, drei Luft speiende Wale, war heruntergerissen worden und hatte Risse im Mauerwerk hinterlassen.

Nayler hatte sie verloren.

Er ging über die Straße und zog an der Türglocke. Ein alter Diener öffnete.

»Ja?«

»Guten Tag.« Nayler berührte seine Hutkrempe. »Ich suche Mrs Whalley.«

»Sie wohnt nicht mehr hier.«

Aus dem Innern waren Musik und Frauengelächter zu hören, dann das Geräusch von Glas, das auf dem Boden zersplitterte. Der Diener schaute sich um.

»Wisst Ihr, wohin sie gezogen ist? Ich bin ein Freund der Familie.« Nach einer kurzen Pause fügte er hinzu: »Ein sehr enger Freund.«

Im Gang hinter dem Diener erschien ein Mann. Sein Hemd war bis zur Taille aufgeschnürt. Er hielt den Hals einer zerbrochenen Flasche in der Hand. »Seine Majestät verlangt nach Wein.« Nayler erkannte den Herzog von York.

Der Diener verbeugte sich. »Ja, Eure Hoheit.« Er warf Nayler kurz einen entschuldigenden Blick zu und schloss die Tür.

Nayler trat zurück auf die Straße. Nichts schockierte, wenig überraschte ihn. Wenn dies die Person war, die Gott zum König gesalbt hatte, wer war er, das zu bestreiten? Aber er verfluchte den Menschen Karl Stuart für seinen zügellosen Schwanz. Er wartete ein paar Minuten und läutete noch einmal.

Diesmal widmete sich der alte Diener ihm ganz. Er schaute sich noch einmal um und fragte dann: »Und Ihr seid wirklich ein Freund der Familie?«

»Natürlich.«

»Dann seid Ihr auch mein Freund. Ich stand sieben Jahre in ihren Diensten. Aufrichtige, gottesfürchtige Leute. Sie haben alles verloren. Nicht einmal ein Kerzenhalter ist ihnen geblieben.«

»Eine grausame Geschichte«, sagte Nayler und faltete die Hände wie zum Gebet. »Frauen und Kinder zu bestrafen für die Sünden der Männer und Väter. Wohin sind sie gegangen?«

Der Diener senkte die Stimme. »Sie sind bei Mrs Whalleys Schwager Reverend Hooke untergekommen, im Savoy-Hospital.«

»Er hat ihnen dort Zimmer besorgt?«

»Er kann über die Räumlichkeiten nach Belieben verfügen. Er ist der Vorsteher dort.«

»*Diener!* Wo in Teufels Namen bleibt Ihr?« Wieder der Herzog von York. Der alte Mann bedachte Nayler mit einem sorgenvollen Blick und schloss die Tür wieder.

Nayler machte sich sofort auf den Weg, wohl wissend, dass er seine besten Gesellschaftsschuhe mit den silbernen Schnallen und weiße Seidenstrümpfe trug, was hieß, dass er den Boden im Blick behalten musste, damit er nicht in die stinkenden Kothaufen und Pisselachen von Mensch wie Pferd trat, die den Weg säumten.

Das Savoy-Hospital lag in der Strand, gleich um die Ecke vom Essex-Haus. Es war ein wohltätiger Zufluchtsort für die Armen und Kranken und hatte den Rundköpfen im Bürgerkrieg als Lazarett gedient. Gottlob hatte Nayler es noch nie aufsuchen müssen. Er kam durch eine dunkle Gasse und betrat dann durch ein Tor einen überfüllten Friedhof voller zerbröckelnder Grabsteine aus grauem Schiefer aus den Zeiten der Tudors, die sich wie faule Zähne schräg in alle Richtungen neigten. Zu seiner Rechten befand sich eine Kapelle, geradeaus und links erhoben sich zwei Bollwerke aus verrußtem rotem Backstein mit winzigen Fenstern. Im Schatten der Mauern kauerten die lumpenverhüllten Elenden Londons. Verwundete Veteranen mit fehlenden Gliedmaßen humpelten auf Krücken zwischen den Gräbern umher. Ein furchtbarer, grausamer Ort, der Nayler mehr an ein Gefängnis denn ein Krankenhaus gemahnte. Er erinnerte ihn an seine lange Zeit der Genesung nach Naseby und an den Kerker, in dem er nach dem Tod seiner Frau eingesperrt war.

Er streifte durch die Hinterhöfe und den von Unkraut überwucherten Garten und hielt Ausschau nach seiner Beute, bis er auf eine Frau mit einem Schlüsselbund am Gürtel traf, die ihm den Weg zu den Wohnräumen des Vorstehers zeigte – ein freundlicheres, efeubewachsenes Gebäude, das wie das Haus des Dekans eines Oxford-Colleges aussah. Gut vorstellbar, dass die Whalleys und Goffes hier Zuflucht gesucht hatten. Er zögerte, fragte sich, ob es klug sei, sich hier zu zeigen, entschied dann aber, dass ihm keine andere Wahl blieb. Er würde diesem Reverend Hooke einfach sagen, dass er eine Botschaft für Katherine Whalley habe. Sollte sie zu Hause sein, würde ihm schon irgendeine Geschichte einfallen. Als er an der Glocke zog und ein Priester erschien, sah er jedoch sofort, dass hier jetzt offenbar andere das Sagen hatten. Der Mann trug ein Chorhemd. Er war kein Puritaner.

»Ich suche Mr Hooke.«

»Hooke ist weg«, sagte der Priester mit sichtlicher Genugtuung. »Cromwell hatte ihn ernannt, und im Zuge der Säuberung hat man ihn unlängst entfernt.«

Es kostete Nayler einige Mühe, nicht laut aufzustöhnen. »Weg? Wohin?«

Der Priester zuckte die Achsel. »Ich weiß nur, dass er und seine Familie vor einer Woche verschwunden sind.«

»Seine Familie, wie viele waren das?«

»Mit den Kindern sieben oder acht, würde ich sagen.«

»Haben sie einen Aufenthaltsort angegeben, wo man sie finden kann?«

»Sie hatten nur einen Tag lang Zeit, all ihre Sachen zu packen und zu verschwinden. Ich bezweifele, dass sie selbst schon wussten, wohin. Für William Hooke und seinesgleichen ist in England kein Platz mehr, besonders wenn man so alt ist.«

»Wie alt ist er denn?«

»Ich glaube, um die sechzig.«

Nayler seufzte und trat einen Schritt zurück. »Wenn Ihr zufällig von ihm hört, dürfte ich Euch bitten, mir Bescheid zu geben? Ich bin in den Amtsräumen des Kronrats zu erreichen. Mein Name ist Richard Nayler.«

Der Priester wirkte beeindruckt und nickte. »Das werde ich bestimmt, Mr Nayler.« Er wusste jetzt, dass er es mit einem Mann von Einfluss zu tun hatte, und zeigte sich wesentlich hilfsbereiter. »Ihr könntet Euch in den puritanischen Versammlungshäusern in Spitalfields umhören. Die halten zusammen wie die Juden.« Und dann fügte er noch hinzu: »Es könnte natürlich auch gut möglich sein, dass Hooke wieder zurück nach Amerika geht.«

Nayler, der sich schon zum Gehen gewandt hatte, blieb abrupt stehen und drehte sich wieder um. »Amerika?«

»Höchstwahrscheinlich. Er hat zwanzig Jahre lang da drüben gelebt. Als Prediger irgendeiner fanatischen Sekte.«

Am nächsten Nachmittag rief Nayler seine engsten Mitstreiter bei der Jagd auf die Königsmörder zu einer Besprechung zusammen. Sie trafen sich in seinem Arbeitszimmer, einem kleinen Raum, von wo man einen Blick in die Gärten hinter dem Whitehall-Palast hatte und der sich direkt gegenüber dem Sitzungsraum für den Kronrat im gleichen Gang befand. An einer aufgestellten Tafel war ein großer Bogen Papier angebracht, auf dem die Namen und die letzten bekannten Aufenthaltsorte aller gesuchten Königsmörder aufgelistet waren.

Außer Nayler waren wie üblich vier Männer anwesend: sein Sekretär Samuel Nokes, ein gewissenhafter, am Lincoln's Inn ausgebildeter junger Anwalt; Dr John Wallis, Savilischer Professor der Geometrie an der Universität Oxford, der beste Kryptoanalytiker in England, ein Unterstützer des Parlaments im Bürgerkrieg, der den Geheimcode der in Naseby erbeuteten Korrespondenz des Königs entschlüsselt hatte und nun, nach einigem guten Zureden, dem neuen Regime mit seinen Fähigkeiten zu Diensten war; der Generalpostmeister Oberst Henry Bishop, der sicherstellte, dass das Gremium sofortigen Zugriff auf jedweden Brief erhielt, der die Sortierstellen in London passierte; und William Prynne, der Abgeordnete für Bath, der fanatischste unter den Königsmördergegnern im Parlament, der immer eine schwarze Lederkapuze trug, unter der sich verbarg, dass man ihm vor gut zwanzig Jahren die Ohren abgeschnitten hatte.

Nachdem Wallis über die letzten abgefangenen Geheimbotschaften zwischen Flüchtigen in Holland und ihren Anhängern in England berichtet hatte, kam Nayler auf das Thema Whalley und Goffe zu sprechen. Er berichtete, das Haus in der King Street aufgesucht und erfahren zu haben, dass deren Familien verschwunden seien. Er verschwieg taktvollerweise, was er dort sonst noch mitbekommen hatte. Dann schilderte er seinen Besuch im Savoy-Hospital und dass die Familien auch von dort schon weitergezogen seien. Während er sprach, fiel ihm auf, dass der junge Nokes ihn verwundert ansah. Wahrscheinlich kam es ihm seltsam vor, dass Nayler derartige Laufburschenarbeit persönlich erledigt hatte. Er schloss schnell seinen Bericht. »Um es kurz zu machen, Gentlemen, ich glaube, wenn wir diese besonderen Verräter finden wollen, müssen wir zunächst ihrer Familien habhaft werden. Goffe hat kleine Kinder. Es ist sehr wahrscheinlich, dass er früher oder später versuchen wird, Verbindung zu ihnen aufzunehmen. Die tiefe Zuneigung zueinander ist ihr schwacher Punkt.«

»Gehen wir davon aus, dass die beiden Königsmörder noch zusammen sind?«, fragte Oberst Bishop. »Wenn ja, dann ist das ein weiterer Schwachpunkt. Zwei Männer, die gemeinsam reisen, fallen mehr auf als einer allein.«

»Mein Gefühl sagt mir, dass sie noch zusammen sind«, sagte Nayler. Er musste an jenen Weihnachtstag denken, wo die beiden vor dem Altar im Essex-Haus gestanden und die Kirchengemeinde beschimpft hatten. »Als Cromwell noch am Leben war, waren sie jedenfalls unzertrennlich.«

»Ich muss gestehen, die Tatsache ihres spurlosen Verschwindens überrascht mich«, sagte Wallis. Wie üblich war seine Ausdrucksweise die eines leidenschaftslosen Gelehrten. Für ihn war die Menschenjagd eine Abfolge mathematischer Probleme, die es zu lösen galt. »In keiner der verschlüsselten Botschaften zwischen den anderen Flüchtigen und ihren Unterstützern werden sie auch nur ein einziges Mal erwähnt. Sie sind eine Leerstelle, wie vom Erdboden verschluckt.«

»Ich frage mich allmählich, ob sie nicht vielleicht nach Amerika gegangen sind«, sagte Nayler. Die halbe Nacht hatte er darüber nachgedacht. »Oberst Whalleys Schwester ist mit einem puritanischen Pastor namens Hooke verheiratet, der da drüben viele Jahre in irgendeiner Gemeinschaft religiöser Extremisten verbracht hat. Wenn sie nach Amerika gegangen sind, würde das erklären, warum sie anscheinend so vollständig von allen anderen abgeschnitten sind.«

»Dann müssen sie noch vor Ende Mai an Bord eines Schiffes gegangen sein«, sagte Nokes. »Seitdem haben wir alle Passagiere, die England verlassen haben, überprüft. Außer sie haben sich in Holland eingeschifft.«

»In dem Fall hätten wir doch sicherlich davon erfahren, oder? Schickt einen unserer Leute zum Zoll, Mr Nokes. Er soll die Passagierlisten aller Schiffe durchgehen, die im April und

Mai nach Amerika ausgelaufen sind. Sehr wahrscheinlich sind sie unter falschem Namen gereist.«

Nokes machte sich eine Notiz. »Ja, Sir.«

»Haben wir einen Spitzel in der puritanischen Gemeinde in Spitalfields?«

»Mehrere, Mr Nayler.«

»Weist sie an, sich nach dem Aufenthaltsort von Reverend William Hooke umzuhören. Aber diskret. Hooke wird uns zu den Familien führen, dessen bin ich mir sicher.«

»Hooke ist also der Haken, den wir nach den Fischen auswerfen«, sagte Prynne und verzog seinen schmalen Mund amüsiert. Auf den hohlen Wangen waren die vernarbten Buchstaben SL für *Staatsgefährdender Libellist* zu sehen, die ihm auf Anordnung des Lordoberrichters zur gleichen Zeit eingebrannt worden waren, wo ihm auch die Ohren abgeschnitten wurden. Die Buchstaben waren im Lauf der Jahre verblasst und hatten zwei dunkelbraune Zacken zurückgelassen, die wie Geschwüre aussahen. Obwohl die Strafe unter der Regierung von Karl I. vollstreckt worden war, hatte seine bizarre, erbarmungslose Logik Prynne ins Lager der Royalisten getrieben. »Ich kenne Whalley und Goffe«, fuhr er fort. »Sie haben neben Oberst Pride und seinen Soldaten gestanden und mir den Zutritt zum Parlament verwehrt, weil sie wussten, dass ich einer von den Abgeordneten war, die nicht für den Prozess gegen den König stimmen würden. Man hat mich mehrere Wochen lang in einem widerlichen Loch eingekerkert und erst nach dem Mord an Seiner Majestät wieder entlassen. Ich würde die beiden nur zu gern gehenkt und ausgeweidet sehen.«

Nayler nickte zustimmend, äußerte sich aber nicht weiter dazu. Vielmehr wandte er den Blick beiseite, um in den fanatischen Augen seines Gegenübers nicht das eigene Spiegelbild sehen zu müssen.

Zwei Tage später, am Samstag, saß Nayler kurz nach Sonnenaufgang in seinem Arbeitszimmer und entwarf gerade ein Memorandum für Sir Orlando Bridgeman, da flog die Tür auf, und Nokes stürmte herein.

»Man hat Hooke gefunden. Ein reicher puritanischer Kaufmann aus der Stadt, ein Mr Gold, hat ihm ein Haus auf dem Land überlassen.«

Nayler legte die Feder beiseite und lehnte sich zurück. Er lachte vergnügt auf, riss sich jedoch gleich wieder zusammen. »Das kann doch nicht wahr sein, oder? Ein reicher Mann, der Gold heißt? Seid Ihr Euch sicher, keinem Scherz aufgesessen zu sein?«

»Es ist kein Scherz, Sir«, sagte Nokes ernst. »Die Quelle ist zuverlässig. Ich habe letzte Nacht einen Mann vor dem Haus postiert, und der hat mir heute Morgen berichtet, dass Hooke und seine Frau tatsächlich dort wohnen. Nebst ein paar anderen, sowohl Frauen als auch Kindern.«

»Wo ist das Haus?«

»In Clapham, einem Dorf auf der anderen Flussseite.«

»Hat Euer Posten noch andere Männer gesehen?«

»Nein.«

»Es war allerdings dunkel.«

»Das ist wahr, Sir.«

Nayler verstummte und klopfte nachdenklich mit dem Zeigefinger auf die Tischplatte. Es war durchaus möglich – nicht sehr wahrscheinlich, aber doch vorstellbar –, dass Whalley und Goffe sich dort im Familienkreis versteckten. »Geht zum Kastellan«, sagte er. »Schildert ihm die Lage, und sagt ihm, wir brauchen dringend ein Dutzend bewaffneter Männer für einen Überraschungsbesuch in Clapham. Heute noch.«

KAPITEL 7

Über die erbärmlichen Verhältnisse, in denen sich Frances Goffe im Alter von sechsundzwanzig Jahren befand, gab es nichts zu sagen, außer vielleicht, dass sie ihr keine Zeit zum Nachgrübeln ließen, wie dieses Unheil über sie hereingebrochen war. Binnen weniger Monate hatte sie ihren Mann und ihren Vater verloren, ihre Stellung in der Gesellschaft, ihr Heim, ihren Besitz, ihr Geld, ihre Diener und ihren inneren Frieden – mit Ausnahme ihres starken und einfachen Glaubens, dass Gott das aus einem Grund so gewollt habe und es ihre Pflicht sei, alles zu ertragen. Ohne diese Hingabe, davon war sie überzeugt, hätte sie den Verstand verloren.

Ihre fünf Kinder waren alle noch keine acht Jahre alt, und den mittleren Mädchen Betty und Nan, beide sehr kränklich, galt ihre besondere Sorge. Dennoch waren die Kleinen eine geringere Last als ihre Mutter, die mit offenen Augen reglos neben ihr auf dem Bett lag. Sie versuchte ihr mit einem Löffel etwas Suppe einzuflößen, während sie gleichzeitig dem Säugling Richard die Brust gab. Es wurde gerade eben erst hell. Sie konnte hören, wie Tante Jane oben zu Frankie, der Ältesten, sagte, ihrer Schwester Judith beim Anziehen zu helfen. Onkel William saß in der Küche und studierte die Bibel. Von allen schien ihn die schäbige Umgebung am wenigsten zu stören.

Das Haus war klein, ein Cottage etwa eine halbe Meile außerhalb des Dorfs am Ende eines Wegs. Im ersten Stock gab es zwei Zimmer. In einem waren die Hookes untergebracht, im anderen die vier Mädchen, Frances selbst schlief unten in der Stube auf einer Matratze, die sie jeden Abend zwischen dem Bett ihrer Mutter und Dickies Pritsche auf dem feuchten Boden ausrollte. Die Betten und der eine Tisch mit einem halben Dutzend Holzstühlen in der Küche waren die einzigen Möbel. Gold wollte das Haus irgendwann abreißen und an seiner Stelle ein neues bauen. Aber sie brauchten auch gar keine Truhen, Küchen- oder Kleiderschränke, weil sie nichts hatten, was sie darin hätten unterbringen können. Sie besaßen die Kleidung, die sie am Leib trugen, ein paar Hemden und Nachtgewänder zum Wechseln, die Puppen der Mädchen und drei Familienbibeln. Die Hookes waren besser dran. Ihr Besitz war nicht beschlagnahmt worden, er war in einem Speicher in der Stadt eingelagert. Onkel William machte sich nicht viel aus Geld und hatte die meisten Ersparnisse Will und Ned mit nach Amerika gegeben. Er hatte noch zehn Pfund, die ihm Gold geborgt hatte. Tante Jane nahm davon jeden Tag ein paar Schillinge und kaufte im Dorf die Lebensmittel ein, aus denen sie und Frances das Essen zubereiteten. Es gab keine Diener mehr. Das Ganze war ein gewaltiger Unterschied zu dem, was Frances vertraut gewesen war – die Wohnung im Somerset-Haus, das Haus in der King Street, die Hochachtung, die einer Familie im inneren Kreis des Lordprotektors geschuldet war.

»Sei getrost, mein Kind«, sagte Onkel William immer, wenn er sie weinend antraf. »Der Herr hatte weniger, und wir haben immer noch uns.«

Wie wahr. Nur ihren Mann hatte sie nicht mehr.

Der kleine Richard hatte sich satt getrunken und war eingeschlafen. Sie legte ihn in sein Bettchen und machte sich wieder daran, ihre Mutter zu füttern. Katherine Whalley war noch nicht alt, gerade einmal vierzig, aber das Haar war ergraut, und die Haut umhüllte ihre Knochen wie ein Leichentuch. Eigentlich war sie ihre Stiefmutter, ihre leibliche Mutter war gestorben, als Frances noch ein Säugling war. Katherine war schon seit Jahren kränklich, seit ihrer letzten Fehlgeburt, und inzwischen schien sie jedes Begriffsvermögen verloren zu haben. Sie drehte den Kopf zur Seite wie ein verzogenes Kind. Die Suppe rann von ihrem geschlossenen Mund auf das Kissen. Frances tupfte alles mit einem Tuch ab, legte sich dann auf ihre Matratze und schlug die Hände vors Gesicht.

Will … Will … Will …

Vor vier Monaten war er nach Amerika aufgebrochen. Sie wusste nicht, ob er heil angekommen war. Es war noch zu früh für Nachrichten von ihm. Er hatte zunächst nicht gehen wollen, aber sie hatte ihn angefleht, sich um ihrer und beider Kinder willen nicht dem Feind zu ergeben. Die Tatsache, dass ihr Vater bei ihr war, gab ihr etwas Trost. Der alte Mann war sachlich und klug, während Will mystisch und fatalistisch veranlagt war – Gott möge ihr diese Gedanken verzeihen, aber so war es nun einmal. Sie liebte ihn, seit sie sechzehn Jahre alt war, hatte ihn mit achtzehn geheiratet und kannte ihn besser als jeden anderen Menschen auf der Welt.

Sie setzte sich auf und tastete am Rand der Matratze nach dem kleinen Schlitz, den sie hineingeschnitten hatte. Sie steckte ihre Finger ins Stroh und zog die einzigen drei Dinge heraus, die sie von ihm noch hatte: eine Haarlocke, ein Miniaturporträt und den Brief, den er ihr am Tag seiner Abreise geschrieben hatte. Onkel William hatte ihn ihr gegeben, nachdem er von Gravesend zurückgekehrt war, wo er die beiden verabschiedet hatte:

Allerliebste! Gott wird uns schützen, denn sein Werk auf Erden ist gerecht. Bete für mich, so wie ich stets für Dich bete, die Du das größte Geschenk bist, das der Herr mir gemacht hat. Ich werde zu Dir zurückkehren, sobald mir das möglich ist.

Die Zeilen hatte er mit seiner kunstvollen Handschrift in großer Eile auf ein kleines Stück Papier geschrieben, das er aus einem Notizbuch herausgerissen hatte. Die Tinte war verschmiert. Es war ohne Unterschrift und ohne Datum. Sie las die Zeilen noch einmal durch. Sie roch an seiner dunklen Haarlocke. Sie betrachtete sein geliebtes Gesicht – die großen Augen, die schmale Nase, den kleinen, zierlichen Mund – und küsste es.

Die Tante rief nach ihr. Sie schob ihre Schätze wieder tief in die Matratze hinein und ging nach oben, um nachzusehen, wobei sie behilflich sein konnte.

Einige Stunden später – es war schon fast Mittag, kurz nachdem Tante Jane mit Brot und Käse aus dem Dorf zurückgekommen war und Frances Wasser vom Brunnen geholt hatte, um die Nachthemden der Kinder zu waschen – kam Onkel William mit ein paar Äpfeln aus dem Obstgarten ins Haus und sagte, dass sich auf dem Weg Soldaten auf Pferden näherten. Frances sah die Angst in seinem Gesicht.

»Glaubst du, sie wollen zu uns?«

»Das ist das einzige Haus. Wohin sollten sie sonst wollen?«

Sie hob Nan vom Küchenboden hoch, drückte sie Frankie in die Arme und sagte ihr, sie solle ihre kleine Schwester und Judith nach oben bringen, wo Betty noch im Bett lag. »Bleibt dort, bis ich euch rufe.«

Aus dem Garten drangen Pferdegeräusche und Männerstimmen ins Haus. Zwei Soldaten liefen am Küchenfenster vorbei. Das Haus wurde umstellt. Im nächsten Augenblick hämmerte es an der Tür. Onkel William öffnete sie einen Spalt und wurde von den ins Haus stürmenden Männern, die mit Schwertern und Pistolen bewaffnet waren, grob zur Seite gestoßen. Einige liefen in die Stube, andere trampelten die Treppe hoch. Zwei der Soldaten richteten ihre Muskete auf Frances und die Hookes und brüllten, sie sollten sich nicht rühren.

Im nächsten Augenblick kam ein kleiner, breitschultriger Mann in die Küche. »Reverend William Hooke, nehme ich an?« Er tippte höflich an seinen Hut und wandte sich dann an Tante Jane. »Seid Ihr Mrs Katherine Whalley?«

»Nein, Sir, ich bin Jane Hooke.«

»Verzeihung.« Er sah zu Frances. »Dann müsst Ihr Mrs Goffe sein.« Er betrachtete sie kurz. Seine Augen waren sehr dunkel. Etwas flackerte in ihnen, etwas Wissendes, Vertrautes. Ihr war unwohl in ihrer Haut. »Wo befindet sich Mrs Katherine Whalley?«

»Sie liegt krank im Bett, Sir«, sagte Frances.

»Würdet Ihr mich bitte zu ihr führen?«

Onkel William hatte sich von dem Schreck erholt. »Wartet«, sagte er. »Mit welchem Recht dringt Ihr in unser Haus ein?«

»Wie Ihr wissen dürftet, besteht gegen Oberst Whalley und Oberst Goffe ein Haftbefehl.«

Von oben rief ein Soldat herunter: »Hier oben ist niemand, Mr Nayler. Nur ein paar kleine Mädchen.«

Frances sah die Enttäuschung, die sich kurz auf dem Mund von diesem Mr Nayler zeigte. »Nun, das ist keine große Überraschung.« Er wandte sich an sie. »Und Ihr werdet mir sicherlich erzählen wollen, dass Ihr keine Ahnung habt, wo sie sind.«

»Ich habe meinen Mann und meinen Vater viele Monate lang nicht mehr gesehen.«

»Ach, wirklich?« Er rief nach oben: »Durchsucht die Räume gründlich. Wenn nötig, stellt alles auf den Kopf.« Er wandte sich wieder an Frances. »Bringt mich nun zu Mrs Whalley.«

Frances führte ihn in die Stube. Ihre Mutter hatte sich die Decke bis zum Kinn hochgezogen und schaute zur Decke hoch. Nayler beugte sich vor, um sie genau zu betrachten. Er wedelte mit der Hand über ihren Augen. Keine Reaktion. »Wie lange ist sie schon in diesem Zustand?«

»Seit man sie ohne einen Schilling aus ihrem Haus auf die Straße gesetzt hat.«

»Ihr habt keine Brüder oder Schwestern, die Euch beistehen könnten?«

»Doch, einen Bruder und zwei Halbbrüder, aber die sind nicht in England.«

»Wo dann?«

»Das weiß ich nicht.« Was auch stimmte. Es hieß, John und Henry seien in Frankreich, Edward in Irland. Die Familie war völlig verstreut.

Dickie begann zu wimmern. Frances wollte zu ihm, aber Nayler kam ihr zuvor. Er hob den Kleinen aus dem Kinderbett und hielt ihn auf Armeslänge von sich, drehte ihn hin und her und begutachtete ihn wie ein Ferkel auf dem Markt. »Was für ein Prachtbursche. Es muss herrlich sein, ein gesundes Neugeborenes zu haben.«

Von oben drangen dumpfe Schläge herab, anschließend war das Splittern von Holz zu hören. Frances streckte die Arme aus. »Bitte, gebt ihn mir.«

Nayler drückte sich den weinenden Kleinen an die Brust und atmete den Duft des flaumigen Haars ein. Er wiegte ihn hin und her und streichelte ihm sanft den Rücken. Der Kleine hörte auf zu weinen. »Na also. Ich habe ein Händchen für die Kleinen. Verratet mir nun, wo Euer Mann ist, Mrs Goffe«, sagte er sanft. »Es ist für Euren Kleinen und Euch alle das Beste.«

»Ich kann Euch nicht verraten, was ich nicht weiß.«

»Dann will ich Euch verraten, was ich glaube.« Er nickte zu Onkel William hinüber, der in der Tür stand. »Ich habe den Verdacht, dass Goffe und Euer Vater bei Mr Hookes Freunden in Amerika sind.« Er rief an Onkel William vorbei in die Küche. »Hauptmann Weaver! Kommt bitte her und durchsucht das Zimmer hier.« Onkel William wurde zur Seite gestoßen. Weaver kam mit zwei weiteren Soldaten herein. »Fangt mit dem Bett an. Nehmt Eure Schwerter und schlitzt die Matratze auf.«

Der Hauptmann warf einen fragenden Blick auf Katherine Whalley. »Was ist mit ihr?«

»Kippt sie vom Bett, wenn sie nicht von allein aufsteht.«

Frances hörte die siebenjährige Frankie von oben rufen. »Mama! Mama!«

»Das ist unmenschlich, Mr Nayler«, sagte Tante Jane.

»Unmenschlich ist es, kaltblütig den eigenen König zu morden. Na los, Hauptmann.«

In diesem Augenblick schien für Frances die Zeit stillzustehen. Klar und deutlich begriff sie gleichzeitig drei Dinge. Sie wussten von Amerika. Sie würden Wills Brief finden. Der Mann hielt immer noch ihr Kind im Arm.

»Wartet«, sagte sie.

Sie knotete die Schnur um ihre Matratze auf und rollte sie aus. Dann kniete sie sich auf den Boden, griff in den Schlitz und holte den Zettel, das Bild und die Haarlocke heraus. Sie hielt Nayler alles hin. Er sah sie verblüfft an. Ihre Hand zitterte. Schließlich reichte er ihr den Kleinen. Sie nahm ihren Sohn, drückte ihn fest an sich und beobachtete, wie Nayler den Zettel las.

»Hat das Euer Mann geschrieben?«

Sie nickte.

»Frances!«, rief Onkel William.

»Wann habt Ihr das bekommen?«

»Vor einer Woche.« Die Lüge kam ihr leicht über die Lippen.

»Wer hat Euch das überbracht?«

»Das weiß ich nicht. Es kam bei Nacht. Als ich morgens aufgewacht bin, war es da.«

»Und das ist seine Schrift?«

»Ja.«

Er las die Nachricht noch einmal durch. Ihn schien die verschnörkelte Schrift zu faszinieren. Danach studierte er eingehend das Porträt, nahm dann die Locke zwischen Daumen und Zeigefinger und hielt sie gegen das Licht. Beim Anblick dieser kostbaren Andenken in seinen Händen war Frances der Ohnmacht nahe. Sie gab sich alle Mühe, ihr Zittern zu unterdrücken.

»Gut«, sagte er schließlich. »Den Zettel und das Bild nehme ich mit. Die Haarlocke könnt Ihr behalten.«

Sobald sich die Tür hinter Nayler geschlossen hatte und noch bevor die Soldaten wieder auf ihren Pferden saßen, lief Frances nach oben zu den Mädchen. Frankie saß an die Wand gelehnt mit ausgestreckten Beinen auf dem Boden und hielt Nan im Schoß, sichtlich bemüht, nicht zu weinen. Judith war mit Betty ins Bett geklettert und hatte beiden die Decke über den Kopf gezogen. Ihre wenigen Kleidungsstücke und Habseligkeiten lagen verstreut auf dem Boden. Einige Bodendielen waren aufgestemmt. Die Matratze war kreuzweise aufgeschlitzt worden und lehnte an der Wand. Überall lag zertrampeltes Stroh. Es roch wie in einem Stall.

Sie ging von einem Kind zum anderen, umarmte alle reihum und flüsterte beruhigende Worte. »Habt keine Angst … Die Männer sind jetzt weg … Es ist alles in Ordnung …«

»Warum suchen die Soldaten nach Papa und Großvater?«, sagte Frankie.

»Eines Tages werde ich euch alles erzählen. Aber eins müsst ihr euch merken: Sie haben nichts Falsches getan.«

»Wann können wir wieder nach Hause?«

»Unser Zuhause ist überall dort, wo wir zusammen sein können. Sei ein braves Mädchen und räum jetzt alles auf. Ich hole Nadel und Faden. Wir sammeln das ganze Stroh zusammen, dann ist das Bett gleich wieder in Ordnung.«

Unten in der Stube redete Tante Jane beruhigend auf Katherine ein. Ihre sanfte Stimme drang durch die offene Tür. Onkel William saß am Küchentisch. Die Bibel lag aufgeschlagen vor ihm, aber er starrte geradeaus. Frances hatte ihn erst vor vier Jahren nach seiner Rückkehr aus Amerika kennengelernt. Er war als einer von Cromwells Hausgeistlichen in dessen Dienste eingetreten, eine Stellung, die ihr Vater ihm verschafft hatte. Sein Gesichtsausdruck war ernst. Als sie in die Küche kam, stand er auf. Sie war auf eine Zurechtweisung gefasst – eigentlich hatte sie sich schon immer ein bisschen vor ihm gefürchtet. Stattdessen breitete er die Arme aus. »Komm her, mein Kind.«

»Du bist mir nicht böse?«

»Böse? Überhaupt nicht. Du hast schneller begriffen als ich.«

Erleichtert fiel sie ihm in die Arme und legte die Wange an seine Schulter. Er fühlte sich so fest und unverrückbar wie ein Fels an. »Obwohl ich gegen eines der Gebote verstoßen und gelogen habe?«

»Du sollst kein falsch Zeugnis reden wider deinen Nächsten, sagt die Bibel. Dieser Mann ist keiner unserer Nächsten. Er ist der Teufel. Du hast ihm Salz in die Augen gestreut, das zählt nicht als Sünde. Allerdings befürchte ich, dass er wiederkommen wird, sobald er entdeckt, dass du ihn getäuscht hast.«

*

Am nächsten Montag um acht Uhr morgens fand sich Nayler im Worcester-Haus ein und bat, den Lordkanzler sprechen zu dürfen. Er wartete im Empfangsraum, bis er gerufen wurde, und folgte dann dem Sekretärsgecken die Treppe hinauf. Ausnahmsweise hielt sich der junge Adelige diesmal dezent zurück. Überhaupt kam Nayler die Stimmung im ganzen Gebäude sonderbar vor – in den Gängen Unterhaltungen im Flüsterton, angelehnte Türen, die geräuschlos geschlossen wurden, wenn er vorbeiging. Als sie die Galerie betraten, die zu Sir Edwards Arbeitszimmer führte, erschien am anderen Ende Anne Hyde, die Tochter des Lordkanzlers. In Begleitung ihrer Zofe eilte sie in seine Richtung. Nayler hatte sie monatelang nicht mehr gesehen. Er blieb stehen, nahm den Hut ab und verbeugte sich. Ihr Aussehen entsetzte ihn. Das hübsche Gesicht war aufgedunsen und gerötet, ihre Figur aus der Form geraten – unglücklicherweise ähnelte sie sehr ihrem Vater. Als sie grußlos an ihm vorbeilief, meinte er, Tränen in ihrem Gesicht zu erkennen.

Sir Edward saß an seinem üblichen Platz am Kopfende des Tischs. Er hatte die Perücke abgenommen und stützte den Kopf auf beide Hände. Er sprach zum Teppich. »Was gibt es, Mr Nayler?«

»Ich kann ein andermal wiederkommen, Mylord, wenn Euch der Zeitpunkt ungelegen ist.«

»Nein, nein.« Hyde hob müde den Kopf. »Nur zu.«

»Es geht um Oberst Whalley und Oberst Goffe.« Hyde stöhnte. Nayler fuhr dennoch fort. »Ich habe Hinweise, dass sie sich in England aufhalten.«

Jetzt sah der Lordkanzler ihn an. »Was für Hinweise?«

»Ich habe in Clapham ihre Familien ausfindig gemacht. Hier ist eine Nachricht, von der Frances Goffe behauptet, sie habe sie vor einer Woche durch einen unbemerkten Boten von ihrem Mann erhalten.« Er legte den Zettel auf den Tisch. »Die

Handschrift ist höchst markant. Sie ähnelt der auf dem Todesurteil.«

Hyde warf einen schnell Blick darauf. »Und Ihr glaubt ihr?«

»Ja. Sie ist eine verängstigte, arglose Kreatur, aufgewachsen mit einer Religion, die es ihr verbietet zu lügen. Außerdem passt ihre Geschichte zu den Fakten. Whalley und Goffe werden in den Korrespondenzen der in Europa im Exil lebenden Königsmörder nie erwähnt. Ich vermute, sie sind im April oder Mai nach Holland geflohen und inzwischen heimlich wieder zurückgekehrt.«

»Warum sollten sie so dumm sein?«

»Goffe ist einer der Jüngsten unter den Königsmördern, bei der Ermordung des Königs war er erst dreißig. Er hat kleine Kinder, das jüngste ist noch ein Säugling. Ich vermute, dass er der Kinder halber zurückgekommen ist.«

»Ach ja, Kinder«, sagte Hyde trübselig. »Ein Schicksal, dem man nicht entkommen kann.« Er verstummte kurz. »Sie sind also wieder in England. Was schlagt Ihr vor? Wie wollt Ihr sie aufspüren?«

»Ihre Namen auf Anschlägen in jeder Stadt und jedem Dorf im Königreich bekannt machen. Die Warnung ausgeben, dass ein jeder, der sie beherbergt, ebenfalls als Verräter betrachtet wird. Und vor allem eine Belohnung aussetzen. Hundert Pfund auf jeden Kopf dürften reichen. Es ist durchaus möglich, dass wir ihrer noch vor Oktober habhaft werden, wenn die anderen vor Gericht gestellt werden.«

Hyde schüttelte den Kopf. »Bei Gott, Mr Nayler, Euch möchte ich wirklich nicht als Gegner haben.«

Nayler verneigte sich unterwürfig. »Dazu wird es nie kommen, Mylord.«

Hyde sah ihn wieder an. »Seltsamerweise bin ich geneigt, Euch zu glauben.« Er schien etwas abzuwägen. »Wusstet Ihr, dass heute in diesem Haus die Hochzeit meiner Tochter stattfindet?«

»Nein, Sir Edward.«

»Aus naheliegenden Gründen kann es keine öffentliche Zeremonie geben.« Hyde wartete auf seine Reaktion. »Sie ist schwanger. Im sechsten oder siebten Monat, wie man mir sagt. Sie heiratet den Vater. Es ist der Herzog von York.«

Unwillkürlich schnappte Nayler nach Luft. Er hatte das ungebetene Bild vom Bruder des Königs vor Augen, halb nackt in Whalleys altem Haus.

»Ich stelle fest, dass Ihr mich nicht beglückwünscht«, sagte Hyde. Nayler wollte Einspruch erheben, aber Hyde kam ihm zuvor. »Halt, lügt nicht. Ich bewundere Euer Gespür. Die Dummköpfe werden glauben, dass ich damit eine hervorragende Verbindung eingefädelt habe. Aber Ihr und ich, wir beide erkennen die Katastrophe. Seine Königliche Hoheit beschläft den halben Hof, das weiß die ganze Welt, nur meine Tochter nicht. Er wird sie sehr unglücklich machen. Und es wird mich ruinieren – nicht gleich, der König zeigte sich in der Angelegenheit sehr wohlwollend. Aber solange er selbst keinen Erben hat, werden meine Feinde ihm einflüstern, ich führte im Schilde, mein Enkelkind auf den Thron zu setzen, und irgendwann wird der König sich gegen mich wenden. Jetzt streitet er das ab, aber ich kenne ihn zu gut.« Er seufzte. »Nun denn, so ist es eben. Geht jetzt, Mr Nayler, und tut Eure Arbeit. Bald wird man überall in London aufgespießte Köpfe sehen. Und vergesst nicht: Eines Tages könnte auch meiner darunter sein.«

*

In den ersten Tagen nach der Haussuchung machte Frances' Herz jedes Mal einen Satz, wenn jemand an ihrem Haus in

Clapham vorbeiritt. Aber jener unheimliche Nayler, wer immer das auch war, kehrte nicht zurück, und so verfiel das Haus allmählich wieder in seinen früheren ruhigen Rhythmus. Onkel William wagte sich gelegentlich über den Fluss in die Stadt, um sich heimlich mit puritanischen Pastoren zu treffen und die neuesten Nachrichten zu erfahren. Vor Ende Oktober erwartete niemand eine Botschaft aus Amerika. Frances und Tante Jane blieben mit den Kindern und Katherine Whalley meist im Haus. Sie trafen niemand anderes, außer am Sabbat, wenn sie ins Versammlungshaus im Dorf gingen, welches ihnen als einigermaßen sicher erschien. In der kleinen puritanischen Gemeinde südlich des Flusses war man ängstlich. Niemand stellte Fragen.

An den Abenden, wenn Dickie gefüttert war und die Mädchen im Bett lagen, saß Jane nähend am Herd und erzählte Geschichten aus ihrem Leben in Amerika. Sie und William hatten elf Jahre in New Haven verbracht, der jüngsten aller Kolonien. Sie war von Reverend John Davenport, »einem höchst eindrucksvollen Prediger, der die Menschen alle begeisterte«, und Theophilus Eaton, einem puritanischen Kaufmann von gewaltigem Vermögen, gegründet worden. Wenn Tante Jane von den kleinen, von Palisaden umgebenen Holzhaussiedlungen berichtete, von den endlosen sie umgebenden Wäldern voller Wölfe und Wildkatzen, den einheimischen Indianern und deren Begräbnisstätten und heidnischen Bräuchen, den langen Wintern und der harten Pflanz- und Erntearbeit, fühlte sich Frances ihrem Mann Will sowohl näher (weil sie sich ihn dort vorstellen konnte) als auch weit entrückt. Sie fragte sich, warum ihre Tante und ihr Onkel Amerika wieder verlassen hatten.

Eines Abends erzählte Jane die Geschichte vom *Großen Schiff*, einem Hunderttonner, das die Stadt gebaut hatte und das nicht lange nach ihrer und Onkel Williams Ankunft New Haven verlassen hatte. Sie berichtete, wie die Kolonisten das Schiff mit Handelsgütern für England beladen hatten, wie sie das Eis hatten aufbrechen müssen, damit es den Hafen verlassen konnte, und wie wenige Monate später ein Traumbild des Schiffes am sternenhellen Winterhimmel erschien, und wie sie derart erfuhren, dass das Schiff untergegangen war und siebzig Bürger der Stadt mit in den Tod gerissen hatte. »Von der Tragödie konnten wir uns nur schwer erholen. Warum strafte Gott die Gläubigen? Welcher Sünden hatten wir uns schuldig gemacht?« Sie hatte wohl Frances' entsetzten Gesichtsausdruck bemerkt, jedenfalls verstummte sie kurz und sagte dann: »Wie dumm von mir, solch eine Geschichte zu erzählen. Unser geliebter Will befindet sich gewiss in Sicherheit.«

Ungefähr einen Monat nach der Haussuchung – manchmal war es schwer, das genaue Datum zu benennen, so gleichförmig verliefen die Tage – war Frances zu Fuß auf dem Weg nach Clapham, um Lebensmittel für das Abendessen zu besorgen. Es war Herbst, und die Blätter fielen wie rotgoldener Regen von den raschelnden Bäumen. Sie vertrödelte die Zeit und sammelte in ihrer Schürze Rosskastanien, mit denen die Mädchen zu Hause spielen konnten. Die Kastanien glänzten wächsern, als hätte die Natur sie poliert. Als sie das Friedhofstor der Dreifaltigkeitskirche erreichte, sah sie auf der Tafel daneben einen Anschlag mit einer Krone darauf – nichts Geringeres als eine königliche Bekanntmachung. Sie trat näher heran und las sie.

Insofern als die verfluchenswerten Verräter Oberst Edward Whalley und Oberst William Goffe, die geflohen und über die Meere verschwunden waren, nun, wie wir mit Gewissheit sagen können, letzthin in unser Königreich Eng-

land zurückgekehrt sind und sich an geheimen, unbekannten Orten versteckt halten, befehlen wir hiermit unseren Richtern, Friedensrichtern und allen Beamten bei Gericht, unseren Bürgermeistern, Sheriffs und Bütteln und allen unseren Untertanen nach besagten Personen gewissenhaft zu suchen, sie zu ergreifen und festzusetzen …

Des Weiteren erklären und machen wir hiermit öffentlich, dass gegen jede Person, die nach Veröffentlichung dieser Bekanntmachung direkt oder indirekt die besagten Edward Whalley und William Goffe versteckt, beherbergt, versorgt oder unterstützt oder mit einem der beiden auf welche Art auch immer zusammenarbeitet oder sich verschwört, worauf ihnen oder einem der beiden die Flucht gelingt oder sie oder einer der beiden sich der Festnahme und Inhaftierung entziehen kann, mit aller Härte vorgegangen wird …

Und schließlich erklären wir hiermit, wer auch immer die besagten Edward Whalley oder William Goffe entdeckt oder veranlasst, dass sie oder beide ergriffen und tot oder lebendig übergeben werden, soll eine Belohnung von einhundert Pfund für jeden der beiden erhalten.

Verlautbart an unserem Hof in Whitehall am zweiundzwanzigsten Tag des Septembers. Charles R.

Das Entsetzen, ihre Namen in gedruckten Buchstaben zu sehen, war so groß, dass sie sich eine Zeit lang nicht bewegen und nur die gleichen wenigen Worte anstarren konnte. *Edward Whalley und William Goffe … tot oder lebendig … einhundert Pfund …* Ihr Blick wanderte zurück zum Anfang der Bekanntmachung. *Wie wir mit Gewissheit sagen können, letzthin in unser Königreich England zurückgekehrt …*

Wie wir mit Gewissheit sagen können … Das war ihr Werk. Der König von England hatte in seinem Palast gesessen und eine Bekanntmachung erlassen – und sie trug die Schuld daran.

Sie bekam es angesichts der Auswirkungen mit der Angst und sah sich um, ob sie beobachtet wurde. Die Kirche war anscheinend leer. Auf der Gemeindeflur trieb ein Mann mit einem Jungen und einem Hund Schafe in ein Gehege. Sie ließ die Kastanien aus ihrer Schürze auf den Boden fallen, riss den Anschlag herunter, faltete ihn zusammen und versteckte ihn unter der Schürze. Dann drehte sie sich um und ging schnell zurück, um Onkel und Tante zu warnen.

KAPITEL 8

In Massachusetts war Erntezeit, die Früchte waren reif, die bewaldeten Hügel in der Ferne leuchteten im ausdauernden Sonnenuntergang feurig in Rostrot und Rosa, Orange und Gold, gewaltiger und lebhafter als alles, was sie je in England gesehen hatten.

»Wir sind kräftige Männer«, sagte Ned eines Tages zu Daniel Gookin. »Gebt uns ehrliche Arbeit, damit wir uns unsere Unterkunft verdienen können.«

Von da an verließen Ned und Will an jedem Werktag beim ersten Tageslicht das Haus, um auf den Feldern zu arbeiten. Sie brachten den Weizen und den Mais ein, und als das erledigt war, hoben sie Gräben aus und flickten Zäune, hüteten die Schafe und Rinder, stapelten Heuballen, fällten Bäume und hackten den Holzvorrat für den Winter. Durch den Gebrauch von Sense und Axt, Hacke und Schaufel wurden ihre Hände schwielig. Ihre Muskeln erstarkten. Wenn sie überleben wollten, dachte Ned, mussten sie kräftig sein. Das alles war eine nützliche Übung.

Die Arbeit von Sonnenauf- bis Sonnenuntergang hatte einen weiteren Vorteil. Sie dämpfte den Schmerz des Heimwehs. Wenn sie abends erschöpft ins Bett fielen, versanken sie in einen tiefen Schlaf, den nicht einmal Träume von England stören konnten. Von zu Hause kamen keine Nachrichten. Am Sabbat trafen sie sich stets mit den anderen im Versammlungshaus. Bei drei Gelegenheiten hatten sie mit Präsident Chauncey im Harvard College zu Abend gespeist. Sie besuchten ihre Nachbarn: Männer wie den Ältesten Beale, der so stark unter seinen Nierensteinen litt, dass er ihnen gestand, jedes Wasserlassen sei eine Probe auf seinen Glauben an Gott; oder den Ältesten Frost, der sie mit solcher Liebe und Güte in seinem erbärmlichen Haus empfing, dass Will auf dem Nachhauseweg zu Ned sagte: »Ich würde lieber bei diesem Heiligen in seiner armseligen Hütte wohnen als bei jedem Fürsten der Welt.«

Sie blieben in Cambridge und hielten sich von Boston fern. Ned fragte sich sogar, ob sie nicht für den Rest ihrer Tage als einfache Bauern leben könnten. Vielleicht könnten sie eines Tages ihre Familie nachholen? Frances und die Enkelkinder würden sich schnell an das Leben gewöhnen, Katherine konnte er sich allerdings nur schwer in Amerika vorstellen. Hin und wieder warf er durch sein Fernrohr einen Blick auf die Brücke. Die Tage wurden kürzer, die Luft wurde kühler.

KAPITEL 9

Naylers Stunde der Vergeltung rückte näher. Wenn er nach einem Treffen im Serjeants' Inn, wo er mit den Anwälten der Krone die Anklage vorbereitete, zurück zur Strand ging, glaubte er sie manchmal fast wie einen in der herbstlichen Luft anschwellenden Tumor körperlich zu spüren – die graue, schwere Stille, die sich über die Stadt legte. Der große Tag war für die zweite Woche im Oktober anberaumt worden. Dann würde es beginnen. Das Schlachtfest.

Kurz vor Sonnenuntergang am Dienstag, dem 9. Oktober, nahm er ein Boot zum Tower und ging zusammen mit dem Leutnant des Towers Sir John Robinson und dem Kronanwalt Sir Geoffrey Palmer von Zelle zu Zelle und unterrichtete jeden der neunundzwanzig Gefangenen in ihren Einzelzellen, dass am folgenden Tag ihr Prozess beginnen werde. Ohne Ausnahme verlangten alle zu wissen, wie die Anklage im Einzelfall laute, damit sie sich wenigstens die Nacht über auf ihre Verteidigung vorbereiten könnten. Allen wurde beschieden, dass sie die Einzelheiten am Morgen im Gericht erfahren würden.

Der Anwalt John Cooke, der im Prozess gegen Karl I. die Anklage geführt hatte, zeigte sich besonders erbost. »Uns die Nennung der Anklagepunkte vorzuenthalten ist unstatthafte Rechtsverweigerung.«

»Ach, ist dem so?«, erwiderte Nayler freundlich. »Obwohl das genau der Behandlung entspricht, die Ihr dem König habt zukommen lassen? Seine Majestät erfuhr von den Verbrechen, deren er angeklagt wurde, auch erst, als er vor Eurem unrechtmäßigen Gericht erscheinen musste.« Er hieb mit der Faust gegen die Tür. »Wache!«

Die drei Beamten verließen die Zelle. Der Wachmann schlug die Tür zu und schloss ab. Cooke hämmerte gegen die Tür und forderte sie auf zurückzukommen. Seine Beschwerden verfolgten sie durch den ganzen schmalen Korridor. Palmer klopfte Nayler auf den Rücken. »Trefflich ausgedrückt, Mr Nayler, sehr gut.«

Eine höchst nützliche Schattengestalt …

Er lehnte die Einladung zum Essen ab und ging in Robinsons offizieller Amtswohnung sofort zu Bett, wo er bis nach Mitternacht wach lag, weil nebenan die beiden anderen dem feinen französischen Brandy des Leutnants reichlich zusprachen und mit zunehmend schwerer Zunge einen Toast nach dem anderen auf des Königs Gesundheit ausbrachten.

Am Morgen wurde er um fünf Uhr von einem Donnern geweckt. Um sechs stand er im Innenhof in einer Tür und überwachte, wie die Gefangenen in die Dunkelheit hinausgeführt wurden. Der Himmel war eine Aufwallung schwarzer Wolken, durchzuckt von Blitzen, die den strömenden Regen aufleuchten ließen. In den lodernden Fackeln verlöschten die Tropfen zischend. Die gefesselten Königsmörder schlurften mit ihren Fußeisen durch die Pfützen. Es war nur schwer zu glauben, dass diese gebrochenen alten Männer jene Revolutionäre waren, die für elf Jahre aus England eine Republik gemacht hatten. Sie wurden in die bereitstehenden Kutschen gepfercht, deren Fenster verdunkelt waren. Gleich darauf erschienen auch Palmer und Robinson, sichtlich übernächtigt, und bestiegen eine separate Kutsche. Schließlich setzte sich die von Kavallerie und Infanterie schwer bewachte Prozession in Bewegung.

Später erinnerte sich Nayler an die folgenden neun Tage verschwommen als eine aufzehrende Zeit ohne jeden Schlaf, aus der sich nur bestimmte eindringliche Augenblicke in seinem Gehirn festgesetzt hatten.

Die gewaltige, kaum sichtbare Menschenmenge, die in Nässe und Dunkelheit murmelnd und wogend auf den Beginn des Prozesses wartete.

Der mittelalterliche, wie ein Theater gestaltete Gerichtshof, wo die Richter und Beamten unter einem Säulenvorbau saßen, während die Zuschauer unter freiem Himmel standen.

Das Gejohle und Gedränge, als die Königsmörder in Dreier- oder Vierergruppen aus ihren Zellen im Newgate-Gefängnis vor die Anwälte im Old Bailey geführt wurden.

Die vielen bedeutenden Persönlichkeiten auf den Bänken, die dem Spektakel Schulter an Schulter beiwohnten: der Lordkanzler, der Lordschatzkanzler, der Schatzkanzler des Königlichen Haushalts, der Oberbürgermeister, der Sprecher des Unterhauses, die beiden Staatssekretäre für das nördliche und das südliche Departement sowie die Männer, die Cromwell gedient hatten – Annesley, Ashley-Cooper und der inzwischen zum Herzog von Albemarle erhobene General Monck – Rundköpfe, die ohne ihre Wendigkeit und die Gnade Gottes leicht selbst auf der Anklagebank hätten sitzen können.

Die Verlesung der Anklageschrift durch den Gerichtsdiener vor jedem einzelnen der Angeklagten, die völlig durchnässt vor der Richterbank standen: »... dass er zusammen mit anderen, ohne Furcht vor Gott und angestiftet vom Teufel, im Widerspruch zu der ihm auferlegten Königstreue und Pflicht, auf niederträchtige, landesverräterische und verbrecherische Weise über unseren verstorbenen, in unserem Gedenken auf ewig gesegneten Souverän Karl den Ersten zu Gericht gesessen und ihn verurteilt hat, und außerdem am dreißigsten Tag des

Januars ein Urteil unterzeichnet und besiegelt hat, dass die Exekution Seiner Geweihten und Durchlauchtigen Majestät selig …«

Die erbärmlichen Ausweichversuche der Angeklagten, sich schuldig oder nicht schuldig zu bekennen, um stattdessen die Rechtmäßigkeit der Anklage zu diskutieren, und die Art, wie der Lordoberrichter und der Gerichtsdiener den Angeklagten immer wieder über den Mund fuhren und die Frage immer wieder stellten, bis die Angeklagten sich schließlich gezwungen sahen zu antworten.

Die Stille, in der das Todesurteil präsentiert, dem Gericht vorgelesen und dann jedem einzelnen Gefangenen gezeigt wurde. Die Art, wie sie gezwungenermaßen – manche trotzig, manche widerwillig – ihre Unterschriften und Siegel bezeugten. Die Art, wie der kleine, noch verbliebene Rest an Kampfgeist in diesem Augenblick zu verpuffen schien – hängende Schultern, gesenkter Kopf, schon tote Männer.

Der Lordoberrichter, wie er sich das kleine quadratische Stück schwarzen Stoffs auf das Haupt legte und ein ums andre Mal den schrecklichen Schuldspruch verkündete: »Das Urteil des Gerichts lautet, dass Ihr zurückgeführt werdet zu dem Ort, dem Ihr entstammt, und hierfür sollt Ihr auf einem Schlitten zum Platz der Hinrichtung geschleift werden, und dort sollt Ihr am Hals aufgehängt und noch lebend wieder abgeschnitten werden, Euer Geschlecht abgetrennt, Eure Eingeweide Eurem Leib entnommen und vor Euren Augen verbrannt, Euer Kopf abgehackt und Euer Körper in vier Stücke zerteilt und Euer Kopf und Eure vier Teile ausgestellt werden zum Gefallen Seiner Majestät dem König. Der Herr möge Eurer Seele gnädig sein.«

Und die Hinrichtungen selbst, das vor allem, die Hinrichtungen. Sie dauerten eine ganze Woche. Die Werkzeuge des

Todes, ausgebreitet am Charing Cross, sodass die zehn Königsmörder, denen man die Gnade der lebenslangen Haft verwehrt hatte, den Ort ihrer letzten Stunde am Banketthaus, wo sie den König ermordet hatten, sehen konnten – das Schafott mit den Leitern und baumelnden Schlingen, die Feuerschalen mit den prasselnden Kohlen, die heißen Eisen und brodelnden Kessel, der Henkersblock, die Holzschlitten, auf die die Gefangenen rücklings gebunden und vom Tower durch die Kopfsteinstraßen voller Leute geschleift wurden, sodass ihre Rücken wund gescheuert waren und ihre Gesichter voller Spucke, das Erklimmen der Leitern, ihre letzten Worte, der Henker, der sie hinunterstieß, der kurz schwingende Strang, bis sie bewusstlos wurden, das Abschneiden, die Eimer, mit denen ihnen Wasser ins Gesicht geschüttet wurde, das Herunterschneiden ihrer Kleidung, das scharfe, der Menge präsentierte Messer, das Abtrennen ihres Gemächts, die Schreie, das Blut, das ekstatische Stöhnen und Jubeln des Pöbels, die Klinge, mit der ihr Bauch aufgeschlitzt wurde, das Herausziehen der Eingeweide mit glühend heißen Zangen und Spiralen – Elle um Elle glänzender, rosaroter Därme wie an Haken baumelnde Würste in einer Schlachterei –, wie sie auf die Kohlen geworfen wurden, der Gestank brutzelnder Eingeweide, das herausgerissene, pulsierende und dem Pöbel präsentierte Herz, das Davonzerren des leblosen, leeren Kadavers zum Henkersblock, das Absägen des Kopfes, das dumpf schlagende Geräusch des Beils, mit dem der Rumpf in vier Teile gehackt wurde, der König, der mit seinen Damen aus einem Fenster im Holbein-Tor zuschaute, das an seine Nase gedrückte Taschentuch, der ekelerregende Gestank, den der Wind bis zu den eleganten Häusern am Charing Cross trug, worauf deren reiche Bewohner protestierten und die letzten Hinrichtungen deshalb auf dem öffentlichen Galgenplatz in Tyburn durchgeführt wurden, Isabelle Hackers spätabendlicher Besuch in Naylers Wohnung, um ihn um Gnade für ihren Mann anzuflehen, das Gespräch mit Hyde am nächsten Morgen (»... ihm allein haben wir es zu verdanken, dass wir in den Besitz des Todesurteils gelangten, das uns den reibungslosen Prozess gestattet hat ...«), sodass der als Letzter hingerichtete Oberst Hacker durch die huldvolle Gnade des Königs lediglich gehenkt und die sterblichen Überreste zur Bestattung an seine Familie übergeben wurden.

Die Köpfe der anderen neun Königsmörder wurden in der Nähe der Westminster-Halle, auf der London-Brücke und an anderen öffentlichen Plätzen auf Spießen ausgestellt. Die vier Teile der Rümpfe wurden an die Bogen der Stadttore genagelt. Anfangs zogen sie neugierige Schaulustige an, aber keine zwei Wochen später nahm niemand mehr Notiz von ihnen – Fleischbrocken, die von den Krähen bis auf die weißen Knochen abgenagt wurden. Der Akte der Verzeihung war Genüge getan, und die Regierung des Königs wandte sich erleichtert anderen Dingen zu.

Nur Nayler nicht.

Ende November berief er ein weiteres Treffen seiner Geheimdienstrunde ein – Nokes, Wallis, Bishop, Prynne –, um den Fortschritt ihrer Menschenjagd zu besprechen. Nayler war so mit dem Prozess und seinen Folgen beschäftigt gewesen, dass seit ihrer letzten Zusammenkunft über ein Monat vergangen war. Befriedigt ging er die Liste der Königsmörder durch und strich die Namen all jener durch, die hingerichtet worden waren.

Doch sonst waren die Neuigkeiten rundum entmutigend. Henry de Vic, der englische Botschafter in Brüssel, hatte in einer verschlüsselten Depesche mitgeteilt, dass er John Lisle, einen der Organisatoren des Prozesses gegen den König, um ein Haar erwischt hätte, dass Lisle es aber mit der Angst bekommen habe und sich jetzt mutmaßlich in Hamburg befinde. Noch ärgerlicher war, dass Edmund Ludlow, ein General der Parlamentsarmee und Unterzeichner des Todesurteils, der sich im Sommer fast schon gestellt, dann aber seine Meinung geändert hatte, irgendwie über den Kanal nach Dieppe entkommen und in Genf gesehen worden sei, wo er unter dem Schutz der Schweizer Kalvinisten stehe.

»Wie konnte so etwas passieren?«, fragte Nayler.

»Das ist nur ein Katzensprung«, sagte Nokes, der die Nachforschungen geleitet hatte, während Nayler bei Gericht beschäftigt gewesen war. »Es hatte fast keinen Wind. Ungewöhnlich für September. Wahrscheinlich hat er die Häfen umgangen und ist einfach vom Strand in einem kleinen Boot übergesetzt.«

»Vielleicht haben es Whalley und Goffe genauso gemacht«, sagte Bishop. »Die königliche Bekanntmachung und die Belohnung haben jedenfalls außer ein paar unglücklichen Vätern und Söhnen, die von ihren Nachbarn denunziert wurden, nichts bewirkt.«

»Das ist tatsächlich enttäuschend«, sagte Nayler. »Und überraschend.«

»Vielleicht sind sie auch gar nicht nach England zurückgekommen«, sagte Nokes vorsichtig.

Im Laufe der ergebnislosen Wochen hatte Nayler diese Möglichkeit gezwungenermaßen schon selbst in Betracht gezogen. Er hatte oft an Frances Goffe gedacht, oft genug mit einem leichten Schuldgefühl. Einige ihrer Eigenschaften – die Gelassenheit, die gewisse Ruhe – erinnerten ihn an seine verstorbene Frau. Er hatte sogar in Erwägung gezogen … Nein, das war unmöglich. Jedenfalls sträubte er sich gegen den Gedanken, dass sie ihn hereingelegt haben könnte. »Und was führt Euch zu dieser Annahme, Mr Nokes?« Er klang streitlustig.

»Wie Ihr Euch vielleicht erinnert, Sir, hattet Ihr mich beauftragt, die Passagierlisten der Schiffe zu kontrollieren, die im April und Mai von England nach Amerika ausgelaufen sind.«

»Ich erinnere mich. Und? Habt Ihr das erledigt?«

»Als die Belohnung ausgelobt wurde, haben wir die Arbeit abgebrochen, später aber wieder aufgenommen.« Nokes zog ein Blatt Papier hervor und legte es auf den Tisch. »Das ist die Passagierliste eines Schiffes namens *Prudent Mary*. Sie hat am 14. Mai von Gravesend abgelegt. Der Kapitän, ein gewisser Pierce, ist bekanntermaßen ein Puritaner. Was ebenso für einige der Passagiere gilt. Daniel Gookin ist wahrscheinlich der Mann gleichen Namens, der Cromwell als Zolleinnehmer gedient hat. William Jones könnte der Sohn von Oberst John Jones sein, des kürzlich exekutierten Königsmörders.«

»Und weiter? Glaubt Ihr, dass Whalley und Goffe auch an Bord waren?«

»Die Namen sind nicht verzeichnet. Aber mir sind die beiden hier aufgefallen – ein Mr Richardson und ein Mr Stephenson. Sie stehen untereinander auf der Liste, was darauf schließen lässt, dass sie zusammen gereist sind.«

»Na ja, das sind ziemlich gängige Namen, oder?«

»Richtig. Aber dann ist mir eingefallen, dass Whalleys Vater Richard hieß und der von Goffe Stephen.«

Er lobte Nokes für dessen Gewissenhaftigkeit mit den wohlwollendsten Worten, die er sich abringen konnte – was nicht viel war, weil ihn der Gedanke peinigte, sich möglicherweise blamiert zu haben. Nayler beendete das Treffen, holte sich aus den königlichen Ställen ein Pferd, nahm eine Fähre über die Themse und ritt dann im Galopp nach Clapham. Er stieg ein gutes Stück vor dem Landhaus vom Pferd, zog seine Pistole und ging den Rest zu Fuß.

Gegen jede Person … die direkt oder indirekt die besagten Edward Whalley und William Goffe versteckt, beherbergt, versorgt oder unterstützt … wird mit aller Härte vorgegangen werden …

Das war das Gesetz, und er würde es vollstrecken. Er würde sie ins Gefängnis werfen. Er würde ihr das Neugeborene wegnehmen. Er würde sie so lange bearbeiten, bis sie mit der Wahrheit herausrückte. Den alten Mann auch. Und die alte Frau.

Er öffnete leise das Tor und ging neben dem Weg über den Rasen auf das Haus zu, um keinen Lärm zu machen. Die Tür war verschlossen. Er legte die Hände an die Scheibe und lugte durch das Fenster in die Stube. Nichts. Er ging an der Seite des Hauses entlang und schaute durch das Küchenfenster. Nichts. Leere Regale, alle Habseligkeiten verschwunden. Das Haus war verlassen.

*

Die beiden offenen Pferdewagen rumpelten durch Southwark auf die London-Brücke zu. William und Jane Hooke saßen hinten auf dem ersten, zwischen ihnen, inmitten all ihrer Habseligkeiten, lag Katherine Whalley auf einem Kissen. Frances Goffe saß mit Richard auf dem Schoß neben dem Kutscher auf dem Bock des zweiten Wagens. Hinter ihr kauerte Frankie mit Nan im Arm. Judith und Betty lagen Hand in Hand auf dem Bauch und schauten hinten hinaus auf die Straße, lachten und schnitten den Leuten Grimassen. Frances drehte sich immer wieder um und ermahnte sie, vorsichtig zu sein, damit sie nicht hinunterfielen.

Die Anspannung der letzten Wochen, die Mühen des Packens und der Vorbereitungen für den Umzug in ein neues Versteck in der Stadt hatten sie so erschöpft, dass sie trotz der Kälte und der Angst immer wieder einnickte, nur um kurz darauf wieder hochzufahren, wenn eine Fahrrinne den Wagen durchrüttelte und sie auf dem harten Holzsitz in die Höhe hüpfte. Sie befand sich immer noch in diesem schwebenden Dämmerzustand, als sie sich dem Tor näherten, durch das man auf die London-Brücke gelangte. Der Wagen machte wieder einen Satz. Sie riss die Augen auf und blickte in einen Albtraum aus wächsernen Gesichtern, die wie Steigdrachen am winterlichen Himmel standen. Sie schauten auf sie herab, mit schlaffem Mund, zerklüfteter Kehle, ohne Augen, über dem Fallgatter auf langen Stangen aufgespießt. Zwei erkannte sie sogar aus der Entfernung, den republikanischen Prediger Hugh Peters und Oberst John Jones, Wills alten Freund aus Wales.

Sie rang um Luft und hielt Richard unwillkürlich die Augen zu, um ihm den Anblick zu ersparen. Der schaukelnde Wagen hatte den Kleinen jedoch längst in den Schlaf gewiegt. Sie fuhren durch das Tor auf die Brücke und tauchten in den achtlosen Londoner Verkehr ein.

KAPITEL 10

Der erste Schnee fiel in Massachusetts Mitte Dezember. Auf den Feldern konnten sie nicht mehr arbeiten, also blieben die beiden Oberste in ihrer Speicherstube.

Ned schaute durch sein Fernrohr, während die großen Flocken die vertrauten Orientierungshilfen Straße und Marschland langsam verwischten und jedes Detail auslöschten, bis nur noch ein paar dunkle Linien zu sehen waren. Allerdings konnte er erkennen, dass die Brückenarbeiter die Pfeiler mit Holzplanken verbanden und nach und nach eine Art erhöhten Fußsteig hin zur Mitte des Flusses bauten. Er setzte seinen Hut auf, zog die Stiefel an und ging hinunter, um Näheres zu erfahren, und tatsächlich bestätigten die Arbeiter, dass die Brücke bis Monatsende zwar noch nicht ganz fertig, aber doch schon zu benutzen sein werde.

Er blieb ungeachtet des Schnees noch eine Zeit lang stehen und schaute mit gerunzelter Stirn hinüber zum anderen Ufer. Die Brücke würde nicht nur die Reisezeit nach Boston verkürzen. Da die Fähre bei Nacht nicht verkehrte, wäre Cambridge dann zum ersten Mal auch nach Einbruch der Dunkelheit erreichbar. Schließlich drehte er sich um und ging den Hügel hoch geradenwegs zum Haus von Golden Moore.

»Habt Ihr noch einen der Welpen aus dem Wurf, Mr Moore?«

»Ja, Oberst, einer ist noch da. Ein hübsches kleines Luder. Würde sie trotzdem nicht gern hergeben.«

»Ich wäre Euch sehr verbunden, wenn Ihr sie mir überlassen könntet.«

Ned trug die sich windende Spanieldame unter seinem Mantel nach Hause und überreichte sie den Kindern beim Abendessen als Überraschungsgeschenk. Mary Gookin wollte keinen Hund im Haus, das hatte sie hundertmal klar gesagt, aber nachdem die Kinder die Hündin erst einmal gesehen hatten, war sie machtlos. Und die Kleine war tatsächlich unfassbar hübsch – das musste sogar Mary zugeben. Sie hatte einen weißen Hals und war sonst vollkommen schwarz. Die Mädchen tauften sie Bonny. Ihr Schlafplatz war neben der Feuerstelle in der Küche, und sie bellte jedes Mal, wenn sich jemand dem Haus näherte.

Und dann, nicht viel später, Ende Dezember, traf mit einem Schiff aus Bristol ein Bündel Briefe ein. Gookin setzte sich an seinen Schreibtisch in der Stube und fing an zu lesen. Den ganzen Tag über erwähnte er die Post mit keinem Wort, aber seine Stimmung verdüsterte sich unverkennbar, und zweimal verschwand er mit Mary in ihrer Schlafkammer. Am gleichen Abend, Ned und Will hatten ihr Nachtgebet beendet und wollten gerade zu Bett gehen, da klopfte es an der Speichertür, und die Gookins kamen herein. Wortlos überreichte Gookin den beiden ein gedrucktes Schriftstück.

Ned und Will setzten sich aufs Bett und lasen. Es war die vom König unterzeichnete Bekanntmachung, die ein Kopfgeld von einhundert Pfund für »die verfluchenswerten Verräter Oberst Edward Whalley und Oberst William Goffe« auslobte, tot oder lebendig, und jedem furchtbare Bestrafung verhieß, der sie beherbergte. Das Datum verriet ihnen, dass der Brief vom Whitehall-Palast nach Boston in Massachusetts drei Monate gebraucht hatte.

»Wenigstens glauben sie, wir wären noch in England«, sagte Ned, der ein optimistischer Mensch war. Er hob den Kopf.

»Sie sind auf der falschen Spur. Das ist gut. Aber warum bezeichnen mich eigentlich alle als Oberst, obwohl ich Olivers kommissarischer General der Kavallerie war? Mein Kopf allein müsste schon zweihundert Pfund wert sein.«

Gookin lächelte nicht über den Scherz. »Unglücklicherweise werden sie ihren Irrtum schon bald bemerken. Jeder in Cambridge und viele in Boston können bezeugen, dass Ihr hier seid. Gouverneur Endecott kann einen königlichen Haftbefehl schwerlich ignorieren.«

Will senkte den Kopf und verschränkte die Hände im Nacken. »Wir müssen Euer Haus verlassen.«

Gookin schüttelte den Kopf. »Nein.«

»Aber unsere Anwesenheit bringt euch alle in Gefahr. Wir sollten sofort aufbrechen.«

»Und wohin wollt Ihr mitten im Winter? Der Haftbefehl liegt in Boston sicher schon vor. Und binnen einer Woche hängt die Bekanntmachung überall in der Kolonie aus. Ihr könnt nirgendwohin.« Er wechselte einen Blick mit Mary und nahm ihre Hand. »Wir haben alles durchgesprochen und sind uns einig. Wir lassen Euch nicht im Stich.«

»Das können wir nicht zulassen, oder, Ned?«

»Wir verstecken Euch«, sagte Mary. »Wir sagen allen, dass Ihr gegangen seid, auch den Kindern. Wir sagen, Ihr seid heimlich mitten in der Nacht verschwunden.«

Will wollte abermals widersprechen. »Warte, Will«, sagte Ned und legte seinem Schwiegersohn eine Hand auf das Knie. »Wo verstecken?«

»Im Stall«, sagte Gookin. »Ihr könnt im Heu auf dem Dachboden schlafen. Die Kühe sorgen für etwas Wärme. Vielleicht kann ich sogar ein Feuer machen. Ich muss mir nur irgendeine Geschichte einfallen lassen. Dass die Kühe krank geworden sind und es warm haben müssen.«

»Nein, nein, das ist zu gefährlich«, sagte Will. »Wir müssen uns stellen. Noch besser, Ihr übergebt uns und kassiert die zweihundert Pfund für den Ärger, den wir Euch bereitet haben.«

Zum ersten Mal, seit sie ihn kannten, zeigte sich Gookin wütend. »Schätzt Ihr uns so gering, dass wir Euch für dreißig Silberlinge verraten würden?«

»Nicht so laut«, sagte Mary. »Du weckst noch die Kinder auf.«

»Ich halte das Ganze für einen guten Vorschlag«, sagte Ned. »Und dass Ihr in Eurer christlichen Nächstenliebe dieses Risiko auf Euch nehmen wollt, dafür danke ich Euch von ganzem Herzen. Will, wir können uns nicht gleich beim ersten Rückschlag stellen. Als wir mit der Armee im Winter in Schottland waren, haben wir oft im Freien geschlafen. Verglichen damit sind ein paar Monate in einem Stall doch gar nichts. Das Leben unseres Erlösers begann in einem Stall. Wir werden reichlich Zeit haben, einen Plan zu schmieden, um dann im Frühling weiterzuziehen.«

Nachdem Mary nachgesehen hatte, ob die Kinder auch fest schliefen, packten die Offiziere ihre Habe zusammen und stiegen leise die Stufen hinunter. Von der Küche aus gingen sie über den verschneiten Hof zum Stall. Mary und Daniel folgten ihnen mit Bettzeug, Kerzen, einem Krug Wasser und einer Fleischpastete zum Frühstück, die Mary am Nachmittag gebacken hatte. Sie machte sich Sorgen, nicht aus Angst vor den Konsequenzen daraus, dass sie sogenannte Verräter beherbergten, sondern weil sie den Kindern und den Nachbarn nun Lügen auftischen musste – Tag für Tag, Sünde auf Sünde.

Bei Kerzenlicht schlängelten sie sich durch die dunklen Hügel schlafender Kühe. Es war kalt, und der strenge Gestank von Mist und Jauche war schlimmer als üblicher Stallgeruch. Die

Ausdünstungen kratzten ihnen im Hals. Ned kletterte die Leiter hoch in den Heuboden und nahm von Will die Taschen entgegen.

Gookin reichte ihnen die Decken und Kissen hoch. »Ich komme morgen früh wieder.«

Auf dem Weg zurück zum Haus fiel Mary auf, dass der Schnee ihre Fußspuren im Hof bereits verwischt hatte, und als sie vom Haus zurückschaute, verschwanden auch die frischen Stapfen schon wieder. Minuten später sah es so aus, als hätte es die beiden Flüchtlinge nie gegeben.

Im Heuboden breitete Will auf dem Stroh ihre Betten aus, während Ned die Waffen auspackte: vier geladene Pistolen, von denen er je zwei unter ihre beiden Kissen steckte, sowie Schwerter und Dolche, die er in Reichweite auf das Stroh legte. Dann krochen sie unter die Decken. Schweigend lagen sie wie ein unglücklich verheiratetes Paar nebeneinander wach, jeder den eigenen Gedanken nachhängend, bis die Geräusche der schnarchenden und herumrutschenden Kühe in der Dunkelheit unter ihnen sie langsam einschläferten.

*

Das Verschwinden der beiden Gäste wurde von den Kindern unterschiedlich aufgenommen. Mary, die Älteste, war überrascht, aber zu fügsam, als dass sie infrage stellte, was die Eltern ihr erzählten. Die halbwüchsige Elizabeth, die eine unerwiderte Schwärmerei für Will entwickelt hatte, aß nichts mehr und blies zwei Wochen lang Trübsal. Die drei Jungen waren ein paar Tage lang traurig und dachten dann nicht mehr an sie. Nur der Hund schien die Wahrheit zu spüren. Er saß immer wieder draußen vor dem Stall und kratzte winselnd an der Tür.

In Cambridge fiel das Verschwinden der englischen Offiziere mit der Bekanntmachung der Belohnung zusammen, die außen an den Krämerladen genagelt wurde. Das bedeutete, die Geschichte der Gookins, dass sie es wohl mit der Angst bekommen hätten und mitten in der Nacht geflohen seien, wurde als glaubwürdig hingenommen. Nur Reverend Mitchell hegte Zweifel. Nach der morgendlichen Versammlung am nächsten Sabbat fragte er Mary Gookin nach Einzelheiten aus, und sie merkte, dass sie rot wurde und ihre Stimme höher klang. Wann war ihr aufgefallen, dass sie nicht mehr da waren? Wie hatten sie ihrer Meinung nach Cambridge verlassen, zu Fuß oder zu Pferd? Kam es ihr nicht seltsam vor, dass sie die Gookins nicht um Hilfe gebeten hatten?

Die beiden Männer im Stall rührten sich nicht. Es waren die kürzesten Tage im Jahreslauf. Das Licht drang kaum, wenn überhaupt, durch die kleinen verstaubten Fenster. Es schneite ohne Ende. Die großen Flocken waren weich wie Gänsedaunen, der Flaum bedeckte das Dach, kletterte in Verwehungen an den Holzwänden empor und dämpfte die Geräusche der Außenwelt. Gegen die Kälte half am besten, in Mantel und Stiefeln den ganzen Tag unter den dicken Wolldecken und den Heubergen liegen zu bleiben. Will las in der Bibel. Ned starrte an die Deckenbalken und stellte sich manchmal vor, er läge schon tot in seinem Grab. Andere furchtsame Kreaturen schliefen den ganzen Winter hindurch – Igel, Siebenschläfer und ähnliches Getier. Warum nicht Männer auf der Flucht? Sogar wenn Daniel oder Mary kamen, um sich um das Vieh zu kümmern und unten an der Leiter Essen und Trinken abzustellen, blieben sie meist dort, wo sie waren.

Am vorletzten Tag im Januar kündigte Bonnys Bellen einen Besucher an. Reverend Jonathan Mitchell war gekommen. Er brachte den Gookins zwei dicke Flugschriften mit, die gerade aus London eingetroffen waren, eine mit einem Bericht über den Prozess gegen die Königsmörder, die andere eine Sammlung der letzten Gebete und Reden der Hingerichteten. Es war das erste Mal, dass Massachusetts Nachrichten über die Ereignisse erreichten.

»Ich habe sie gestern gelesen«, sagte er. »Ich empfehle Euch beiden die Lektüre.« Er legte sie auf den Tisch. »Ich glaube, wir sollten über die Hinrichtung des Königs einmal bei einer öffentlichen Versammlung diskutieren.«

Gookin sah ihn überrascht an. »Haltet Ihr sie denn nicht für gerechtfertigt?«

»Ich bin unschlüssig und bete bei dieser Frage um Gottes Führung.« Mitchell schaute sich in der Stube um, beugte sich leicht zurück, um einen Blick in die Küche zu werfen, sah kurz hoch zur Decke und wandte sich wieder den Gookins zu. »Desgleichen rate ich Euch.«

»Gott hat mich immer geführt, Jonathan. Tyrannenmord ist kein Verbrechen.«

»Die gelehrtesten Köpfe Englands sind beileibe nicht Eurer Meinung.«

»Gelehrte Köpfe können auch Sündhaftes glauben, besonders wenn die eigenen Interessen auf dem Spiel stehen.«

»Trotzdem müssen wir die Gesetze befolgen.« Der Pfarrer schien auf die Einladung zu warten, auf einem der Stühle Platz zu nehmen. Da diese nicht kam, setzte er seinen Hut auf und knöpfte den Mantel zu. »Nun denn, Gott sei mit Euch. Seid so gut, und gebt sie mir zurück, wenn Ihr sie gelesen habt.«

Gookin schaute ihm durch das vereiste Fenster hinterher. Mitchell ging nicht geradenwegs zur Straße, sondern blieb im Hof stehen und betrachtete nachdenklich den Stall. Bald darauf ging er auf dem glatten Weg vorsichtig weiter und verschwand durch das Tor.

»Es ist sonnenklar, dass er uns immer noch verdächtigt, dass wir sie verstecken.« Gookin nahm eine der Flugschriften und las laut die Überschrift auf der Titelseite vor. »›Rebellen, keine Heiligen. Eine Sammlung der Reden, vertraulichen Schriften, Briefe und Gebete der kürzlich Hingerichteten.‹« Er schüttelte den Kopf und schaute plötzlich so verzweifelt, dass Mary ihn umarmte und an sich drückte. Er stieß einen langen Seufzer aus. »Jetzt muss ich wohl hinüber in den Stall gehen und Ned und Will erzählen, dass ihre Kameraden tot sind.«

*

Die Offiziere lagen in jener Nacht fast die ganze Zeit wach und lasen bei Kerzenlicht. Die Nachricht hatten sie zwar erwartet, aber gleichzeitig war es doch entsetzlich, sie schwarz auf weiß zu lesen – die Grausamkeit und der Zynismus des Prozesses, die Gräuel der Hinrichtungen. Ned sagte die Namen der zehn Männer auf, die man hingerichtet hatte – Thomas Harrison, John Carew, John Cooke, Hugh Peters, Thomas Scot, Gregory Clement, Adrian Scroope, John Jones, Daniel Axtell, Francis Hacker. Nach jedem Namen legten sie eine stille Pause ein und gedachten des Mannes. Hinterher sprach Will ein Gebet für den Frieden ihrer Seelen. »Eingegangen ins Himmelreich, jeder Einzelne.« Die Beschreibung des Gemetzels an John Cooke und Hugh Peters am gleichen Morgen – als dritter und vierter der Exekutierten – war besonders widerlich. Cooke wurde zum Charing Cross auf einem Schlitten geschleift, in dem vor seinen Augen ein Pflock mit Harrisons aufgespießtem Kopf steckte; der vor Panik halb wahnsinnige Peters wurde an ein Geländer gebunden und gezwungen, der Hinrichtung von Cooke zuzuschauen, während er auf die eigene wartete. *Als Mr Cooke abgeschnitten und zur Vierteilung niedergelegt wurde, rief einer mit Namen Oberst Turner den Männern des Sheriffs zu, Mr Peters herbeizuschaffen, auf dass er sich alles genau ansehe, und bald darauf kam der Henker zu ihm, über und über beschmiert mit Blut, rieb sich die blutigen Hände und fragte höhnisch, wie gefällt es Euch, Mr Peters, wie gefällt Euch meine Arbeit? Worauf er erwiderte, nein, sie gefällt mir nicht, ich bin entsetzt, und ich danke Gott, solltet Ihr sie aufs Schlechteste verrichten.«*

»Halleluja, dass der Herr ihm an seinem Ende diesen Mut gewährt hat«, sagte Will.

Sie waren alle heldenhaft gestorben, ungebrochen. Während man General Harrison ausweidete, hatte dieser es sogar geschafft, einen Arm zu befreien und dem Henker einen Schlag gegen den Kopf zu versetzen, worauf dieser ihm schnell die Kehle durchschnitt.

»Aber warum musste Peters überhaupt sterben?«, sagte Ned. »Er war ein Prediger, kein Soldat oder Advokat. Er war weder Richter beim Prozess, noch hat er das Todesurteil unterschrieben. Also, wir haben unseren Feinden niemals solche Gräuel zugefügt. Karl Stuart wurde mit einem einzigen Hieb hingerichtet.«

Will schwieg eine Minute, dann sagte er: »Ich hätte mit ihnen sterben sollen. Je größer das Leiden, desto größer das Zeichen unserer Hingabe an den Erlöser.« Er blätterte zu den letzten Worten von Oberst Jones, dem Waliser, dessen Sohn mit ihnen zusammen auf der *Prudent Mary* nach Amerika gesegelt war. »›O Ihr teure Herzen, in welch trauriger Lage sind unsere lieben Freunde jenseits des Ozeans, wo sie vielleicht von Ort zu Ort gehetzt werden und niemals in Sicherheit verweilen können. Wie sehr sind wir ihnen doch voraus, denn wir sind angekommen und gehen nun in den Himmel ein.‹ Das ist die Wahrheit. Sie sind jetzt bei unserem

Herrn, während wir uns wie Ratten in einem Stall verstecken müssen.«

Das war der tiefe Riss zwischen ihnen – die Streitfrage, über die sie in beiderseitigem, unausgesprochenem Einvernehmen nie sprachen: Wills Vorwurf an Ned, dass dieser die Rolle des Teufels gespielt und ihn zur Flucht überredet hatte.

»Ich bin kein Feigling«, sagte Ned schließlich. »Ich hoffe, das weißt du.« Er sprach leise. »Ich habe keine Angst, als Verräter zu sterben, allen Qualen zum Trotz. Denn können diese wirklich so viel schlimmer sein als jene, die eine Frau aus bescheidenen Verhältnissen bei der Geburt wieder und wieder erträgt? Und wenn es denn unser Schicksal sein soll, dann soll es so sein. Freudig werde ich zum Himmel auffahren, hoffentlich so mutig wie die anderen. Aber ich glaube von Herzen, dass Gott für uns einen anderen Weg bestimmt hat – nämlich am Leben zu bleiben, die Fackel zu tragen und Zeugnis abzulegen. Außerdem: Leiden wir nicht auch? Sind wir keine Märtyrer? John Jones hat recht. Wenn man den Schmerz auf die Waagschale legte, vielleicht wöge dann der unsere mehr als der ihrige. Ihr Schmerz ist vorbei, sie sind bei den Heiligen, die dereinst über die Erde herrschen werden. Unserer geht weiter. Ich bleibe dabei – es ist unsere Pflicht, ihn so lange wie möglich auszuhalten.«

Die Rede hatte ihn erschöpft. Er legte sich auf das Stroh und schloss die Augen. Er hatte genug von Prozessen und Hinrichtungen. Will erwiderte nichts. Kurz darauf spürte Ned, wie er sich neben ihn legte, und wiederum kurze Zeit später nahm Will die Hand seines Schwiegervaters und drückte sie.

Die Scham über das Schicksal ihrer alten Kameraden drängte sie zu Vorbereitungen. Ned borgte sich von Gookin Werkzeug und bohrte ein Loch in die Wand des Heubodens. Er vergrößerte es so weit, dass er darin das Fernrohr hin und her schwenken konnte, um das Haus, den Hof und die Straße hinunter zum Fluss überwachen zu können. Dann schnitzte er mit seinem Klappmesser ein Stück Holz zurecht, das in das Loch passte und die Kälte aussperrte. Sie hielten sich in Form, mit Liegestützen und mit Klimmzügen vom Rand des Heubodens, und sie hielten ihre Waffen sauber und geladen. Sie wollten vorbereitet sein.

KAPITEL 11

Die Tage waren kurz und die Straßen im grimmigen englischen Winter unwegsam, also dümpelte Naylers Menschenjagd dahin. Er erhielt nur zwei Berichte über Personen, die verdächtigt wurden, Whalley und Goffe zu sein, einen aus Essex, den anderen aus Kent. Er schickte Nokes auf die schwierige Landreise, um die Verhafteten zu befragen, was sich aber in beiden Fällen als Fehlschlag erwies. Insgeheim war Nayler ohnehin längst davon überzeugt, dass sich die Königsmörder in Amerika aufhielten. Er stattete dem Zollhaus, das sich an der Themse beim Tower befand, einen Besuch ab und vereinbarte mit dem Vorsteher, dass er ihm alle aus Neuengland einlaufenden Schiffe melden solle. Allerdings stellte sich heraus, dass nur wenige Kapitäne bereit waren, sich den Gefahren der Winterstürme im Nordatlantik auszusetzen, und auf den Schiffen, die die Überquerung gewagt hatten, war niemand, ob unter den Mannschaften oder den Passagieren, der die Flüchtigen gesehen oder von ihnen gehört hätte.

Mitte Januar wurde er von Hyde ins Worcester-Haus gerufen und mit einer unliebsamen neuen Aufgabe betraut. Er sollte die Exhumierung der Leichen von Oliver Cromwell, von dessen Schwiegersohn Henry Ireton und von John Bradshaw, dem Gerichtspräsidenten des Königsmörderprozesses, aus ihren Gräbern in der Westminster-Abtei veranlassen und deren postume Exekution in Tyburn für den zwölften Jahrestag des Königsmordes vorbereiten.

Der Gedanke war ihm zuwider. Natürlich war er einverstanden, die Verräter vor der Krönung des Königs aus der Westminster-Abtei zu entfernen, aber warum sie nicht einfach an irgendeinem geheimen Ort beerdigen? Er wand sich unwohl auf seinem Stuhl. »Das ist schändlich, Sir Edward.«

»Wann hat Euch das je abgeschreckt? Die Idee stammt natürlich nicht von mir, das dürft Ihr mir glauben. Aber das Parlament will es so.« Mit plötzlicher Schärfe fügte er hinzu: »Und wirklich, Mr Nayler, wenn Ihr schon keine lebenden Königsmörder mehr finden und ihrer gerechten Strafe zuführen könnt, dann könntet Ihr Euch wenigstens damit beschäftigen, die Toten aufzuhängen.«

Und so stand er weisungsgemäß eine Woche später neben dem Stabträger des Unterhauses im zugigen Mittelgang der Kapelle von Heinrich VII. und schaute den Arbeitern dabei zu, wie sie mit Spitzhacken den Steinboden aufschlugen. Die Menge neugieriger Zuschauer wurde von Soldaten auf Abstand gehalten. Es dauerte etwa eine halbe Stunde, die Gruft zu öffnen und Cromwells Sarg freizulegen und aus dem Boden zu hieven. Schon lange waren Gerüchte umgegangen, bei der Einbalsamierung sei etwas schiefgelaufen. Der Leichnam des Lordprotektors habe giftige Dämpfe entwickelt, sei explodiert und habe deshalb schnell beerdigt werden müssen, und es sei tatsächlich möglich, dass der Leichnam in der Abtei nicht seiner sei. Beim Aufstemmen des Deckels drückte sich Nayler ein mit Lavendel und Kampfer getränktes Halstuch unter die Nase und trat näher heran.

Unter dem Deckel befand sich eine Abdeckplatte aus Blei. Nachdem diese herausgeschnitten worden war, konnte er die Umrisse eines Körpers sehen, der in ein halbes Dutzend Lagen aus grauem Tuch gewickelt war. Er beugte sich vor, schlug den Stoff zur Seite und blickte in das Gesicht von Cromwell. Das Fleisch war dünn, bräunlich und steif wie Leder. Aus dem verfaulten Kinn ragten Zähne. Aber selbst nach über zwei Jahren der Verwesung waren seine große Nase, die breite Stirn und die Reste von Schnauz- und Kinnbart unverkennbar – das Wrack eines Gesichts, doch immer noch voller Kraft und Stärke. Ein Wulst auf dem Kopf zeigte an, wo die Einbalsamierer die Schädeldecke aufgeschnitten, das Gehirn entnommen und dann den Knochen wieder eingesetzt hatten. Um seinen Hals lag eine Kette mit einem Medaillon. Nayler wandte das Gesicht ab, bevor er in den Nacken griff und die Kette über den Kopf zog. Die lateinische Inschrift war leicht zu übersetzen: *Oliver, Protektor der englischen, schottischen und irischen Republik. Geboren am 25. April 1599, Amtseinführung am 16. Dezember 1653, gestorben am 3. September 1658. Hier ruht er.*

Er legte das Medaillon zurück in den Sarg, wobei er die silberne Kette langsam in einem Kreis auf der Brust des Lordprotektors ablegte, und trat einen Schritt zurück. Er hatte weiß Gott nichts für den Mann übrig, aber die Schändung seines Grabs kam ihm vor, als erniedrigten sie sich dadurch selbst mehr als ihren Feind.

»Das ist Cromwell, kein Zweifel.«

Auf Anweisung des Stabträgers des Unterhauses wurde der Sarg in den Hauptteil der Abtei getragen, wo neugierige Bürger den Leichnam für die Gebühr von einem halben Schilling in Augenschein nehmen konnten, während mit der Exhumierung der beiden anderen Königsmörder weitergemacht wurde. Ireton, Vizestatthalter von Irland, der seit neun Jahren und damit am längsten unter der Erde lag, war geschrumpft, gänzlich ausgetrocknet und schwarz angelaufen. Bradshaw dagegen sah nach vierzehn Monaten grün aus. Von dem Gestank beim Öffnen des Deckels mussten sich die Arbeiter neben dem Sarg übergeben.

Zum Ausklang des kurzen Wintertags wurden die drei Leichen auf einen Pferdewagen geschichtet und zur Taverne Red Lion in Holborn gebracht, wo eine Parodie auf Cromwells ursprüngliche öffentliche Aufbahrung veranstaltet wurde. Ungeachtet des stinkenden Bradshaws standen die Leute Schlange und zahlten Eintritt.

Am Morgen des Dreißigsten folgte Nayler zu Pferd den Holzschlitten, auf denen die Leichen durch die Straßen von Tyburn geschleift wurden, wo eine Menge von mehreren Tausend wartete, um sie hängen zu sehen. Als die Leichen schließlich im Wind schaukelten, stieg der öffentliche Scharfrichter die Leiter herab und sagte zu Nayler: »Ich hätte Old Noll ja noch den Schwanz und die Eier abgeschnitten, aber die waren zu verschrumpelt«, worauf Nayler sich von ihm abwandte. Am Nachmittag wurden die Leichen abgenommen und enthauptet – für Cromwells lederigen Nacken benötigte der Henker acht Hiebe. Die Rümpfe wurden in ein Gemeinschaftsgrab geworfen, die Köpfe auf lange Stangen gespießt und über dem Gerichtshof der Westminster-Halle ausgestellt.

Nayler hatte alle Maßnahmen beaufsichtigt und machte sich nun bei Sonnenuntergang schnurstracks auf den Weg in das Bordell in der Milford Lane, wo er die erstbeste Frau nahm, die man ihm anbot – ob jung oder alt, hübsch oder hässlich, es fiel ihm weder auf noch kümmerte es ihn, er wollte sich nur in lebendigem Fleisch verlieren. Spätnachts in seiner Schlafkammer zündete er zum ersten Mal seit Jahren nicht die Kerze unter Sarahs Bild an. Er hätte es nicht ertragen, sie anzuschauen oder von ihr angeschaut zu werden.

Am nächsten Morgen ließ er Nokes ausrichten, er sei krank.

In den Tagen darauf hielt er sich in seinen Räumen auf, blieb zumeist im Bett, traf sich mit niemand und ließ sich die Mahlzeiten von seinem Diener vor die Tür stellen. An derartigen Anfällen von Niedergeschlagenheit litt er seit seiner Jugend immer wieder, und sie konnten ihn jederzeit überkommen. Manchmal dauerten sie wochenlang an – eine kalte, trockene Schwermut, gegen die keines der empfohlenen Heilmittel half, ob Lorbeersud oder Weißer Nieswurz oder Pferdeegel zum Aderlass.

Eines Morgens, seine Klausur dauerte nun schon über drei Wochen an, schreckte ihn gegen elf Uhr morgens lautes Klopfen an seiner Tür auf. Er versuchte es zu überhören. Aber es klopfte weiter. Schließlich warf er sich einen Mantel über das Nachthemd, schlurfte zur Tür und öffnete sie einen Spalt. Im trüben Ganglicht stand ein großer Mann, der um die vierzig Jahre alt war.

»Mr Richard Nayler?«

Nayler blinzelte ihn an. Seine Worte schienen von weit her zu kommen. »Wer will das wissen?«

»Ich bin Kapitän Thomas Breedon, Sir.« Der Mann nahm seinen Hut ab und verbeugte sich. »Schiffseigner und Kaufmann der Massachusetts-Bai-Gesellschaft in Amerika, gestern aus Boston in London eingetroffen. Beim Zollhaus hat man mich an den Kronrat verwiesen, und Euer Sekretär hat mich zu Eurer Unterkunft geschickt. Ich habe eine Geschichte zu erzählen, Mr Nayler, die für Euch von Interesse sein könnte.«

KAPITEL 12

Mitte Februar hatte in Cambridge das Tauwetter begonnen. Sie konnten hören, wie sich über ihnen große Klumpen Schnee bewegten, vom Dach des Stalls herunterrutschten und in den Hof krachten. Dann kam der Frost wieder, und sie verkrochen sich abermals unter ihre Decken. Mehrere Tage bekamen sie Daniel Gookin nicht zu Gesicht. Er war nach Boston gefahren, um an der Generalversammlung der Massachusetts-Bai-Kolonie teilzunehmen, deren gewähltes Mitglied er war. In der Nacht vom Montag, dem 25. Februar, kurz nachdem Gookin zurückgekehrt war, fiel wieder frischer Schnee auf den eisigen Boden. Ned lag wach, während der Schneefall die Geräusche draußen vor dem Stall wieder dämpfte und die unermessliche Stille verstärkte. Die Flamme ihrer Kerze bewegte sich kaum, und als in die Stille ihres Kokons – es musste weit nach Mitternacht sein – der Hund zu bellen anfing, war das Geräusch zunächst kaum zu hören. Es klang, als wäre es eine halbe Meile entfernt.

Aber es bestand kein Zweifel, der Hund bellte tatsächlich. Plötzlich war Ned hellwach.

Er weckte Will auf, kniete sich vor das Guckloch, stemmte mit dem Klappmesser den Holzpfropfen heraus und schob das Fernrohr hinaus in die Nacht.

Vier Fackeln, die im Schleier der Flocken nur schwach zu erkennen waren, näherten sich auf der Straße im Gänsemarsch dem Haus und bewegten sich schließlich durch das Tor. Die Umrisse der Gestalten, die im Schnee flimmernden Schatten glichen, konnte man kaum ausmachen. Eine der Gestalten trug eine langläufige Muskete.

Er drehte sich zu Will um, der schon neben ihm stand. »Sie sind da« flüsterte er. »Mindestens vier.«

Will nickte. Er reichte Ned dessen Pistolen, nahm dann die eigenen, steckte sie sich in die Taschen und verschwand mit seinem Schwert in der Hand schnell die Leiter hinunter.

Ihr Plan sah vor, sich zu trennen und so den Anschein größerer Feuerkraft zu erwecken.

Ned ging zum Guckloch zurück. Die Fackelträger hatten inzwischen den Hof halb durchquert. Das Fernrohr brauchte er nicht mehr. Er zog es ein, steckte eine der Pistolen durch das Loch und drückte die Wange an die Waffe. Zehn Fuß über ihnen, hatte er den Vorteil der Höhe für sich.

Die vertrauten Empfindungen vor einem Kampf. Der Brustkorb zog sich zusammen, der Herzschlag wurde heftiger, eine eigentümlich kalte Gelassenheit stellte sich ein. Olivers Stimme: *Warte nie darauf, dass der Angreifer zuerst zuschlägt, Ned, du musst immer als Erster zuschlagen, einerlei wie die Chancen stehen. Kämpfe mit dem Herzen, glaube an den Herrn …*

Die Fackelträger hatten den Stall fast erreicht. Er hielt sich noch kurz zurück, bis er glaubte, dass Will sich in Stellung gebracht hatte, dann nahm er die ihm nächste Fackel ins Visier und schoss. Ein Aufleuchten der zerstiebenden Pulverladung. Ein ohrenbetäubender Knall. Der Geruch von versengtem Haar. Er sah die Fackel zu Boden fallen, warf die Pistole beiseite, nahm seine zweite in die rechte Hand, zielte, feuerte und wartete wieder nicht das Ergebnis ab, sondern warf auch die zweite Pistole ins Stroh, packte sein Schwert und schwang sich die Leiter hinunter. Das Knallen der eigenen Schüsse klingelte ihm so laut in den Ohren, dass er kaum das Krachen der beiden Schüsse hörte, die Will in schneller Folge von der Stalltür aus abfeuerte. Er glaubte, einen Schuss zu hören, der ihr Feuer erwiderte.

Die erschreckten Rinder hatten sich aufgerappelt. Die Stalltür stand weit offen. Ein Schwall eiskalter Luft schwappte herein. Im vom Schnee reflektierten Zwielicht sah er Will mit dem Rücken zur Wand neben der Tür stehen, das Schwert gezogen, die abgefeuerten Pistolen vor ihm auf dem Boden. Ned trieb das Vieh vor sich her. Die Kühe drängten ins Freie, blieben zunächst in der Stalltür stecken und stoben schließlich hinaus in den Schnee. Er stellte sich neben Will und breitete die Arme aus: *Wo sind sie?* Will zuckte die Achsel und schüttelte den Kopf. Sie duckten sich Schulter an Schulter. Von draußen war nur verängstigtes Muhen zu hören, keine Schüsse, keine menschlichen Stimmen.

»Wie viele waren das?«, sagte Ned ruhig. »Hast du etwas erkennen können?«

»Zu dunkel. Fünf, vielleicht sechs.«

Nachdem das letzte Tier hinausgestürmt war, schaute Ned aus dem leeren Stall vorsichtig nach draußen.

Es schneite immer noch heftig. Das Vieh hatte sich am anderen Ende des Hofs zusammengedrängt, so weit vom Stall entfernt wie möglich. In den oberen Fenstern bewegten sich Lampen. Bonny bellte. Bis auf eine kleine zuckende Flamme auf dem Boden etwa zwanzig Schritt entfernt, lag der übrige Hof leer da. Ein paar Fackeln bewegten sich die Straße hinunter auf den Fluss zu.

Wenn sie sich so leicht verjagen ließen, dachte Ned, dann konnten das keine regulären Soldaten sein. Wahrscheinlich Royalisten aus Boston oder diese schottischen Lumpen, die sich die Belohnung schnappen wollten.

Mit gezogenem Schwert ging er durch den Schnee zu der zurückgelassenen Fackel. Er hob sie hoch und leuchtete damit in alle Richtungen. Von panischen Männern zertrampelter Schnee, ein Blutfleck von der Größe eines flachen Tellers, eine verschmierte, ziemlich breite scharlachrote Furche, die im schweren Schneefall fast schon wieder verschwand. Er folgte der Blutspur eine kurze Strecke, bis sie nicht mehr zu erkennen war. In der Hocke wischte er den Schnee beiseite, bis er wieder auf die rote Fährte stieß. Von einer schlimmen Wunde, so wie es aussah. Wahrscheinlich hatten sie den Verletzten schleppen müssen.

Hinter ihm erschien Will. Ned erhob sich und zuckte dabei leicht zusammen. Seine Gelenke schmerzten. Er war einfach zu alt für solche Abenteuer. Trotzdem überkam ihn wie stets nach einem Kampf eine Hochstimmung. »Wir haben die Hunde in den Wind geschlagen, Will.«

»Ja, aber die kommen wieder. Vielleicht schon bei Morgengrauen. Und dann werden sie mehr sein und besser vorbereitet.«

Inzwischen war Daniel Gookin aus dem Haus gekommen. Er hielt eine Kerze, deren Flamme er mit einer Hand gegen die Schneeflocken abschirmte. Er stapfte durch eine knietiefe Verwehung auf sie zu. Mary, die sich einen Mantel übergeworfen hatte, beobachtete alles von der Küchentür aus. »Seid Ihr verletzt?«, rief Gookin.

»Nicht den leisesten Kratzer«, rief Ned übermütig. Will hatte natürlich recht. Wenn sie hier bei den Gookins blieben, würden sie bald tot sein. Er sah in den zerzausten Himmel hinauf. Eine Maske wie aus feiner Gaze benetzte sein Gesicht mit Schnee.

Die Schüsse hatten die Kinder geweckt, die sich jetzt oben im Gang versammelten hatten. Mary war vor die Küchentür getreten und hatte sie hinter sich zugezogen. Die Offiziere hörten sie nach oben rufen, es sei nichts geschehen, was sie beunruhigen müsse, nur ein hungriger Wolf, den ihr Vater aus dem Hof gejagt habe, sie sollten wieder ins Bett gehen. Ned ging noch einmal nach draußen, um nachzuschauen, ob einer der Angreifer zurückkehrte, aber außer Dunkelheit und Schnee war da nichts.

Nachdem die Kinder wieder im Bett und die Tiere wieder im Stall waren, setzten sich die Offiziere dicht vor die offene Feuerstelle in der Küche. Ihre nasse Kleidung dampfte. Der Hund machte es sich vor Wills Füßen bequem. Sie erzählten mit leiser Stimme, wie sie die Attacke abgewehrt hatten, und hörten sich dann schweigend an, was Gookin aus Boston berichten konnte. In der Generalversammlung der Massachusetts-Bai-Kolonie hatte man einen ganzen Tag lang über ihre Anwesenheit in der Kolonie debattiert, und obwohl Gouverneur Endecott eine Abstimmung darüber verhindert hatte, war klar, dass eine Mehrheit die Lage inzwischen für nicht hinnehmbar hielt. Da die Regierung in England nun offensichtlich fest im Sattel sitze und bald erfahren werde, dass die Königsmörder Zuflucht in ihrer Kolonie gefunden hätten, könnte der König als eine Strafe die Aberkennung der königlichen Charta und damit des Status als Kolonie verhängen.

»Gouverneur Endecott hat mich gebeten, Euch sein tiefstes Bedauern auszudrücken, dass er aber keine andere Wahl habe, als einen Haftbefehl auszustellen. Er wird versuchen, das Ganze ein, zwei Tage hinauszuzögern, um Euch einen Vorsprung zu verschaffen, und der Hauptmann der Miliz verspricht, dass er sich mit der Fahndung Zeit lassen wird. Trotzdem ist es jetzt überall in der Kolonie zu gefährlich für Euch. Kopfgeldjäger werden schon bald zu Euren geringsten Sorgen gehören.«

»Und wo sollen wir hin?«, fragte Will.

»Irgendwohin jenseits von Massachusetts.«

»Aber wohin genau?«

»Ich glaube, das Connecticut-Tal böte sich an.«

Alle schwiegen, das einzige Geräusch war das Knistern der Holzscheite in der Feuerstelle.

»Ist das nicht ziemlich weit von hier?«

»Ja, um die hundert Meilen. Aber die Abgeschiedenheit hat ihren Vorteil. Connecticut ist Puritanerland, weit mehr als Boston. Da gibt es nicht viele Royalisten. Und ich kenne John Winthrop, den Gouverneur. Sein inzwischen verstorbener Vater war vor gut zwanzig Jahren Gouverneur von Massachusetts. Wenn Euch jemand helfen kann, dann Winthrop. Die Stadt heißt Hartford.«

»Kann man es bei solch einem Wetter überhaupt so weit schaffen?«

»Das ist natürlich nicht einfach, aber es ist machbar. Um diese Jahreszeit findet Ihr unterwegs allerdings kaum Futter für Pferde, Ihr müsstet also mit nur einem Pferd auskommen, das Eure Vorräte und das Gepäck trägt.«

»Wir müssen zu Fuß gehen? Hundert Meilen?«

»Ja, aber auf dem Weg kommen wir an ein paar Indianersiedlungen vorbei, wo wir über Nacht bleiben können. Der alte Indianerpfad ist im Winter nicht so leicht zu finden, aber ich kenne mich ziemlich gut aus.«

Mary sah ihn entsetzt an. »Du willst mitgehen?«

»Wer sonst soll sie führen? So eine Entfernung würden sie allein nie schaffen.«

Sie verschränkte die Arme vor der Brust und starrte ins Feuer. Wieder herrschte Schweigen.

»Was sagst du, Will?«, fragte Ned.

Will kraulte dem Spaniel die Ohren. Sie fühlten sich an wie weiche, warme Seide. Plötzlich sah er Frances vor sich, kurz nach ihrer Hochzeit, nackt im Feuerschein ihrer Schlafkammer.

Er musste den Kopf schütteln, um das Bild wieder zu vertreiben. »Ich sage, dass ich am liebsten wie Bonny hier vor dem Feuer liegen würde, es nun aber Gottes Wille ist, dass wir es steiniger haben.« Er sah in die Runde. »Ich sage, wir haben keine andere Wahl.«

Mary und Daniel zogen sich in ihre Kammer zurück. Die Oberste holten ihre Habseligkeiten aus dem Stall, luden am Küchentisch die Pistolen nach und hielten dann bis zum Morgengrauen abwechselnd Wache. Während der eine am Fenster saß, versuchte der andere im Schein des Feuers zu schlafen.

Während Neds zweiter Wache hörte es schließlich auf zu schneien. Ein Strauß Sterne und ein leuchtender Halbmond erschienen über dem Hof. Der Schnee überfror und kristallisierte. Winzige Eispunkte glitzerten im Schein der Sterne. Ned rieb ein Loch in die Frostschicht, die sich innen am Fenster gebildet hatte. Der Morgen schien vielversprechend zu werden. Lieber eine lange Reise auf hartem Untergrund als durch Schneewehen, Matsch und Schlamm, dachte er. Allerdings war ein Marsch von hundert Meilen in seinem Alter nicht gerade eine Aussicht, die ihn freudig stimmte.

Mary kam nach unten und hängte einen Topf mit Fleischbrühe über das Feuer und ging dann in die Speisekammer, um Proviant für zwei Tage zusammenzupacken. »Mehr brauchen wir nicht«, hatte Daniel zu ihr gesagt. Er hatte seine Geldschatulle aufgeschlossen und eine Schnur mit weißen und violetten Muschelschalen herausgenommen – die Währung der Eingeborenen. »Ich habe jede Menge Wampum. Was wir benötigen, können wir bei den Indianern kaufen.« Mary war verärgert, hütete sich aber, ihn von seinem Entschluss abbringen zu wollen. Sie wickelte gerade ein Stück Gewürzschinken ein, als er in die Speisekammer kam. Er legte die Hände an ihre Taille und rieb seine Wange an ihrer. Sein Bart kratzte. Wenn er so weitermachte, würde es am Morgen so aussehen, als wäre ihre Haut von der Kälte rissig geworden.

»So leicht kriegst du mich nicht herum, Daniel Gookin.«

Aber natürlich schaffte er es doch, er schaffte es immer. Sie legte den Schinken beiseite und küsste ihn auf den Mund.

Bei Kerzenlicht löffelten die vier die Fleischbrühe. Sie unterhielten sich nicht, weil sie die Kinder nicht aufwecken wollten. Als sie fertig gegessen hatten, fielen die ersten schwachen Sonnenstrahlen in die Küche.

Gookin ging in den Stall und holte das Pferd. Sie packten die Vorräte in die Satteltaschen und standen anschließend verlegen in der Küche herum, bis Will alle aufforderte, sich zum Gebet niederzuknien. »Lasst uns Trost finden in den Worten eines Psalms.« Er breitete die offenen Hände aus. »›Führe ich gen Himmel, so bist du da. Bettete ich mich in die Hölle, siehe, so bist du auch da. Nähme ich Flügel der Morgenröte und bliebe am äußersten Meer, so würde mich doch deine Hand daselbst führen und deine Rechte mich halten.‹ Herr, wir überantworten uns deinem Dienst und deiner Obhut. Amen.«

»Amen.«

Sie standen auf und umarmten Mary nacheinander – Ned etwas steif und plump, Will sanft und schließlich Daniel Gookin so heftig, dass ihr fast die Luft wegblieb. Sie wusste, dass das seine Art war, ihr seine Rückkehr zu versprechen. »In zwei Wochen bin ich wieder da«, flüsterte er. »Versprochen.« Sie stand in der Tür und sah ihnen hinterher. Die Kälte schnitt ihr so in die Lunge, dass jeder tiefe Atemzug schmerzte. Als die Männer am Tor angelangt waren, Gookin mit dem Pferd am Zügel voran, drehten sie sich noch einmal um und winkten. Will lüftete galant seinen Hut. Dann brachen sie in Richtung Dorf auf und verschwanden schließlich aus ihrem Blickfeld.

Die Höfe von Cambridge lagen in dunklem Schlaf. An der Biegung kurz vor dem Versammlungshaus überquerten die Männer den zugefrorenen Bach und folgten dann dem Weg am Nordufer des Charles entlang. Ihre Stiefel brachen knirschend durch die dünne Eiskruste und versanken im Schnee. Nach ein paar Meilen ging über der gefrorenen Landschaft die Sonne auf, und eine Stunde später wandten sie sich nach Südwesten, der jungfräulichen, blendend weißen Weite zu und machten sich auf die Reise zu den entfernten Wäldern.

KAPITEL 13

Auf Naylers Wunsch traf sich am selben Morgen im Whitehall-Palast der vom Kronrat eingesetzte Ausschuss für die Ergreifung der Königsmörder – der Vorsitzende Sir Edward Hyde, Sir William Morice, Sir Anthony Ashley-Cooper und Sir Arthur Annesley. Sie schienen nicht erfreut zu sein, ihre anderen Pflichten im Stich lassen zu müssen.

»Nun, Mr Nayler, jetzt habt Ihr uns alle beisammen«, sagte Hyde. »Was gibt es?«

Nayler nahm seinen gewohnten Platz am Tischende ein und breitete seine Unterlagen aus. Die dumpfe Erstarrung der letzten drei Wochen war verschwunden. Er strotzte vor Lebenskraft, was nicht ungefährlich war, wie er selbst erkannte. Er zwang sich, bedächtig und besonnen zu sprechen. »Mylords, ich freue mich, Euch darüber in Kenntnis setzen zu können, dass ich den Aufenthaltsort von Oberst Whalley und Oberst Goffe in Erfahrung gebracht habe.«

Die Neuigkeit erregte lediglich laues Interesse.

»Wo sind sie denn?«, fragte Hyde. »In England?«

»Nein, Sir Edward, die Spur hat sich als falsch erwiesen. Sie sind in Amerika. Um genauer zu sein, sie halten sich in einer Siedlung namens Cambridge auf. Die liegt in der Nähe des Hafens von Boston in der Massachusetts-Bai-Kolonie.«

Hyde wirkte enttäuscht. »Dann befinden sie sich also noch nicht in unserer Hand?«

»Noch nicht, Mylord. Aber bald.«

»Das sind kaum dringliche Nachrichten.« Aus Enttäuschung wurde Verärgerung. »Ruft uns wieder zusammen, Mr Nayler, wenn die beiden in Ketten liegen. Erst dann sind Glückwünsche angebracht.« Er wandte sich an den Staatssekretär für das nördliche Departement. »Sir William, wenn Ihr so freundlich wärt, dann bittet doch Sir Edward Nicholas, den Gouverneur der Massachusetts-Bai-Kolonie anzuweisen, die Verhaftungen vorzunehmen.«

Bevor Morice antworten konnte, schaltete sich Nayler ein. »Das dürfte leider nicht so einfach sein, Mylords. Darf ich mit Eurer Erlaubnis einen Zeugen vor den Ausschuss bitten?«

Hyde schaute zu den anderen, blies die Backen auf und atmete aus. »Wenn es sein muss.«

Nayler ging über den Korridor zu seinem Arbeitszimmer. Nokes hatte sich wohl kurzfristig entfernt, und Kapitän Breedon studierte offensichtlich die Papiere auf seinem Schreibtisch, trat aber hastig einen Schritt zurück, als Nayler hereinkam. Was für ein Schurke! Nayler tat so, als hätte er nichts bemerkt. »Der Ausschuss möchte Euch nun anhören, Kapitän Breedon. Denkt dran, was ich Euch gesagt habe: nur die Fakten, klar und einfach.«

Die meisten Männer wären vielleicht etwas ängstlich vor den Lordkanzler von England, einen der Staatssekretäre und zwei Mitglieder des Kronrats getreten. Nicht so Breedon. Er schlenderte in den Raum mit dem Selbstbewusstsein jemandes, der einer Gruppe gieriger Kaufleute gleich eine höchst begehrte Ware anbieten würde.

»Mylords, das ist Kapitän Breedon, der vor kurzem aus Boston eingetroffen ist.«

»Guten Morgen, Gentlemen«, sagte Breedon. »Es ist mir eine Ehre.«

Hyde hob die Augenbrauen und deutete verwirrt, aber höflich auf einen Stuhl.

Als Breedon sich gesetzt hatte, sagte Nayler: »Erzählt dem Ausschuss, was Ihr mir gestern erzählt habt.«

Zu Naylers Erleichterung trug er die Geschichte einwandfrei vor – wie er im vergangenen Juni England mit einem Schiff verlassen und dabei neben anderen Flugschriften die mit den Namen jener Königsmörder mit sich geführt habe, deren Kapitulation unter den Bedingungen der Akte der Verzeihung vom Parlament gefordert worden war; wie das Schiff am 10. August in Boston angelegt habe und einige Mitglieder der Mannschaft Whalley und Goffe wiedererkannt hätten, als diese aus einer Kirche in Hafennähe kamen und dann mit verschiedenen führenden Puritanern zum Haus von Reverend John Norton gingen; wie die Schotten ihn, Kapitän Breedon, aufgesucht hätten und wie er sie zu Nortons Haus begleitet habe, wo er keinen anderen als den Gouverneur der Massachusetts-Bai-Kolonie, John Endecott höchstpersönlich, angetroffen habe; wie er die Anordnung des Parlaments verlesen und Endecott die Namen der Gesuchten gezeigt habe; wie er Whalley und Goffe sich hinter dem Gouverneur habe wegducken sehen – »so klar und deutlich, Mylords, wie ich Euch jetzt hier vor mir sehe« – und wie seine Aufforderung, die beiden zu verhaften, mit herablassender Geste abgelehnt worden sei; und wie er in den folgenden Wochen Endecott wiederholt zur Erfüllung seiner Pflicht haben drängen wollen, nur um als Königstreuer beleidigt zu werden – »wie der Hauptmann der Miliz selbst grinsend zu mir gesagt hat: ›Wenn Ihr Euch traut, erhebt Eure Stimme gegen Whalley und Goffe, nur zu, nur zu.‹«

»Der Hauptmann der Miliz?«, sagte Hyde erstaunt. »Ein Beamter der Krone, und das hat er zu Euch gesagt?«

»Genau mit diesen Worten, Sir Edward. Es gibt Zeugen, die dafür bürgen können.«

»Und der Gouverneur hat sich geweigert zu handeln? Das ist ein Skandal.«

»Mitnichten, Mylord«, unterbrach Morice ihn. »Das ist Hochverrat.«

»Könnt Ihr Gründe für dieses außerordentliche Gebaren anführen, Kapitän Breedon?«, fragte Annesley.

»Ich glaube schon, Sir.« Breedon zupfte seine Manschetten zurecht und räusperte sich. »Die Siedler in Neuengland teilen sich in die auf, die Mitglieder der puritanischen Kirchen sind, und die es nicht sind. Die Kluft ist heute in Amerika genau so tief wie die, die hier in England zwischen den Rundköpfen und den Kavalieren bestanden hat. Nicht alle Puritaner, aber die meisten, sind frühere Anhänger von Cromwell, die sich weigern, die Rückkehr Seiner Majestät zu akzeptieren. Manche lehnen sogar jede weitere Verbindung mit England ab. Die Extremsten unter ihnen behaupten, alle weltliche Autorität habe sich den Ältesten ihrer Kirchen unterzuordnen. Die Puritaner sind die lautesten Stimmen in der Regierung, und unter genau deren Schutz stehen Whalley und Goffe.«

»Und diese beiden Königsmörder, die können sich dort frei bewegen?«

»Ja, Sir, mehr oder weniger. Als wir im Dezember aus Boston ausgelaufen sind, da waren sie in Cambridge untergekommen, gleich auf der anderen Flussseite, wo sie sich, soweit ich weiß, seit dem Tag ihrer Ankunft aufgehalten haben. Ich habe gehört, dass sie Besucher empfangen und selbst auch ihre Nachbarn besuchen. Am Tag des Herrn gehen sie zur Versammlung in der Kirche. Und sie prahlen damit, dass sie des Königs Todesurteil jederzeit wieder unterzeichnen würden.«

»Unerträglich«, murmelte Ashley-Cooper.

»Ihr versteht nun, Mylords, warum ich der Meinung war, dass der Ausschuss Kapitän Breedon persönlich anhören sollte«, sagte Nayler. »Wenn wir den Gouverneur von Massachusetts einfach nur auffordern, die Verräter zu verhaften, dann geschieht gar nichts.«

»Ganz offensichtlich«, sagte Hyde, klopfte sich mit dem Zeigefinger gegen die Lippen und dachte nach. »Nun, Kapitän, habt Dank. Eure Aussage war von höchstem Wert.«

»Wenn Ihr keine weiteren Auskünfte von mir benötigt …« Ein verschlagener Blick erschien auf Breedons Gesicht. »Darf ich in diesem Fall demütigst auf den Punkt der Belohnung zu sprechen kommen?«

»Die Belohnung«, sagte Nayler bestimmt, stand auf und legte Breedon eine Hand auf die Schulter. »Die Belohnung wird nur an diejenigen ausbezahlt, die uns die Flüchtigen leibhaftig übergeben, tot oder lebendig.« Unaufdringlich, aber mit festem Griff, zog er den Kapitän von seinem Platz hoch und schob ihn zur Tür.

»Eure Unterstützung ist vermerkt«, rief Hyde ihm hinterher. »Ich bin mir sicher, es wird sich als Gegenleistung etwas finden lassen, nicht wahr, Mr Nayler?«

»Ich werde sehen, was ich tun kann, Sir Edward.«

Er führte Breedon zurück in sein Arbeitszimmer. Erleichtert stellte er fest, dass Nokes wieder an seinem Schreibtisch saß.

»Das war genau das, was vonnöten war, Kapitän. Wartet bitte hier bei Mr Nokes, ich bin gleich zurück.«

Im Gang blieb er kurz stehen und lauschte dem Gemurmel, das aus dem Besprechungsraum drang. Immer schön ruhig bleiben, sagte er zu sich selbst. Der Vorschlag muss von ihnen kommen, nicht vor dir. Er holte tief Luft, betrat den Raum und setzte sich wieder an seinen Platz. Morice hatte anscheinend gerade vorgeschlagen, ein Kriegsschiff mit einem Expeditionstrupp zu entsenden. »Dafür wären nicht viele Männer erforderlich, höchstens fünfzig.«

»Fünfzig? Um zwei Männer zurückzuholen?« Hyde schüttelte den Kopf. »Das würde man uns als Schwäche auslegen, nicht als Stärke. Und es würde Whalley und Goffe eine Bedeutung zuschreiben, die sie nicht verdienen.«

Annesley erhob das Wort. »Außerdem, wenn die Lage so schwierig ist wie vom Kapitän geschildert, könnte das dann nicht eine gegen Seine Majestät gerichtete Reaktion provozieren, für deren Beilegung wir dann noch mehr Soldaten benötigten? Bevor wir es uns versehen, flammt auf der anderen Seite der Welt ein Kampf auf, der in England schon längst beigelegt ist.«

»Was ist Eure Meinung, Mr Nayler?«, fragte Hyde.

»Ich bin kein Diplomat, Mylord, aber ich bin der Ansicht, dass Offiziere der Krone die Befehle der Krone zu befolgen haben und andernfalls zu entfernen sind.«

»Richtig«, sagte Morice. »Hier ist eine Machtdemonstration vonnöten.«

Vorsichtig sagte Nayler: »Vielleicht sollten wir, bevor wir weitere Maßnahmen ergreifen, den Verantwortlichen in Amerika zunächst deutlich vor Augen führen, welches Risiko sie eingehen, wenn sie die Verhaftung der Königsmörder unterlassen.«

»Und wie sollen wir das anstellen?«

Nayler zögerte kurz und tat dann so, als wäre ihm der Gedanke gerade erst gekommen. »Was, wenn Seine Majestät höchstpersönlich einen direkten Befehl an Endecott und die anderen Gouverneure in Neuengland richtete, darin Whalley und Goffe namentlich erwähnte und anordnete, sie umgehend in Haft zu nehmen und nach England zurückzuschicken? Sollten sie diese Anordnung missachten, wäre jedem klar vor Augen geführt, dass die Gouverneure selbst sich des Hochverrats schuldig gemacht haben. Dann wäre der Punkt erreicht, wo man Truppen schicken könnte.«

Während alle darüber nachdachten, herrschte eine Zeit lang tiefes Schweigen. Schließlich sagte Hyde: »Das Ganze klingt machbar.«

»Aber wie würden wir erfahren, ob sie den Befehl des Königs befolgen oder nicht?«, wandte Morice ein. »Dort drüben haben sie den Männern jetzt ein halbes Jahr lang Unterschlupf gewährt. Nach allem, was wir wissen, könnte das noch ein weiteres halbes Jahr so fortdauern, und uns machen sie einfach weis, dass sie nach ihnen suchen.«

Nayler sagte nichts. Er wartete. Sie würden selbst auf die Lösung kommen.

Es war Ashley-Cooper, der die naheliegende Schlussfolgerung aussprach. »Könnten wir nicht einen Beamten der Krone entsenden, der den Befehl des Königs persönlich überbringt? Der wäre dann vor Ort und könnte sicherstellen, dass der Befehl auch ausgeführt wird.«

Wieder entstand eine Pause, dann lachte Hyde. »Ah, jetzt verstehe ich.« Er blickte über den Tisch zu Nayler. »Und wer bitte würde dieser Beamte wohl sein?« Es war unmöglich, Hyde zum Narren zu halten.

Nayler hielt seinem Blick stand. »Jeder mit etwas Kenntnis von dem Fall könnte derjenige sein, Mylord. Mein Sekretär zum Beispiel. Mr Nokes.«

»Nokes?«, erwiderte Morice höhnisch. »Wer ist schon Nokes? Wer würde einen wie Nokes für voll nehmen?«

»Ich glaube, dass Mr Nayler dabei eigentlich an sich selbst denkt«, sagte Hyde.

»Ganz und gar nicht, Sir Edward«, protestierte Nayler. »Wer auch immer geht, er würde mindestens sechs Monate abwesend sein. Wir haben immer noch die Königsmörder in Europa, um die man sich kümmern muss. Meine Pflichten zwingen mich, in England zu bleiben.«

»Also wirklich, Mr Nayler, nötigt uns nicht, Euch anzubetteln.« Hyde klang mehr belustigt denn verärgert. »Ich bin mir sicher, Ihr habt schon einen Entwurf für den Befehl des Königs vorbereitet und kennt den Namen des nächsten Schiffes, das nach Boston ausläuft.«

Nayler sagte nichts. Beides lag in seinem Arbeitszimmer auf dem Schreibtisch.

»Ich muss zugeben, das scheint mir der beste Plan zu sein«, sagte Annesley. »Falls Mr Nayler bereit ist, diesen Auftrag zu übernehmen.«

Nayler verbeugte sich bescheiden. »Ich werde tun, was der Ausschuss mir aufträgt.«

Und so wurde die Sache beschlossen: Nayler würde so bald als möglich nach Amerika segeln, Gouverneur Endecott des Königs Anordnung überbringen und dann in Neuengland deren Befolgung überwachen.

Hyde bat ihn, noch kurz zu bleiben, während die anderen den Raum verließen.

»Ihr hegt einen besonderen Groll gegenüber diesen beiden Männern, Whalley und Goffe.«

»Nein, Sir.«

»Doch, doch, Mr Nayler, das ist so. Ich habe Euer Gesicht beobachtet, wann immer ihre Namen genannt wurden. Ich werde nicht weiter in Euch drängen, aber ich möchte Euch aus langer Erfahrung den Rat geben, dass Besessenheit und Urteilsvermögen nur selten ein gutes Paar bilden.«

In den folgenden Tagen war Nayler mit den Vorbereitungen beschäftigt. Er versuchte Kapitän Breedon zu überreden, ihn nach Boston zu begleiten, aber der hatte in London Geschäfte zu erledigen. Auch die Aussicht auf die zweihundert Pfund Belohnung konnten ihn nicht dazu bewegen, so bald nach der letzten Fahrt schon wieder zur einer Atlantiküberquerung aufzubrechen. Stattdessen nannte er ihm die Namen von zwei Kolonisten in Massachusetts, »zwei gute, dem König treu ergebene Männer«, auf deren Unterstützung er bauen könne. Nayler buchte eine einfache Fahrt auf der *Prince Harry,* die am Donnerstag, dem 7. März, von Gravesend aus in See stechen würde. Er packte seine Kleidung, etwas guten Hartkäse, drei Flaschen französischen Brandy, Sir Walter Raleighs *Geschichte der Welt* und zwei Pistolen samt Beuteln mit Kugeln und Schießpulver in einen Seekoffer. Vom Schatzamt erhielt er als Entlohnung fünfzig Pfund in Gold und einen Schuldschein, dass alle vom Inhaber getätigten Ausgaben von der Regierung Seiner Majestät beglichen würden.

Es fehlte ihm nur noch die Verfügung des Königs. Unglücklicherweise war der Hofstaat für eine Woche zur Jagd nach Hampton Court umgezogen, wo Seine Majestät nicht gestört zu werden wünschte. Am Dienstagabend, dem 5. März, kehrte der König nach Whitehall zurück. Den ganzen nächsten Tag hielt sich Nayler im Umkreis der königlichen Gemächer auf und wartete darauf, dass die Verfügung aufgesetzt, unterzeichnet und besiegelt würde. Er gönnte sich die verwegene Vorstellung, auf ein freundliches Wort und zu Wünschen für ein gutes Gelingen hereingebeten zu werden. Als Hyde jedoch von seiner Audienz beim König zurückkehrte, teilte er ihm lediglich mit, Seine Majestät sei gerade in die King Street abgefahren, um Mrs Palmer einen Besuch abzustatten.

Schließlich wurde ihm das Dokument von einem nachgeordneten Bediensteten des Staatssekretärs für das südliche Departement übergeben. Die Adressierung lautete: *An unse-*

ren treuen und hochverehrten Gouverneur oder einen anderen Magistrat oder andere Magistrate unserer Plantage in Neuengland.

> *CHARLES R. Getreuer und Wohlgelittener – Wir grüßen Euch geziemend. Wie man uns hat wissen lassen, sind Oberst Whalley und Oberst Goffe, hier gerichtet ob des verfluchenswerten Mordes an unsrem Vater ruhmreichen Gedenkens, unlängst in Neuengland eingetroffen, wo sie sich vor der Gerechtigkeit unserer Gesetze zu verbergen hoffen. Es ist unser Wille und unsre Freude, Euch hiermit ausdrücklich zu befehlen, nach Erhalt unsres Schreibens dafür Sorge zu tragen, dass die beiden genannten Personen ergriffen und bei erster Gelegenheit unter strenger Obhut hierher verbracht werden. Wir vertrauen auf Eure Bereitschaft und Gewissenhaftigkeit, Eurer Pflicht nachzukommen; und entbieten unser Lebewohl. Verlautbart an unsrem Hofe in Whitehall, am fünften Tage des Märzen …*

Nayler warf nur einen flüchtigen Blick darauf und schob das Dokument dann in seine Ledermappe. *Und vergiss nie, du dienst dem Amt und nicht dem Mann.* Er verließ den Palast, ohne sich zu verabschieden.

In jener Nacht schlief er schlecht. Am nächsten Morgen nahm er, nachdem er sich angezogen hatte, Sarahs Porträt von der Wand und wiegte es in den Händen. Sollte er es einstecken? Aber Hydes Worte hatten auf ihn gewirkt. Vielleicht war sein Urteilsvermögen schon getrübt. Das würde er nicht zulassen. Er hatte eine offizielle Mission zu erfüllen, das war kein persönlicher Rachefeldzug. Er hängte das Porträt wieder an die Wand.

Im Flur wartete sein Diener mit einem Jungen, der den Seekoffer tragen sollte. Nayler verschloss die Wohnung und folgte den beiden durch den Garten zur Themse, wo sie an der Pier das Boot bestiegen, das ihn flussabwärts nach Gravesend bringen würde. Es war ein schöner Tag für eine Reise – in der Brise ein Hauch von Wärme, die den Frühling erahnen ließ. Sie ruderten in die Mitte des Flusses, wo sie von der Strömung erfasst wurden. Sie ließen die Stadt hinter sich und erreichten offenes Land. Naylers Stimmung hellte sich auf.

Am Nachmittag ging er an Bord der *Prince Harry* und schaute den Seeleuten in seiner winzigen Kabine über dem Laderaum dabei zu, wie sie den Seekoffer unter der Hängematte verstauten. Sie behandelten Nayler äußerst höflich – er reiste in einer der raren Privatkabinen, musste also eine bedeutende Person sein. Der Erste Offizier lud ihn zum Abendessen mit dem Kapitän ein, was er aber ablehnte. Nachdem die Seeleute gegangen waren, legte er sich in die Hängematte, wobei der Koffer sich als nützliche Trittstufe erwies. Das Deck befand sich kaum eine Elle über seinem Kopf. Er hörte die Rufe der Mannschaft, hörte, wie Passagiere an Bord gingen und Fässer über die Planken gerollt wurden. Die Seile der Hängematte spannten sich am Rücken und an den Seiten, das Segeltuch umgab ihn wie eine Hülle. Er schloss die Augen und schlief sofort ein.

Als er ungezählte Stunden später aufwachte, war es dunkel. Er schaukelte in seiner Wiege und lauschte den knarzenden Planken. Er hatte keinerlei Zeitgefühl.

Er musste sich verrenken, um aus der Matte herauszukommen. Erst schwang er das eine, dann das andere Bein heraus, und als er endlich mit beiden auf dem Boden stand, musste er sich mühsam den schaukelnden Bewegungen des Schiffes anpassen. Sie waren auf See. Während er geschlafen hatte, musste die Flut in der Themsemündung gestiegen sein und das Schiff abgelegt haben.

Er öffnete die Kabinentür und schwankte durch den Mittelgang, der so niedrig war, dass er den Kopf einziehen musste. Zu beiden Seiten lautes Schnarchen. Im Dunkeln konnte er die verschwommenen Umrisse von langen, weißen, in der Luft hängenden Bündeln erkennen, die wie riesige Larven aussahen, die auf ihre Verwandlung warteten. Als er die Leiter erreichte, hielt er sich am Geländer fest und schaute nach oben. Durch die Luke sah er ein Viereck aus Sternen. Vorsichtig kletterte er die Sprossen hinauf in die kühle Nacht, den Wind und die Dunkelheit an Deck: kein Licht, keine Spur von Land, kein Seemann, nur das leichte Schaukeln, während sie westwärts durch die Leere dem Rand der Welt entgegenglitten.

TEIL ZWEI

JAGEN

1661

KAPITEL 14

Schon an diesem ersten Morgen, wo ihr Weg sie durch die schneebedeckte Ebene von Massachusetts führte – flaches, mit großen Eichen und Buchen besprenkeltes Terrain, das kaum unwegsamer war als ein englischer Park im Winter –, konnte Ned mit den beiden jüngeren Männern kaum noch mithalten. Seine Beine schmerzten vom Kampf gegen die Schneeverwehungen. Der Schweiß gefror ihm im Gesicht, Raureif bedeckte seinen Bart, das Herz hämmerte in der Brust wie ein eiserner Ball. Als sie gegen Mittag die Ausläufer bewaldeter Berge erreichten, wurde es noch mühseliger. Der Pfad schlängelte sich zwischen hohen Tannen hinauf. Die kahlen Stämme überragten sie wie die Pfeiler eines düsteren Baldachins, der so hoch über ihnen stand wie die Kuppel einer Kathedrale.

Mit dem Pferd am Zügel tauchte Gookin als Erster in den Wald ein. Will folgte ihm, und Ned versuchte in ihren Fußstapfen Schritt zu halten. Immer wieder mussten die anderen stehen bleiben und auf ihn warten. Sobald er wieder aufgeschlossen hatte, versicherte er keuchend, dass alles in Ordnung sei. Beim vierten Mal schließlich gab er das falsche Spiel auf und akzeptierte Wills Vorschlag, sich aufs Pferd zu setzen. Während die beiden anderen nun zusätzliche Taschen zu tragen hatten, schwankte er, gedemütigt seine alten Knochen verfluchend, im Sattel hin und her.

Der Pfad war schmal, für einen Wagen nicht breit genug. Gelegentlich löste sich irgendwo im stummen Wald Schnee von den hohen Ästen und krachte wie ein schwerer Wasserfall aus Kristallen zu Boden. Gookin hatte ihnen zwar versichert, dass sie einem alten Indianerpfad von der Boston-Bai ins Landesinnere folgten, einer ihm gut bekannten Route, allerdings schienen sie unerklärliche Haken zu schlagen, sodass Ned den Verdacht hegte, sie hätten sich verirrt. Aber allmählich begriff der alte Soldat in ihm das Raffinierte daran – scheinbar sinnlos lange folgten sie dem Ufer eines Flusses, bis sie schließlich einen gefällten Baum erreichten, der als Brücke diente; oder sorgsam positionierte Felsbrocken führten über tiefer liegenden Untergrund, der in nicht gefrorenem Zustand Sumpf wäre. Diese umständliche Überwindung von Widrigkeiten der Natur war Ausdruck von Weisheit und Anstrengungen von Hunderten, vielleicht sogar Tausenden von Jahren.

Als es dämmerte, ließ Gookin an einem See haltmachen. Während die Oberste Feuerholz sammelten, packte er ein Fischernetz aus, suchte sich einen kräftigen Ast und schlitterte dann ganz vorsichtig auf den vereisten See hinaus. Sie hielten inne und beobachteten ihn. Als die Eisdecke zu knacken begann, rutschte er einen Schritt zurück und schlug mit dem Ast ein großes Loch in das Eis vor ihm. Dann warf er das Netz aus. Zehn Minuten später stand er wieder am Ufer – mit sechs sich im Netz windenden Fischen, die im Dämmerlicht silbrig glänzten. Er hielt seinen Fang triumphierend in die Höhe. »Gott hat ein Land von solcher Fülle erschaffen, der Mensch muss nur die Hand ausstrecken, und er gibt ihm zu essen!«

Sie entfachten ein Feuer, und dann hob Will, angeregt durch den See und die unbewohnte Leere, zu einer Bibelbetrachtung über die Geschichte von Jona an, der drei Tage lang im Bauch eines Wals lebendig begraben war. »›Und Jona betete zu dem Herrn, seinem Gott, im Leibe des Fisches. Und sprach: Ich rief zu dem Herrn in meiner Angst, und er antwortete mir; ich schrie aus dem Bauche der Hölle, und du hörtest meine Stimme.‹«

»Amen.«

»Amen.«

Ich schrie aus dem Bauche der Hölle … Genau so war es, dachte Ned. Bei aller Schönheit ringsum, so fühlte sich der Kampf durch das kalte, unwirtliche Land an.

Sie wickelten die Fische in Blätter, dämpften sie in der heißen Glut und waren sich beim Essen einig, dass nie zuvor etwas so köstlich geschmeckt habe. Hinterher rauchten sie zusammen eine Pfeife Tabak, dann zeigte Gookin ihnen, wie man sich nach Art der Indianer ein Nachtlager herrichtete. Sie sammelten Laub und Moos, breiteten das meiste auf dem Waldboden aus, stopften den Rest in das Fischernetz und erhielten so eine dicke Decke, unter der sie sich eng aneinanderschmiegten. Es war überraschend trocken und warm. Das Feuer wirbelte rote Funken in die Luft. In der Dunkelheit kreischten unsichtbare Tiere. Sie hörten das Heulen eines Wolfes und etwas Großes, das sich zwischen den Bäumen bewegte. Gookin vermutete einen Bären. Ihre Waffen lagen immer in Reichweite.

Das also war der erste Tag.

Den nächsten Morgen verbrachten sie großenteils damit, den See zu umrunden. Danach kletterten sie einen Bergkamm hinauf, stiegen auf der anderen Seite wieder hinunter und hatten am Nachmittag den Wald hinter sich gelassen. Abermals tat sich vor ihnen eine weite Ebene auf, die einer Parklandschaft ähnelte. Ned setzte sich auf das Pferd, und die beiden anderen trugen wieder schwer an dem Gewicht der Taschen.

Seit Tagesanbruch war die Wolkendecke nicht aufgerissen. Der Himmel war grau und unermesslich, der Wind blies scharf und kalt aus Nordwest, und das flache Land lag stumm vor ihnen, glatt und weiß wie ein Ozean, der sich Meile um Meile, kreuz und quer von Tierfährten durchzogen, in der Ferne verlor.

Gookin setzte das Gepäck ab, holte seinen Kompass heraus, zeigte dann nach links und führte sie geradenwegs nach Westen. Der Wind blies stärker. Etwa eine Stunde später erschien ein paar Meilen vor ihnen ein verwaschener dunkler Fleck in der Schneelandschaft. Sie blieben stehen. Ned zog sein Fernrohr aus dem Mantel, und die geisterhafte Erscheinung nahm die Umrisse von drei gestreckten, strohgedeckten Schuppen an. Aus den Dächern kringelte sich Rauch. Er stieg vom Pferd und gab Gookin das Fernrohr.

»Indianer«, sagte Gookin, während er hindurchschaute. »Ein Wigwamlager am Flussufer. Sie warten auf die Fische, die am Ende des Winters heraufkommen.«

»Sollen wir lieber einen anderen Weg einschlagen?«

»Im Gegenteil, das war der Plan. Ich wollte sie finden.« Er gab Ned das Fernrohr zurück. »Das ist unser Unterschlupf für die Nacht.« Als er Neds Gesichtsausdruck sah, lachte er. »Kein Grund zur Sorge. Sie gehören genauso zu Gottes Schöpfung wie wir. Sie bedürfen unserer Barmherzigkeit, damit sie aus ihrem gegenwärtigen Stand der Barbarei errettet werden und Erlösung finden.«

Trotzdem bestand Ned darauf, den Rest zu Fuß zu gehen – so könnte er nötigenfalls die Pistolen und das Schwert besser handhaben.

»Wie ist es möglich, dass es in Amerika eine solch primitive Rasse gibt?«, sinnierte Gookin, während die drei Seite an Seite dem Lager entgegenstapften. »Das ist das Geheimnis, für das ich in der Heiligen Schrift eine Antwort gesucht habe. Ihrer Legende zufolge wateten vor tausend Jahren zwei junge Frauen an Land, und der Schaum oder der Gischt des Wassers berührte ihre Körper, worauf die beiden die Frucht des Leibes empfingen und die eine mit einem Jungen und die andere mit einem Mädchen niederkam, worauf die Frauen starben und die Erde verließen und der Sohn und die Tochter zu den Stammeltern ihrer Rasse wurden.«

»Welch heidnischer Aberglaube …«, sagte Will.

»Wohl wahr«, sagte Gookin. »Aber dann stellt sich eben die Frage: Von welchem der Söhne Noahs stammen sie ab? Meiner Auffassung nach sind sie Nachkommen von einem der Verlorenen Stämme Israels, von denen wir im Buch der Könige lesen, der assyrische Tyrann Salmanasser habe sie als Gefangene aus Samaria vertrieben und nach Asien umgesiedelt. Die Wahrheit wird am Jüngsten Tag enthüllt, wenn alle verborgenen Dinge zum Ruhme Gottes offenbart werden. Bis dahin werden wir viele Indianer schon zu guten Christen bekehrt haben, und mit der Zeit werden es noch viele mehr werden. Mein Freund John Eliot, der Pfarrer von Roxbury, ist gegenwärtig dabei, die Bibel ins Wampanoag zu übersetzen, eine Sprache der Massachusett.«

»Das ist eine gewaltige Aufgabe, die Ihr Euch vorgenommen habt.«

»Und doch müssen wir sie, wie der Psalm uns ermahnt, zu Christus führen: ›Heische von mir, so will ich dir Heiden zum Erbe geben und der Welt Enden zum Eigentum.‹«

»Ihr habt den nächsten Vers ausgelassen«, sagte Will. »›Du sollst sie mit einem eisern Zepter zerschlagen; wie Töpfe sollst du sie zerschmeißen.‹«

»Davon halte ich ganz und gar nichts«, sagte Gookin. »Aber natürlich kenne ich einige, die so denken.«

Dann ging er weiter, und bis kurz vor Erreichen des Indianerlagers wurde kein Wort mehr gesprochen.

Die Wigwams waren überraschend groß, etwa dreißig Fuß lang und fünfzehn hoch, die lang gezogene Form mit abgerundeten Ecken ähnelte einem Boot mit dem Kiel nach oben. Sie wirkten erbärmlich, fand Ned: trostlose, fensterlose Bruchbuden aus gräulich verwitterter Baumrinde, umgeben von schmelzendem, schmutzigem Schneematsch. Die Ankunft der Engländer wurde von Hundegebell gemeldet. Zwei dürre Hunde sprangen auf sie zu, kauerten sich knurrend vor ihnen in den Schnee und versperrten ihnen den Weg. Weil das Pferd scheute, mussten die Männer stehen bleiben.

Die Tierhaut, die als Klappe vor dem Eingang einer der Hütten hing, wurde zurückgeschlagen, und sechs in Felle gehüllte Männer, die Pfeil und Bogen trugen, traten einer nach dem anderen ins Freie. Sie standen jetzt regungslos nebeneinander vor der Hütte und zielten mit gespannten Bogen auf die drei Reisenden.

»Möge Gott uns beistehen«, sagte Ned.

»Wartet hier«, sagte Gookin. »Ich werde mit ihnen reden.«

Er nahm eine der Taschen vom Pferd und ging auf das Lager zu, wobei er grüßend eine Hand hob. Ned tastete unter dem Mantel nach seiner Pistole.

»Nicht«, sagte Will. »Widerstand wäre zwecklos. Es sind zu viele.«

Gookin hatte die Indianer erreicht, stellte die Tasche ab und hob nun beide Hände. Er sprach mit dem Größten der Ureinwohner. Die Bogen wurden gesenkt. Gookin griff nach der Tasche und folgte ihnen hinein.

Ned nahm die Finger von seiner Pistole. Er drehte sich um und sondierte das Gelände. Gegen den düsteren Himmel wirkte der Schnee gespenstisch leuchtend. Er konnte Flussrauschen hören. Es kam von irgendwo hinter den Bäumen, die jenseits des Lagers aufragten. Dem Geräusch nach zu urteilen, floss das Gewässer so schnell, dass es nicht zufror und Hochwasser führte. Es gab keine Möglichkeit zu entkommen. »Mein geliebter Will«, murmelte er. »Was für ein Land, in das ich uns geführt habe.«

Sie standen ziemlich lange in dem schneidenden Wind, und als die Klappe wieder zur Seite geschlagen wurde, war es schon so dunkel geworden, dass sie Gookin kaum noch erkennen konnten. Die Silhouette vor dem roten Feuerschein hinter ihr winkte und rief, dass alles in Ordnung sei. Sie gingen auf ihn zu.

»Es ist alles geregelt. Ich habe Getreide für das Pferd und für uns Proviant für zwei Tage erstanden. Wir können heute Nacht hierbleiben und bekommen etwas zu essen. Also, raus aus der Kälte.«

Er hob die Klappe beiseite. Ned und Will wechselten einen kurzen, argwöhnischen Blick, dann gingen sie geduckt hinein. Gookin ließ die Klappe hinter ihnen fallen.

Die Wirkung auf ihren durchkühlten Leib und ihre an die Dunkelheit gewöhnten Augen war abrupt und überwältigend: die Hitze des Feuers, das in der Mitte der Hütte loderte; der weiche, gelbe Schein, der die Gesichter von etwa zwanzig indianischen Männern, Frauen und Kindern beleuchtete, die sie alle anstarrten; der Rauch, der zu dem Loch im Dach emporstieg; der Geruch von Fisch und Mais, die über dem Feuer rösteten. An den Wänden hingen Felle von Bären und Hirschen. Der Boden war nackte Erde, die festgetreten und trocken war. Darauf standen sechs große erhöhte Holzgestelle, die ebenfalls mit Fellen und Decken behängt waren. Gookin führte die beiden Offiziere zum Feuer.

»Gebt es zu, Ned, wärmer als hier habt Ihr es den ganzen Winter noch nicht gehabt, oder?«

»Das stimmt wohl«, sagte Ned, streckte die Hände dem wärmenden Feuer entgegen und sah sich um. »Wärmer als in jedem Haus in Cambridge, das steht fest.«

In der Sprache der Ureinwohner sagte Gookin etwas zu dem größten Indianer, der anscheinend der Häuptling der Gruppe war: eine imposante Gestalt mit scharf geschnittenem Gesicht, schwarzem Haar, das hinter dem Kopf zusammengebunden war, und tief liegenden pechschwarzen Augen. Seine Schultern waren von einem Stück Fell bedeckt, und um die Mitte trug er eine Art Schurz, darüber hinaus war er nackt. Er deutete auf das Bettgestell in der hintersten Ecke der Hütte, wo eine junge Frau einem Säugling gerade die Brust gab, und sprach ein paar schnelle Worte.

»Er sagt, dass wir uns dort niederlassen können und dass sie uns etwas zu essen bringen.«

Als sie auf die Frau zugingen, bedeckte sie ihre Brüste, stand auf und setzte sich zu den anderen. Will sah ihr unwillkürlich hinterher. *Diese Heidin, die an solch einem primitiven Ort ihr Kind stillt, hat es besser als ich. Wie kann so etwas möglich sein?* Er schloss kurz die Augen. *O Herr, hilf mir, dass ich dein Vorhaben für uns ertragen und es verstehen möge.*

Ned stellte seine Tasche ab und legte sich auf das Bett. Er verschränkte die Hände hinter dem Kopf, streckte die Beine aus und seufzte zufrieden. »Das reicht uns allemal. Hier ist mehr als genug Platz für uns drei.«

Eine alte Frau brachte ihnen in Holzschalen das Essen – Fischstücke in einem sehr scharfen Eintopf aus Mais, roten Bohnen und zerstoßenen Nüssen, den sie mit den Händen essen mussten. Der Fisch war voller kleiner Gräten, die sie sich vor dem Schlucken einzeln aus dem Mund zupfen mussten. Der Geschmack war eigenartig und nicht besonders angenehm, aber das Essen füllte den Magen und war, das musste Ned zugeben, besser als die Verpflegung aus Brot und Käse, die beim neuen Musterheer im Feld allabendlich ausgeteilt worden war. Kein Wunder, dass die Heiden so schlank waren und so gesund aussahen. Hinterher leckte er sich die Finger ab und fragte Gookin nach den Wörtern der Massachusett für *Fisch* und *gut*. Er übte leise die Aussprache und sagte dann laut zu den Indianern: »*Námás! Wuñne!*« Er musste es ein paarmal wiederholen, bevor sie ihn verstanden.

Einige der Eingeborenen lachten und schüttelten den Kopf. Nachdem ihre Neugier befriedigt war, wandten sie sich dem eigenen Essen zu. Die erheiternde Unterhaltung seitens der drei Engländer war für den Abend beendet.

Gookin und den beiden Obersten war es warm, sie waren müde und satt, und so dauerte es nur wenige Minuten, und sie waren fest eingeschlafen. Mit offenem Mund lagen sie da und schnarchten so laut, dass es bis ans andere Ende des Wigwams zu hören war und unter ihren Gastgebern erneut für Gelächter sorgte.

Sie marschierten die nächsten vier Tage hindurch. Je weiter sie nach Westen vordrangen, desto milder wurde das Wetter und desto schneller taute der Schnee – was allerdings das Vorwärtskommen nicht erleichterte, denn der Schlamm zerrte schwer an ihren Stiefeln, und das Schmelzwasser ließ die Flüsse anschwellen. Sie ernährten sich von Fisch, den sie in den Teichen fingen, wo sie ihr Nachtlager aufschlugen, und von den Beuteln mit Nokehick, den gerösteten Maisflocken der Indianer, das Gookin gegen einen kleinen Spiegel und vier Unzen Tabak eingetauscht hatte: eine Handvoll für jeden, vermischt mit heißem Wasser, genügte, um die Kälte zu mildern und den Hunger zu stillen. Bei starkem Wind oder Regen bauten sie sich unter Gookins Anleitung mit kräftigen Kiefernästen eine Kleinausgabe der Indianerwigwams.

Am Freitagmorgen hob Gookin plötzlich die Hand, und sie blieben mitten im Wald stehen. »Wir haben unser Ziel fast erreicht.« Er deutete auf einen großen, flachen Felsbrocken, der am Wegesrand lag – anscheinend ohne Grund, es sei denn, man hätte ihn aus dem Himmel herabgeworfen. Das, sagte er, sei der Kanzelfelsen. Hier hätten die Prediger zu den Siedlern gesprochen, die auf den ersten Expeditionen ins Landesinnere nach ihrer neuen Welt suchten, und den sie umzingelnden Wilden die Stirn geboten. (Hesekiel, Kapitel 37: *»Dass auch die Heiden sollen erfahren, dass ich der Herr bin, der Israel heilig macht, wenn mein Heiligtum ewiglich unter ihnen sein wird.«*)

»Bedenkt eines«, sagte Gookin. »Welch Inbrunst des Glaubens war vonnöten, dass Männer und Frauen, ohne zu wissen, was sie erwartete, den weiten Weg von England auf sich nahmen und dann in dieses ungezähmte Land vorstießen. Nur Auserwählte Gottes besitzen die Tatkraft, diese Gegend zu erobern.«

Am nächsten Tag zeigte Gookin ihnen weitere Sehenswürdigkeiten – den Schwarzweiher, dessen Wasser wegen der Kiefern- und Zedernsümpfe so schwarz wie Kohle war, und den Kristallsee, der hingegen so klar war, dass sie bis auf den Grund sehen konnten, wo es von Fischen in solch wundersamen Mengen wimmelte wie im Garten Eden.

Am Sonntagmorgen, dem sechsten Tag ihres Fußmarsches, hörten sie nach etwa einer Stunde ein weit entferntes Rauschen, das von jenseits des Waldes kommen musste. Sie gingen schneller, traten zwischen den letzten Bäumen des Waldes hervor und standen nun vor einem gut hundert Schritt breiten Fluss, majestätisch in seiner Wildheit, braun von geschmolzenem Eis und Schnee, hoch gegen die Ufer schlagend. Zweige und

Äste wirbelten in der schäumenden Strömung so schnell vorbei wie ein Mann zu Pferde und wurden stromabwärts davongetragen.

Ehrfürchtig betrachteten sie das Tosen.

»Meine Herren«, verkündete Gookin mit einer maßvoll ausgreifenden Handbewegung. »Der Connecticut.«

Es erschien ihnen glückverheißend, dass sie ihr Ziel am Tag des Herrn erreicht hatten. Sie knieten nieder und sprachen ein Dankgebet. Danach schulterten Will und Gookin ihre Taschen, Ned stieg wieder auf die Stute, und sie setzten ihre Reise südwärts den Flusslauf entlang fort. Nach etwa einer Meile erschienen in der Ferne am anderen Ufer die Dächer einer englischen Siedlung. Das sei Windsor, Windsor am Connecticut, nicht an der Themse, witzelte Gookin. Als sie auf gleicher Höhe waren, schaute Ned durch sein Fernrohr zur anderen Seite – ein paar Dutzend triste Holzhäuser, ein Versammlungshaus mit Glockenturm und am Ufer eine Fähre. Ned hielt es für ausgeschlossen, dass sie auch nur den Versuch unternehmen würde, den Connecticut bei diesem Hochwasser zu überqueren. Gookin erklärte ihm jedoch, dass die Fähre mit einer am Flussgrund verlaufenden Kette verbunden sei, damit man auch bei schlechtestem Wetter zum Weg nach Boston übersetzen könne. Und tatsächlich erschien wenige Minuten später ein Mann und zog die Plattform über den Fluss.

Er war der erste Engländer, auf den sie nach fast einer Woche trafen. Anders als der wortkarge Fährmann am Charles war er jung und redselig. Aber Gookin hatte die Obersten gewarnt, nichts über sich oder ihr Ziel zu erwähnen. »Ich kenne die Leute aus diesem Teil der Kolonie nicht und weiß auch nichts über ihre Ansichten. Vergesst nicht das Kopfgeld, das auf Euch ausgesetzt ist. Am besten, Ihr nennt Euch wieder Richardson und Stephenson wie auf der *Prudent Mary.*« Also gaben sie auf die Fragen des Fährmanns – wo kommt Ihr her? wohin wollt Ihr? seid Ihr fremd hier in Connecticut? – nur einsilbige Antworten, sodass er schließlich aufgab und sie einfach mit seinen kräftigen Armen über den Fluss zog. Die Strömung klatschte gegen die Seiten, und gelegentlich schwappte eine Welle über die Plattform. In seinem ledernen Armeemantel und den durchnässten Stiefeln stand Ned da, und zum ersten Mal ging ihm der Gedanke durch den Kopf, dass das von nun an ihr Leben war – argwöhnisch gegenüber jedem, dem sie begegneten, immer darauf bedacht, ihre wahre Identität zu verbergen, auf jede Frage mit einem knappen Ja oder Nein oder mit Schweigen zu antworten. Wie lange konnten sie das durchhalten?

Am westlichen Ufer angekommen, zahlten sie dem Jungen den Preis, den er verlangte – acht Pence für das Pferd, zwei Pence für jeden Passagier. Auf Gookins Drängen hin passierten sie Windsor unauffällig und setzten ihren Weg südwärts fort. Sie folgten ein paar Stunden lang einem zerfurchten Feldweg am Flussufer, überquerten dann am Nachmittag eine Aue und erreichten die Ausläufer von Hartford. Die Siedlung ähnelte Cambridge, nur dass sie größer war, die Holzhäuser dichter beieinanderstanden und die matschigen Straßen mit steinharten, schmutzigen Schneehaufen gesäumt waren. Keine Menschenseele war zu sehen. Die Straße führte vom Fluss einen Hügel hinauf zu einem großen offenen Platz vor einem Versammlungshaus, aus dem die Worte eines laut gesungenen Psalms drangen. Es hörte sich an, als hätte sich hier die gesamte Einwohnerschaft eingefunden.

»Können wir uns ihnen nicht anschließen?«, fragte Will.

Gookin schüttelte den Kopf. »Zu riskant.« Er führte sie durch eine schmalere Straße, die vom Versammlungshaus zu einer

Kreuzung führte, wo ein großes Wohngebäude stand. »Das ist Gouverneur Winthrops Haus. Er hat in New London an der Küste noch ein Landgut, aber seiner Regierungsgeschäfte wegen ist er meistens hier. Hoffentlich auch heute.«

Das Anwesen bot den vertrauten Anblick – ein umzäuntes, mehrere Morgen großes Grundstück mit einer Obstwiese und einer Koppel, einem Haus mit Vorgarten und Nebengebäuden. Gookin führte sie in eine Scheune, wo sie warten konnten, ohne gesehen zu werden. Während Gookin nachschaute, ob jemand zu Hause war, fanden sich die Oberste erneut zwischen einem Dutzend Kühen wieder und streckten sich auf dem Stroh aus. Ned entledigte sich seiner Stiefel und Strümpfe und wrang Letztere aus. Seine Füße waren taub. »Wärst du so nett, mein Junge«, sagte er. Will kniete sich vor ihm auf den Boden, streifte die Handschuhe ab und bemühte sich, etwas Wärme in Neds Füße zu massieren.

Kurz darauf hörten sie, wie die Pforte zum Vorgarten geöffnet wurde, dann Mädchenstimmen. Sie gingen beide zur Scheunentür und lugten durch die Ritzen. Ein Elternpaar – wahrscheinlich Mr und Mrs Winthrop – und seine fünf jungen Töchter, die älteste schon kein Kind mehr, alle gegen die Kälte vermummt. Winthrop schüttelte Gookin die Hand. Man konnte nicht hören, worüber sie sprachen. Er legte seinem Besucher den Arm um die Schulter und führte ihn ins Haus. Die Familie folgte ihnen hinein. Die Tür schloss sich.

Die Zeit verging langsam. Es dämmerte bereits, und in der Scheune wurde es dunkel. Ned zog sich die klammen Strümpfe samt Stiefeln an und legte sich aufs Stroh. Er schloss die Augen, konnte aber vor Erschöpfung nicht einschlafen. Will blieb an der Tür stehen. Kurz darauf hörte Ned ihn flüstern. »Es kommt jemand.« Will zog sich in die Scheune zurück und half seinem Schwiegervater auf die Beine.

Ned klopfte sich noch das Stroh von der Kleidung, als Gookin hereinkam. Ihm folgte ein stämmiger Mann von Mitte fünfzig, der eine Laterne trug. Er hielt sie den Königsmördern vors Gesicht und beleuchtete dabei auch das eigene – ein langes, schmales Gesicht, das Weitsicht und Scharfsinn verriet. Als Ned die markante Nase sah, die in dem flackernden Licht noch größer wirkte, musste er sofort an Cromwell denken.

»Gouverneur«, sagte Gookin. »Darf ich Euch Edward Whalley und William Goffe vorstellen?« Er drehte sich zu den beiden um. »Es erschien mir sinnlos, noch auf falschen Namen zu bestehen.«

Ned fiel auf, dass Winthrop ihnen nicht die Hand anbot. »Es tut uns leid, Sir, dass wir Euch in diese Lage bringen.«

Winthrop erwiderte nichts und behielt sie weiterhin aufmerksam im Auge.

»Ich habe dem Gouverneur die Umstände dargelegt«, sagte Gookin. Er rieb sich besorgt die Hände. »Unglücklicherweise glaubt er nicht an die Möglichkeit, dass Ihr in Connecticut bleiben könnt.«

Betroffen legte Will seine Hand auf Neds Arm.

Winthrop stellte die Laterne auf den Boden und räusperte sich. »Verzeiht mir, Gentlemen. Wenn das Risiko allein mich beträfe, so würde ich nicht zögern. Aber ich trage die Verantwortung für alle Menschen in dieser Kolonie. Gewiss wird Eurer Sache viel Sympathie entgegengebracht. Allerdings kann ich nicht dafür bürgen, dass sich irgendein Judas nicht doch von den zweihundert Pfund Belohnung verlocken lässt. Der Zorn der Regierung in England würde dann uns alle treffen. Mr Gookin hat mir versichert, dass Euch niemand in der Stadt gesehen hat. Ihr könnt heute Nacht hier bleiben, müsst aber vor Sonnenaufgang weiterziehen. Es tut mir leid.«

»Weiterziehen?«, sagte Ned wie betäubt. »Weiterziehen wohin?«

»Nun, das ist der Kern der Sache«, sagte Gookin. »Der Gouverneur schlägt New Haven vor.«

»Und wie weit ist das von hier?«

»Vierzig Meilen.«

Will stöhnte.

»Warum soll es in New Haven sicherer als in Connecticut sein?«, fragte Ned.

»Die Kolonie ist unabhängig«, sagte Winthrop. »Ihre Gründung vor zwanzig Jahren erfolgte nach den strikten Prinzipien der Heiligen Schrift. Sie erkennen die Autorität des Königs nicht an. Tatsächlich erkennen sie außer der Gottes überhaupt keine Autorität an. Ich kenne den Pfarrer dort. John Davenport. Ich muss ihm ohnehin noch einiges an Arznei schicken. Ich werde Euch einen Mann aus der Gemeinde zur Seite stellen. Er wird Euch führen.«

Will wandte sich überrascht an Gookin. »Ihr kommt nicht mit uns, Daniel?«

»Ich kenne den Weg nicht besonders gut.« Gookin war verlegen. »Außerdem habe ich Mary versprochen, binnen zwei Wochen wieder zu Hause zu sein. Bei einem Führer von hier seid Ihr in guten Händen, dessen kann ich Euch versichern.«

Winthrop bot ihnen keinen Schlafplatz im Haus an, sondern brachte ihnen stattdessen Brot, Käse und Bier, ein paar Decken und eine Lampe. Gookin lehnte seinerseits das Angebot ab, im Haus zu übernachten. Er bestand darauf, bei den Obersten zu bleiben, obwohl diese ihn zu überreden versuchten, die Einladung anzunehmen. »Ich habe Eure Entbehrungen bis jetzt geteilt, ich werde Euch nicht am letzten Tag im Stich lassen.«

Will begann eine Bibelbetrachtung über Matthäus, Kapitel 6: »Sehet die Vögel unter dem Himmel an: sie säen nicht, sie ernten nicht, sie sammeln nicht in die Scheunen; und euer himmlischer Vater nähret sie doch.«

Ein letztes Mal lagen die drei eng beieinander, um sich gegenseitig zu wärmen. Während die beiden anderen bald einschliefen, lag Ned noch eine Stunde lang wach. Als Winthrop von John Davenport gesprochen hatte, dem Pfarrer von New Haven, war Ned nicht darauf eingegangen, aber er kannte den Mann, wenn auch nur dem Ruf nach. Neds Schwester Jane hatte jahrelang in seiner Kolonie gelebt. William Hooke, ihr Mann, war sein Stellvertreter gewesen. Obwohl Jane ihre Worte sorgfältig gewählt hatte – Hooke selbst hatte Davenport immer als einen wahrhaftigen Mann Gottes bezeichnet –, so hatte Ned doch eine gewisse Kühle in ihrer Haltung gegenüber dem Gründer von New Haven herausgehört. Ihm fiel ein, dass vor allem sie auf eine Rückkehr nach England gedrängt hatte. Er dachte eingehend darüber nach, ohne zu einem Ergebnis zu kommen. Aber sie hatten ohnehin keine andere Wahl und mussten dem Herrn in seiner unergründlichen Weisheit dankbar sein, dass er sie zu dem einzigen Mann in Amerika führte, der gewillt sein mochte, sie zu beschützen.

Noch vor Sonnenaufgang weckte ihn das Licht einer Lampe, die ihm ins Gesicht schien. Winthrop beugte sich über ihn. Neben ihm stand ein kleiner, etwa dreißigjähriger Mann mit breiten Schultern. »Das ist Simon Lobdell, Bürger von Hartford. Er kennt sich in New Haven gut aus. Simon, das sind die Männer, die du begleiten sollst.« Der Gouverneur nannte nicht ihre Namen, und etwas an Lobdells schweigsamer Art deutete darauf hin, dass er die Anweisung erhalten hatte, nicht danach zu fragen.

Ned erhob sich steifbeinig und machte sich an die Vorbereitungen für die Abreise. Er rollte das Bettzeug zusammen und wuchtete seine Tasche auf Lobdells Pferd, weil er entschlossen war, die restliche Strecke zu Fuß zu gehen. Schließlich war es an der Zeit, Abschied zu nehmen, was hinsichtlich Winthrop eine reine Förmlichkeit war. Als Ned dann jedoch Gookin umarmte, kamen ihm die Tränen, und er traute sich kaum, etwas zu sagen, weil er befürchtete, völlig die Fassung zu verlieren.

»Gott segne Euch, Daniel, und vielen Dank. Und falls wir uns nicht wiedersehen sollten …« Ihm versagte die Stimme, und er musste ihn loslassen und sich abwenden.

»Wir sehen uns wieder, mein Freund«, sagte Gookin. »Ganz sicher. In dieser Welt oder der nächsten.«

Ned drehte sich nicht wieder um und hob nur wedelnd eine Hand. Er verließ die Scheune und wischte sich draußen die Augen, während sich Will weiter verabschiedete. Als sein Schwiegersohn sich bald darauf zu ihm gesellte, erschien auch Lobdell und ging ihnen mit dem Pferd am Zügel voraus. Sie folgten dem Klappern der Hufe durch das Tor auf die Straße, ohne sich noch einmal umzuschauen.

Es war noch so dunkel, dass sie kaum etwas sehen konnten. Der zerfurchte Matsch war über Nacht zu Eiskämmen gefroren, die hart wie Eisen waren und einem die Knöchel brechen konnten, wenn man nicht aufpasste. Sie stolperten auf der holperigen Straße vorwärts, vorbei an den verschwommenen Umrissen der Häuser zu beiden Seiten. Ein aufgeschreckter Hund bellte, ein Hahn krähte. In einem Fenster im ersten Stock ging ein Licht an, und trotz der Dunkelheit zogen sie unwillkürlich den Hut tief in die Stirn und senkten den Kopf. Sie marschierten einen Hügel hinunter. Die Luft war feucht und kalt, der Connecticut unsichtbar, sein nahes Rauschen aber nicht zu überhören. Die Straße führte sie näher zum Fluss und weg von der Stadt. Nach einer Stunde erschien linker Hand ein grauliches Schimmern am Himmel, das schwach die Sägezahnsilhouette einer Reihe Tannen beleuchtete. Das hieß, sie bewegten sich genau nach Süden, dachte Ned. Abgesehen davon, hatte er keine Ahnung, wo sie sich befanden. Vor ihnen nahm Lobdells gedrungener Körper Gestalt an. Der Mann könnte sie sonst wo hinführen. Sie hatten ihm blind vertraut. Aber wer war er? Ned beschleunigte seinen Schritt, schloss zu Will auf und flüsterte: »Kann das wirklich sein, dass er nicht weiß, wer wir sind?«

»Warum sollte Winthrop ihm unsere Namen preisgeben?«

»Trotzdem, er muss doch ahnen, wer wir sind. An jeder Ecke in Neuengland hängen die Steckbriefe mit der Belohnung.«

»Glaubst du, er würde uns verraten?«

»Warum nicht? Ein reicher Mann kann er wohl nicht sein, sonst hätte er nicht auf die Schnelle einen solchen Auftrag angenommen. Mit zweihundert Pfund hätte er ausgesorgt.«

Will ließ sich Zeit, bevor er antwortete. »Wir treiben herrenlos auf einem weiten Ozean, Ned. Wir müssen auf Gott vertrauen.«

»Wir vertrauen ja auf Gott. Das tun wir stets und immer. Aber vertrauen wir auf Mr Lobdell?«

Darauf gab es keine Antwort. Ned ließ sich bald wieder zurückfallen, und so marschierten sie schweigend weiter, bis der Weg sich vom Lauf des Connecticuts entfernte und wieder weite Landschaft vor ihnen lag.

KAPITEL 15

Die nächsten drei Tage vergingen ungefähr so wie die sechs zuvor, nur dass der Weg mit fortschreitender Schneeschmelze breiter und gangbarer wurde. Leider konnten sie sich nicht länger an der Gesellschaft von Daniel Gookin erfreuen, der ihnen die Reise mit seinem Kenntnisreichtum angenehmer gestaltet hatte. Die erste Nacht verbrachten sie in einem indianischen Wigwam mit vier jungen Männern des Quinnipiac-Stammes, die ihnen Fisch verkauften und ihnen auch zeigten, wie sie ihn gefangen hatten – in dem seichten Fluss, der aus dem nahe gelegenen See gespeist wurde, hatten sie aus Steinen eine sich v-förmig verengende Reuse aufgetürmt, in der sich die stromabwärts schwimmenden Fische verfingen.

Am zweiten Abend blieben sie in einem verlassenen Wigwam am Wegesrand und aßen den Rest von dem Nokehick, das Gookin den Massachusett-Indianern abgekauft hatte. Am Spätnachmittag des dritten Tages sahen sie an den kreischenden Möwen über ihnen, dass die Küste nicht mehr weit entfernt war. Lobdell aber sagte, für New Haven sei es schon zu spät, der Weg sei im Dunkeln tückisch – es war die längste Ansprache, die er auf der ganzen Reise an sie gerichtet hatte. Also bauten sie sich aus Ästen einen Unterstand. Will versuchte sich als Fischer und fing mit dem Netz vier Forellen. Danach machten sie sich eine Bettdecke – aus Laub und Moos im

Fischernetz, wie von Gookin gelernt – und schliefen neben dem Feuer.

Am nächsten Morgen brachen sie erneut beim ersten Tageslicht auf. Sie stiegen durch einen Kiefernwald einen felsigen Weg hinauf, der allmählich abflachte und schließlich auf der anderen Seite wieder abfiel. Der Hang war so steil, dass sie nicht aufrecht hinuntergehen, sondern im Zickzack hinunterschlittern mussten. Als sie wieder einmal einen Haken schlugen, sahen sie plötzlich zwischen den nackt aufragenden Bäumen eine weite Ebene und dahinter das graue Meer mit dahinjagenden, weiß gekrönten Wellen, die sich bis zum Horizont erstreckten. Ned rief nach vorn zu Lobdell: »Ist das New Haven?« Lobdell wandte sich halb um und nickte grunzend.

Ned holte sein Fernrohr hervor. Die Stadt war noch einige Meilen entfernt. Trotzdem konnte er deutlich das rasterartige Muster aus breiten Straßen und die Häuser erkennen, die sich eng beieinander um einen Hafen schmiegten. Die Stadt sah ganz anders aus als die anderen Niederlassungen, die ihnen in Neuengland begegnet waren. Wie hatte Winthrop die Kolonie beschrieben? *Die Kolonie ist unabhängig, ihre Gründung vor zwanzig Jahren erfolgte nach den strikten Prinzipien der Heiligen Schrift*. Die Vorstellung gefiel ihm. Er schob das Fernrohr zusammen und stolperte hinter den anderen her.

Als sie die Ebene erreichten, sah man deutlich, was die Gründer der Kolonie zu diesem Ort gezogen hatte. Im Süden war er vom Meer begrenzt, im Westen, Norden und Osten von einem Wall aus Hügeln mit blanken, rotbraunen Klippen beschützt. Das Ganze erinnere ihn an die Ebene von Judäa mit dem aufragenden heiligen Berg, verkündete Will. Es gab Eichenwälder mit Truthähnen und Kragenhühnern. Klare Flüsse durchzogen das flache Land, auf dem Rinder, Schafe, Schweine und Ziegen zwischen frisch gepflügten Äckern weideten, die auf die Aussaat warteten. Vom Meer wehte eine salzig schmeckende Brise.

Eine halbe Stunde später überquerten sie eine Holzbrücke, unter der sich ein Schleusentor befand, und betraten die Stadt. Lobdell führte sie eine rechtwinklig geknickte Straße entlang – erst links, dann rechts, vorbei an einem Pranger – zu einem großen Eckhaus am Rand der Ansiedlung, von wo man eine Aue überblickte.

»Das ist Davenports Haus.«

Das Gebäude war ein veritabler Herrensitz mit mindestens sechs hohen Ziegelkaminen, die über dem ersten Stock aufragten. Lobdell lud ihre Taschen und die mit der Arznei von Gouverneur Winthrop für Reverend Davenport vom Pferd, stapelte alles am Straßenrand, sagte den beiden Lebewohl und ritt ohne ein weiteres Wort davon.

Sie sahen ihm hinterher, bis er an der nächsten Ecke aus ihrem Blickfeld verschwand. »Was meinst du, Will?«, murmelte Ned. »Holt er sich jetzt die Belohnung ab?«

Sie nahmen ihr Gepäck und gingen durch ein Tor zur Vordertür. Im Hof pickten Hühner im Boden herum. Hinter der Aue schlugen krachend Wellen ans Ufer. Das Haus lag wie verlassen da. »Sollen wir ihm gleich sagen, wer wir sind?«, fragte Will.

»Haben wir eine Wahl? Wenn er uns nicht aufnimmt, können wir uns auch gleich dem König ergeben. Was mich betrifft, ich marschiere keinen Tag länger durch dieses wilde Land.«

Ned drehte sich um, wischte sich die Hände am Mantel ab, drückte die Schultern durch und klopfte fest an die Tür. Anstatt eines Hausmädchens, wie er angesichts der Größe des Hauses erwartet hätte, öffnete ihnen eine halbe Minute später eine betagte Gestalt, die nur Davenport selbst sein konnte – ganz in Schwarz, weißes Beffchen am Kragen, eine schwarze

Kappe, die fest auf einem weißen, flaumig wuchernden Lockenschopf saß. Das blasse, zerknautschte Gesicht hatte etwas Mopsartiges. Die Glupschaugen schauten sie durch eine winzige Brille mit grün getönten Gläsern an. Er ließ die Königsmörder eintreten, schaute auf ihr Gepäck und faltete die Hände zum Gebet.

»Zu guter Letzt«, sagte er.

Ned nahm seinen Hut ab. »Reverend Davenport? Wir sind …«

»Ja, ja, ich ahne schon, wer Ihr seid. Ich warte schon seit sechs Monaten darauf, dass Ihr den Weg zu mir findet.« Davenport streckte beide Hände aus und umfasste Neds Hand. »Seid mir willkommen!« Und über Neds Schulter zu Will: »Seid mir beide willkommen!« Er warf lachend den Kopf zurück. »Gott sei gepriesen, dass ich diesen Tag erleben darf.«

Für einen alten Mann strotzte Davenport vor Lebenskraft. Er bestand darauf, ihr Gepäck selbst ins Haus zu tragen, und sagte, sie könnten so lange bleiben, wie sie wollten. »Bis zur Wiederkunft Christi, die uns schon in fünf Jahren zuteilwird. Möge ich sie noch erleben!« Dann rief er nach oben zu seiner Frau: »Elizabeth, schau, wen der Herr uns geschickt hat!«, und führte die beiden die Treppe hinauf. Im Gang oben stand Mrs Davenport mit einem Handtuch und einer Schüssel in Händen vor einer offenen Tür. Auf dem Bett in dem Zimmer hinter ihr lag, hochgelagert auf Kissen, ein junger Mann. Die Vorhänge waren zugezogen. Eine Kerze beleuchtete das totenbleiche Gesicht. »Elizabeth, John, das sind Oberst Whalley und Oberst Goffe, ein von Gott gesandtes Geschenk. Möge er bedankt und gepriesen sein bis in alle Ewigkeit.« In vertraulichem Ton fügte er hinzu: »Mein Sohn John kränkelt oft.«

John hob zum Gruß zitternd die Hand.

»Gouverneur Winthrop hat uns gebeten, Euch seine Arznei mitzubringen«, sagte Ned.

»Er ist ein guter, sehr guter Mensch. Ein richtiger Apotheker. Dann seid Ihr also über Hartford hergereist? Kommt, ich zeige Euch Eure Zimmer.« Er führte sie durch den Gang. »Das hier ist Euer Zimmer, Oberst Whalley.« Er stieß die Tür auf. »Und Eures, Oberst Goffe, ist gleich das daneben. Ich sage den Dienern Bescheid, dass sie das Gepäck heraufbringen. Auspacken könnt Ihr ja später mit Muße.«

Die Offiziere hatten kaum Zeit, sich des unverhofften Luxus zu erfreuen – zum ersten Mal seit einem Jahr bekam jeder ein Zimmer für sich –, da führte Davenport sie schon wieder durch den Gang zurück an seiner Frau vorbei (die bis jetzt noch nicht zu Wort gekommen war) die Treppe hinunter. »Kommt, solange das Wetter noch hält, muss ich Euch die Stadt zeigen.«

Viel lieber hätten sie sich auf den nun eigenen Betten ein bisschen ausgeruht, aber es erschien ihnen unhöflich, seinen Vorschlag abzulehnen, also folgten sie ihm aus dem Haus. Davenport schritt forsch durch die breiten Straßen und nickte unterwegs den Bürgern zu, die sofort den Hut vor ihm zogen. Er erzählte Ned und Will von seinem Plan für das neue Jerusalem, wie es in der Offenbarung des Johannes beschrieben sei: ein Raster aus neun Quadraten, das sie in großem Maßstab kopiert hätten, jedes Quadrat eine halbe Meile lang und breit, jedes mit einem Dutzend Häusern und jedes mit einem eigenen, von ihm selbst ausgewählten geistlichen Oberhaupt. »Steht doch im vierten Buch Mose geschrieben: ›Die Kinder Israel sollen vor der Hütte des Stifts umher sich lagern, ein jeglicher unter seinem Panier und Zeichen nach ihrer Väter Haus.‹« Er blieb stehen und streckte die Hand aus. »Und das ist unsere Hütte des Stifts, unser Gotteshaus.«

Inzwischen gingen sie schon mehrere Minuten stramm einen sanften, vom Meer wegführenden Hügel hinauf, sodass Ned kaum noch Luft bekam. Das neunte Quadrat in der Stadtmitte war unberührt geblieben – eine offene Rasenfläche, in ihren Abmessungen, wie Davenport erklärte, identisch mit dem Allerheiligsten aus Hesekiel, Kapitel 43. In der Mitte des Angers stand das hölzerne Versammlungshaus, zweiundfünfzig Fuß ins Geviert, beziehungsweise dreißig biblische Ellen, um die Abmessungen des Gotteshauses aus dem 2. Buch Mose zu kopieren. Es war zwei Stockwerke hoch, hatte ein spitzes Dach und einen Wachturm. »So können wir bei unseren Versammlungen auch immer nach Indianern Ausschau halten – nicht dass sie uns viel Ärger bereiten, die armen Wilden. Sie wissen, dass unsere Bürgerwehr schlagkräftig ist.«

Obwohl es schon dunkel wurde, schlug er als Nächstes die Besichtigung des Hafens vor. Zu Neds Erleichterung fragte Will, ob es nicht möglich sei, dieses Vergnügen für ein andermal aufzusparen. Davenport, der es unübersehbar nicht gewohnt war, dass man seine Wünsche hintertrieb, schaute verärgert drein. »Schön, aber eine Sache müsst Ihr noch sehen, wo wir uns doch ganz in der Nähe befinden.«

Er führte sie über den Anger in Richtung des Versammlungshauses. Nach etwa hundert Schritten blieb er stehen und zeigte auf eine graue Steinplatte. Auf dem Boden davor lag ein Strauß Schneeglöckchen. Sie beugten sich vor und lasen die Inschrift.

Theophilus Eaton, Esq., Gouv.
Gest. 7. Januar 1657 im Alter von 67 Jahren.
Der Berühmte, der Weise, der Gerechte,
Phönix unsrer Welt, hier liegt sein Staub,
Neuengland, vergiss seinen Namen nie.

»Mr Eaton war derjenige, mit dem ich die Kolonie gegründet habe. Er war ein frommer Mann von großem Reichtum, den er ganz in den Dienst Gottes gestellt hat. Unsere Häuser waren die ersten, die hier gebaut wurden, Seite an Seite, im Osten des Gotteshauses, genau dort, wo die Bibel uns sagt, dass Moses und Aaron ihre Zelte aufgeschlagen haben.« Er breitete seine Arme weit aus. »New Haven ist das tausendjährige Königreich Christi. Hierher wird er kommen zur Wiederkehr der Heiligen im Gnadenjahr 1666, und hier wird er herrschen für tausend Jahre.«

Ned konnte sich die Frage nicht verkneifen. »Und wer von Euch beiden war Moses?«

Hinter den grün getönten Brillengläsern weiteten sich Davenports Augen vor Überraschung. »Natürlich bin ich Moses.«

Von Beginn an hegte Ned gewisse Vorbehalte gegenüber ihrem neuen Gastgeber, die er aber für sich behielt. Davenport war in den Zwanzigerjahren puritanischer Geistlicher in London und dann in Holland gewesen, wo er aus seiner Kirche in Den Haag ausgeschlossen wurde, und zwar wegen seiner rigorosen Ansicht über die Säuglingstaufe, die ausschließlich Kindern der Auserwählten vorbehalten sein sollte: Niemand sonst solle Eingang ins Himmelreich gewährt werden. In den Dreißigern war er nach Boston ausgewandert, zerstritt sich auch dort mit den Kirchenoberen, segelte mit Eaton und ihren Anhängern die Küste entlang und gründete schließlich New Haven. Allerdings fiel Ned auf, dass Will den Ansichten des Mannes wohlwollender gegenüberstand. Wie Davenport hing er dem Millenarismus an und glaubte, dass Christus im Jahr 1666, dem Jahr des Tieres, auf die Erde zurückkehren würde, wie in der Offenbarung des Johannes prophezeit. Ned stimmte dieser bestimmten Glaubenslehre nicht zu, war aber für eine Diskussion darüber theologisch nicht ausreichend bewandert.

Außerdem fühlte er sich Davenport für dessen Gastfreundschaft verpflichtet. Er schätzte das herrschaftliche Haus mindestens auf rund zwei Dutzend Zimmer, von denen, soweit er das beurteilen konnte, die Hälfte nicht benutzt wurde. Davenport behauptete stolz, dass seine Studien eintausend Bände füllten. Von seinem Zimmer konnte Ned über die ausgedehnte Hafenanlage hinaus aufs weite Meer sehen. Der kränkliche John, der sein Zimmer nie verließ, war der einzige Nachkomme der Familie. Zumindest war von anderen nie die Rede. Die winzige, weißhaarige Elizabeth Davenport huschte wie ein Geist zwischen Küche, dem Zimmer ihres Sohnes und ihrer Schlafkammer (welche, wie ihm auffiel, nicht die war, wo auch ihr Mann schlief) hin und her. Es gab zwei Bedienstete, ein Ehepaar mittleren Alters, das in einem separaten Teil des Hauses wohnte und sich jedes Mal, wenn einer der Oberste erschien, mit gesenktem Blick zurückzog. Das Essen war armselig. Das Haus war kalt. Überall hing ein seltsamer, unangenehmer Geruch in der Luft. Es gab zwar einige Kamine, die aber nur selten angeschürt wurden. Summa summarum ein merkwürdiger Haushalt.

Am Tag des Herrn, drei Tage nach ihrer Ankunft, nahm Davenport sie mit in das überfüllte Versammlungshaus und stellte sie zu Neds Überraschung mit ihren richtigen Namen vor. Er zitierte aus Kapitel 2 des Briefs an die Hebräer – *gastfrei zu sein vergesset nicht; denn durch dasselbige haben etliche ohne ihr Wissen Engel beherbergt* – und hielt eine Predigt, die vor Grauen und Schrecken strotzte: »Denn all die Qualen der Teufel und all die Strafen der Verdammten in der Hölle und all die Plagen, die die Frevler auf Erden heimsuchen, sie alle entspringen der aufrechten und rächenden Gerechtigkeit des Herrn, es ist das Wirken, das ihm geziemt.«

Um ihnen seine bedeutenden Gäste näher vorzustellen, winkte Davenport hinterher auf dem Anger die einflussreicheren Bürger zu sich. Darunter befanden sich Nicholas Street, der William Hooke als stellvertretender Pfarrer und Leiter der städtischen Schule ersetzt hatte, und William Jones, jener würdige junge Mann, der auf der *Prudent Mary* mit den Obersten nach Amerika gekommen war. Sie hatten den jungen Mann in den langen Wochen auf See gut kennengelernt. Von ihm erfuhren sie, dass sein Vater im Oktober zuvor als Mitunterzeichner des Todesurteils hingerichtet worden sei. Er war jetzt frisch mit Hannah Eaton verheiratet, der Tochter des Mitgründers von New Haven, und in dessen Haus eingezogen, das einzige Anwesen, das größer als das von Reverend Davenport war.

Als Ned ihm sein Beileid bekunden wollte, hob Jones nur die Hand und unterbrach ihn. Er sprach wie Will mit walisischem Tonfall. »Kein Grund zur Trauer. Man hat mir erzählt, dass er bei einem Spaziergang im Finsbury-Park verhaftet wurde. Er hat nicht versucht zu fliehen. Meine Mutter schreibt, dass er sein Schicksal auf dem Schafott hingenommen hat wie ein Bräutigam das seine in der Hochzeitsnacht. Jetzt ist er ein Heiliger. Ich werde ihn zu gegebener Zeit wiedersehen.«

»Wie lange gedenkt Ihr, in New Haven zu bleiben, Oberst Whalley?«, fragte Street.

»So lange, wie Ihr gewillt seid, uns zu beherbergen, Mr Street. Wir haben keine Pläne, außer am Leben zu bleiben und dem Herrn zu dienen. Ich hege immer noch die Hoffnung auf einen politischen Wandel in London.«

»Und wir wollen natürlich arbeiten«, sagte Will.

»Hattet Ihr einen Beruf, bevor Ihr in die Armee eingetreten seid?«

»Ja«, sagte Ned. »Er war Salzsieder, ich Tuchhändler. Allerdings haben wir seit nahezu zwanzig Jahren nichts als das Soldatenhandwerk ausgeübt.«

»Das könnt Ihr auch hier ausüben«, sagte Davenport. »Wir haben große Nachfrage an erfahrenen Soldaten. Ihr solltet unsere Bürgerwehr ausbilden.«

In der Umgebung von New Haven gab es überall Lager des Quinnipiac-Stammes – in den Hügeln im Norden; entlang des Ostufers der breiten Bucht, die den natürlichen Hafen der Stadt bildete, wo sie eine alte Begräbnisstätte unterhielten; und an der Austern-Spitze im Westen. Als Vorsichtsmaßnahme gegen Angriffe war jeder männliche Bürger der Kolonie zwischen sechzehn und sechzig – etwa dreihundert Mann allein in der Stadt – mit einem Gewehr, Schießpulver, Zündsteinen, vier Faden Lunte, vierundzwanzig Kugeln und einem Schwert ausgerüstet worden. Vier Kanonen und eine Truhe mit Spießen wurden im Versammlungshaus aufbewahrt. Jeder Mann war verpflichtet, an sechs Tagen im Jahr an den Waffen zu üben. Zufällig war der nächste festgesetzte Tag der Mittwoch in der kommenden Woche.

Die beiden Oberste fanden sich ganz natürlich in ihre früheren Rollen damals im neuen Musterheer ein. Will beaufsichtigte die Männer an den Spießen und Musketen und veranstaltete mit ihnen Stoß- und Schießübungen. Ned dozierte auf einer Wiese außerhalb der Stadt über Taktik bei der Kavallerie. Wie man nach einem Sturz wieder aufsaß, wie man eine Reiterformation aufstellte, wie man an ihr vorbeiritt und dabei jedem Mann in die Augen schaute. Das alles rief in ihm Erinnerungen an den ersten Winter im Bürgerkrieg wach …

An den grauen Nachmittag im Oktober 1642, wo er auf seinem sich zur Themsemündung erstreckenden Landgut im flachen Essex gerade Gräben aushob – im kargen Boden, aus dem er nie viel herausholte – und am Horizont Reiter aufgetaucht waren, die sich als Oliver und sein ältester Sohn, ebenfalls Oliver mit Namen, und sein Schwager Valentine Walton entpuppten, die ihn überreden wollten, sich dem Kavallerieregiment anzuschließen, das Cromwell in Cambridgeshire für den Kampf gegen den König aufstellte.

An Katherine, die ihn anflehte zu bleiben und mit dem Neugeborenen im Arm hinter ihm herlief, während er seine Tasche packte – *du bist zweiundvierzig, du warst nie Soldat, du wirst bestimmt umkommen, du lässt mich als Witwe mit vier kleinen Kindern und ohne Geld zurück.* »Und außerdem ist dein Vetter verrückt, das hast du selbst oft genug gesagt.« (Das hatte sie mit einem Blick zum Fenster leise ausgesprochen, weil dahinter Cromwell draußen auf seinem Pferd geduldig wartete.)

An die Monate der Ausbildung in Ely, wo er unter dem Dach Cromwells wohnte, mit Oliver und Betty und ihren sechs Kindern, an die Ernsthaftigkeit des Vorhabens und auch an das Lachen, an die Gebete zweimal am Tag und das Bibelstudium, an die endlosen Gespräche mit Rekruten und Cromwells hitzige Reden: »Ich werde euch nicht die Lüge erzählen, dass wir für König und Parlament kämpfen oder ähnlichen Unsinn. Ich sage euch jetzt, sollte sich der König zufällig im Heer der Feinde befinden, das wir angreifen, dann werde ich mit meiner Pistole auf ihn schießen wie auf jeden anderen einfachen Soldaten, und sollte euch euer Gewissen nicht erlauben, es mir gleichzutun, so rate ich euch, werdet nicht Soldat in meiner Truppe oder unter meinem Kommando.« Oliver war es einerlei, ob die Männer wussten, wie man kämpfte, das konnte man ihnen beibringen. Was man ihnen nicht beibringen konnte, und was er am meisten wollte, waren gottesfürchtige Männer, glaubensstarke und disziplinierte Männer, die wenn nötig bereit waren zu sterben. Er zitierte Seneca: »Denn der Mann, der bereit ist zu sterben, wird euch immer überlegen sein.«

Ned schaute über die Wiese in New Haven, und genau solche Männer sah er jetzt vor sich. Er führte die Taktiken des Kavallerieangriffs vor, die Cromwell für die Eisenreiter entworfen hatte. Das Vorrücken muss in drei Reihen erfolgen. Die Soldaten in der ersten Reihe müssen eng geschlossen sein, das rechte Knie des Mannes links unter dem Oberschenkel des Mannes rechts. Der Angriff muss in scharfem Trab vorgetragen werden. Kein Mann darf seine Pistole abfeuern, bevor er sich nicht bis auf Pferdelänge dem Feind genähert hat. Nach dem Feuern muss er dem Feind die Pistole ins Gesicht schleudern und mit dem Schwert über ihn herfallen. Und dann, nachdem der Vorstoß das Gleichgewicht der Kräfte auf dem Schlachtfeld umgewandelt hat, nachdem die Feindeslinie durchbrochen ist, stehen bleiben, kehrtmachen und wieder angreifen.

Er wusste natürlich, dass eine solche Taktik für Neuengland nicht geeignet war, weil es hier nur wenige Reitersoldaten gab und wahrscheinlich nur Indianer der Feind waren. Aber er war so gefangen in der Vergangenheit, dass er die Manöver dennoch vorführte, und die Bauern, Hufschmiede und Schafhirten schauten dem legendären ergrauten Veteranen, der noch einmal seine Glanzzeit durchlebte, staunend zu. Und als er fertig war, ertönte ein dreifaches Hoch auf Oberst Whalley.

»Bei Gott«, sagte er tief bewegt. »Wenn wir zweihundert Freunde Eures Schlags an unserer Seite hätten, brauchten wir niemand zu fürchten, weder im alten England noch im neuen.«

Vielleicht wäre das die Lösung, dachte er an jenem Abend, als er in seinem Zimmer eine Pfeife rauchte und hinaus auf das schimmernde Hafenwasser schaute, in dem sich der helle Mond spiegelte: nicht mehr weglaufen, sondern das Musterheer in Amerika neu aufstellen, eine Republik ausrufen und weiter gegen den König kämpfen. Die Stimmung in New Haven, wo er von Gleichgesinnten umgeben und weit entfernt von den Gefahren Bostons war, rief in ihm ein falsches Gefühl der Sicherheit hervor, und er dachte tatsächlich ernsthaft über die Idee nach und erwog sogar, eine Liste mit dem erforderlichen Truppenkontingent zu erstellen. Erst später erkannte er den Aberwitz, dem er erlegen war, ein menschlicher Zug, den er schon lange beobachtete: einer Wunschvorstellung nachzujagen und die tatsächlichen Verhältnisse außer Acht zu lassen.

Eines Tages erläuterte ihnen Davenport beim Abendessen, wie die Kolonie verwaltet wurde. Nach dem mosaischen Gesetz konnte nur Mitglied der Kirche werden, wer zur Erlösung ausersehen war, und nur Kirchenmitglieder konnten wählen oder ein Amt bekleiden. Da Davenport bestimmte, wer ausersehen war, und da er über die absolute Macht verfügte, jene aus der Kirche zu verbannen, die seiner Meinung nach ihre religiösen Pflichten vernachlässigten, beherrschte er im Grunde die Regierung. »Unser Staat ist ein theokratischer Staat, wir sind die einzige Kolonie in Amerika, wo sich die weltliche Obrigkeit der göttlichen fügen muss.«

»Wären wir doch mit der gleichen Rigorosität in England vorgegangen, als wir die Möglichkeit dazu hatten«, sagte Will. »Dann wären wir jetzt nicht hier.«

Ned erachtete diese Bemerkung als die vielleicht dümmste, die er je von seinem Schwiegersohn gehört hatte. Sogar Oliver hätte nie versucht, eine derartige Politik zu verfügen. Aber Ned hielt sich an seine Maxime, Zwist zu vermeiden, und so merkte er nur milde an, dass es vielleicht doch einen Unterschied gebe zwischen einer Gemeinschaft von wenigen Tausend Seelen, die genau deshalb emigriert seien, weil sie dem gleichen Glauben anhingen, und einer vielfältigen Nation von mehreren Millionen Menschen.

Nichtsdestoweniger *gab* es einen amtierenden Gouverneur in der Kolonie von New Haven, und am Dienstag, dem 26. März, knapp drei Wochen nach der Ankunft der Oberste in der Stadt, erschien im Haus von John Davenport der Mann, der unglücklicherweise mit dieser Aufgabe betraut war, mit ernüchternden Nachrichten. William Leete, ein traurig dreinblickender Advokat, noch keine fünfzig Jahre alt, war aus dem nahen Guilford, seinem Heimatort, hergeritten. Er überbrachte eine Abschrift des von Gouverneur Endecott in Boston gezwungenermaßen ausgestellten Haftbefehls für die *verabscheuungswürdigen Königsmörder Whalley und Goffe*. Das Schriftstück ging von Hand zu Hand.

»Endecott hat keine Amtsgewalt in New Haven«, sagte Davenport. »Wir ignorieren das selbstredend. Sollen Massachusetts und Connecticut das Knie vor dem König beugen, wir erkennen nur Gott an.«

Leete rieb sich unwohl die Hände. »Was das Prinzip angeht, habt Ihr recht, Mr Davenport. Wie immer. Aber diese Kolonien sind durch die königliche Charta als Staaten anerkannt, was unsere gegenwärtig nicht ist. Und wenn herauskommt, dass wir zwei Männern Unterschlupf gewähren, die das Todesurteil des Königs unterzeichnet haben, dann wird das auch nie geschehen.«

»Wir haben zwanzig Jahre ohne eine Charta überlebt.«

»Wovon England die meiste Zeit ein Staatenbund war und die Regierung uns wohlgesinnt. Jetzt, so befürchte ich, liegen die Dinge deutlich anders.«

Davenport nahm den Haftbefehl, riss ihn langsam durch und ließ die Schnipsel zu Boden fallen. »Da habt Ihr meine Meinung von Endecott und seinem Haftbefehl und von Karl Stuart, dem ersten und dem zweiten. Hat Boston Männer geschickt, um die Verhaftungen zu vollstrecken?«

»Bis jetzt nicht.«

»Na also. Sie werden es nicht wagen.«

»Aber sie werden kommen, Mr Davenport«, sagte Leete leise. »Früher oder später. Wenn nicht aus Boston, dann aus London. Und so tapfer und gut bewaffnet unsere Bürgerwehr auch sein mag, dagegen wird sie nichts ausrichten können.«

»Ach, William.« Davenport schüttelte traurig den Kopf. »William, William. Allmählich mache ich mir Sorgen um den Zustand Eurer Seele.«

Ned hob die Hand. »Als einer der beiden, der für Eure Schwierigkeiten verantwortlich ist, erlaubt mir eine Anmerkung.« Die Erkenntnis der eigenen Dummheit entsetzte ihn in diesem Augenblick fast so sehr wie die Bedrohlichkeit ihrer Lage. »Unser Fehler, mein Fehler war es, dass ich mich in New Haven frei bewegt habe. Wir hätten umsichtiger sein sollen, hätten falsche Namen benutzen oder, noch besser, uns überhaupt nicht in der Öffentlichkeit zeigen sollen, bis sich dieses ganze Gezeter beruhigt hätte.«

»Das sagst du jetzt!«, rief Will.

»Ja, das sage ich jetzt, Will, und du hast recht, ich hätte es früher sagen sollen. Wir beide hätten es sagen sollen. Aber wir waren von der Reise erschöpft und unser Gespür abgestumpft, nicht mehr so wach, wie es hätte sein sollen. Kurz gesagt, wir können hier nicht bleiben. Also stehen wir wieder vor der alten Frage: Wohin jetzt?« Noch während er sprach, hatten sich in seinem Kopf die Umrisse eines Plans herausgeschält. Er zögerte. »Ich glaube allerdings, eine Ahnung zu haben, den Schatten einer Ahnung, was wir tun könnten. Was allerdings nicht ganz ungefährlich wäre … für Euch, Gentlemen, wie auch für uns.« Er hielt inne.

»Wir fürchten keine Gefahren«, sagte Davenport. »Redet ruhig weiter.«

Am nächsten Morgen verließen die Oberste New Haven auf zwei mit ihrem gesamten Gepäck beladenen Pferden, die Davenport ihnen zur Verfügung gestellt hatte. Bevor sie die Stadt verließen, drehten sie für alle sichtbar eine große Runde um den Anger in der Mitte und bedankten sich bei allen, die sie kannten, und sagten Lebewohl. Einige wenige fragten, wohin sie zögen. Sie gaben nur vage Auskunft, riefen, es sei an der Zeit weiterzuziehen, »auf zu neuen Ufern«. Als man sie kurze Zeit später auf der Küstenstraße westwärts davonreiten sah, ging man natürlich davon aus, ihr Ziel sei die holländische Kolonie, vielleicht um in Neu-Amsterdam an Bord eines Schiffes nach Holland zu gehen.

Sie reisten ohne Führer. Je weniger von ihrem geheimen Vorgehen wussten, desto besser. Der Weg war zwar kurvenreich, aber entlang der Küstenlinie nicht zu verfehlen. Linker Hand krachten die Wellen gegen die Felsen, rechts von ihnen erstreckten sich dunkle Kiefernwälder. Nach zehn Meilen erreichten sie die Stadt Milford, die noch zur Kolonie von New Haven gehörte. Sie hielten an dem Krämerladen des Orts, kauften von seinem Besitzer Micah Tomkins ein paar Dinge – ein Fischernetz, ein Messer, ein Beil, einen Kochtopf – und fragten, wie weit es noch bis Neu-Amsterdam sei, unterhielten sich mit den anderen Kunden über Allgemeines wie das Wetter und den Zustand der Straße und ritten dann weiter. In der Stadt sahen sie an einem Anschlagbrett den Steckbrief, der eine Belohnung für ihre Gefangennahme versprach. Sie trugen ihre alten, gelbbraunen Ledermäntel aus der Armee, und die Art, wie einige der Leute in dem Laden sie angeschaut hatten, verriet ihnen, dass man sie erkannt hatte. Gut so.

Nachdem sie auf der Straße ein kurzes Stück weitergeritten waren, hielten sie an, stiegen ab und führten die Pferde etwa eine halbe Meile weit in den Wald, bis sie an einem Bach auf eine kleine Lichtung stießen. Sie sammelten Holz, entzündeten ein Feuer und brieten sich etwas Hammelfleisch. Anschließend stopften sie Blätter und Moos in das Netz, legten sich hin und warteten. Will las in der Bibel, Ned rauchte seine Pfeife.

Als die Sonne gegen sieben Uhr unterging, packten sie ihre Sachen wieder zusammen und traten die Glut des Feuers aus. Der Fußweg zurück zur Straße wurde von den Geräuschen des Waldes, über den sich die Nacht senkte, begleitet, dem schwermütigen Kreischen der Nachtschwalben und dem tiefen Grunzen der Ochsenfrösche. Der gewundene Küstenweg war in der Dunkelheit kaum auszumachen. Die Pferde blieben immer wieder stehen und wollten nicht weitergehen, sodass sie schließlich absteigen und sie führen mussten. Die Wellen krachten nach wie vor gegen die Felsen. Sogar Ned, dessen ausgeglichenes Temperament sonst nicht zu Wahnvorstellungen neigte, glaubte überall den Teufel zu sehen.

Es war wahrscheinlich schon Mitternacht, als sie New Haven wieder erreichten. Der winzige Sichelmond beleuchtete kaum die breite, grasbewachsene Straße. Sie gingen in der Dunkelheit an dreizehn Häusern vorbei, bevor sie schließlich vor dem von Davenport standen, wo in einem Fenster im ersten Stock eine Kerze brannte. Niemand sah, wie sie das Haus betraten, und in den nächsten fünf Wochen setzten sie nicht ein einziges Mal den Fuß vor die Tür. Für die Stadt waren sie verschwunden.

KAPITEL 16

Am sonnigen Nachmittag des letzten Tages im April lief nach einer achtwöchigen Nordatlantikfahrt das Schiff mit Richard Nayler an Bord in die Bucht von Boston ein.

Soweit er auf dieser endlosen, widerwärtigen Reise zwischen Anfällen von Seekrankheit überhaupt imstande gewesen war, sich eine Vorstellung von seinem Zielort zu machen, so hatte er erwartet, dort einen primitiven Handelsposten mit Blockhäusern, einer einfachen hölzernen Anlegestelle und einer schmucklosen Kirche voller sauertöpfischer Puritaner vorzufinden. Deshalb war er überrascht, dass sie eine Steinfestung passierten, die zum Schutz der Hafeneinfahrt mit einer Batterie von dreißig Kanonen bestückt war, dass sie zwischen großen, vor Anker liegenden Schiffen durch einen Kanal fuhren und dass er Kais, Kräne und Lagerhäuser zu sehen bekam, die sich über eine halbe Meile erstreckten. Hinter dem Hafen schoben sich ansehnliche Häuser aus rotem Ziegelstein nebst zwei großen Kirchen in sein Blickfeld, und von einem Hügel überschaute eine zweite Festung die gesamte Niederlassung. Hinter alldem waren bis zum Horizont die Ebene, die Wälder und die Flüsse der Kolonie zu erahnen. Er klammerte sich am Schandeck der *Prince Harry* fest, und zum ersten Mal brach ihm angesichts der Aufgabe, die er sich aufgeladen hatte, der Angstschweiß aus.

Damit aber hatte sein Leiden noch kein Ende. Kaum hatte er einen Fuß an Land gesetzt, da wurde er mit dem anderen zu einem schnellen Ausfallschritt gezwungen, um auf der erschreckend regungslosen Erde das Gleichgewicht zu halten. Die Wirkung kroch seine Beine empor. Die Neue Welt schien zu schwanken und zu tänzeln. Er beugte sich vor, stützte die Hände auf die Knie und übergab sich auf den Landungssteg. Nachdem er eine halbe Minute lang Galle gespuckt hatte, richtete er sich auf, wischte sich mit dem Handrücken den Mund ab und schaute sich um, ob ihn irgendjemand beobachtet hatte. Im geschäftigen Treiben des Entladens und Aussteigens hatte aber offenbar niemand in seine Richtung geschaut.

Er kniff die Augen zusammen und versuchte sich zu orientieren.

Es war ein milder Tag. Ein ungewöhnlich leuchtendes Licht spielte auf der glitzernden Wasseroberfläche. Lebhafte Grün- und Blautöne. Das Kreischen unbekannter Seevögel. Ein Geruch in der Luft, den er nicht einordnen konnte, eine fremdartig süße Schärfe.

England und doch nicht England.

O mein Amerika! Mein neu gefundnes Land …

Als er sich einigermaßen sicher war, dass er sich nicht noch einmal übergeben würde, zog er sein Notizbuch aus der Innentasche und ging die Liste der Namen durch, die ihm Kapitän Breedon in London gegeben hatte. Er fand die gesuchte Adresse und nannte sie dem Seemann, den er sich als Träger genommen hatte. Die Herberge war das mittlere mehrerer Reihenhäuser in einer engen Gasse in Hafennähe. In dem überfüllten Eingangsbereich hing dichter Tabakqualm. Zwanzig Männer, die Breedon ausgesprochen ähnelten, Kaufleute, Kapitäne, Schiffseigner, saßen dicht an dicht an Tischen, auf denen Krüge mit Bier und Wein standen. Als er eintrat, drehten sich einige zu ihm um, da das Öffnen der Tür die zuvor reglosen Rauchschwaden verwirbelte und hinaus auf die Gasse sog. Sie wandten sich schnell wieder ihren Pfeifen und Geschäften zu.

Der Besitzer, ein kleinwüchsiger, schielender Mann namens Shadbricke, beharrte zunächst darauf, dass kein Zimmer mehr frei sei. Als Nayler ihm aber sagte, er komme auf Empfehlung von Kapitän Breedon, und eine Goldmünze auf den Tresen legte, fiel Shadbricke (nachdem er die Echtheit der Münze mit den Zähnen überprüft hatte) plötzlich ein, dass er doch noch ein freies Zimmer habe. Es war klein und hoch oben unter dem Dach, aber es besaß ein Schloss, und er hatte es für sich allein. Nach seinem Namen fragte niemand. Der Seemann schulterte seine Truhe und trug sie die enge, gewundene Treppe hinauf. Nayler gab ihm einen Schilling, verschloss die Tür hinter sich und legte sich auf das harte Holzbett.

Die Decken waren schmutzig und stanken nach menschlichen Ausdünstungen. Im Dachgebälk raschelten Ratten. Es war ihm gleich. Er spürte, dass seine Kraft und sein Selbstvertrauen zurückkehrten. Die Menschen hier waren käuflich, das war die Erkenntnis des Tages. Das Land mochte riesig, fremd und hauptsächlich von Puritanern bewohnt sein, aber es strotzte vor Tatendrang und Gier. Und er hatte Geld, jede Menge Geld. Er würde seine Beute mit Gold fangen.

In den nächsten Tagen blieb Nayler in seinem Zimmer und ließ sich die Mahlzeiten nach oben bringen. Er musste sich von der Reise erholen. Außerdem wollte er sich nicht in der Öffentlichkeit zeigen und so zu Gerüchten anregen, die Gouverneur Endecott auf die Anwesenheit eines geheimnisvollen neuen Ankömmlings aus England aufmerksam machen könnten. Er bezahlte den Kellnerjungen, der ihm das Essen brachte, damit er zwei Briefe beförderte, die Kapitän Breedon auf Naylers Wunsch an zwei seiner Geschäftspartner in Boston geschrieben hatte. Jedem dieser Briefe fügte Nayler eine handschriftliche Notiz bei, in der er sie für Freitagnachmittag um vier Uhr in seine Herberge einlud. Beide antworteten, sie fühlten sich geehrt.

Da er der Ansicht war, es würde ein schlechtes Licht auf die Ernsthaftigkeit seiner Mission werfen, wenn er sie in seiner schmuddeligen Kammer empfing, verschloss er kurz vor der angesetzten Stunde sein Zimmer, ging hinunter und stellte einen Tisch in die Ecke neben dem Kamin, von wo er die Tür im Auge behalten konnte. Es war düster und ruhiger als am Tag seiner Ankunft. Er bat um eine Kerze, drei Becher und einen Krug Wein.

Breedon hatte ihm bereits etwas über die Männer erzählt, die er gleich treffen würde. Thomas Kellond war der jüngere der beiden. Reich geboren, war er von Devon nach Amerika ausgewandert, um das Familienvermögen zu vermehren. Er besaß ein Neunzigtonnenschiff, das er *Charles* getauft hatte, Hinweis genug auf seine politischen Präferenzen. Er erschien als Erster. Nayler erkannte ihn am Alter – leidlich zwanzig laut Breedon –, an der eleganten Kleidung und der Tatsache, dass er allein kam. Er stand auf und winkte den jüngeren Mann zu sich.

»Mr Kellond, nehme ich an?«

»In der Tat. Und Ihr seid dann wohl Mr Nayler?« Kellond sprach mit dem weichen Tonfall der Menschen aus den südwestlichen Grafschaften.

»Ja, Sir.« Sie gaben sich die Hand. »Nehmt Platz. Wie wär's mit einem Schluck Wein?«

»Es ist noch ein bisschen früh ... Aber was soll's, warum nicht.« Er schaute zu dem dritten Becher. »Erwartet Ihr noch jemand?«

»Ja, Kapitän Kirke. Kennt Ihr ihn?«

»Ja, und da ist er auch schon.« Kellond deutete mit dem Kinn zu dem älteren Mann, der gerade hereingekommen war, noch in der Tür stand und sich umsah. Er war knapp sechzig, groß, korpulent und leicht o-beinig, das Gesicht rot und wettergegerbt. Laut Breedon hatte Kirke auf der Seite des Königs gekämpft, war in den Rang eines Obersts aufgestiegen und nach Cromwells Machtübernahme nach Neuengland geflohen. *Er ist ein zuverlässiger Bursche und kennt das Land gut, besser als Kellond. Zwei ergebenere Verfechter der royalistischen Sache könnt Ihr nicht finden.*

Kirkes Blick fiel auf Kellond, und er kam zu ihnen herüber. Die drei schüttelten sich die Hände. »Setzt Euch doch ans Feuer, Kapitän Kirke«, sagte Nayler. Er schenkte ihm Wein ein. »Wir sollten einen Toast ausbringen.« Er hob seinen Becher. »Auf den König.«

»Auf den König.«

Sie tranken. Nayler verzog den Mund. Der Wein war sauer. »Nun, meine Herren, lasst uns gleich zum Geschäft kommen.« Er sah sich um, ob ihnen auch niemand zuhörte. »Wie unser gemeinsamer Freund Kapitän Breedon Euch in seinem Brief geschrieben hat, bin ich ein Beamter des Kronrats und mit der Aufgabe betraut, die Verbrecher, die immer noch für den Mord am Vater des Königs gesucht werden, ihrer gerechten Strafe zuzuführen. Ich bin mit einer von Seiner Majestät unterzeichneten Verfügung aus London angereist, die Gouverneur Endecott anweist, umgehend die Verhaftung von Oberst Edward Whalley und Oberst William Goffe zu betreiben. Habt Ihr von ihnen gehört?«

Die beiden Männer nickten. »Ihre Anwesenheit hat Schande über die gesamte Kolonie gebracht«, sagte Kellond.

Nayler fuhr fort. »Dann ist Euch sicher bewusst, dass Mr Endecott und der Hauptmann der Miliz Michelson in ihren diesbezüglichen Bemühungen – nun, wie sollen wir es ausdrücken – *nicht sonderlich gewissenhaft* vorgegangen sind. Ich will mich nicht direkt an den Gouverneur wenden und ihm so eine weitere Gelegenheit geben, die Angelegenheit hinauszuzögern oder gar einen Suchtrupp aufzustellen, der sich der Sache der Verräter verbunden fühlt. Meine Absicht ist, eine Gruppe verlässlicher Männer zusammenzustellen, die diese Mörder zur Strecke bringt.« Er beugte sich vor. »Und Ihr, Gentlemen, sollt die Jagd vorbereiten und anführen.«

Kirkes Augen leuchteten. »Bei Gott, diese Hunde müssen zahlen.«

Einer der Schenkengäste drehte sich um und sah sie an.

Nayler fuhr mit leiserer Stimme fort. »Ich bin autorisiert, Euch jeweils fünfzig Pfund zu zahlen plus fünfzig Pfund, wenn die Königsmörder gefasst werden, plus zweihundertfünfzig Morgen gutes Ackerland.«

Die beiden Männer schauten sich an. Kirke trank einen kräftigen Schluck Wein und leckte sich die Lippen. »Nun, Mr Nayler, das ist ein schwieriges Unterfangen, das Ihr da vorschlagt, selbst zu solch einem Preis. Gibt es da vielleicht noch Spielraum für Nachbesserungen? Könnte man nicht auch das Belohnungsgeld unter uns beiden aufteilen?«

»Ich habe nicht die Absicht, mit Euch zu feilschen, Kapitän«, sagte Nayler. »Mein Angebot steht, nehmt an oder lehnt ab. Wenn Euch das nicht reicht, so finde ich in Boston sicherlich andere, die den Auftrag auch für die Hälfte erledigen. Man hat mir gesagt, dass beispielsweise die Schotten einen besonderen Groll gegen Oberst Whalley hegen.«

»Langsam, Sir, langsam«, sagte Kirke lächelnd. »Nichts für ungut. Ihr dürft nicht vergessen, wir sind Geschäftsleute. Unser Antrieb ist der Handel.« Er wechselte wieder einen Blick mit Kellond, der knapp nickte. »Also gut, aus Loyalität und Ergebenheit gegenüber dem König nehmen wir Euer Angebot an. Aber Ihr müsst für all unsere Kosten aufkommen.«

»Einverstanden.«

»Das wird nicht billig.«

»Das ist mir klar.«

»Und wo halten sich die beiden Oberste derzeit auf?«, fragte Kellond.

Nayler überlegte, an welch einen Trottel er da wohl geraten war. »Wenn ich das wüsste, Mr Kellond, dann würde ich nicht hier sitzen und Euch ein derart großzügiges Angebot unterbreiten. Meine letzte Auskunft lautet, dass sie unbehelligt in Cambridge gelebt haben, aber das ist schon einige Zeit her. Sicherlich sind sie seitdem schon weitergezogen.«

»Das kann ich bestätigen«, sagte Kirke. »Im Februar hat es eines Nachts den Versuch gegeben, sie zu schnappen. Eine dilettantische, schlecht geplante Unternehmung, die die Schurken mit ihren Pistolen leicht abgewehrt haben. Und als wir es noch einmal versuchen wollten, waren sie schon weg. Natürlich streiten die Gookins ab, irgendetwas über ihren Verbleib zu wissen.«

»Die Gookins?«

»Daniel und Mary Gookin. In ihrem Haus haben die beiden gewohnt, in der Nähe vom Harvard College. Gookin ist hier in der Gegend ein ziemlicher bedeutender Mann. Er hatte in England unter Cromwell ein öffentliches Amt inne.«

Nayler holte sein Notizbuch hervor und notierte sich den Namen. Ihm fiel ein, dass Nokes gesagt hatte, Gookin sei mit demselben Schiff aus England gekommen wie die Oberste.

Kirke trank seinen Wein aus und erwartete offenbar, dass man ihm nachschenkte. »Meine Vermutung ist, dass sie weiter nach Westen gezogen sind. In Connecticut sind die Puritaner ziemlich stark vertreten.«

»Connecticut.« Nayler notierte auch das. Ihm war es einerlei, wie viel Kirke trank. Was waren das bloß für Männer? Ein Trottel und ein Säufer? Waren das die Besten, die Breedon hatte auftreiben können? »Was ist mit New Haven? Ich weiß, dass Whalley durch seinen Schwager einen Bezug zu der Kolonie hat.«

»Dort müssen wir uns auf jeden Fall umsehen«, sagte Kirke. »Die Leute dort sind fanatische Gegner des Königs. Möglicherweise versuchen sie ihr Glück aber auch in der holländischen Kolonie in Neu-Amsterdam. Die Kalvinisten wollen weder mit den Engländern noch mit dem König etwas zu tun haben.«

Nayler forderte Kirke auf, ihm in sein Notizbuch eine Karte mit den Orten zu zeichnen und die jeweiligen Entfernungen anzugeben. Danach drehte sich das Gespräch um praktische Fragen. Wie viele Männer wären nötig, um zwei bewaffnete Berufssoldaten zu überwältigen, die mit äußerster Kampfmoral gesegnet waren. Mindestens sechs, lautete Kirkes Schätzung. »Ihr sagtet, wir sollen die Suche leiten, Mr Nayler. Seid Ihr auch dabei?«

»Natürlich. Aber ich bleibe im Hintergrund. Das soll allein die Sache Neuenglands sein.«

»Darf ich fragen, ob Ihr mit einer Waffe umgehen könnt?«

»Ich habe in Naseby gekämpft. Ich bin verwundet worden. Aber mit Schwert und Pistole kann ich immer noch umgehen.«

Kirke blickte ihn respektvoll an. »Ich war auch in Naseby dabei. Das war ein übler Tag für England.«

»Wohl wahr, Kapitän. Und es war Whalleys Kavallerie, die die Linie von Prinz Ruprecht durchbrochen hat. Also, rächen wir unsere gefallenen Freunde.«

Am Ende einigten sie sich auf einen Suchtrupp von acht Mann – die drei Anwesenden nebst einem Führer (»ich kenne da den richtigen Mann, hat indianisches Blut in den Adern«, sagte Kirke) sowie vier weitere Männer, die für ihre Dienste je fünf

Pfund erhalten sollten. Nayler schlug dazu Schotten vor. Sie erschienen ihm am ehesten für einen Kampf bereit. Um die erforderlichen Entfernungen so schnell wie möglich zu bewältigen, sollte der gesamte Trupp mit Pferden ausgestattet werden. Kellond würde neben den Pferden auch die Waffen besorgen. Nayler ermahnte ihn, unauffällig vorzugehen. Es sei wichtig, dass zu den Königsmördern nicht die Andeutung eines Hinweises durchdringe, der ihnen die Zeit verschaffen könnte, sich aus dem Staub zu machen – ein weiterer Grund, warum er den Gouverneur erst dann unterrichten wolle, wenn sie zum Aufbruch bereit seien.

Bis sechs Uhr hatten sie alles besprochen. Sie brachten einen letzten Toast auf die Vernichtung der Feinde des Königs aus und vereinbarten, sich am kommenden Montag wieder am gleichen Ort zur gleichen Zeit zu treffen. Bevor Kirke und Kellond sich verabschiedeten, fragte Nayler sie nach dem Weg zum Haus der Gookins.

Am nächsten Morgen schickte Nayler den Kellnerjungen zum Stallburschen und ließ sich ein Pferd reservieren. Eine Stunde später ritt er auf der Straße neben dem Charles aus Boston hinaus. Damit missachtete er die eigene strikte Regel, sich nicht in der Öffentlichkeit zu zeigen, dessen war er sich bewusst. Aber er erachtete es als unwahrscheinlich, dass er unter den Tausenden Bürgern und den Hunderten Durchreisenden auffallen würde. Außerdem konnte er seiner Neugier nicht widerstehen. Er wollte mit eigenen Augen sehen, wo Whalley und Goffe sich aufgehalten hatten. Das Haus der Gookins war nach fast einem Jahr Suche die erste echte Verbindung zu den beiden.

Es war Mittag, als er auf die Brücke über den Charles ritt. In der Mitte hielt er sein Pferd an, weil ihm der Anblick eines langen, schmalen Boots ins Auge stach. Sechs über die Paddel gebeugte Männer trieben es flussabwärts auf ihn zu. Es war ein Indianerkanu. Er erinnerte sich an die Beschreibung in Raleighs Buch – ein aus einem einzigen Baumstamm geschnitztes Wassergefährt. Es schoss so schnell unter ihm hindurch, dass er die bronzefarbenen, muskulösen und anscheinend nackten Gestalten gar nicht genauer betrachten konnte. Im nächsten Augenblick hatte die Strömung sie schon weit den Fluss hinabgetrieben.

Er schaute wieder zum Ufer gegenüber, zu der Siedlung aus Holzhäusern, die von einem viel stattlicheren Gebäude überragt wurde. Das musste jenes Harvard College sein, das diese strengen jungen Sektierer hervorbrachte, die ihren unnachgiebigen Glauben überall in der Kolonie verbreiteten. Ein merkwürdiges Land, dachte Nayler, wo zwei derart widerstreitende Rassen und Weltanschauungen, Heiden und Fanatiker, Seite an Seite lebten. Konnte daraus jemals etwas Gutes erstehen?

Er ritt weiter bis zum Ende der Brücke, dann durch das niedrige Marschland, das von einem Bach durchschnitten wurde, und schließlich die Straße hinauf zu dem ersten Haus zur Rechten, das laut Kirke das der Gookins war. Er hatte vorgehabt, langsam im Schritt daran vorbeizureiten, eine Runde durch die Ansiedlung zu drehen und wieder nach Boston zurückzukehren, aber als er auf Höhe des Hauses war, kam ein kräftig gebauter Mann in Hemdsärmeln und Lederweste mit einem Ballen Heu aus dem Stall. Der Mann blieb stehen und sah zu ihm herüber. Ihre Blicke trafen sich.

»Habt Ihr Euch verirrt, mein Freund?«

Nayler hielt das Pferd an. Er konnte der Gelegenheit nicht widerstehen. »Ich suche nach zwei Bekannten, Mr Richardson und Mr Stephenson.«

»Die Namen sagen mir nichts.«

»Seid Ihr Mr Gookin?«

»Der bin ich, Sir.«

»Dann kennt Ihr sie vielleicht unter den Namen Oberst Edward Whalley und Oberst William Goffe.«

Gookin schüttelte den Kopf. »Die sind schon lange nicht mehr hier.«

»Seit wann?«

»Das war im Dezember, glaube ich.«

»Dezember? Das sind ja sechs Monate, seit sie vom Parlament steckbrieflich gesucht werden.«

»Nachrichten vom Parlament erreichen uns sehr spät.«

»Waren die beiden nicht im Februar noch hier? Man hat mir etwas von einer Auseinandersetzung erzählt, die im Februar stattgefunden haben soll.«

»Es gibt keinen Hinweis, dass es sich dabei tatsächlich um die beiden gehandelt hat. Wahrscheinlich waren es nur Landstreicher, die über Nacht in meinem Stall untergekrochen sind. Mehr weiß ich darüber nicht.«

»Landstreicher mit Pistolen? Ich bitte Euch, Mr Gookin. Verstoßen Lügen nicht gegen Euren Glauben?«

Gookin hob den Heuballen an und hielt ihn Nayler lächelnd entgegen. »Wie Ihr seht, habe ich zu tun. Einen schönen Tag noch.«

Nayler spürte Zorn in sich aufsteigen. Er bemühte sich, ihn zu unterdrücken, aber das herablassende Lächeln machte ihn wütend. »Ihr müsst ihren Aufenthaltsort preisgeben, Sir, andernfalls werdet auch Ihr, solltet Ihr ihnen Unterschlupf gewährt haben, des Hochverrats angeklagt. Und die Strafe ist keine Kleinigkeit, das kann ich Euch versichern.«

»Wer seid Ihr? Ihr sagt, Ihr kennt die Obersten? Woher?«

»Von einem Weihnachtsfest vor ein paar Jahren. Die beiden werden sich nicht mehr an mich erinnern, aber wenn Ihr sie das nächste Mal seht, dann könnt Ihr ihnen ausrichten, dass ich sie nicht vergessen habe. Und dass ich sie finden werde.«

Er hatte schon zu viel gesagt. Er zog die Zügel scharf an, wendete das Pferd und ritt zum Fluss hinunter. Er verfluchte sich für seine Unbeherrschtheit.

Danach schloss er sich in seinem Zimmer ein. Den Kellnerjungen schickte er mit dem Auftrag los, ihm alles zu besorgen, was die Buchhändler über die Geschichte Amerikas anboten – der Bursche kam später mit einem Exemplar von *Kurze Beschreibung von Neuengland* zurück, das sich als höchst nützlich erwies –, und machte sich dann daran, die verschiedenen für die Expedition benötigten Briefe aufzusetzen. Gelegentlich traf er sich mit Kellond und Kirke, begleitete den Fortschritt ihrer Bemühungen bei der Rekrutierung und Materialbeschaffung und beglich deren Auslagen. Er entwarf außerdem ein Flugblatt, um das Wissen über die ausgesetzte Belohnung für die Ergreifung der Königsmörder breiter zu streuen. Der Zusatz *tot oder lebendig* gefiel ihm. Er ließ ihn von Stephen Daye, dem Drucker der Kolonie, in besonders großen Buchstaben setzen und bestellte bei ihm zweihundert Zettel.

Eine gute Woche später waren schließlich alle Vorbereitungen getroffen. Am Dienstag, dem 7. Mai 1661, zog Nayler morgens die königliche Verfügung unter dem Bett hervor und machte sich in seiner besten Garderobe auf den Weg zu Gouverneur Endecott. Er fragte einen Passanten nach dem Weg, und der schickte ihn zum Bürgerhaus, dem prachtvollen neuen öffentlichen Gebäude, das sich in der Nähe der Ersten Kirche befand. Das Erdgeschoss bildete eine Markthalle voller Verkaufsstände, die den Geruch von frischem Fisch, Kräutern und Gewürzen verströmten. In einem Käfig gackerten Hühner. Eine Holztreppe führte hinauf zu der Kammer, wo sonst die Generalversammlung tagte. Oben fragte ihn ein Sekretär nach seinem Namen und in welcher Angelegenheit er komme, worauf Nayler antwortete, er sei aus London angereist und könne sein Anliegen nur dem Gouverneur persönlich vorbringen. Der Mann verschwand, kam kurz darauf zurück und teilte ihm mit, Endecott werde ihn empfangen, allerdings habe er nur kurz Zeit.

Nayler betrat einen großen, luftigen Raum mit hohen gekuppelten Fenstern, durch die von allen vier Seiten das klare Morgenlicht hereinfiel. Am Kopf des langen Tischs, eingerahmt von Papieren, Feder und Tintenfass, Siegelwachs und einer brennenden Kerze, saß Endecott, der den üblichen elisabethanischen Spitzenkragen trug und eine schwarze Kappe aufhatte.

Nayler nahm seinen Hut ab. »Einen guten Tag wünsche ich Euch, Gouverneur.« Er verbeugte sich. »Meine Name ist Richard Nayler. Ich bin Beamter in Diensten Seiner Majestät Kronrat und bin vor kurzem an Bord der *Prince Harry* aus England eingetroffen. Auf Anweisung des Lordkanzlers und des Staatssekretärs habe ich Euch im Namen des Königs diese Verfügung zu übergeben.«

Er legte das Schriftstück auf den Tisch und trat einen Schritt zurück.

Endecott sah aus den Augenwinkeln auf das Papier und tippte mit seinem behandschuhten Zeigefinger auf das königliche Siegel. Er fühlte sich offenkundig nicht wohl in seiner Haut. »Nehmt doch Platz, Mr Nayler.«

»Danke, Sir, ich stehe gern.«

Endecott schaute halb blind zu ihm hoch. Mit seinen knochigen, behaarten Backen und dem eingefallenen, zahnlosen Mund wirkte er wie ein Hundertjähriger.

»Wie Ihr wünscht.« Er hielt sich das Dokument dicht vors Gesicht und las laut. »›An unseren treuen und hochverehrten

Gouverneur oder einen anderen Magistrat oder andere Magistrate unserer Plantage in Neuengland …‹« Er bewegte den Kopf zurück und wieder vor. »Betrifft dies Oberst Whalley und Oberst Goffe?« Er streckte den Kopf noch weiter vor. »›Es ist unser Wille und unsre Freude, Euch hiermit ausdrücklich zu befehlen, nach Erhalt unseres Schreibens dafür Sorge zu tragen, dass die beiden genannten Personen ergriffen und bei erster Gelegenheit unter strenger Obhut hierher verbracht werden.‹ Das ist fürstlich ausgedrückt, Sir. Sehr fürstlich. Aber wir haben in vorliegendem Fall schon Maßnahmen ergriffen.« Ausdruckslos beobachtete Nayler, wie der Gouverneur minutenlang in seinem Berg von Papieren herumkramte, woraus er schließlich das gesuchte Dokument hervorzog. »Ich habe schon vor zwei Monaten einen Haftbefehl ausgestellt.« Er schob das Papier über den Tisch.

Nayler las die Überschrift. *Niederschrift des Rats von Neuengland, mit welchem der Minister angewiesen wird, Edward Michelson die Vollmacht zu erteilen, eine gründliche Suche zwecks Ergreifung von Whalley und Goffe einzuleiten. Boston, 8. März 1661.*

Er legte die Niederschrift wieder auf den Tisch und schob sie zurück. »Darf ich fragen, Sir, zu welchem Ergebnis diese Vollmacht geführt hat?«

»Bis jetzt hat man sie noch nicht gefunden.«

»Wie viele Männer habt Ihr mit der Suche beauftragt?«

»Ich habe Kuriere in alle Städte Neuenglands entsandt.«

»Kuriere? Männer dieser Sorte fängt man kaum mit Kurieren.« Nayler öffnete seine Mappe. »Ich habe mir die Freiheit genommen, eine neue Vollmacht vorzubereiten, die der Angelegenheit etwas mehr Dringlichkeit verleiht.«

Er trat vor und legte das Schriftstück vor dem Gouverneur auf den Tisch. Endecott verharrte mit der Hand über dem Papier, als wäre es gefährlich, es auch nur zu berühren. Schließlich nahm er es doch.

Dieses Theater mit den Augen, dachte Nayler. Ein Trick, nichts weiter. Er sieht wahrscheinlich so gut wie jeder andere und will nur Zeit schinden.

Allmählich verlor er die Geduld. »Ihr werdet feststellen, dass mit diesem Dokument zwei Bürger der Massachusetts-Bai-Kolonie, Kapitän Kirke und Mr Kellond, bestellt werden, einen Suchtrupp anzuführen. Kennt Ihr die Herren?«

»Ich kenne sie, und ich halte nichts von ihnen.«

»Nun, ich habe sie befragt und halte sie für geeignet.«

»Ihr habt sie *befragt,* Sir? Ich bitte Euch, wie lange seid Ihr schon in Boston? Ihr seid mit der *Prince Harry* gekommen, sagt Ihr? Die liegt seit einer Woche vor Anker, mindestens.«

»Das ist korrekt.«

»Und in all der Zeit habt Ihr es nicht für angezeigt gehalten, mir Eure Aufwartung zu machen?«

»Lest den Haftbefehl, Mr Endecott. Er ist an alle Gouverneure in Neuengland gerichtet und erklärt die Lage besser als ich.«

Kurz hatte Nayler den Eindruck, der Gouverneur würde ihm das Schriftstück zurückgeben und ihn auffordern zu gehen. Stattdessen kaute er eine Weile verärgert auf seinem zahnlosen Kiefer, dann las er wieder laut – zunehmend zornig und ungläubig. »›Werdet Ihr aufgefordert, die umfassende Suche nach Whalley und Goffe einzuleiten und nach erfolgter Festnahme der Jurisdiktion von Massachusetts zu überstellen, wofür hinreichend ausgerüstete Männer sowie Pferde zu requirieren sind. Habt Ihr sorgfältige Nachforschungen darüber anzustellen, was Whalley und Goffe getan und wo sie sich aufgehalten haben, damit der König einen wahrheitsgemäßen Bericht darüber erhalte. Habt Ihr die Rechnungen für die Unkosten zur Begleichung durch das Schatzamt einzureichen. Sind alle militärischen Befehlshaber, Milizoffiziere sowie andere Beamte und Einheimische zur Hilfe und Unterstützung verpflichtet, sie andernfalls äußerst scharfe Konsequenzen zu gewärtigen haben. Für den Fall, Whalley und Goffe hätten sich in die holländische Jurisdiktion abgesetzt, habt Ihr dieses Schreiben und seinen Inhalt dem dortigen Gouverneur zu überbringen und ihn aufzufordern, die Genannten auszuliefern ...‹« Er hob den Kopf. »Habt Ihr das selbst aufgesetzt?«

»Ja, mit Befugnis des Kronrats.«

Endecott legte den Haftbefehl auf den Tisch und schaute über Naylers Schulter. »Nun denn«, murmelte er schließlich. »Wir werden natürlich gehorchen. Aber dies alles in die Wege zu leiten nimmt Zeit in Anspruch.«

»Nicht mehr. Es ist alles schon erledigt.«

»Schon erledigt?«

»Wir haben die Männer, die Pferde, die Vorräte und die Waffen. Einzig Eure Unterschrift fehlt noch.«

»Und wann schlagt Ihr vor aufzubrechen?«

»Noch heute. Whalley und Goffe sollen nicht im Voraus von der Expedition erfahren.«

»Und wenn ich nicht unterzeichne?«

»Wir brechen in jedem Fall heute auf. Und ich werde nach London Bericht erstatten. Und Seine Majestät wird eigene Schlussfolgerungen ziehen, wie es um die Loyalität dieser Kolonie und ihrer führenden Beamten steht.« Er nahm ein Bündel Briefe aus seiner Mappe. »Auf diesen Briefen sind Eure Unterschrift samt Eurem Siegel erforderlich. Vielleicht möchtet Ihr Euren Schreiber rufen?« Er lächelte. »Ich denke, nun nehme ich Euer freundliches Angebot an, mich zu setzen.«

Kellond und Kirke saßen im Schankraum der Herberge, als Nayler zurückkam. Er klopfte auf seine Mappe. »Ich habe alles«, sagte er. »Der Haftbefehl wurde unterzeichnet und bekräftigt. Dazu Briefe von Endecott an die Gouverneure von Connecticut, New Haven und Plymouth mit jeweils einer Abschrift der Verfügung des Königs. Damit erhalten sie den Befehl, uns zu unterstützen. Er hat sogar einen Brief an Stuyvesant unterzeichnet, den Generaldirektor von Neu-Niederlande, in dem er die Zusammenarbeit der Holländer verlangt.« Er konnte nicht länger an sich halten und lachte laut los. Der Widerwille des alten Mannes war zu komisch gewesen. »›Ich zweifle nicht, dass Ihr Eure Pflicht gegenüber Seiner Majestät erfüllen werdet.‹ Das hat er allen geschrieben. Ich schwöre, er hat Blut und Wasser geschwitzt. Kommt, lasst uns keine Sekunde länger warten.«

Er holte von oben sein Geld, das Schwert und die Pistole, bezahlte Shadbricke einen halben Sovereign, damit er ihm das Zimmer bis zu seiner Rückkehr frei hielt – wann das sei, konnte er nicht sagen –, und ging dann mit seinen beiden Begleitern zum Hafen.

Inzwischen war der Nachmittag vorgerückt. Der Suchtrupp wartete schon den ganzen Tag über mit den Pferden, Waffen und Vorräten in einem Lagerhaus, das Kellond gehörte. Die Männer fläzten beim Würfelspiel auf Wollballen und standen sofort auf, als Nayler hereinkam. Sie stellten sich wie eine militärische Abteilung in einer Reihe auf. Er sah sie zum ersten Mal. Kirke stellte sie ihm vor. Zunächst war da der Führer John Chapin, ein schlanker, kräftiger Mann mit einem Gesicht scharf wie eine Axt, pechschwarzen Haaren und Augen. Nayler verstand, warum das Gerücht umging, es fließe indianisches Blut in seinen Adern. Bei den vier Schotten, alle Anfang dreißig, handelte es sich um einstige Gefangene aus der Schlacht bei Dunbar im Jahr 1650: John Stewart hatte einige Jahre als Zwangsarbeiter in der Eisengießerei in Lynn verbracht, bevor er verkauft worden war und in Springfield als Hufschmied gearbeitet hatte; William Mackwater kam ebenfalls aus der Eisengießerei in Lynn; Niven Agnew, den man nach Maine in die Sägemühlen geschickt hatte, wo er zwei Finger der linken Hand verloren hatte; und John Ross, der neun Jahre in der Graphitmine bei Sturbridge geschuftet hatte.

Nayler schüttelte jedem die Hand. Ihm gefielen die drahtigen Gestalten, die harten, muskulösen Arme und vor allem der Hass in ihren Augen. Sie glichen einem Rudel hungriger Jagdhunde. »Also, Männer«, sagte er. »Seid Ihr bereit für die Hatz?«

»Ja, Sir«, kam es rau zurück.

»Gut, denn ich bin auch bereit.«

Nie zuvor hatte er sich so lebendig gefühlt. Er konnte nicht aufhören zu lachen und schwang sich auf sein Pferd. Kirke öffnete das Tor und saß ebenfalls auf. Chapin ritt als Erster im Schritt hinaus, es folgten Nayler, Kirke und die Schotten. Kellond verschloss das Lagerhaus, stieg auf und gab seinem Pferd die Sporen, um zu den anderen aufzuschließen. Beim Klappern der Hufe über das Kopfsteinpflaster drehten sich die Passanten um. Der Trupp ritt hinaus aus dem Hafen, hügelan durch die Straßen Bostons und dann, als sie offenes Land erreichten, mit der Sonne im Gesicht, über die Ebene dem dunklen Horizont des Waldes entgegen – westwärts. *Das Leben führt mich immer weiter westwärts,* dachte Nayler.

KAPITEL 17

Nur acht Menschen wussten von der geheimen Rückkehr der Oberste nach New Haven: die drei Mitglieder der Familie Davenport; die beiden Diener der Davenports; Nicholas Street, der stellvertretende Pfarrer; William Jones, der Sohn des Königsmörders; Gouverneur Leete.

Aber sie hatten ihren inneren Frieden verloren, und die ersten paar Tage waren sogar schlimmer als der Winter in Cambridge, wo es wenigstens ruhig gewesen war. Wenn sie jetzt entfernte Schüsse hörten, die zweifellos von Jägern in den Wäldern stammten, dachten sie sofort an eine Haussuchung; und bei Hufgeräuschen von mehr als einem Pferd griffen sie zu ihren Pistolen. Die meiste Zeit blieben sie in ihren Zimmern, und wenn sie sich die Füße vertreten wollten, gingen sie im Flur auf und ab – in Strümpfen, damit sie keinen Lärm machten. Auf dem gleichen Stockwerk befand sich auch Davenports Arbeitszimmer, und der Hausherr hatte ihnen angeboten, sich der zahlreichen erbaulichen Religionstraktate zu bedienen, aber die waren eher nach Wills als nach Neds Geschmack.

Wegen Davenports überragender Stellung in der Kolonie statteten ihm zu viele Menschen einen unangekündigten Besuch ab, als dass sie es tagsüber riskieren wollten, nach unten zu gehen. Die einzige Tageszeit, auf die sie sich freuten, kam mit Anbruch der Dunkelheit, vor allem die Stunden um Mitternacht, wenn die Stadt schlief und sie gefahrlos das Haus verlassen und sich auf Davenports Grundstück bewegen konnten. Sie genossen die frische Luft im Gesicht, sogen den Frühlingsduft der Heckenkirschen ein und lauschten dem Trällern der Nachtvögel und dem unablässigen Meeresrauschen. Zusehends empfanden sie die Ödnis ihrer Zwangslage jedoch als belastender als die Gefahr, und so wurden sie nach der ersten Woche mutiger. Manchmal wagten sie es in den frühen Morgenstunden über die Straße und die große Aue bis zum Ufer zu laufen, um sich die Lichter der Hummerfallen anzuschauen – warum die Straße exakt sechzig Fuß breit war, ob aus irgendwelchen biblischen Gründen, wollte Ned lieber nicht fragen, weil er keinen von Davenports Vorträgen provozieren wollte.

Es war ihnen kaum bewusst, aber sie begannen ihr Leben zunehmend in der Nacht zu führen. Sie gingen kurz vor Sonnenaufgang zu Bett und schliefen bis Mittag, wenn man ihnen das Essen nach oben brachte.

Um den wahren Charakter eines Menschen zu enthüllen, war nichts geeigneter als erzwungene Nähe, und je besser Ned ihren Gastgeber Davenport kennenlernte, desto weniger konnte er sich für ihn erwärmen. Die Launen des Pfarrers konnten dreimal am Tag – manchmal binnen einer Stunde – wechseln, zwischen grüblerischem Schweigen, manischem Hochgefühl und tyrannischem Zorn, bei dem sein Brüllen im ganzen Haus widerhallte. Zu seinen notwendigen Pflichten gehörte es, Strafen anzuordnen – das verstand Ned, er selbst hatte in der Armee ziemlich oft die Prügelstrafe verfügt. Aber Davenport schien die Aburteilung von Missetätern – wenn er Geld- und Gefängnisstrafen aussprach, wenn er jemand in den Zwangsblock stecken oder auspeitschen ließ – ein eigentümliches Vergnügen zu bereiten. Nach dem mosaischen Gesetz, das überall in der Kolonie galt, begann der Sabbat am Samstagabend bei Sonnenuntergang und dauerte bis Sonnenaufgang am Montagmorgen. In dieser Zeit war jede Art von Arbeit und Fortbewegung verboten (ausgenommen der Weg zum Versammlungshaus). Das Gesetz versehentlich zu brechen war leicht, und es mangelte nicht an denen, die ihre Nachbarn denunzierten. Und für den Fall, dass das nicht ausreichte, war Davenport, wie es hieß, selbst immer auf der Suche nach Hexerei als Grund für Krankheit oder Missernte. Zweimal waren Frauen zum Verhör ins Haus gebracht worden.

Mindestens einmal in der Woche bekamen die Oberste nachmittags Besuch von Street und Jones, die oft zusammen kamen. Dann beteten die vier Männer mit Davenport in dessen Arbeitszimmer und studierten Bibeltexte. Bei einer dieser Zusammenkünfte fiel Ned auf, dass der unangenehme Geruch, der sich oft im Haus ausbreitete, anscheinend von Davenport selbst ausging. Die anderen störte das offenbar nicht, also achtete Ned nur darauf, möglichst weit entfernt von ihm zu sitzen, beugte sich scheinbar konzentriert über die Heilige Schrift und hielt sich die Hand vor Mund und Nase.

Immer öfter suchten seine Gedanken Zuflucht in der Vergangenheit. Er lag auf dem Bett, ein theologisches Buch oder das Predigtbuch aufgeschlagen auf der Brust, und durchlebte noch einmal die turbulenten Episoden seines Lebens, die sich von seiner gegenwärtigen Nichtexistenz so radikal unterschieden. Was er alles erlebt hatte! Die Schlachten und Belagerungen, die Festessen mit dem König auf Schloss Hampton Court und schließlich der Prozess und die Hinrichtung Seiner Majestät, die Vertreibung aus dem Parlament mit vorgehaltener Waffe, der Glanz des Lordprotektors im Whitehall-Palast und ebenfalls auf Hampton Court, Cromwells Tod …

Während er einem dieser Wachträume nachhing, kam ihm der Gedanke, dass er die sich endlos dahinschleppende Zeit vielleicht besser dazu nutzen sollte, all das aufzuschreiben. Aber wäre das nicht sündhafte Eitelkeit? Wen kümmerte das Leben des Edward Whalley außer Edward Whalley? Lebenserinnerungen sollten schließlich zu etwas nütze sein.

Dann hatte er eine weitaus bessere Idee.

Nachdem er eine Zeit lang hin und her überlegt hatte, ging er durch den Flur zu Davenports Arbeitszimmer und klopfte an die Tür. Der Raum war leer. Der Schreibtisch stand vor dem Fenster. Er war von der Sorte, wie sie Lehrer benutzten. Er klappte die Platte hoch und nahm eines der Blätter Papier heraus, auf denen der Pfarrer seine donnernden Predigten verfasste. Dann nahm er eine Feder aus der Ablage, tauchte die Spitze in das Tintenfass und schrieb:

Einige Lebenserinnerungen
an Seine Hoheit, den Lordprotektor selig,
Oliver Cromwell.
Von seinem Vetter
Col. Edw. Whalley

Weiter kam er nicht. Kaum hatte er nämlich die Feder vom Papier gehoben, um seine Gedanken zu ordnen, da spürte er in seinem Rücken Oliver, der sich ihm über die Schulter beugte und wissen wollte, was für eine Unverschämtheit er im Sinn habe.

»Die Leute fragen mich dauernd nach dir«, brummte Ned.

Sollen sie doch fragen, die verdammten Idioten, aber lass mich da raus!

Die Stimme klang so real, dass es ihm die Kopfhaare aufstellte.

Er faltete das Blatt zusammen und verließ das Arbeitszimmer. Er fragte sich, ob er langsam verrückt wurde.

Am nächsten Nachmittag saß er jedoch wieder da, und diesmal zögerte er nicht, sondern stürzte sich, als führte er eine Kavallerieeinheit gegen den Feind, voller Elan auf sein Thema.

Ich wurde geboren im Jahr des Herrn 1598 als zweiter Sohn von Sir Richard Whalley aus Kirkton Hall in der Grafschaft Nottinghamshire, für die mein Vater als Abgeordneter im Parlament saß, und wurde im puritanischen Glauben erzogen. Meine Mutter Frances Cromwell, die jüngere Tochter von Sir Henry Cromwell aus Hinchingbrooke in Huntingdonshire, war eine Schwester von Robert Cromwell, dem Vater von Oliver, der gleichen Jahres geboren wurde wie meine Wenigkeit.

Er hielt inne. So weit, so gut. Das waren schlichte Tatsachen. Er mochte Tatsachen. Solange er es mit Tatsachen zu tun hatte, fühlte er sich wohl. Er tauchte die Feder ins Fass. Die Spitze kratzte über das Papier.

Die Verbundenheit unserer Familien, die gemeinsame religiöse Überzeugung und das gleiche Alter begründeten eine Vertrautheit der Beziehung, die in unserer Kindheit begann und über fünfzig Jahre lang andauerte.

Wieder Tatsachen. Aber jetzt wurde es schwieriger. Von den langen Sommertagen in Hinchingbrooke zu schreiben, wo sie geangelt, auf Bäume geklettert und mit den Vettern Ball und Versteck gespielt hatten, erschien ihm belanglos. Also ließ er das bleiben. Es dauerte eine Zeit, bis er glaubte, fortfahren zu können.

Man fragt oft, wie er war. Was den Leib angeht, war er groß – auf sechs Fuß fehlten nur zwei Zoll – und von breiter, kräftiger Statur. Ich sah, wie er einen Amboss zwanzig Schritt weit trug und eine festsitzende Kutsche aus der Wagenspur hob. Als junger Mann tat er sich gern mit solchen Beweisen seiner Kraft hervor. Er hatte einen großen Kopf und eine rötliche Gesichtsfarbe, strahlende Augen und dichtes, langes Haar. In jenen frühen Tagen konnte er mit Büchern und Traktaten nicht viel anfangen. Was sein Herz näher anging, fand er in freier Natur – das Reiten und Jagen, die Falknerei, Ringkämpfe. Er wusste mehr über Pferde als jedweder andre Mann, den ich traf. Er war von hitzigem Temperament, das sich jedoch mit einer ungewöhnlichen Zärtlichkeit für jede notleidende Kreatur verband, einerlei ob Mensch oder Tier. Er weinte oft und neigte zur Schwermut.

Das genügte erst einmal. Zeit für mehr Tatsachen.

Als ich sechzehn Jahre alt wurde, das war Anno Domini 1614, schickte mich mein Vater zum Studium an das für seine puritanische Bildung berühmte Emmanuel College in Cambridge, und im Jahr darauf kam Oliver seinerseits dorthin, nämlich aufs Sidney Sussex College, keine halbe Meile von meinem gelegen. Ich sah ihn oft.

Verschiedene Bilder erschienen vor Neds geistigem Auge: Oliver auf dem Marktplatz bei einer Prügelei mit Dorfburschen; Oliver beim Glücksspiel in einem Raum im oberen Stock der Taverne Rose; Oliver mit einem Mädchen aus dem Ort am Ufer des Cams, während er Wache stand … Nichts davon durfte jemals bekannt werden, sonst würde er nur das Geschäft der niederträchtigen Flugblattschreiber unter den Royalisten betreiben.

Nicht immer verfolgte er sein Studium mit der nötigen Gewissenhaftigkeit. Nach einem Jahr verließ er Cambridge ohne Abschluss, was allerdings nicht an mangelndem Fleiß lag. Sein Vater war gestorben, und er musste zur Familie zurückkehren, um seine Mutter und seine Schwestern zu unterstützen. Ich blieb am Emmanuel und machte meinen Abschluss. Erst etliche Jahre später erfuhr ich, dass sich mein Vater – der mit seiner Verschwendungssucht und seinem Mangel an Urteilskraft das Familienvermögen durchgebracht hatte – von Robert Cromwell 600 Pfund geliehen und diese nicht hatte zurückzahlen können. Diese Schulden und das Loch, das sie in Roberts Besitz rissen, zwangen Oliver letztlich, das Studium gänzlich aufzugeben und die Leitung des Hofs zu übernehmen. Nicht ein einziges Mal verlor Oliver ein Wort darüber. Als ich die Wahrheit erfuhr und ihm schwor, die Summe zurückzuzahlen, lehnte er das Angebot rundweg ab und sagte, die Schulden seien nicht meine, sondern die meines Vaters.

Diese Geschichte hatte er noch nie jemand erzählt. Selbst jetzt beim Niederschreiben, vierzig Jahre später, stieg ihm noch die Schamesröte ins Gesicht. Aber wenn der Leser Olivers Charakter verstehen sollte – warum Männer ihm folgten, komme, was da wolle –, war diese Episode zu aufschlussreich, nicht erzählt zu werden.

Als Nächstes wollte er die Zeit nach Cambridge schildern, wo er und Oliver in ihren Zwanzigern in benachbarten Straßen der gleichen Pfarrgemeinde in der City von London gewohnt hatten. Aber als er die Feder wieder in das Fass tauchte, stellte er fest, dass es leer war. Wo bekam er Nachschub her?

In den kleinen Fächern an der Rückseite des Schreibtischs fand er nichts. Die beiden Schubladen über seinen Knien waren abgeschlossen. Allerdings hatte er eines Nachmittags, als er an der offenen Tür vorbeigegangen war, Davenport dabei beobachtet, wie er den Schlüssel zwischen zwei Bücher im Regal neben dem Schreibtisch geschoben hatte. Warum sollte er ihn jetzt wegen ein bisschen Tinte behelligen? Er zog den Schlüssel hervor. Die erste Schublade enthielt nur Papier und Siegelwachs. Das gläserne Klirren beim Öffnen der zweiten war schon vielversprechender. Sie war vollgestopft mit dunkelgrünen und dunkelblauen Fläschchen, die fein säuberlich beschriftet waren. Außerdem fand er ein Holzkästchen, das eine etwa sechs Zoll lange dünne Messingröhre enthielt, an deren einem Ende sich ein kleiner Trichter befand. Ein Katheter? Neugierig hielt er die Fläschchen am Fenster gegen das Licht. Das war keine Tinte. Die meisten Namen waren ihm unbekannt, zwei aber sagten ihm etwas: Quecksilber und Guaiacum. Es gab wohl kaum einen Offizier in irgendeiner europäischen Armee, der sich während eines Feldzugs nicht mit zügellosen Soldaten herumschlagen musste und nicht die Standardbehandlung gegen Tripper oder Schanker kannte.

Er sah die Fläschchen an. Der kranke Sohn, die Abwesenheit anderer Kinder, die getrennten Schlafkammern – plötzlich gab es für alles eine Erklärung. Davenport musste sich schon vor vielen Jahren angesteckt haben, noch bevor er nach Amerika gekommen war, entweder in London oder Den Haag.

Schnell stellte er die Fläschchen zurück, verschloss die Schubladen und versteckte den Schlüssel an seinem Platz. Dann nahm er das Manuskript, warf einen Blick in den Gang und eilte zurück in sein Zimmer.

Der Mensch wurde sündig geboren. Er kämpfte. Er irrte. Er fiel. All das verstand Ned.

Und oft – auch das verstand er – erwiesen sich jene, die am lautesten gegen die Versuchungen des Teufels eiferten, als solche, die ihnen am gründlichsten erlagen. Tatsächlich predigten sie gerade deshalb so lautstark, weil sie um die menschliche Schwäche wussten. Solche Abschweifungen waren womöglich verschlungener als bloße Scheinheiligkeit. Jedenfalls hatte Ned schon zu viel erlebt, als dass seine Empörung lange anhielt.

Und dennoch konnte er Davenport kaum in die Augen sehen, als sie sich am nächsten Nachmittag zum Bibelstudium trafen. Ein entsprechendes Unbehagen bemerkte er auch bei dem Geistlichen. Ned überlegte, ob er in der Eile den Schlüssel nicht an dieselbe Stelle zurückgelegt oder vielleicht die Medizinfläschchen etwas anders in die Schublade sortiert hatte. Wie auch immer, es war offensichtlich, dass Davenport vermutete, sein Geheimnis sei entdeckt, weil er kurze Zeit später andeutete, es sei an der Zeit, dass die Oberste das Haus verließen.

»Ihr seid jetzt seit fast acht Wochen bei uns«, sagte er bestimmt, aber gleichzeitig auch etwas verlegen. »Gern hätten wir Euch so lange beherbergt, wie Ihr es wünscht, aber im Krämerladen wundert man sich immer mehr über unsere bestellten Lebensmittel – fast die doppelte Menge gegenüber vorher. Ich habe mit William Jones gesprochen, er würde Euch gern für eine Weile bei sich aufnehmen. Hannah trägt ihr erstes Kind unter dem Herzen, aber sie haben viele Zimmer, die sie nicht nutzen. Danach könnt Ihr hierher zurückkehren oder bei Mr Street unterschlüpfen.«

So viel zu dem Angebot, bis zur Wiederkunft Jesu Christi bleiben zu dürfen.

»Das verstehen wir«, sagte Will, auch wenn er seine Überraschung nicht verbergen konnte. »Und wir danken Euch für Eure Gastfreundschaft. Wir stehen auf ewig in Eurer Schuld. Wann wünscht Ihr, dass wir das Haus verlassen?«

»Wir dachten ... heute Abend.«

Will schaute jetzt noch verblüffter. »So bald schon?«

»So wie's getan ist, dann wär's gut, man täte es eilig. Außerdem haben wir heute Nacht nur wenig Mondschein, die Gefahr, dass man Euch beim Überqueren der Straße sieht, ist also geringer.« Davenport sah Ned nicht an.

Nachdem der Geistliche gegangen war, sagte Will: »Das kommt ja mächtig überstürzt. Haben wir ihn mit irgendetwas beleidigt?«

»Was er sagt, klingt vernünftig«, erwiderte Ned nur. Der Umzug störte ihn nicht. Er hatte es nicht über sich gebracht, Will von seiner Entdeckung zu erzählen. Sein Schwiegersohn betrachtete menschliche Schwäche mit weniger Nachsicht als er. »Auch mit dem Mond hat er recht. Der wird in den nächsten zwei Wochen nur heller werden, und wenn jetzt schon Gerüchte umlaufen, dann wird es mit jedem Tag, den wir bleiben, gefährlicher.«

Die Sonne ging um acht unter, aber die Helligkeit hielt sich noch fast bis zehn Uhr. Dann erschien William Jones. Bis auf Davenport war niemand im Haushalt zur Verabschiedung aufgeblieben. Er schüttelte ihnen die Hand und sagte, er werde sie in den nächsten Tagen besuchen kommen. Sie nahmen ihre Taschen und gingen nach draußen. Die Tür schloss sich hinter ihnen. Wie anders ihr Empfang doch gewesen war, dachte Ned.

»Das ist sehr anständig von Euch, William«, flüsterte Will.

»Es ist doch nichts dabei. Seid Ihr fertig? Wir haben es nicht weit, nur ein paar Hundert Schritte.«

Sie stolperten in der Dunkelheit auf die Straße und wandten sich nach rechts. Das mächtige Eaton-Haus mit seinen vielen Kaminen hob sich matt gegen den Schein der Mondsichel ab. Plötzlich blieb Jones stehen. Auf dem Weg kam ihnen eine hin und her schaukelnde Laterne entgegen. Jones flüsterte eine Warnung, überquerte die Straße und öffnete beim nächsten Haus die Gartentür. Er schob die Oberste hindurch. »Auf den Boden.«

Sie kauerten sich hinter dem Zaun ins Gras und hörten, wie Jones den Laternenträger begrüßte.

»Dennis Crampton, wenn ich nicht irre.«

»Mr Jones. So spät noch auf den Beinen?«

»Ich komme von Davenport.«

»Ach, tatsächlich?« Crampton räusperte sich und spuckte aus. »Na, bei so einem ist man doch gern zu Gast.« Er hörte sich betrunken an.

»Ihr seid ziemlich weit weg von zu Hause, Mr Crampton. Seid Ihr noch gut zu Fuß?«

»Ich bleibe über Nacht bei John Thorp. Soll ich Euch den Weg leuchten? Ich kann Euch nach Hause bringen.«

»Danke, nein. Ich schnappe noch ein bisschen frische Luft.«

»Wie Ihr wollt.«

Crampton ging weiter. Kurz darauf beugte sich Jones über den Zaun. »Welch ein Pech.«

»Der Gute hat wohl nichts übrig für Mr Davenport«, sagte Will.

»Der hat Crampton für seine Trunksucht auspeitschen lassen. Ich dachte, er wäre nach Guilford gezogen.«

Sie traten wieder hinaus auf die Straße. Ned drehte sich um und sah wieder die hüpfende Laterne. »Er kommt zurück.«

Jones stöhnte. Er nahm eine von Neds Taschen. »Wir sollten uns lieber beeilen.«

Halb laufend, halb rennend, immer wieder strauchelnd, erreichten sie schließlich das Tor des herrschaftlichen Hauses. Jones stieß sie in den Hof. Ned hielt sich keuchend die stechende Seite. Er stützte sich auf die Knie, um wieder zu Atem zu kommen. »Hat er uns gesehen?«

»Ich glaube nicht«, sagte Jones. »Das spielt aber keine Rolle. Er ist ein Idiot und ein Säufer, kein Mensch achtet auf sein Geschwätz.« Er öffnete die Tür zu seinem Haus. »Hier seid Ihr sicher.«

KAPITEL 18

Manchmal, besonders zu Beginn ihrer Reise, hatte Nayler das Gefühl, die schiere Weite Amerikas würde sie überwältigen. Kaum hatten sie ein scheinbar endloses Panorama aus Wäldern und Bergketten, Ebenen und Seen hinter sich gelassen, öffnete sich vor ihnen schon das nächste. Wie sollte man zwei untergetauchte Männer in einer derart schweigenden, unbevölkerten Wildnis jemals aufspüren können? Aber schon am zweiten Tag begann er Amerika mit anderen Augen zu sehen, nicht so sehr als ein Land, sondern als einen Ozean, über den sich ein Archipel aus winzigen Ansiedlungen erstreckte: Trittsteine der Zivilisation, umgeben von feindseliger Natur. Wenn die Oberste nicht beabsichtigten, mit den Indianern zu leben – was undenkbar war –, dann hatten sie eigenartigerweise nur eine beschränkte Zahl an Schlupflöchern zur Auswahl, und entsprechend war die Gefahr der Entdeckung für sie viel größer, als es scheinen mochte. Die christliche Bevölkerung Neuenglands zählte nur etwa dreißigtausend Köpfe, allein in London lebten fast eine halbe Million Menschen. Die Königsmörder wären vielleicht besser zu Hause geblieben.

Was Nayler am dringendsten benötigte, wenn er Erfolg haben wollte, war ein gewisses Maß an Überrumpelung. Seine beständige Sorge war, dass Endecott, schon Stunden bevor er und seine Männer aufgebrochen waren, einen Kurier entsandt hatte, um die Königsmörder zu warnen. Das beschäftigte ihn ständig, obwohl ihr Führer John Chapin ihm versicherte, dass es zum Connecticut keinen anderen Weg als den eingeschlagenen gebe und dass keiner der bislang angetroffenen Indianer vor ihrem Auftauchen einen Reiter gesehen habe. Dennoch bestand er darauf, dass sie jeden Tag bis nach Sonnenuntergang weiterritten, um auch noch die letzte Meile herauszuholen – entgegen Kapitän Kirkes Protesten, dass es zu dunkel und zu gefährlich sei. Wo immer sie Rast machten, an jedem noch so abgelegenen Ort, hängte er ein Flugblatt mit der ausgelobten Belohnung auf – *TOT oder LEBENDIG*. Als Grund führte er an, ein Jäger oder Reisender könne es sehen und weitererzählen. Bei Tagesanbruch war er immer der Erste auf den Beinen, ging durchs Lager und weckte die anderen. Er war sich bewusst, dass er einige gegen sich aufbrachte: darunter die Schotten, die er einmal hatte jammern hören, sie hätten lediglich die eine Form der Sklaverei gegen eine andere eingetauscht. Sogar Kellond und Chapin, beide mit Sanftmut gesegnet, warnten vor der Gefahr, den Pferden zu viel zuzumuten.

Trotzdem fügten sie sich, und nur das zählte für ihn. Am Freitag, dem 10. Mai, erreichten sie nachmittags den Connecticut – nach über hundert Meilen im Sattel und nur drei Tage nachdem sie von Boston aufgebrochen waren. Anstatt die Männer kurz rasten und das Erreichte auskosten zu lassen, besprach er sich mit Chapin über die noch vor ihnen liegende Strecke und verkündete, dass sie sofort zur Fähre in Windsor weiterziehen würden. Erschöpft stiegen sie wieder auf ihre Pferde. Eine Stunde später hatten sie den Fluss überquert und saßen neben dem Krämerladen im überfüllten Erdgeschossraum einer kleinen Schenke vor ihren Holzbechern – alle außer Kellond und Kirke. Nayler hatte sie mit dem Haftbefehl losgeschickt, um irgendeine Amtsperson aufzutreiben, die sie über die Königsmörder befragen könnten. Während er auf ihre

Rückkehr wartete, hängte er zwei seiner Zettel im Laden und in der Schenke auf und verteilte weitere an Kunden und Gäste.

Kellond und Kirke kamen gegen sechs Uhr zurück und berichteten, dass weder der Pfarrer noch die Kirchenältesten Whalley und Goffe gesehen haben wollten, allerdings eingeräumt hätten, von Gerüchten gehört zu haben, dass man die beiden in Hartford gesehen habe.

»Wann soll das gewesen sein?«

»Vor zwei Monaten«, sagte Kellond. »Ungefähr.«

»Glaubt Ihr ihnen?«

»Das tue ich«, antwortete Kirke.

»Und Ihr, Mr Kellond?«

»Ich stimme dem zu.«

»Gut.« Nayler kippte seinen Rest Bier hinunter und stand auf. »Dann auf nach Hartford.«

Vonseiten der Schotten erhob sich lauter Protest, besonders von dem ehemaligen Graphitminenarbeiter John Ross, dem Übellaunigsten unter den vieren.

»Die haben Zimmer hier, Mr Nayler«, sagte Kirke mit einem Seitenblick auf den Bierkrug. »Außerdem ist es nur noch zwei Stunden hell. Anstatt wieder im Freien zu übernachten, könnten wir den Pferden etwas Ruhe gönnen und morgen früh weiterreiten.«

»Wir müssen jetzt weiter. Sonst, und da könnt Ihr Euch sicher sein, wird irgendein Puritanerspion vor uns in Hartford sein.«

Niemand rührte sich. Für einen Augenblick fragte sich Nayler, ob das jetzt eine Meuterei war, und er wusste nicht, was er in diesem fremden Land so weit weg von zu Hause dagegen unternehmen sollte. Doch dann sprang Chapin ihm zur Seite. »Wir müssen die Pferde am Zügel führen, Mr Nayler. Noch so ein harter Ritt würde sie umbringen.«

»Also gut, damit bin ich einverstanden«, sagte er dankbar. »Wir werden die Nacht über in Hartford bleiben, wo wir uns eine Unterkunft suchen und, das verspreche ich, ausgiebig essen und trinken werden.« Mit einem Blick zu Kirke fügte er an: »... Wein trinken.«

Der Kapitän hielt dem Blick kurz stand, dann nickte er. Die Krise war überstanden. Fünf Minuten später waren sie wieder unterwegs.

John Winthrop der Jüngere, fünfundfünfzig Jahre alt, ein Mann der Wissenschaft, des Geschäftslebens wie auch des Glaubens, war drei Jahre hintereinander zum Gouverneur der Kolonie von Connecticut gewählt worden. Er saß mit seiner Frau Elizabeth und den fünf jüngsten seiner neun Kinder – Mercy, Sara, Margaret, Martha und Anne – am Küchentisch seines Hauses in Hartford. Sie hatten das Abendessen beendet, und Winthrop las ihnen gerade aus dem Neuen Testament vor, als er von draußen das Geräusch anhaltender Pferde hörte. Er blickte zum Fenster. Weiches, dunkelviolettes Licht. Es dämmerte längst.

Dann klopfte es laut an der Tür.

»Wer kann das so spät noch sein?«, sagte Elizabeth.

»Das frage ich mich auch.« Aber er wusste es sehr wohl; er wusste es, noch bevor er nachsah. Seit Wochen hatte er diesen Augenblick erwartet. »Bring die Mädchen nach oben.«

Als er die Tür öffnete, sah er sofort, dass er richtig lag. Zwei Männer, den Hut höflich abgenommen, standen vor ihm, dahinter ein dritter von offensichtlich indianischem Blut, der die Zügel der Pferde hielt. Fünf weitere saßen noch im Sattel und sahen zu ihm herab, alle schmutzig und mit zerzaustem Haar von einer tagelangen Reise. Alle waren bewaffnet.

»Guten Abend, Gouverneur«, sagte der ältere der beiden Männer. »Ich bin Kapitän Thomas Kirke, und dieser Herr an meiner Seite ist Thomas Kellond. Entschuldigt die späte Störung, aber wir kommen wegen einer dringenden Angelegenheit aus Boston.«

Winthrop versuchte Zeit zu schinden. »Sicherlich nicht so dringend, als dass sie nicht bis morgen warten könnte, nehme ich an.« Die beiden zögerten. »Kommt morgen früh wieder, so früh Ihr wollt. Dann können wir uns unterhalten. Ich wollte gerade zu Bett gehen.«

Als er die Tür schließen wollte, rief einer der Männer auf den Pferden: »Wir unterhalten uns jetzt, Mr Winthrop, wenn Ihr so freundlich wärt.«

»Und wer seid Ihr, Sir?«

»Mein Name ist Richard Nayler.«

»Seid Ihr auch aus Boston, Mr Nayler?«

»Nein, Gouverneur, ich bin aus London gekommen.«

»Aus London?« Winthrop spürte die Autorität, die aus der Stimme und dem Verhalten des Mannes sprach. Und eine gewisse Bedrohung. Nun war er es, der zögerte. »Nun, Kapitän Kirke und Mr Kellond«, sagte er widerwillig. »Dann kommt Ihr am besten herein.« Er machte die Tür weiter auf. »Und Ihr auch, Mr Nayler.«

Sie breiteten ihre Dokumente auf dem Küchentisch aus – den Haftbefehl, die Anordnung des Königs mit dem königlichen Siegel, den Brief von Endecott. Die Lage war ernster als gedacht. Winthrop hatte die Angelegenheit über zwei Monate lang gedreht und gewendet, hatte Führung von Gott erbeten und eine Entscheidung getroffen. »Ihr seid also auf der Jagd nach Oberst Whalley und Oberst Goffe.«

»Uns wurde berichtet, dass man sie Anfang März in Hartford gesehen hat«, sagte Kirke.

»Nicht dass ich wüsste.«

»Sie sind womöglich unter falschem Namen gereist, als Richardson und Stephenson.«

Winthrop tat so, als versuchte er sich zu erinnern. »Richardson und Stephenson … Ja, jetzt, wo ich darüber nachdenke … Die Namen kommen mir irgendwie bekannt vor.«

»Habt Ihr sie getroffen?«

»Ja, jetzt erinnere ich mich.«

»Haben sie sich in Hartford aufgehalten?«

»Nein, sie waren nur auf der Durchreise.«

»Und wohin wollten sie?«

Vergib mir, o Herr, dachte Winthrop. »Ich glaube, nach New Haven.«

Nayler, dem Mann aus London, sah man an, dass er schon lange etwas sagen wollte. Jetzt konnte er sich nicht mehr zurückhalten. »Ich bitte Euch, Gouverneur.« Er lächelte unfreundlich. »Sollen wir Euch wirklich glauben, dass Ihr keine Ahnung hattet, um wen es sich handelt? Die beiden meistgesuchten Männer in Amerika, auf jeden ein Kopfgeld von hundert Pfund? Sie suchen Euch auf, auf der Flucht vor der Justiz, und Ihr erlaubt ihnen, einfach weiterzuziehen? Wissentlich oder nicht, Ihr habt Landesverrätern Beihilfe geleistet.«

»Mit Verlaub, Sir, ich pflege die Leute beim Wort zu nehmen. Zum Beispiel behauptet Ihr, Richard Nayler zu sein, und ich glaube Euch, obwohl ich keinen Beweis dafür habe, dass Ihr die Wahrheit sagt.« Zufrieden sah Winthrop, wie Naylers Gesicht versteinerte. Er fuhr in versöhnlichem Ton fort. »Sie haben nach dem Weg nach New Haven gefragt, und den habe ich ihnen gewiesen. Wenn Ihr darauf besteht, bin ich gern bereit, nach Tagesanbruch eine Suche in Hartford anzuordnen, aber ich bin davon überzeugt, dass Ihr sie hier nicht finden werdet. Das ist alles, was Connecticut mit der Sache zu tun hat.«

Nayler, jetzt nicht mehr so hochmütig, ließ nicht locker. »Das kann ich kaum glauben, Sir. Waren sie allein, oder hatten sie einen Führer?«

»Sie waren allein.«

»Zwei Männer, beide kennen sich in Amerika nicht aus, einer ist schon über sechzig, und die sollen auf eigene Faust durch diese Wildnis geritten sein, mitten im Winter von Boston bis hierher? Das ist in jeder Hinsicht unglaubwürdig. Wie wollen sie den Weg hierher gefunden haben?«

»Nur unter Schwierigkeiten, könnte ich mir vorstellen. Ich nehme an, dass sie deshalb auch hier haltgemacht und sich nach dem weiteren Weg erkundigt haben.«

»Nach dem Weg nach New Haven, sagt Ihr? Die Stadt oder die Kolonie ganz allgemein?«

Und wieder musste er vorsätzlich lügen. »Soweit ich mich erinnern kann, habe ich sie nach Guilford geschickt, der nächstgelegenen Stadt.«

»Soweit Ihr Euch erinnern könnt? Wenn wir sie schnappen, werden wir sie ganz genau nach der Unterstützung befragen, die sie in Neuengland erfahren haben, und dann werden wir ja sehen, ob ihre Geschichte mit Eurer übereinstimmt.« Nayler wandte sich an den jüngeren seiner beiden Begleiter. »Packt die Dokumente ein, Mr Kellond. Jede weitere Minute hier ist vergeudete Zeit. Wir müssen nach Guilford.«

»Danke für Eure Zeit, Gouverneur«, sagte Kapitän Kirke. »Wir wollen Euch nicht länger von Eurem Schlaf abhalten.« Er schaute besorgt zu Nayler, dann wieder zu Winthrop. »Ob Ihr uns vielleicht ein geeignetes Gasthaus nennen könnt?«

Nayler ließ noch ein Dutzend Flugblätter mit der Anweisung da, sie überall in der Stadt anzubringen, dann gingen sie. Winthrop saß allein am Küchentisch, wobei seine Hände auf der Familienbibel ruhten, die sein Vater ihm hinterlassen hatte. Er prüfte sein Gewissen. Was hätte sein alter Herr getan? Zu lügen war eine schwere Sünde. Seine Freunde zu verraten war ebenfalls eine schwere Sünde. Und doch hatte er es – zum Wohle der Kolonie von Connecticut und deren Zukunft – irgendwie geschafft, beides am selben Abend zu tun. Diese Art von Heuchelei war vermutlich ein unerlässlicher Teil der Staatskunst. Wie sonst konnte er sein Volk vor der Rache der Krone schützen und gleichzeitig etwas Zeit für die Oberste herausschlagen, indem er deren Verfolger von ihrer Spur ablenkte? Er würde bald für das Ersuchen um eine königliche Charta, die befreiende Urkunde für die Kolonie von Connecticut, die lange Reise nach London antreten müssen.

Da aber Pilatus sah, dass er nichts schaffte, sondern dass ein viel größer Getümmel ward, nahm er Wasser und wusch die Hände vor dem Volk …

Er dachte an Nayler mit seinem verwilderten Bart und dem falschen Lächeln, an die starren, erschöpften Augen, an das verdreckte Gesicht und die vor Schmutz starrende Kleidung. Der Mann war ihm vorgekommen wie nicht ganz bei Sinnen. Jetzt bedauerte er Whalley und Goffe gleich doppelt. Er jedenfalls verzichtete liebend gern darauf, von einer solchen Furie gejagt zu werden.

Er ging mit den Flugblättern zum Küchenherd und warf sie eines nach dem anderen in die Flammen.

Auf dem schmalen Bett in Hartfords einzigem Gasthaus verbrachte Nayler, eingezwängt zwischen Kellond und Kirke, eine schlaflose Nacht. Jede Stunde der Untätigkeit war eine Qual für ihn. Um kurz nach fünf Uhr ging die Sonne auf, er stand sofort auf, und um sechs waren er und seine Männer wieder unterwegs. Da sie so früh aufgebrochen waren, ging Nayler davon aus, dass niemand vor ihnen die Stadt verlassen hatte. Es war Samstag, der 11. Mai.

Chapin kannte den Weg nach Guilford. Die Siedlung liege an der Küste, sagte er, etwa fünfunddreißig Meilen entfernt, genau südlich. Der Weg erwies sich als mühselig. Jede Menge natürlicher Hindernisse waren zu überwinden – dichter Wald, Sümpfe, Abhänge aus rötlichem Fels, ein breiter Fluss, an dem sie ein paar Meilen im Schritt entlangreiten mussten, bevor sie zu einer Furt kamen, wo sie absteigen und die Pferde durch eiskaltes, schnell fließendes Wasser führen mussten, das ihnen bis zum Oberschenkel reichte. Das Problem waren die Pferde – sie schnaubten kraftlos und verdrehten den Kopf, manchmal kamen sie wie Betrunkene vom Weg ab und stürzten ins Unterholz. Zuerst brach Mackwaters Pferd mit Schaum vor dem Maul zusammen; Chapin musste es erschießen. Eine Stunde später fiel Nivens Pferd tot um. Danach mussten sie alle zu Fuß gehen, sodass es später Nachmittag wurde, bis sie Guilford erreichten.

Die Siedlung war klein, nicht annähernd so wohlhabend wie Cambridge – ein paar annehmbare Steinhäuser, aber hauptsächlich armselige Holzhütten. Unwahrscheinlich, dass die Königsmörder an solch einem Ort geblieben waren, dachte Nayler. Sie wären hier sofort aufgefallen. Trotzdem gab er den Befehl, die Pistolen zu laden. Zufrieden stellte er fest, dass die Aussicht auf ein Scharmützel die Sinne zumindest der Schotten schärfte. Sie gingen auf der matschigen Straße mit den Pferden am Zügel zum Versammlungshaus und musterten jedes Gesicht, dem sie unterwegs begegneten. Auf dem Dorfplatz forderte Kirke einen alten Mann auf, sie zur höchsten Amtsperson des Ortes zu führen. Um sechs Uhr abends standen Kellond und Kirke – Nayler hielt sich im Hintergrund – bei William Leete, dem Gouverneur von New Haven, in der guten Stube.

Nayler erkannte sofort die peniblen Eigenheiten eines ebenbürtigen Gesetzesmannes. Bevor Leete sich bereitfand, den Haftbefehl und die Briefe zu lesen, schickte er einen Bediensteten nach den Kirchenältesten, damit er sich mit ihnen beraten konnte. Das Ganze nahm fast eine geschlagene Stunde in Anspruch. Gegen sieben hatte sich ein halbes Dutzend unbeugsamer Puritaner eingefunden. Alle waren in förmliches Schwarz gekleidet und trugen den üblichen hohen, kegelförmigen Pilgerhut mit der abgeflachten Krone, ebenfalls in tiefem Schwarz. Dann ließ sich Leete am Tisch nieder, nahm seine Brille, setzte sie sorgfältig auf die Nase und begann langsam, die Verfügung des Königs zu verlesen.

»›An unseren treuen und hochverehrten Gouverneur oder einen anderen Magistrat oder andere Magistrate unserer Plantage in Neuengland …‹« Er hielt inne und runzelte die Stirn. »Nun, schon der Beginn ist grundlegend falsch. Das Amt Gouverneur von Neuengland gibt es nicht. Diese Verfügung hat keine Rechtskraft.«

Kellond und Kirke drehten sich um und schauten Nayler verblüfft an.

»Darf ich«, sagte Nayler und beugte sich über Leetes Schulter. Es stimmte, das hätte eindeutiger formuliert sein können, aber die Intention war offenkundig. Dieser Winkeladvokat wollte lediglich Haarspalterei betreiben. »Ihr habt unrecht, Mr Leete. Die Wörter Gouverneur und Neuengland stehen weit auseinander, sie sind klar voneinander getrennt.«

»Das ändert nichts am Sinn.«

»Es verändert ihn sehr wohl. Ihr lest den Satz auf eine Weise, als stünden vor und nach *oder einen anderen Magistrat oder andere Magistrate* Kommata. In diesem Fall, das gebe ich zu, läge ein Irrtum bei der Abfassung des Textes vor. Aber da sind keine Kommata, seht nur selbst!«

In den nächsten Minuten stritten sie über die juristische Bedeutung der Interpunktion, bis Nayler mit der Faust auf den Schreibtisch schlug. »Um Gottes willen, Sir! Ich bin nicht dreitausend Meilen übers Meer gesegelt, um mit Euch über Satzbau zu debattieren. Lest den Rest der Verfügung und die anderen Briefe, wir wollen noch vor Einbruch der Nacht zu einem Ende kommen.«

»Nun gut, ich werde das Dokument vollständig lesen«, sagte Leete milde. »Was aber nicht heißt, dass ich Euch in diesem Punkt zustimme. Ich wiederhole, es gibt keinen Gouverneur von Neuengland. Unsere Kolonie ist unabhängig.« Er nahm die Brille ab und putzte sie, setzte sie wieder auf und las weiter.

Die Zeit verging. Der Gouverneur las mit eintöniger Stimme weiter laut vor. Als das Licht zu verblassen begann, ließ er einen Bediensteten Kerzen holen. Nayler schaute sich verstohlen in dem überfüllten Raum um. Inzwischen waren mindestens ein Dutzend Zuhörer anwesend, und draußen im Hof standen sicher noch einmal so viele düster dreinblickende Frauensleute, die von den Schotten mit gezogener Pistole im Auge behalten wurden. Männer kamen und gingen nach Belieben. Leicht hätte einer von ihnen die Königsmörder warnen können. Die Aussicht, die Oberste zu überrumpeln, schwand mit jeder Minute.

»Es reicht, Mr Leete«, sagte Nayler schließlich müde. »Es reicht. Das ist keine Volksbelustigung. Entweder schickt Ihr die Leute weg, oder wir ziehen uns an einen Ort zurück, wo wir vertraulich reden können.«

»Ich habe nichts mit Euch zu bereden, was meine Freunde nicht hören dürften.«

»Trotzdem, ein Wort unter uns, Gouverneur, wenn ich bitten darf.«

Der Gouverneur seufzte. »Na schön, wenn Ihr es wünscht.«

Er schob die Dokumente zusammen und führte Nayler nach nebenan in einen kleinen Raum, dessen Wände Regale mit juristischen und religiösen Büchern säumten. Nayler schloss die Tür und lehnte sich mit dem Rücken dagegen. »Also, Mr Leete, lasst uns offen reden. Wir mögen im Allgemeinen unterschiedlicher Meinung sein, aber in dieser bestimmten Angelegenheit haben wir die gleichen Interessen. Ich will die Königsmörder finden, und Ihr – wenn Ihr ein Mann von Verstand seid, wovon ich ausgehe – wollt nicht den Zorn meiner Herren in London auf Euch ziehen. Ich verstehe, dass Ihr für die Gentlemen nebenan ein zögerliches Gebaren an den Tag legt, aber Ihr müsst wissen, dass die Zeiten sich geändert haben: Wenn New Haven eine von der Krone beurkundete Kolonie werden will, dann muss sie sich der Autorität des Königs unterwerfen.«

»So einfach ist das nicht, Mr Nayler.«

»Es ist sogar sehr einfach. Wir sind beide Diener Seiner Majestät. Was ich von Euch verlange, sind lediglich acht frische Pferde, für die ich den vollen Preis bezahlen werde, und dass ihr mittels Eurer Amtsgewalt eine Fahndung in der Kolonie einleitet. Und schon sind wir wieder auf der Straße.«

»Ihr müsst mir mehr Zeit geben.«

»Ich habe schon zu viel Zeit vergeudet.« Nayler öffnete die Tür und ging zurück in die volle Stube. »Wir reiten weiter«, sagte er zu Kellond und Kirke.

»Nicht so schnell, Mr Nayler«, sagte Leete. »Wenn Ihr mich ausredet lassen wolltet. Ich kann ohne die Zustimmung meiner Magistratskollegen keine Erlaubnis zu einer Fahndung innerhalb der Kolonie erteilen.«

»Und wie lange dauert das?«

»Zwei Tage.«

»Zwei Tage!«

Leete gönnte sich ein schmales Lächeln des Triumphs und zeigte zum dunklen Fenster. »Die Sonne ist schon untergegangen. Der Sabbat hat begonnen. Ab jetzt bis Montagmorgen ist jegliche Geschäftstätigkeit verboten.«

Nayler schloss die Augen. Er schwankte leicht. »Dann fordere ich Euch auf, dass Ihr uns zumindest mit Pferden versorgt.«

»Unmöglich, Sir. Nach mosaischem Gesetz kann bis zum Sonnenaufgang am Montag keine weltliche Tätigkeit verrichtet werden. Ohnehin ist es verboten, außer zu einem Gottesdienst weiter als zwei Meilen zu reisen.«

»Was ist dieses mosaische Gesetz? Die Regierung des Königs gestattet keine Gesetze außer die vom Parlament verabschiedeten. War das nicht der Grund, warum Leute wie Ihr den Bürgerkrieg geführt habt?«

»Der Krieg, Sir, wurde für die Freiheit des Gewissens geführt«, sagte eine strenge Gestalt, die am Fenster stand. »Und hier in New Haven nehmen wir diese Freiheit wahr, indem wir das mosaische Gesetz befolgen, wie es im 2. Buch Mose geschrieben steht: ›So bleibe nun ein jeglicher in dem Seinen, und niemand gehe heraus von seinem Ort des siebenten Tages.‹ In der Bibel wird ein Mann nur deshalb zu Tode gesteinigt, weil er am Sabbat Holz gesammelt hat. Selbst wenn unser Gouverneur Gegenteiliges anordnen würde, Ihr werdet keinen Mann in Guilford finden, der vor Montag für Euch arbeiten würde.«

Die anderen Männer brummten mit tiefer Stimme ihre Zustimmung.

»Richtig.«

»Gut gesprochen.«

Nayler wagte nicht, zu antworten. Er schob sich zwischen den Männern hindurch aus der Stube hinaus in den Hof, um sich selbst zu überzeugen. Noch leuchtete der Abendhimmel hell, aber die Dächer der armseligen Holzhäuser gegenüber waren schon vom roten Glühen des Sonnenuntergangs umrissen. Er ballte die Fäuste. Ausgetrickst und aufgehalten von schwachsinnigen Puritanern. Er wünschte bei Gott, dass er die Möglichkeit hätte, sie alle wegen Landesverrats zu verhaften und ihre verdammte Stadt bis auf den Grund niederzubrennen. Er hörte Kirkes Stimme, der sich hinter ihm im Hof schon bei den Einheimischen nach einem Gasthaus in Guilford erkundigte.

KAPITEL 19

In New Haven hatten die Oberste gerade ihr Abendessen beendet und sich in ihre nebeneinanderliegenden Zimmer zurückgezogen. Will las in der letzten Stunde vor dem Zubettgehen noch in der Bibel, Ned rauchte eine letzte Pfeife. An diesem Samstagabend waren sie seit genau zwölf Tagen Gäste in Jones' Haus.

Angesichts des großen Anwesens führte William Jones mit seiner zehn Jahre jüngeren Frau Hannah, die jeden Augenblick ein Kind zur Welt bringen würde, einen winzigen Haushalt. Den beiden standen ein Hausmädchen und ein Diener zur Seite, denen man so vertraute, dass sie in das Geheimnis der wahren Identität ihrer Gäste eingeweiht waren. Ihre Gewohnheit, nachts etwas frische Luft zu schnappen, hatten die Oberste notgedrungen aufgeben müssen: Das Haus der Jonesens, das etwas weiter vom Meer entfernt lag als das von Davenport, hatte an drei Seiten Nachbarn, die von ihren oberen Stockwerken das Grundstück einsehen konnten. Sonst blieb ihr Tagesablauf unverändert. Sie lasen, hielten sich im Flur mit Übungen bei Kräften und debattierten zweimal die Woche über die Heilige Schrift.

Es war gegen neun Uhr, als sie heftiges Klopfen an der Haustür hörten. Beide Männer hoben den Kopf. Da Besuch um diese Zeit nichts Ungewöhnliches war, dachten sie sich nichts dabei. Ein paar Minuten später hörten sie Jones die Treppe heraufkommen. Er stürzte in Neds Zimmer. Die Panik stand ihm in den Augen.

»In Guilford ist ein Suchtrupp aus Boston, um Euch zu verhaften.«

Will erschien hinter ihm in der Tür. Ned stand auf. Obwohl sie seit Monaten damit rechneten, erschien ihnen der Umstand jetzt, da er eingetreten war, unwirklich. »Wie viele?«

»Acht. Alle bewaffnet. Sie haben eine Verfügung vom König persönlich und Briefe von Endecott, die allseitige Unterstützung einfordern.«

»Wann sind sie in Guilford eingetroffen?«

»Vor gut drei Stunden. Leete versucht sie aufzuhalten. Aber der Bote sagt, dass es sich um einen wild aussehenden Haufen handelt, der zu allem fähig ist. Seid Ihr bereit?«

Die Oberste nickten. Seit ihrer Rückkehr nach New Haven hielten sie ihre Taschen vorsichtshalber stets gepackt.

Jones ging zum Fenster und schaute hinaus in die Nacht. »Die Frage ist, wohin jetzt?«

»Am besten in die Hügel«, sagte Ned. »Wir sind an das Schlafen im Freien gewöhnt.«

»Das geht heute Abend nicht mehr. Bis Montagmorgen könnt Ihr nicht weiter als zwei Meilen reiten.«

Die Vorschrift hatte Ned vergessen. Einer solchen Praxis war er in England nie begegnet, egal nach welch strikten Regeln eine Gemeinde lebte. »Aber *zwei Meilen* …?« Er verstummte und schüttelte ungläubig den Kopf. »Zwei Meilen, das reicht nicht.«

»Trotzdem, so ist das Gesetz.«

»Und dem müssen wir uns wirklich beugen?«

»Natürlich«, sagte Will. »Wie kannst du das anzweifeln?«

»Aber das sind jüdische Zwänge. Warum sollen wir uns daran halten?«

»Vielleicht gäbe es da einen Platz«, sagte Jones. »Eine verfallene Mühle am anderen Ende der Stadt. Das sind sicher keine zwei Meilen. Ich zeige Euch den Weg und helfe Euch mit Eurem Gepäck.«

»Könnten wir unsere Sachen nicht hierlassen?« Ned hatte plötzlich eine Ahnung, wohin das Ganze führen könnte.

»Das Haus wird bestimmt durchsucht. Außerdem befürchte ich, dass Ihr nicht zurückkommen könnt.« Jones ging hinaus in den Flur, blieb plötzlich stehen und drehte sich um. Er hatte Tränen in den Augen. »Verzeiht mir. Ich muss mich um Hannah und das Kleine kümmern.«

Will berührte seinen Arm. »Das verstehen wir. Ihr seid schon genügend Risiken eingegangen.«

Jones eilte die Treppe hinunter. Will ging zurück in sein Zimmer, und Ned packte seine Pfeife und die Erinnerungen an Cromwell ein. Wenn es einen Kamin in seinem Zimmer gegeben hätte, hätte er sie verbrannt. Da er sie aber kaum ihren Feinden überlassen konnte, blieb ihm nichts anderes übrig, als sie mitzunehmen. Er warf einen letzten Blick ins Zimmer. Er bezweifelte, noch einmal in den Genuss solcher Bequemlichkeit zu kommen, nicht mit acht Männern an ihren Fersen. Den plötzlichen Anfall von Selbstmitleid unterdrückte er sofort. Der Herr hat's gegeben, der Herr hat's genommen. Das durfte er nicht in Zweifel ziehen.

Ein paar Minuten später schlüpften sie durch das Tor auf die breite, mit Gras bewachsene Straße.

Jones ging mit einer Laterne voran. Der Mond wurde auf eigentümliche Art von Wolken verschleiert, sein Leuchten drang wie eine in einen Brunnenschacht gehaltene Fackel in einer Abfolge von hellen Kreisen durch die Dunstschichten. Der Wind blies auflandig, brachte aber keinen Regen mit. Wenigstens das blieb ihnen erspart. Ohne einer einzigen Seele zu begegnen, legten sie die halbe Meile bis zum Anger zurück, überquerten die Rasenfläche in diagonaler Richtung, gingen an Eatons Grabstein und dem Versammlungshaus vorbei und bogen dann in die Straße ein, die den nordwestlichen Teil der Stadt vom Zentrum trennte. In einigen Fenstern zu beiden Seiten der Straße schimmerten Kerzen, aber die meisten Menschen schliefen schon. Nachdem sie New Haven hinter sich gelassen hatten, gab es nur noch den Wind, die Dunkelheit und das gespenstische Mondlicht, das sich weich über die Landschaft ergoss.

Sie stolperten auf einem gewundenen Weg über offenes Land. Nach etwa einer halben Stunde erreichten sie den Waldrand. Eulen kreischten in den Bäumen, und kurz sahen sie eine über den Weg schießen, riesig und weiß, stumm wie ein Geist. Ned hörte das nahe Rauschen eines Flusses. Jones blieb stehen und hob die Laterne in die Höhe. »Hier ist es.«

Zunächst war nichts zu sehen. Dann kamen die Umrisse eines kleinen Steingebäudes zum Vorschein, das anscheinend schon seit Jahren verlassen war und die Natur sich zurückgeholt hatte, überwuchert von Efeu und Dornengestrüpp, mit zerbrochenen Fensterscheiben, aus denen hohes Unkraut ragte. Eine zersplitterte Tür hing in den Angeln. Der Boden im Innern war mit Bruchstein übersät. Der Wind pfiff düster durch die Löcher im Dach. Jones stellte die Laterne auf den Boden und zündete mit einem Kerzendocht eine zweite an. »Tut mir leid«, sagte er. »Wenigstens seid Ihr vorerst im Trockenen. Ich komme am Montag wieder.«

Nachdem er gegangen war, sammelten sie grüne Zweige und ein paar feuchte, zerbrochene Möbelstücke zusammen und zündeten im Herd ein Feuer an. Wahrscheinlich war der Kamin von Vogelnestern verstopft, jedenfalls füllte sich der Raum schnell mit derart dichtem Rauch, dass ihnen die Augen tränten. Sie mussten draußen warten, bis er sich verzogen hatte.

»Was für ein trostloser, gespenstischer Ort«, sagte Ned. Er sah sie beide vor sich, wie sie hinter den klaffenden Fensterlöchern kauerten und mit den Pistolen auf ihre Verfolger zielten, die zwischen den Bäumen gegen sie vorstießen. Der Unterschlupf, dachte er, sah genauso aus wie ein Ort, wo sich zwei verzweifelte Geächtete ihrem letzten Gefecht stellten.

KAPITEL 20

Das sogenannte Gasthaus in Guilford war nicht mehr als eine Holzhütte in der Mitte der Siedlung – ein einzelner fensterloser Raum, in einer Ecke Tisch und Stühle, auf dem nackten Boden mit Stroh gefüllte Säcke. Bei ihrer Ankunft eröffnete ihnen der Besitzer Goodman Bishop mit einem Zitat aus dem 2. Buch Mose, dass es bedauerlicherweise verboten sei, an einem Samstag nach Sonnenuntergang noch Essen zu kochen oder zu servieren (»sehet, der Herr hat euch den Sabbat gegeben; darum gibt er euch am sechsten Tage zweier Tage Brot«). Also stellte er ihnen Teller mit kaltem Essen und ein paar Krüge Wasser auf den Tisch, womit sie bis Montagmorgen auskommen müssten. Dann würde er ihnen als Ersatz für die beiden verendeten auch zwei frische Pferde bringen. Für diese Dienstleistungen verlangte er einen überzogenen Preis, der zudem vollständig im Voraus zu bezahlen war.

Nachdem er gegangen war, machten Stewart und Mackwater im Hof ein Feuer und brieten die restlichen Fische, die sie zwei Tage zuvor in einem Teich am alten Indianerpfad gefangen hatten. Niemand sprach beim Essen. Ohne den anderen einen Schluck anzubieten, trank Kirke ab und zu von dem Brandy in seiner Feldflasche. Nachdem sie gegessen hatten, spielten die Schotten Karten. Nayler setzte sich etwas abseits von den anderen auf den Boden, lehnte sich mit dem Rücken an die Hüttenwand, rauchte eine Pfeife und dachte nach. Schließlich stand er auf und ging zu Chapin, der mit Kellond und Kirke zusammensaß.

»Wie weit ist es bis New Haven, Mr Chapin?«

»Sechzehn Meilen.«

»Das geht. Wenn wir bei Sonnenaufgang aufbrechen, schaffen wir das zu Fuß leicht bis Mittag.«

»Möglich«, sagte Kellond. »Aber wir würden gegen ihre Gesetze verstoßen, und wir hätten nach unserer Ankunft keine Vollmacht, nach den beiden zu suchen.«

»Unsere Waffen sind Vollmacht genug.«

»Die haben eine starke Bürgerwehr«, wandte Kirke ein. »Sie wären uns mit ihren Waffen zwanzigfach überlegen. Außerdem ist New Haven eine richtige Stadt, nicht so ein Drecksloch wie das hier. Wo sollten wir da anfangen?«

»Im Haus von John Davenport, dem Pfarrer.«

»Davenport wird uns nicht einmal ins Haus lassen. Welchen Beweis haben wir denn, dass Whalley und Goffe überhaupt in der Stadt gewesen sind?«

»Herrgott, was für eine lahme Truppe«, brummte Nayler laut genug, dass die Schotten am Feuer von den Karten aufschauten. Er stand auf, ging zu seinem Platz zurück, und dort blieb er sitzen. Er rauchte seine Pfeife und versuchte ihre Lage zu überdenken, während die anderen hineingingen und sich schlafen legten. Das Schlimmste war, dass die Lage nicht ihr, sondern allein sein Fehler war, und das wusste er. Mit einer derart störrischen Widerspenstigkeit hatte er nicht gerechnet. Vielleicht hatte Staatssekretär Morice recht gehabt. Um diese Angelegenheit zu regeln, musste man eine Militärexpedition entsenden. Außer dass die nicht fünfzig, sondern fünfhundert Mann umfassen müsste. Ihn schauderte bei dem Gedanken, Hyde seinen Fehlschlag melden zu müssen.

Die Abendbrise vertrieb die Wolken. Die Sterne kamen zum Vorschein. Das Feuer zerfiel zu glühender Asche. Das einzige Geräusch war das gelegentliche Knacken eines trockenen Holzscheits, das Feuer fing und Funken in die Nacht sprühte. Aus der Hütte drang Schnarchen nach draußen. Er brachte es nicht über sich hineinzugehen. Er breitete seinen Mantel auf dem Boden aus und schlief kurz nach Mitternacht ein.

Am nächsten Morgen erwachte er mit einem Plan. Nichts Besonderes, aber besser als in erzwungener Untätigkeit einen ganzen Tag zu vergeuden.

Zunächst einmal ließ er die anderen weiterschlafen, bis er ein Trommeln hörte, das die Bürger zur ersten Zusammenkunft ins Versammlungshaus rief. Dann weckte er sie nacheinander auf, gab jedem ein paar Flugblätter und Nägel mit dem Auftrag, sie an markanten Stellen in Guilford aufzuhängen – an einer Straßenecke, außen an den Krämerladen, am Torpfosten von Leetes Haus, überall, wo die Zettel gut sichtbar waren. Er selbst nahm auch einen und ging damit durch die leere Stadt zum Versammlungshaus. Er konnte den Psalm hören, den die Puritaner sangen. Mit großem Vergnügen nagelte er das Flugblatt mit dem Stiefelabsatz vorsichtig an die Tür.

Nachdem sie sich alle wieder am Gasthaus eingefunden hatten, zog Kellond eine Bibel hervor und bat Nayler, ihnen vorzubeten.

»Ich bin kein Priester«, sagte Nayler. »Jedermann soll nach den eigenen Überzeugungen leben.«

Er ging hinein und legte sich auf einen der Strohsäcke. Er war schon lange nicht mehr in der Kirche gewesen. Das letzte Mal, als er in der Kapelle der Westminster-Abtei Cromwells Leiche ausgegraben hatte. Er glaubte an keinen Gott, weder an den der Puritaner noch den der Anglikaner oder Katholiken, war aber auch nicht so dumm, das jedem auf die Nase zu binden. Um seine Stellung in der Gesellschaft zu halten, brummelte er stets wie jeder andere die passenden Worte. Kellond begann draußen das Vaterunser zu beten, und zu Naylers Überraschung stimmten alle anderen ein, auch die Schotten, von denen er erwartet hatte, dass sie ihr Kartenspiel wieder aufnehmen würden. Seine geistliche Abtrünnigkeit versetzte ihn in eine eigenartige Hochstimmung. *Verdammt soll sie sein, die abergläubische Welt*. Zufrieden stellte er sich die Gesichter der Puritaner vor, wenn sie nach ihrer Versammlung entdeckten, dass man durch das Anschlagen der Flugblätter ihre Sabbatgesetze gebrochen hatte. War es ihnen erlaubt, die Anschläge herunterzureißen, fragte er sich, oder betrachtete ihre Religion schon das als Arbeit.

»Bittet, so wird euch gegeben«, hörte er Kellond rezitieren. »Suchet, so werdet ihr finden ...«

Nach der Gebetsstunde kam der junge Royalist zu ihm in den Schlafraum. »Ihr habt nicht mit uns gebetet, Mr Nayler«, sagte er vorwurfsvoll, war er doch ein braver Mann.

»Ich konzentriere meine Gedanken lieber auf unsere Aufgabe.«

»Glaubt Ihr wirklich, dass Ihr in einer Gemeinde wie dieser mit einer Belohnung Erfolg habt?«

»Warum nicht? Hinter den griesgrämigen Gesichtern und schwarzen Gewändern wuchern wie bei anderen Menschen auch Gier und Habsucht. Würdet Ihr darauf eine Wette annehmen, oder verbietet Euch Euer Gewissen das Spielen am Tag des Herrn?«

»Ich bezweifele, dass irgendwer als ein Judas gelten will. Besonders nicht in dieser Gemeinde.«

»Sie wollen nicht als solcher gelten, dem stimme ich zu. Das heißt wiederum, sie werden kommen, solange die Gefahr der Entdeckung gering ist, entweder heute Nachmittag, wenn die ganze Stadt zum zweiten Gebet zusammenkommt, oder heute Abend, sobald es dunkel ist. Aber ich kann mir dessen natürlich nicht sicher sein. Vielleicht kommen sie auch gar nicht. Ihr solltet die Wette annehmen.«

Kellond schwieg. »Ihr seid ein Zyniker, Mr Nayler«, sagte er schließlich und ging nach draußen.

Nayler döste ein. Am späten Nachmittag wurde er von einem Trommeln geweckt. Kurz danach hörte er das Klappern des Torriegels, dann Stimmen im Hof. Als Kellond und Kirke den Raum betraten, stand er auf. Hinter ihnen kam ein sehr dünner Mann in den Dreißigern herein, der in seiner fadenscheinigen Sabbatkleidung ziemlich abgerissen aussah. Er nahm den Pilgerhut ab und drehte ihn in den Händen an der Krempe.

»Dieser Bursche hier meint, dass er eine Auskunft für uns hat«, sagte Kirke.

»Ihr seid ein kluger Mann«, sagte Nayler zu dem Neuankömmling. »Dürfen wir Euren Namen erfahren?«

»Er will ihn nicht nennen«, sagte Kellond.

Nayler schüttelte den Kopf. »So geht das leider nicht. Wenn wir Euch vertrauen sollen, dann müssen wir wissen, wer Ihr seid.« Der Besucher schaute sich nervös zu den Männern im Hof um. »Ich versichere Euch bei meiner Ehre, dass keiner außer uns dreien den Namen erfährt.«

Schließlich sagte der Mann leise: »Dennis Crampton.«

»Gut, Mr Crampton.« Nayler zog einen Stuhl unter dem Tisch hervor. »Kommt. Setzt Euch und esst etwas. Wir haben zwar nicht mehr viel, aber was da ist, teilen wir gern.«

Er hatte selten einen so hungrigen Menschen erlebt. Er gab ihm die Zeit, sich den Magen vollzuschlagen. Er sollte sich in ihrer Gesellschaft wohlfühlen. Und nach und nach, zwischen großen Bissen Brot und kaltem Fleisch, erzählte Crampton ihnen seine Geschichte. Er war in Devon geboren, mit zwanzig nach Neuengland ausgewandert, hatte sich in New Haven niedergelassen und geheiratet, blieb aber kinderlos. Seine unfruchtbare Frau war wegen ihrer angeblichen Eifersucht auf die nachbarlichen Mütter der Hexerei beschuldigt worden, und während sie noch unter Verdacht stand, am Fieber gestorben (»der Klatsch hat sie umgebracht«). Daraufhin hatte es ihn aus der Bahn geworfen (»das gebe ich offen zu, Gentlemen«), und er war wegen Trunkenheit am Sabbat (ein Vorwurf, den er vehement bestreite) auf Anordnung von Reverend Davenport ausgepeitscht worden. Er war erst vor kurzem in der Hoffnung auf Arbeit nach Guilford gekommen, hatte es dort aber auch nicht besser getroffen. Er wischte sich mit dem Ärmel den Mund ab. »Ich brauche das Geld von der Belohnung unbedingt, Sir. Es würde mir wieder auf die Beine helfen, ich könnte mir damit die Rückfahrt nach England leisten.«

»Ihr werdet das Geld bekommen, Mr Crampton«, sagte Nayler und umfasste das dürre Knie des Mannes. »Ihr werdet es bekommen, wenn Ihr uns zu Whalley und Goffe führt.« Er zückte sein Notizbuch und den Bleistiftstummel. »Also dann, zur Sache.«

»Ich habe sie mit eigenen Augen gesehen, Sir. Sie haben die Bürgerwehr in New Haven gedrillt. Und da hat Oberst Whalley erklärt, dass er und Goffe nur zweihundert Männer von diesem Schlag an ihrer Seite benötigten, und sie würden sich im alten England wie auch im neuen vor keinem fürchten.«

»Das hat er gesagt?«

»Ich war dabei, als er die Kavallerie hat antreten lassen, und habe es mit eigenen Ohren gehört.«

Nayler forderte ihn auf, die genauen Worte zu wiederholen. Er schrieb sie auf. »Zweihundert Männer von diesem Schlag, versteht Ihr?«, sagte er zu Kellond und Kirke. »Sie planen eine abermalige Rebellion gegen den König.« Er wandte sich wieder an Crampton. »Und sind die beiden jetzt noch in New Haven?«

»Die Leute da werden das abstreiten, aber ich weiß es besser.«

»Weiter, weiter.«

»Sie waren ab Anfang März für mehrere Wochen bei Davenport untergeschlüpft und sind dann nach Neu-Amsterdam, um sich nach Holland einzuschiffen. Das hat man jedenfalls allen weisgemacht. Aber ich glaube, dass sie schon kurz danach zurückgekommen sind und sich wieder bei Davenport versteckt haben.«

»Habt Ihr irgendeinen Beweis dafür?«

»Im April haben Davenports Diener im Krämerladen von New Haven Lebensmittel für zehn Pfund mehr als sonst gekauft.« Er lehnte sich stolz zurück.

Nayler notierte sich das. »Dann könnten sie jetzt in diesem Augenblick noch bei Davenport sein?«

»Das kann ich nicht sagen. Ich weiß aber sicher, dass sie manchmal über die Straße zum Haus von Mr William Jones gegangen sind, dem Sohn vom Königsmörder. Dort habe ich sie auch gesehen, als ich einmal bei John Thorp übernachtet habe. Es war sehr spät nachts, keiner sonst war auf der Straße.«

»Ihr habt die beiden gesehen, nachdem sie angeblich nach Neu-Amsterdam abgereist waren?« Nayler beugte sich vor. »Und das ist eine Tatsache? Die Wahrheit? Keine Übertreibung?«

»Ja, Sir, das waren sie. Auch wenn sie noch versucht haben, sich zu verstecken.«

»Wann war das?«

»Vor knapp zwei Wochen.«

Nayler klappte sein Notizbuch zu. Eine falsche Fährte auszulegen, das war schlau. Sie waren gerissen. Aber er war gerissener. »Gentlemen«, sagte er. »Ich glaube, wir haben sie.«

KAPITEL 21

In einer Ecke der verfallenen Mühle verbrachten die Oberste den Sabbat im Verborgenen, beteten und studierten die Bibel. Hin und wieder ging Ned zum Fenster, um nachzuschauen, dass draußen niemand auf der Lauer lag, aber genauso aus reiner Langeweile. Die Bienen summten zwischen den violetten Spitzen des Unkrauts umher und flogen mit gelbem Pollen beladen davon. Er hätte liebend gern eine Pfeife geraucht, aber er wusste, dass Will das nicht gutheißen würde. Gegen Spätnachmittag schlug er vor, sich die Beine zu vertreten.

Will runzelte missbilligend die Stirn. »Wir sind die erlaubten zwei Meilen schon gegangen. Das wäre ein Vergehen.«

»Gegen wen? Gott oder Davenport? Ich halte die beiden für durchaus verschiedene Wesen, auch wenn Mr Davenport dazu neigt, das zu vergessen.«

»Das ist Gotteslästerung.« Will wandte sich wieder seiner Bibel zu. »Geh, wenn du willst, ich werde mich bis Tagesanbruch nicht vom Fleck bewegen.«

Eine Weile blieb Ned, wo er war, dann stapfte er leise vor sich hin brummend nach draußen.

Will hatte ein Problem. Er lebte nicht in der Wirklichkeit. Hatte er nie. Ned sah ihn vor sich – den hageren, blassen, christusgleichen Jüngling, noch keine dreißig, mit Bart und langem Haar, wie er damals 1647 bei einem Armeetreffen in Putney von der Kanzel wetterte. Seine vor Visionen und Prophezeiungen strotzenden Tiraden waren bei den Männern immer sehr gut angekommen. Er hatte sich sogar einmal erdreistet, General Cromwell öffentlich über dessen mangelhaftes Gottesverständnis zu belehren, und zwar so ausgiebig, dass Cromwell eine Entschuldigung von ihm verlangte (die Will dann vor versammelter Gemeinde kleinlaut ablieferte).

Cromwell mit seiner sonderbar sentimentalen Ader hatte jedoch Gefallen an ihm gefunden: »Dieser junge Mann trägt die Kraft des Heiligen Geistes in sich.« Und so hatte Ned ungefähr ein Jahr später, kurz nach der Hinrichtung des Königs, als ihre beiden Regimenter in London Quartier bezogen hatten, den Fehler begangen, Will nach der Kirche zum Essen zu sich nach Hause einzuladen, nur um dann miterleben zu müssen, wie die damals kaum sechzehnjährige Frances ihm den ganzen Nachmittag schöne Augen machte. Will war damals schon Oberst, und während Katherine Will für eine ausgezeichnete Partie gehalten hatte, hätte Ned gern auf einen Schwiegersohn verzichtet, der ein glühender Anhänger jener fanatischen Gruppierung war, die sich Männer des fünften Königreichs nannte. Als Will um Frances' Hand anhielt, hatte Ned eine Wartezeit von zwei Jahren zur Bedingung gemacht, mindestens aber bis zum Ende des Feldzugs gegen die Schotten. Und hier waren sie nun, eine Dekade später – und es war letztlich nicht nur Frances, die sich, bis dass der Tod sie scheide, an ihn gebunden hatte, sondern auch Ned Whalley.

Er ging ein kurzes Stück auf dem Weg und dann hinunter zum Fluss. Er zog die Stiefel aus, rollte die Hosenbeine hoch und stieg ins Wasser. Er atmete den Frieden des Waldes ein, den Duft des Kiefernharzes, das Gurren der Tauben, das sanfte Plätschern des über die Steine fließenden Wassers. Die über der Wasseroberfläche schwirrenden kleinen Fliegen sahen aus wie eine Handvoll Goldstaub, den man ins Sonnenlicht gepustet hatte.

Gelegentlich stieg ein Fisch auf. Wenn man wusste, dass in der Gegend ein Suchtrupp unterwegs war, war es dumm, sich an einem Ort aufzuhalten, der zu Fuß weniger als eine Stunde von New Haven entfernt war. Sie sollten zumindest in die Hügel hinaufsteigen, wo sie den Vorteil der Höhe nutzen und sehen konnten, wenn sich ein Feind nähert. Kurz spielte er mit dem Gedanken, sich auf eigene Faust abzusetzen, aber das konnte er unmöglich tun – allein für den Gedanken schämte er sich.

Er hockte sich ans Ufer und ließ die Füße trocknen, zog dann die Stiefel wieder an und ging zurück zur Mühle. Sein Schwiegersohn schmollte immer noch, und so wechselten sie kein Wort mehr, bis die Sonne unterging und sie sich schlafen legten.

*

Am Montag erschien Goodman Bishop, der Wirt des Gasthauses, wie versprochen bei Sonnenaufgang und brachte die beiden frischen Pferde, die Nayler ja schon vorab hatte bezahlen müssen – Abkassieren galt offenbar nicht als Arbeit. Eine Stunde später war der Suchtrupp auf der Straße. Crampton machte Anstalten, sich zu drücken, aber Nayler bestand darauf, dass er sie begleitete, um ihnen die Häuser von Davenport und Jones zu zeigen. Sollte er sich weigern, gäbe es keine Belohnung. Er solle aufhören zu jammern, schnauzte Nayler ihn an, und sich hinter Mackwater, dem kleinsten der Schotten, aufs Pferd schwingen.

Der Weg schlängelte sich durch einen Wald aus Kiefern und Zwergeichen, durch die zu ihrer Linken das Meer glitzerte. Sie überquerten steile Bergkämme und flache Flüsse und ritten an brackigen Lagunen entlang. Sie passierten ein paar große Indianersiedlungen an der Küste, wo die Bewohner vom Ufer das Auswerfen der Fischernetze beobachteten. Gegen neun Uhr kam auf der anderen Seite des Meeresarms der Hafen von New Haven in Sicht. Sie mussten eine halbe Stunde warten, bis die Fähre sie abholte, aber kaum hatten sie die anderen Seite erreicht, sammelten sie sich an der Anlegestelle, zogen ihre Waffen und ritten mit hoher Geschwindigkeit in Richtung Stadt. Die Leute starrten ihnen beunruhigt hinterher. Als sie die ersten Häuser erreichten, rief Crampton, sie sollten anhalten. Er rutschte vom Pferd und kam auf Nayler zu.

»Da vorn wohnt Davenport«, sagte er und zeigte auf ein großes, dem Hafen zugewandtes Haus. »Und das größere ein Stück weiter die Straße hoch, das gehört Jones. Und jetzt, Sir, möchte ich mein Geld.«

»Ihr bekommt Eure Belohnung, wenn die Verräter tot sind oder in Ketten liegen. Wartet hier und passt auf die Pferde auf. Ihr auch, Mr Chapin.«

Nayler stieg ab und drückte Crampton die Zügel in die Hand. Die anderen stiegen ebenfalls ab und umringten Nayler, der die weitläufigen Anwesen betrachtete. Bei Gott, die ließen es sich gut gehen, diese begüterten Puritaner, sie lebten wie Fürsten. »Welches zuerst?«, sagte er laut.

»Brauchen wir vorher nicht eine Vollmacht vom Gouverneur?«, fragte Kellond.

»Darauf können wir nicht warten.«

»Das von Davenport ist näher«, sagte Kirke.

Nayler nickte. Das war ein genauso guter Grund wie jeder andere. »Also dann, Davenport soll es sein. Mr Stewart, Mr Ross, zum Hinterausgang, damit uns keiner entwischt.« Er zückte seine Pistole.

Mit dem Schwert in der Linken und der Pistole in der Rechten lief er über die Straße und ging dann einfach durch das Tor. Kellond und Kirke, Mackwater und Niven folgten ihm dichtauf. Das Herz schlug Nayler bis zum Hals, aber er gab sich ruhig und gelassen. Als sie vor der Haustür standen, sagte er: »Kapitän Kirke, wärt Ihr so freundlich?« Er trat einen Schritt zurück und zielte mit der Schusswaffe. Kirke hämmerte mit dem Griff seiner Pistole gegen die schwer beschlagene Tür. Weil nach einer halben Minute noch niemand erschienen war, befahl Nayler ihm, die Tür zu öffnen.

Mit dem Finger am Abzug schob er sich an Kirke vorbei und betrat das Haus als Erster. Er war so aufgeregt, sich so sicher, dass er seine Beute gestellt hatte, dass er fast geschossen hätte, als er die schwarz gekleidete Gestalt oben an der Treppe sah. In letzter Sekunde erkannte er Davenport und senkte die Waffe. Zwei Stufen auf einmal nehmend, lief er vor Kirke die Treppe hinauf. Der Pfarrer schrie ihn entrüstet an. Nayler stieß ihn zur Seite und stürmte durch den Flur, wobei er zu beiden Seiten die Türen aufriss. Im ersten Zimmer erblickte er eine vor Überraschung erbleichende ältere Frau und im nächsten einen jungen Mann im Nachthemd. Alle anderen Zimmer waren leer. Er schaute überall unter die Betten. Nichts. Er ging zurück zur Treppe.

»Wie sieht es unten aus, Mr Kellond?«

»Hier ist niemand, Mr Nayler«, rief Kellond hoch.

Nayler packte Kirke am Ellbogen und drehte ihn um. »Wir sind im falschen Haus.«

Sie polterten in den Flur hinunter und liefen an Davenport vorbei, der mit gefalteten Händen betend auf dem Boden kniete, hinaus auf die Straße. Sie rannten um die Hausecke und erreichten das Haus von Jones keine zwei Minuten später. Diesmal sparte sich Nayler die Formalität des Anklopfens und stieß die Tür sofort auf. Mit Kirke und Mackwater im Schlepptau lief er die Treppe hinauf, aber schon auf dem Weg nach oben klang das Haus hohl, und er fühlte seine Hoffnung mit jedem Schritt schwinden. Es war die gleiche Geschichte wie in Davenports Haus – leere Zimmer, unberührte Betten, keine

Hinweise auf die Königsmörder außer vielleicht in dem einen Zimmer, wo sich ein Hauch kalten Tabakrauchs über ihn lustig machte. Frustriert ging er mit zusammengebissenen Zähnen wieder nach unten. Ein älteres Paar und eine hochschwangere Frau wurden von Niven mit der Waffe in Schach gehalten. Ross und Stewart kamen aus entgegengesetzten Richtungen in die Eingangsdiele zurück.

»Irgendwelche Hinweise?«

»Nur die drei hier.«

Er wandte sich an die schwangere Frau. »Wo ist William Jones?«

Die Frau zitterte heftig. »Er ist nicht zu Hause.«

»Das sehe ich. Wo ist er?«

Sie rang nach Luft und kippte nach hinten gegen die Wand. Die Augen verdrehten sich und ließen die Augäpfel marmorweiß hervortreten. Nayler machte reflexartig einen Schritt nach vorn und fing sie auf, sonst wäre sie ohnmächtig auf dem Steinboden aufgeschlagen.

*

Zur gleichen Zeit rannte Jones durch den Wald, als wäre ihm der Beelzebub persönlich auf den Fersen.

Ned saß in der Mühle auf seinem ausgebreiteten Mantel und schnitzte an einem Stück Holz herum, als er von draußen das Knacken von Zweigen hörte. Er und Will griffen nach ihren Waffen, waren aber noch gar nicht richtig aufgestanden, da erschien Jones schon in der Tür – das Gesicht knallrot, außer Atem, kaum in der Lage zu sprechen.

»Sie sind da.« Er lehnte sich gegen den zerbrochenen Türrahmen und stützte sich keuchend auf den Knien ab. »Sie sind jetzt bei Davenport.«

»Hat Euch jemand weglaufen sehen?«, fragte Ned.

»Das weiß ich nicht. Ich glaube nicht.«

Die Oberste nahmen ihre Taschen.

»Wohin jetzt?«, fragte Will.

»In die Hügel«, sagte Ned. »Wir haben keine andere Wahl.« Und an Jones gewandt: »Danke für die Warnung. Lauft zurück, bevor man Euch vermisst.«

»Nicht weit von hier lebt ein Bauer, den ich kenne.«

»Können wir ihm trauen?«

»Ich glaube schon. Ich bringe Euch hin.«

Jetzt sind wir wirklich in Gefahr, dachte Ned, als sie aus der Mühle stürzten. So sterben wir also – wir hecheln von Pontius zu Pilatus und müssen uns gezwungenermaßen Fremden anvertrauen, von denen jeder fremder ist als der zuvor. Aber was blieb ihnen groß anderes übrig.

Der Morgen wurde heiß und das Gelände steiler. Schwitzend kletterten sie in ihren schweren Armeemänteln den aufragenden Felshängen entgegen. Vor ihnen erschien ein steinernes Bauernhaus; davor ein Mann in einem aufgekrempelten weißen Hemd, der Holz hackte. Das Geräusch der rhythmischen Hiebe vermischte sich mit dem Trommeln von Spechten und dem Vogelgezwitscher ringsum.

»Wartet hier«, sagte Jones. »Ich spreche mit ihm.«

Ned ließ seine Tasche fallen, setzte sich dankbar auf den Waldboden und streckte die Beine aus. Er schaute in die Richtung, aus der sie gekommen waren. Der Weg schlängelte sich zwischen den Bäumen hindurch und verlor sich im Dickicht. Er lauschte angestrengt, vernahm aber nichts, was auf Verfolger hindeutete.

»Nur Mut«, sagte Will. »Wir haben schon Schlimmeres durchgemacht.«

»Ach ja? Ich wäre dir sehr verbunden, wenn du mir sagen könntest, wo das war.«

Will musste lachen, und kurz darauf fiel Ned in das Lachen ein. Er lag längelang auf dem Rücken, spürte die Sonne im Gesicht und war froh, wenigstens im Freien zu sein. Er fragte sich, um wen es sich bei den acht Männern handelte, die ihnen im Nacken saßen. Bei Gott, wenn er schon sterben sollte, dann würde er gern ein paar von denen mit ins Grab nehmen.

Jones kam mit dem Bauer zurück. Aus den aufgekrempelten Ärmeln ragten muskulöse Unterarme, braun wie Leder, rechts mit einer langen Narbe vom Ellbogen bis zum Handgelenk. Der Mann sah aus, als hätte er den ein oder anderen Kampf hinter sich. Die Oberste standen auf. »Das ist Richard Sperry«, sagte Jones. »Richard, das sind die Freunde, von denen ich gesprochen habe.«

Sperry nickte, reichte ihnen aber nicht die Hand.

»Er zeigt Euch einen Platz, wo Ihr unterschlüpfen könnt«, sagte Jones. »Ich komme wieder, sobald mir das möglich ist.« Er umarmte sie beide und sagte zum Abschied: »Gott sei mit Euch!«

Nachdem Jones auf dem Weg nach New Haven verschwunden war, wandte sich Will an den Bauern: »Wir sind …«

Sperry unterbrach ihn. »Ich weiß, wer Ihr seid. Sprechen wir lieber nicht darüber. Je weniger ich weiß, desto weniger Lügen muss ich erzählen.«

Ohne ein weiteres Wort marschierte er los. Sie schwangen ihre Taschen über die Schultern und folgten ihm – erst zum Hof seines Hauses, von wo er die Axt und eine schwere Rolle Seil mitnahm. Der Pfad wurde die nächste halbe Meile immer steiler, bis Sperry ihn abrupt verließ und sie in den düsteren Wald hineinführte. Sie vernahmen ein merkwürdig donnerndes Geräusch, das allmählich lauter wurde. Durch die Bäume sahen sie schließlich einen Wasserfall, der über den Rand einer rostfarbenen Felswand gut vierzig Fuß tief in einen Tümpel stürzte, aus dem sich ein Bach speiste.

»Wartet hier«, sagte Sperry.

Er legte sich die Rolle Seil um den Hals und steckte das Beil in seinen dicken Ledergürtel. Hin und her schwingend, arbeitete er sich von Kante zu Kante die senkrechte Felswand hinauf. Ned legte gegen die Sonne die Hand an die Stirn und verfolgte erschrocken seinen Aufstieg. »Großer Gott«, murmelte er. »Sollen wir da etwa auch hochklettern?«

Sperry kam oben an und verschwand über den Rand. Augenblicke später tauchte er wieder auf und rollte das Seil ab. »Zuerst die Taschen«, rief er nach unten.

Als Erstes banden sie Neds Tasche fest, die von Sperry schnell nach oben gezogen wurde, wobei sie immer wieder gegen den Fels schlug. Nachdem auch Wills Tasche oben angekommen war, rief er zu Will hinunter, sich das Seil um die Hüfte zu binden. »Keine Angst, ich hab Euch sicher.«

Ned konnte zunächst nicht hinschauen, überwand sich dann aber doch, um zu sehen, was er machen musste. Für die sorgfältige Suche nach festem Halt für die Füße blieb keine Zeit. Will umklammerte das Seil, stützte sich schräg an der Felswand ab und setzte einen Fuß vor den anderen, als liefe er auf ebenem Grund. Als er schon fast oben war, rutschte er mit einem Stiefel ab. Ned stieß einen Schrei aus. Will fiel jedoch nicht, das Seil hielt ihn, und nach kurzem Pendeln fand er mit den Füßen wieder Halt und überwand schließlich das letzte Stück.

Sperry rollte das Seil wieder aus. Ned war sich sicher, dass er das nie schaffen würde. Eher wollte er mit dem Rücken zur Felswand kämpfen und sterben, als in die Tiefe zu stürzen. »Ich kann das nicht«, rief er nach oben. »Ich bin zu alt und zu schwer.«

»Wir halten dich, Ned«, rief Will. »Solange das Seil fest um die Hüfte geschnürt ist, kann nichts passieren.«

»Na los, Oberst«, rief Sperry. »Ich war in der Schlacht bei Marston Moor dabei. Ihr habt einen König bezwungen, dann werdet Ihr doch wohl auch den kleinen Felsen hier bezwingen.«

Ein Veteran, dachte Ned. Das erklärte die Narbe, wahrscheinlich von einem Spieß. Und das änderte alles. Nie hatte er sich vor den Augen seiner Männer eine Blöße gegeben, und er wollte verflucht sein, wenn er das jetzt täte.

Er legte sich das Seil um den Bauch, verknotete es dreifach und spürte, wie es sich spannte. Er packte es mit beiden Händen, zog sich hoch und begann zu klettern. Bei ungefähr jedem dritten Tritt rutschte er mit den Stiefelsohlen auf dem glatten Fels ab, aber irgendwie schaffte er es, seine Schräglage zu halten. Das letzte Stück war am schlimmsten – über der senkrechten Wand schwang er in der Luft und machte den Fehler, nach unten zu schauen. Das hätte ihm fast den Rest gegeben. Doch dann schloss er die Augen und krabbelte den Rest irgendwie nach oben, wo Will sich vorbeugte, ihn an den Handgelenken packte und in Sicherheit zog.

Ned kroch auf allen vieren von der Kante weg, stand auf, klopfte sich den Dreck vom Mantel und nahm das Gelände unter die Lupe. Die etwa dreißig Schritt breite Felsplatte erstreckte sich wie eine Fahrbahn nach links und rechts. Sie war übersät mit Felsbrocken, Büschen und kleinen Bäumen, von denen einer das Seil hielt. Dahinter eine weitere Felswand, in der sich eine doppelt mannshohe und halb so breite Kluft auftat, die in eine Höhle zu führen schien. Ein kleiner Wasserfall, der sich in einen klaren Tümpel ergoss. Und eine überwältigende Aussicht: über den Wald und die Ebene hinweg auf das deutlich erkennbare Straßennetz New Havens, auf den Hafen und das Meer, das sich bis zum Horizont erstreckte.

»Die Höhle ist trocken«, sagte Sperry. »Wenn der Wind von See kommt, pfeift es allerdings kräftig. Es gibt zwar einen Weg hier hoch, aber der ist nur schwer zu finden. Hier solltet Ihr ziemlich sicher sein.«

»Ein Dach über dem Kopf, Wasser vor der Tür, eine gute Aussicht«, sagte Ned. »Der perfekte Ort.«

»Das Seil lasse ich hier. Später kommt mein Junge vorbei und bringt Euch einen Korb mit Essen. Den könnt Ihr mit dem Seil hochziehen. Aber lasst Euch nicht blicken. Am besten, er sieht Euch gar nicht.«

Bevor sie sich anständig bedanken konnten, war Sperry auch schon weg und seilte sich ab.

»Das hier ist genau das Richtige für uns«, sagte Ned. »Zumindest für ein paar Tage. Und wenn nötig, sogar für länger.« Er stieg auf einen Felsbrocken. »Von hier oben haben wir einen hervorragenden Überblick.«

Er zog sein Fernrohr hervor und richtete es auf New Haven. Menschentrauben bewegten sich zielstrebig durch die Straßen in Richtung der südöstlichen Stadtecke, wo Jones und Davenport wohnten. Er beobachtete sie eine Zeit lang und versuchte zu verstehen, was da vor sich ging. Was es auch war, es sah nach Ärger aus.

*

Gegen Mittag steckte Naylers Mission tief im Schlamassel. Sie machte nicht nur keine Fortschritte, die Lage wurde ernsthaft bedrohlich.

Bei Hannah Jones war das Wasser gebrochen, die Treibwehen hatten eingesetzt, und sie lag jetzt oben in ihrer Kammer. In der Stadt waren Gerüchte aufgekommen, irgendeine Gräueltat sei verübt worden, und zwanzig oder mehr Bürger – einige der Männer aus der Bürgerwehr waren mit Schwertern und Pistolen bewaffnet – hatten sich im Hof versammelt. Davenport hielt auf der Straße eine Andacht und rief Gott an, die

Mutter, das Kind und die Gemeinde zu beschützen (»und sie sollen mir ein Heiligtum machen, dass ich unter ihnen wohne …«).

Währenddessen war Gouverneur Leete mit einem weiteren finsteren Magistrat der Kolonie eingetroffen – Mr Joseph Crane aus der Nachbarstadt Branford – und verlangte zornig eine Erklärung.

Nayler stand zusammen mit Kellond, Kirke und den anderen Mitgliedern seines Suchtrupps zwischen den Häusern von Jones und Davenport am Straßenrand. Seine Männer hatte er angewiesen, ihre Waffen wegzustecken, um die Leute nicht zusätzlich zu reizen. Crampton war verschwunden. Nayler bemühte sich, Leete zu besänftigen.

»Wir hatten die zuverlässige Auskunft, dass Whalley und Goffe sich auf einem der beiden Anwesen aufhalten. Wir mussten schnell reagieren.«

»Ihr hattet keine rechtliche Vollmacht.«

»Wird die Vollmacht des Königs in diesem Teil seines Herrschaftsgebiets nicht anerkannt? Also wirklich, Mr Leete, ich muss sagen, Ihr habt alles getan, um unsere Arbeit zu hintertreiben.«

»Darauf kann ich nur sagen, dass ich mich an die Gesetze der hiesigen Kolonie zu halten habe.«

Inzwischen hatte sich Davenport zu ihnen gesellt und hörte ihrem Streit zu. »In New Haven gilt einzig und allein die Vollmacht Gottes«, sagte er.

Nayler hatte sich schon ein Bild von dem Pfarrer gemacht: gottesfürchtig in der einen, herrisch in der nächsten Minute – die übelste Form eines heuchlerischen religiösen Despoten. Er verlor die Beherrschung. »Streitet Ihr etwa ab, Sir, dass die Königsmörder unter Eurem Dach wohnten? Das könnt Ihr nicht. Die ganze Stadt weiß es. Sie haben die Bürgerwehr geschult und das Volk aufgehetzt.«

»Sie haben in der Tat kurz bei mir logiert, und wärt Ihr mir zuvorkommend gegenübergetreten, hätte ich Euch die Tatsachen dargelegt. Ich wusste nichts von einem Haftbefehl, und als ich davon erfuhr, waren sie schon weitergezogen.«

»Um sich in Neu-Amsterdam einzuschiffen?«

»So heißt es. Man hat sie in Milford gesehen, auf der Straße nach Neu-Niederlande.«

»So heißt es! Was ist das für eine Antwort? Diese Männer werden wegen Königsmord gesucht.« Er wandte sich an Leete. »Ich verlange das Recht zur Durchsuchung der Stadt.«

»Um eine solche Verfügung unterzeichnen zu dürfen, benötige ich zunächst die Zustimmung von Mr Crane hier sowie zwei anderen Magistraten, Mr Gilbert aus New Haven und Mr Treat aus Milford.«

»Und wo sind die beiden?«

»Ich habe schon nach ihnen geschickt.«

»Bei Gott, diese Kolonie hat mehr Beamte als Einwohner.« Nayler schaute über Leetes Schulter und sah einen Mann, der aus dem nördlichen Teil der Stadt kommend auf sie zueilte. Er schien eine angesehene Persönlichkeit zu sein. Die Männer nahmen den Hut ab, sprachen leise mit ihm und klopften ihm auf die Schulter. »Wer ist das?«

»Das ist William Jones, dessen Frau Ihr so grausam gequält habt«, sagte Davenport.

»Jones? Der Sohn des Königsmörders? Und wo war der die ganze Zeit?« Nayler ließ die anderen stehen und ging Jones entgegen. »Mr Jones! Sir, auf ein Wort, wenn Ihr gestattet.«

Jones blieb am Tor vor seinem Haus stehen. »Erst muss ich zu meiner Frau, dann können wir sprechen.«

Aus dem Innern drang das Plärren eines Neugeborenen. Beide blickten nach oben zu dem Fenster im ersten Stock. Nayler atmete erleichtert auf. Das hätte er nicht gewollt, die Last einer

Fehlgeburt auf dem Gewissen – das wäre der Gipfel der Ironie gewesen. Er packte Jones am Arm. »Ich bestehe darauf, dass Ihr mir sofort antwortet.«

»Dazu habt Ihr kein Recht, Sir.« Jones riss sich los und verschwand im Haus. Als Nayler ihm folgen wollte, verstellten ihm zwei kräftige Puritaner den Weg. Er drehte sich um, ging auf der Straße in Richtung Kellond und Kirke und winkte sie zu sich.

»Den Vater von diesem Jones habe ich letzten Sommer geschnappt und an den Galgen befördert. Und sein Sohn hat den Königsmördern nun ein Versteck verschafft, da bin ich mir ganz sicher.«

»Aber wir haben doch das ganze Haus durchsucht«, wandte Kirke ein. »Wir haben keinerlei Spur gefunden. Wie konnten sie sich so schnell aus dem Staub machen?«

»Vielleicht haben sie sich verdrückt, als wir in Guilford festsaßen, und Jones ist gerade zurückgekehrt, nachdem er die beiden gewarnt hat.« Plötzlich dämmerte ihm, was passiert sein musste. »Dieses Gesetz, dieses Verbot, am Sabbat zu reisen, das hätte doch auch für Whalley und Goffe gegolten, oder? Ihnen war es also verboten, sich weiter als zwei Meilen von hier zu entfernen. Jones ist aus nördlicher Richtung gekommen.« Er sah zu den Felswänden jenseits der Stadt. »Dort drüben sind sie. Ich hab's in der Nase, da müssen sie sein.« Er drehte sich zu ihrem Führer um. »Mr Chapin, kennt Ihr Euch in den Hügeln da drüben aus?«

»Ein bisschen, ja.«

»Los, bringt uns hin.«

»Und die Stadt?«, sagte Kellond. »Sollen wir die jetzt nicht durchsuchen?«

»Das sind Hunderte Häuser, und wir sind nur zu acht. Dafür brauchen wir Tage, und am Ende kommt nichts dabei heraus. Und unsere Beute sitzt inzwischen da oben und lacht sich ins Fäustchen.« Den Gedanken, dass man ihn verhöhnte, dass diese jämmerlichen Gestalten ihn übertölpelt hatten, konnte Nayler nicht ertragen. Er spürte die Gefahr, dass die Königsmörder ihm entwischten. »Auf die Pferde«, rief er den Schotten zu. »Wir reiten weiter!«

Während die vier Schotten zu den Pferden gingen, eilte Leete auf Nayler zu. »Bevor ich nicht mit den Magistraten gesprochen habe, dürft Ihr die Stadt nicht durchsuchen.«

»Sprecht mit Euren Magistraten, und wenn ich wieder in London bin, spreche ich mit dem Kronrat, und dann werden wir ja sehen, wessen Wort in dieser Kolonie schwerer wiegt.«

Er schwang sich auf sein Pferd, drückte ihm die Stiefelabsätze in die Flanken und setzte sich mit seinen Männern in Richtung Norden in Bewegung. Die Städter vor Jones' Haus versuchten kurz, ihnen den Weg zu versperren, aber Nayler galoppierte direkt auf sie zu und sprengte sie wie Kegel auseinander. Der Weg war frei. Sie ritten über den Anger, weiter zum Versammlungshaus und dann auf der Landstraße den fernen Hügeln entgegen.

*

Durch sein Fernrohr sah Ned ihre Verfolger durch die Stadt reiten. Er beobachtete sie, bis sie unten im Wald verschwanden. »Acht Männer, sie kommen genau auf uns zu.«

»Es ist unwahrscheinlich, dass sie uns hier oben finden.«

»Trotzdem«, sagte Ned und stieg ungelenk von dem Felsbrocken herunter. »Wir holen das Seil ein und verstecken unsere Taschen.«

*

Chapin ritt an der Spitze. Gelegentlich stieg er ab und untersuchte den Grund. Die anderen hielten dann an und schauten zu, wie er Blätter und Zweige beiseitestupste und das Gesicht dicht über den Boden bewegte. Aber jedes Mal sah er auf und schüttelte den Kopf. An einer verfallenen Mühle hielt er wieder an und ging hinein. »Dort drinnen hat einer Feuer gemacht«, sagte er, als er wieder herauskam.

»Erst vor kurzem?«, fragte Nayler.

»Ist schon kalt, kann ich nicht sagen.«

Nayler blickte auf den Weg zurück. »Was meint Ihr, haben wir die zwei Meilen schon geschafft?«

»Ungefähr, ja.«

Er nahm den Hut ab und wischte sich den Schweiß vom Gesicht. Er spürte einen Moskitostich, schlug gegen den Hals und besah seine Handfläche. Eine Spur von seinem Blut in dem verschmierten schwarzen Körper des toten Insekts. Er rieb die Hand am Hosenbein ab. »Dann könnten sie also hier den Sabbat abgewartet haben und heute Morgen weitergezogen sein? Mein Gott, sie sind uns nur noch zwei, drei Stunden voraus. Wir sind so nah dran, ich könnte schwören, dass ich sie schon rieche.«

Sie ritten weiter. Als sie zu einem kleinen Steinhaus kamen, stieg Nayler von seinem Pferd, zog die Pistole und klopfte an die Tür. Eine Frau öffnete. Sie trug ein Kleines im Arm, an ihren Rock klammerte sich ein zweites Kind. Sie machte einen trostlosen, niedergeschlagenen Eindruck. In dem krausen, braunen Haar zeigten sich erste graue Strähnen.

»Wo ist der Mann?«, fragte Nayler.

»Auf der Jagd, mit unserem Jungen.«

»Mein Name ist Nayler. Wir sind Beamte der Krone und sind Verbrechern auf der Spur. Erlaubt Ihr einen kurzen Blick in Euer Haus? Nur um sicherzugehen, dass Ihr in Sicherheit seid.«

Ohne eine Antwort abzuwarten, ging er hinein. Mackwater und Kellond folgten ihm, Kirke und die anderen Schotten nahmen sich die Außengebäude vor. Die Inspektion war im Nu erledigt. Es gab nichts zu sehen außer den Zeugnissen eines harten Lebens – grobe, selbst gezimmerte Möbel, Teller aus Holz, einfache, weiß getünchte Wände. Am Türhaken hing ein alter, gelbbrauner Ledermantel – Standardausrüstung des neuen Musterheers. Nayler rieb das dicke Leder zwischen Daumen und Zeigefinger.

»Euer Mann hat für Cromwell gekämpft?«

Die Frau antwortete nicht.

»Wie heißt Euer Mann?«

»Richard Sperry.«

Nayler machte sich eine Notiz und ging nach draußen zu den anderen. »Sie müssen hier durchgekommen sein, wenn sie in höheres Gelände wollten. Der Bauer ist ein alter Rundkopf. Wahrscheinlich hat er ihnen geholfen.« Er schaute in skeptische, erschöpfte Gesichter. Er sah, dass sie allmählich den Mut verloren. »Kopf hoch, Jungs! Wir müssen weiter! Mr Chapin?«

Während sie sich hinter ihrem Führer den Weg hinaufquälten, wurden die Hitze immer größer, der Weg immer steiler und die Moskitos immer gefräßiger. Nayler hatte das Gefühl, die friedvolle Einsamkeit des Waldes verspotte ihn. Chapin machte sich nicht mehr die Mühe, stehen zu bleiben und nach Hinweisen zu suchen. Ein gefährlich schmaler Pfad, der sich an den Felswänden emporwand, führte sie westlich, bis sie den Kamm der Hügelkette erreicht hatten. Unter ihnen breitete sich die Ebene von New Haven aus. Ohne Naylers Befehl abzuwarten, stiegen die Männer ab, warfen sich im Schatten der Zwergeichen auf den Boden und ließen einen Schlauch mit Wasser herumgehen. Das war eine Unverschämtheit, dachte Nayler, wenn nicht sogar Rebellion.

»Nun, Mr Nayler«, sagte Kirke. »Wir sind auf dem Kamm der Hügelkette, wie von Euch befohlen. Was jetzt?«

Nayler schwang sich aus dem Sattel, blieb aber stehen. »Wir ruhen uns etwas aus, dann geht es weiter.«

Kirke blickte zu den anderen, wie um Beistand zu heischen. »Zu welchem Zweck, wenn ich fragen darf? Ihr könntet das Gelände hier oben mit einer Armee eine Woche lang durchforsten, und Ihr würdet nichts finden.«

»Das klingt gar nicht nach dem Geist unserer Unternehmung, Kapitän Kirke. Wir haben einen Auftrag, und den werden wir erfüllen.«

»Ja. Aber es sieht ganz danach aus, als jagten wir Phantomen hinterher.«

»Richtig«, sagte Stewart, der Schmied aus Springfield. Seine Landsleute nickten.

Kirkes Ton wurde aufmüpfiger. »Die Oberste in der Wildnis aufzuspüren und zu verhaften ist ein völlig anderer Auftrag als der, für den Ihr uns in Boston angeheuert habt. Das ist ein Ding der Unmöglichkeit.« Wieder zustimmendes Nicken. »Wäre es nicht erfolgversprechender, wenn wir nach New Haven zurückritten, dort die Flugblätter verteilten, weitere Auskünfte einholten und dann ihrer Spur nach Neu-Amsterdam folgten? Laut Davenport sind sie doch in Milford gesehen worden. Das sollte unser nächstes Ziel sein.«

»Ich bin mir sicher, dass das eine falsche Fährte ist«, sagte Nayler. »Wenn sie wirklich an Bord eines Schiffes nach Holland gehen wollten, glaubt Ihr nicht, dass sie alles getan hätten, um das geheim zu halten? Stattdessen haben sie es in der ganzen Stadt herumposaunt und dann dafür gesorgt, dass man ihrer in Milford ansichtig wird.« Das war ihm in diesem Augenblick so klar, so vollkommen offensichtlich, dass er sich wunderte, wie begriffsstutzig die anderen waren. »Wenn Euch der Sinn danach steht, dann sucht da unten weiter. Aber das ist sinnlos, ich werde hier oben weitersuchen.«

Das Angebot war ein Fehler. Er wünschte sich sofort, er könnte es zurücknehmen. Aber er war hitzig und gereizt, und sein Bein schmerzte. Er hatte zu spät gemerkt, dass er ihnen im Grunde die Erlaubnis erteilte, sich aus der Affäre zu ziehen.

»Einverstanden«, sagte Kirke prompt. Der Händler in ihm hatte sofort erkannt, dass er zuschlagen musste, bevor das Angebot wieder vom Tisch war. »Genau das werden wir tun. Wenn alle dafür sind.«

Das waren sie. Sogar der junge Kellond, der Fügsamste im ganzen Suchtrupp. Sogar der hartnäckige Chapin erklärte betrübt, dass er die Spur für erkaltet halte.

Als alle im Sattel saßen, um nach New Haven zurückzukehren, sagte Kirke: »Wir sehen uns dann später in der Stadt, Mr Nayler. Oder auf der Straße nach Neu-Amsterdam, wenn Ihr uns denn folgen wollt. Andernfalls warten wir in Boston auf Euch. Gott sei mit Euch.«

Nayler saß im Schatten, hatte den Kopf in die Hände gestützt und hörte die Geräusche ihres Abzugs – das Wiehern der Pferde, das Scharren der abwärts rutschenden Steine, die dumpfen Männerstimmen. Dann senkte sich die Stille des Bergkamms auf ihn herab, und er fühlte sich zutiefst verlassen. Es kostete ihn seine ganze Willenskraft, ihnen nicht zu folgen.

Also dann – allein.

Er stand auf, überprüfte seine Pistole und schob sie in den Gürtel. Dann bestieg er sein Pferd und ritt langsam auf dem Hügelkamm entlang, blieb gelegentlich stehen, nahm sein Fernrohr und suchte das Blätterdach unterhalb der Felswand ab. Er war vorsichtig. Sollte er durch einen außergewöhnlichen Glücksfall die Königsmörder finden, hatte sich jetzt die Lage zu seinen Ungunsten verändert. Dessen war er sich bewusst. Trotzdem hatte er keine Angst. Der Tod schreckte ihn nicht.

Er konnte sich vorstellen, dass er ihn, wenn der Augenblick käme, fast willkommen hieße.

Er stieß auf eine Quelle, die einen kleinen Bach speiste, hielt an, stieg ab und tränkte das Pferd. Er selbst tauchte die Hände in das frische, kalte Nass, trank mit gierigen Schlucken und spritzte sich Wasser ins Gesicht und über den Kopf. Der Bach floss ein kurzes Stück dahin und verschwand dann über den Rand einer Klippe. Er ging bis zur Kante und blickte gut zwanzig Fuß hinunter auf eine breite Felsplatte, wo das Wasser in einen Tümpel stürzte.

Er schaute eine Weile zu, dann band er das Pferd an eine der verkrüppelten Eichen und bahnte sich einen Weg durch die Felsbrocken und das Buschwerk, bis er eine geeignete Stelle fand. Dort setzte er sich auf den Boden, rutschte vorsichtig über die Kante, bis seine Füße in der Luft hingen, drehte sich um und kletterte nach unten. Ein paar Minuten später stand er auf der Felsplatte.

Er zog die Pistole aus dem Gürtel, spannte den Hahn und bewegte sich vorwärts. In der Felswand war eine Kluft, die zum Teil von Büschen verdeckt war. Zunächst hatte er sie für einen oberflächlichen Spalt gehalten und war daran vorbeigegangen, bevor er sich eines anderen besonnen hatte. Die Kluft war tiefer als gedacht, aber so schmal, dass er sich hin und her winden musste, um sich – den Kopf zur Seite gedreht, die Brust über den Fels scheuernd – durch den Spalt zwängen zu können. Die Öffnung weitete sich ein wenig, und auf einmal stand er in einem schmalen Gang. Viel konnte er nicht erkennen. Der Gang beschrieb eine Kurve nach rechts, und nachdem er ein paar Schritte weit hineingegangen war, konnte er gar nichts mehr sehen. Er streckte einen Arm nach oben und stieß gegen nichts. Die Decke war hoch. Er lauschte. Die Stille war so vollkommen wie die Dunkelheit.

Er hob die Pistole, richtete sie am ausgestreckten Arm in die schwarze Leere und wagte sich langsam weiter vor. Nun verschwanden auch die seitlichen Grenzen. Er konnte die Wände nicht mehr berühren. Er blieb wieder stehen, lauschte, hörte aber nur sein Herz pochen. Langsam drehte er sich einmal um die eigene Achse. Er hatte die Orientierung völlig verloren und bewegte sich hilflos im Raum. Plötzlich konnte er nicht mehr atmen. *Ich bin tot und liege in meinem Grab,* dachte er. *O Sarah, Sarah, ich bin verrückt geworden, und hierhin hat mich mein Wahn also gebracht.*

Mit fuchtelnden Armen stürzte er panisch in die Richtung, wo er die Wand vermutete. Er prallte mit der Schulter dagegen und klammerte sich einen Augenblick daran fest, bis er wieder bei Sinnen war. Dann tastete er sich an der Felswand entlang um die Kurve herum zurück zu dem schmalen Eingang und dem gleißenden Streifen Licht.

Hinter ihm, am anderen Ende der Höhle, standen regungslos mit gezogenen, in die Dunkelheit zielenden Pistolen die beiden Oberste.

KAPITEL 22

Um von der Felsplatte wieder nach oben zu klettern, benötigte Nayler deutlich mehr Zeit als für den Weg hinunter. Hin und her musste er über die Felswand nach oben krabbeln, musste nach festem Stand suchen, musste die Stiefelspitzen in enge Risse zwängen, musste sich an abstehende Wurzeln klammern, die sich mitunter aus dem Fels lösten. Aber seine Kraft lag im Oberkörper, in den Armen und Schultern eines Ringers, die die Schwäche seines Beins ausglichen. Schweißnass zog er sich schließlich auf die Felskuppe. Eine Zeit lang blieb er noch sitzen, bis er wieder bei Atem war. Dann stand er auf, machte sein Pferd los und hievte sich in den Sattel. Die Stute schien den Rückweg zu kennen, was ihm recht war. Sie trug ihn auf dem Hügelkamm entlang und dann den steilen Abhang hinunter in den Wald. Als Nayler an Sperrys Bauernhaus und später der verfallenen Mühle vorbeiritt, nahm er sie kaum wahr. Die Schwermut hatte ihn wieder fest im Griff.

Als er New Haven erreichte, ging bereits die Sonne unter. Der Schatten des Versammlungshauses erstreckte sich weit über den grünen Anger. Nach dem morgendlichen Tumult war in der Siedlung wieder Ruhe eingekehrt. Ein Paar ging Arm in Arm spazieren und genoss die Abendluft. Er fragte sie nach dem Weg zum Gasthaus.

Wie er vorausgesehen hatte, saßen die Männer seines Suchtrupps bei Wein und Bier in der Schankstube.

»Und, Mr Nayler, habt Ihr Euch gut amüsiert?«, rief Kapitän Kirke und hob feixend sein Glas.

»Reden wir nicht darüber. Habt Ihr die Stadt durchsucht?« Wer Nayler kannte, hätte seinen bedrohlich ruhigen Ton bemerkt.

»Wir haben immer noch keine Vollmacht.« Der Kapitän nahm einen großen Schluck Wein.

»Ach, tatsächlich?«

»Ja, in der Tat.«

»Ich glaube, Ihr habt jetzt genug getrunken.«

»Ich trinke, so viel ich will.«

»Nicht solange ich Euch bezahle.« Er trat auf Kirke zu und schlug ihm das Glas aus der Hand. Kirke fluchte und wollte aufstehen, aber Nayler holte aus und hieb ihm mit der Faust gegen die Schläfe, so fest, dass der Kapitän nach hinten zu Boden stürzte. Stöhnend versuchte er, sich aufzusetzen, fiel aber gleich wieder auf den Rücken.

Nayler leckte über seine Fingerknöchel und blickte die anderen Männer herausfordernd an. Da keiner es wagte, ihm in die Augen zu schauen, ging er die Treppe zur großen Schlafkammer hinauf und legte sich auf das erstbeste Bett. Er drehte sich zur Wand und blieb so liegen, bis er bei Einbruch der Nacht Schritte und dann Kellonds Stimme hörte. »Mr Nayler, Sir, Gouverneur Leete möchte Euch sprechen.«

»Sagt ihm, er soll verschwinden.«

»Er hat Neuigkeiten wegen der Vollmacht.«

»Ich habe mich bereits für die Nacht zurückgezogen.«

»Er lässt sich nicht abweisen.«

Nayler stöhnte, richtete sich auf und stellte die Beine auf den Boden.

Unten saß Kirke zusammengesunken am Tisch. Der Kopf lag auf den verschränkten Armen. Offensichtlich schlief er. Nayler ging davon aus, dass er von ihm keinen Ärger mehr zu erwarten hatte. Sogar die Schotten waren von ihm abgerückt, als hätte er die Pest. Leete stand in der Tür.

»Gouverneur Leete«, sagte Nayler. »Ihr wünscht mich also zu sprechen?«

»Unter vier Augen, wenn es Euch recht ist.«

»Das sind ganz neue Töne, Sir. Ich dachte, was Ihr zu sagen habt, darf jeder hören?«

»Gleichwohl.«

Die beiden Männer gingen nach draußen. Die Stille war gespenstisch. Nayler fragte sich, wie die Leute hier das nur die ganze Zeit ertrugen. Kein Wunder, dass sie halb von Sinnen waren.

»Ich wünschte, ich wäre ein einfacher Bauer«, sagte Leete seufzend. »Dann wäre mir diese Verantwortung erspart geblieben.«

»Sicherlich hat Euch niemand diese Bürde aufgezwungen. Habt Ihr die Vollmacht?«

»Ich hoffe, sie morgen in Händen zu halten.«

»Das heißt, Ihr habt sie nicht bei Euch.« Nayler wandte sich ab, aber Leete hielt ihn am Arm fest.

»Das liegt nicht an mir, Mr Nayler. Es sind die Magistrate. Sie stehen alle unter dem Einfluss von Reverend Davenport. Aber ich hege die große Hoffnung, dass sie bis morgen zur Vernunft kommen. Sehr große Hoffnung.«

»Zu spät, Sir. Zu wenig und zu spät. Ich will die Stadt nicht mehr durchsuchen. Es hat keinen Sinn mehr. Die Vögel sind ausgeflogen. Ihr habt mich zum Narren gehalten, Sir.« Er spürte, dass die Wut wieder in ihm aufstieg. »Und Ihr werdet dafür zahlen. Einer Sache könnt Ihr Euch nämlich sicher sein. Wenn die königlichen Chartas gewährt werden, dann wird es einen Staat Massachusetts geben, und es wird einen Staat

Connecticut geben, aber solange es einen König auf dem Thron von England gibt, wird es niemals, *niemals,* einen Staat New Haven geben. Euer kleines Land im Namen Mose ist am Ende. Ich wünsche Euch eine gute Nacht.«

Der Suchtrupp verließ die Stadt am nächsten Morgen – nicht allzu früh, denn dafür gab es jetzt keinen Grund mehr, sondern erst als die Sonne schon hoch am Himmel stand. Die Männer ritten an der Küste entlang nach Milford. Dort wartete Nayler draußen vor dem Krämerladen, während drinnen Kellond und Kirke (der inzwischen zahm wie ein Lämmchen war) den Besitzer Micah Tomkins befragten. Er bestätigte, dass die Königsmörder im März hier Zwischenstation gemacht und Vorräte gekauft hätten und dann in Richtung Neu-Amsterdam weitergeritten seien. Er behauptete, erst hinterher erfahren zu haben, um wen es sich bei ihnen handelte. Nayler bestand darauf, den Laden, die Nebengebäude und das Nachbarhaus auch ohne Vollmacht zu durchsuchen. Sie fanden nichts. Er hatte auch nichts anderes erwartet. Er hatte lediglich darauf bestanden, weil Tomkins so lautstark auf seine Rechte gepocht hatte und weil er davon überzeugt war, dass Tomkins Teil der Verschwörung war. Die Schotten sorgten dafür, dass etliche seiner Waren zu Bruch gingen.

Nachdem sie zwei Tage scharf geritten waren, erreichten sie Neu-Amsterdam und begaben sich sofort ins Fort zu Generaldirektor Peter Stuyvesant. Er war ein übellauniger, etwa fünfzig Jahre alter Mann, der auf den Westindischen Inseln durch eine Kanonenkugel ein Bein verloren hatte. Ein englisches Gesuch würde er schlecht ausschlagen können. Hier in Neu-Niederlande verfügte er nicht über die militärischen Mittel, sich gegen die in der Gegend zahlenmäßig überlegenen Engländer zur Wehr zu setzen. Er stapfte auf dem Holzstumpf durch sein

Arbeitszimmer, um sie zu begrüßen. Dann las er mit der Gründlichkeit eines holländischen Kaufmanns die königliche Verfügung und Endecotts Brief und befahl einem Untergebenen, wenn auch mit starkem Akzent, in korrektem Englisch, dass alle Schiffe im Hafen zu durchsuchen seien. Er erteilte außerdem den Befehl, jede Person mit Namen Whalley und Goffe oder Richardson und Stephenson daran zu hindern, Neu-Amsterdam zu verlassen. Mehr könne er ohne die Genehmigung durch seine Herren in Holland nicht tun, sagte er entschuldigend, und da die holländische Regierung bislang alle Ersuchen abgelehnt habe, diejenigen Königsmörder zu verhaften, die sich innerhalb Hollands Grenzen aufhielten, könne er ihnen nicht allzu viel Hoffnung machen.

»Sind Euch Berichte über Whalley und Goffe zu Ohren gekommen?«, fragte Nayler. »Oder über Personen, die sie sein könnten und möglicherweise unter falschem Namen in Euer Hoheitsgebiet eingereist sind?«

»Nein, Sir.«

»Na bitte«, sagte Nayler mit einem hämischen Grinsen zu Kellond und Kirke. »Eine falsche Fährte.«

Nach dem Treffen ritten sie mit einer von Stuyvesant unterzeichneten Vollmacht vom Fort hinunter zu den Monhatoes-Docks. Während seine Leute von Schiff zu Schiff gingen, setzte sich Nayler, der die Befragung der Kapitäne für Zeitverschwendung hielt, auf ein Ankerspill, rauchte eine Pfeife und hörte mit halbem Ohr den schroffen holländischen Stimmen zu. Es war ein warmer Nachmittag unter einem klaren blauen Himmel. Möwen kreisten kreischend über dem kabbeligen Wasser, auf dem Bojen tänzelten. Jenseits der in der Fahrrinne ankernden Schiffe lag das flache, graue Band von Long Island, wo sich die Umrisse einiger Häuser und einer Windmühle gegen den Himmel abhoben. Ihm fiel auf, dass das Fort im Vergleich zu Boston nur schwach geschützt wurde. Höchstens zwanzig Kanonen. Er durfte nicht vergessen, das in London zu berichten.

Der Lärm der Möwen und das auf dem Wasser spielende Licht erinnerten ihn an seine Ankunft in Amerika und die vielen falschen Hoffnungen, die er gehegt hatte. Was für ein Narr er doch gewesen war! Plötzlich sehnte er sich nach London mit seinen eleganten Gebäuden, nach seinen Räumen im Essex-Haus und seinem Arbeitszimmer im Whitehall-Palast, nach dem vertrauten ländlichen England mit seinen eng beieinanderliegenden Dörfern, seinen steinernen Kirchen und kleinen, schmalen, von Hecken umgebenen Feldern. Sogar für den Gestank der Themse bei Ebbe und die Abwasser entlang der Strand hatte er einen zärtlichen Gedanken übrig.

Ein paar Minuten später erschienen Kellond und Kirke. Der Jüngere hatte eine Art Registerbuch unter dem Arm. Zu Naylers Überraschung trugen sie ein triumphierendes Lächeln zur Schau.

»Habt Ihr etwas entdeckt?«

»Und ob«, sagte Kirke. »Vielleicht war es am Ende doch keine so falsche Fährte.«

Kellond gab Nayler den in Leder gebundenen Band. Er klemmte sich die Pfeife zwischen die Zähne und balancierte das Buch auf den Knien. Er öffnete es an der mit einem eingelegten Zettel markierten Stelle.

»Was ist das?«

»Die Ladeliste der *Vliegende Draeck* – der *Fliegender Drache*. Der Zollmeister hat uns seine Kladde kurz ausgeliehen, damit wir Euch das zeigen können. Das Schiff hat am 3. April mit Ziel Rotterdam abgelegt, es hat hauptsächlich Tabak geladen, außerdem sind zwölf Passagiere an Bord. Der siebte und der achte Name sind interessant.«

Nayler schaute auf den unteren Abschnitt der Liste.

Edw. Richardson.
Wm. Stephenson.

Brummend legte er den Kopf schräg. »Das passt ein bisschen zu gut, meint Ihr nicht auch?« Trotzdem blickte er weiter mit gerunzelter Stirn die Namen an.

»Das mag schon sein«, sagte Kirke. »Andererseits – was haben wir für Beweise, dass sie *nicht* an Bord der *Fliegender Drache* gegangen und stattdessen nach New Haven zurückgekehrt sind? Keinen außer dem Wort von diesem Dennis Crampton, dem einzigen Menschen, der behauptet, sie dort gesehen zu haben – ein ausgewiesener Galgenvogel mit einem Groll gegen die Stadtväter. Und wo steckt Crampton jetzt? Nach Leetes Ankunft in New Haven ist er wie vom Erdboden verschwunden.«

»Allerdings haben sich Leete und die Magistrate nicht gerade wie Männer aufgeführt, die nichts zu verbergen haben.«

»Und sie hatten sehr viel zu verbergen«, sagte Kellond. »Ihre Verwicklung in die Flucht ist offensichtlich. Vielleicht wollten sie sichergehen, dass alle Hinweise auf die Königsmörder beseitigt sind, bevor wir uns auf die Suche machten. Oder sie wussten nicht sicher, ob Whalley und Goffe schon weg waren, und wollten ihnen mehr Zeit verschaffen.«

Nayler dachte darüber nach. »Das ist möglich«, sagte er. Er gab Kellond die Kladde zurück. »Aber ich bin nicht überzeugt. Wahrscheinlich ist die ganze Geschichte ein Trick, der uns dazu bringen soll, die Suche aufzugeben.«

»Das heißt, wir suchen weiter?«

»Auf jeden Fall. Ich werde nicht ruhen, bis ich sie habe oder sicher weiß, dass sie tot sind.«

Kellond und Kirke wechselten einen kurzen Blick. »Verzeiht, Mr Nayler«, sagte Kellond. »Im Hafen liegt ein Schiff, das morgen nach Boston ausläuft.«

»Und?«

»Wir haben darüber nachgedacht, die Gelegenheit zu nutzen, damit wir nicht auf dem Landweg zurückmüssen. Hier gibt es für uns ja wohl nicht mehr viel zu tun.«

Wie verschlagen Kellond doch aussah, dachte Nayler. Er hatte eine Eingebung. »Und dieses Schiff, trägt das ganz zufällig den Namen *Charles?*«

»Ja, in der Tat.«

»Wie das Schiff, das Eurer Familie gehört? Tja, noch so ein passender Zufall. Jetzt verstehe ich, warum Ihr so scharf auf Neu-Amsterdam wart.« An der Seite des Ankerspills klopfte er seine Pfeife aus und blies dann den Holm durch. Er wusste, wann er verloren hatte. »Ich stimme zu, die Spur hier ist kalt. Die können wir eigentlich begraben. Unter einer Bedingung: Ihr verliert kein Wort über diese Ladeliste. Ich will diesen Puritanergouverneuren nicht noch eine Ausrede für ihr Nichtstun liefern. Einverstanden?«

»Einverstanden.«

Während Chapin und die Schotten sich im Pferdesattel auf den Heimweg machten, gingen Nayler, Kirke und Kellond am nächsten Nachmittag an Bord des Schiffes nach Boston.

Diesmal seid ihr mir entwischt, dachte Nayler, als er am Schandeck stand und die zurückweichende Küstenlinie betrachtete. Aber ich habe so laut Zeter und Mordio gegen euch geschrien, dass euer Leben, wenn ihr denn noch hier seid, wohl ziemlich erbärmlich sein wird. Ihr könnt euch nicht für immer verstecken. Eines Tages kriege ich euch.

Sein ruheloser Geist schmiedete schon Pläne für einen Besuch in Holland. Und wenn der erfolglos blieb, stünde eben eine weitere Expedition nach Neuengland an.

*

Naylers geheimer Wunsch ging in Erfüllung. Seit der Beinahbegegnung in der Höhle verlief das Leben der beiden Oberste ungemein erbärmlich. Fast schien es, als wären sie mit einem Fluch belegt.

Aus Angst, der Eindringling könne ihnen draußen vor der Höhle mit der Pistole auflauern, blieben sie zunächst im Dunkeln und wagten es kaum, sich im Flüsterton zu unterhalten.

»Wie viele waren das?«

»Ich glaube, nur einer.«

»Ist er weg?«

»Bin mir nicht sicher.«

»Vielleicht sind noch mehr in der Nähe.«

»Vielleicht hat er uns gehört und holt jetzt Verstärkung.«

Als sie sich schließlich durchgerungen hatten, es zu riskieren und sich durch den Spalt ins Freie zu zwängen, dämmerte es schon. Wenn Sperrys Sohn ihnen etwas zu essen hatte bringen wollen, dann hatten sie ihn verpasst. Der Wasserfall sorgte zumindest dafür, dass sie ausreichend zu trinken hatten. Als Ned im Halbdunkel nach Feuerholz suchte, stolperte er über ein kleines, indianisch aussehendes Beil. Anlässlich des Fundes tauften sie ihren Zufluchtsort Kriegsbeil-Herberge und dankten Gott für ihre Befreiung. Die Erleichterung währte jedoch nur kurz. Damit man sie von der Stadt aus nicht sehen konnte, beschlossen sie, nachts kein Feuer zu machen. Das hätte am nächtlichen Himmel nur wie ein Komet geblinkt. Außerdem fühlten sie sich in der Höhle hinter dem engen Eingangsspalt wie eingesperrt, weshalb sie wieder einmal unter den Sternen schliefen.

Sperrys Sohn erschien am zweiten Nachmittag und machte sich mit piepsiger Stimme bemerkbar. Sie ließen das Seil hinab und zogen dann den Korb nach oben, der allerdings nur einen kümmerlichen Vorrat an Brot und Käse enthielt. Beides hatten sie im Nu verschlungen. Am dritten Morgen hörten sie den Vater rufen. Sie ließen das Seil hinunter, worauf Sperry zu ihnen auf die Felsplatte kletterte. Als Erstes fragte er, ob jemand vorbeigekommen sei, und sie erzählten ihm von dem Mann, der in der Höhle reglos in der Dunkelheit gestanden und gelauscht habe. Will sagte, der Mann sei höchstens zwanzig Schritt von ihnen entfernt gewesen. Sie hätten sogar seine Atemgeräusche gehört.

»Das war sicher dieser Nayler«, sagte Sperry. »Der ist den ganzen Weg von London gekommen, um Euch zu schnappen. Heißt es jedenfalls.«

»Wer soll das sein?«

»Ein wahres Ungeheuer, das kann ich Euch verraten. Der hat meine Frau in Angst und Schrecken versetzt.«

»Ist er noch in der Stadt?«

»Er ist mit seiner Suchmannschaft nach Neu-Amsterdam aufgebrochen. Aber Mr Jones meint, bei den ganzen Strafandrohungen und mit der ausgesetzten Belohnung von diesem Nayler wäre es in ganz Neuengland nicht mehr sicher für Euch. Ich soll Euch sagen, dass Ihr Euch von den Städten fernhalten sollt, bis er andere Ratschläge für Euch hat.«

»Aber wir können nicht ewig hier oben bleiben«, protestierte Ned.

»Hier nicht. Ich habe ein besseres Versteck.«

Sie sammelten ihre Habseligkeiten zusammen und folgten ihm die Felsplatte entlang, bis er die gesuchte Stelle fand. Dann ging er genauso vor wie beim ersten Mal. Er kletterte die Felswand hoch, warf das Seil nach unten, zog ihre Taschen hoch und half erst Will und dann Ned nach oben.

Das zweite Versteck hatte gegenüber dem ersten einige Vorteile. Es war weniger eine Höhle denn ein Hügel aus einem halben Dutzend massiver Felsbrocken – wie ein heidnischer

Tempel, dachte Ned, ein natürliches Stonehenge. Der Unterschlupf war etwa vierzig Fuß im Geviert groß und zwanzig hoch, mit einem Tunnel zwischen zwei der gewaltigen Felsblöcke und einer Felsplatte hoch über dem Boden, wo sie schlafen konnten. Der Platz war durch Bäume rundum gut abgeschirmt, doch wenn sie ganz nach oben kletterten, dann bot sich ihnen eine noch imposantere Aussicht als von ihrem ersten Versteck, nicht nur hinunter auf die Stadt und das Meer, sondern auch in nördlicher Richtung über den Wald hinweg.

»Da unten ist ein Bach«, sagte Sperry. »Da gibt es Fische, und da findet Ihr auch genug Feuerholz. Wenn Ihr auf der anderen Seite Feuer macht, dann kann man von der Stadt aus nichts sehen. Die Indianer nennen das hier den Totenfels. Sie glauben, dass sich hier die bösen Geister versammeln. Die Indianer werden Euch hier jedenfalls nicht stören. Habt Ihr Eure Pistolen?«

Ned klopfte auf seine Manteltasche.

»Tragt sie immer bei Euch. Es gibt hier Wölfe, Bären und Berglöwen, die könnten Euch schon stören. Ein Schuss in die Luft, das vertreibt sie. So bald wie möglich schicke ich Euch wieder meinen Jungen mit Essen. Er stellt den Korb ab, und Ihr holt Euch das Essen, wenn er wieder weg ist. Den Korb lasst Ihr stehen, den holt er wieder ab. Und lasst Euch nicht blicken. Mr Jones hat versprochen, Euch zu holen, sobald Ihr gefahrlos weiterziehen könnt.«

»Wann das wohl sein wird?«, sagte Will.

Sperry zuckte die Achsel.

Sie wussten von Anfang an, dass sie sich auf ausreichend Nahrungsnachschub durch Sperrys Sohn nicht verlassen konnten. Die Familie hatte offensichtlich selbst kaum genug. Sie waren also gezwungen, auf ein paar der Indianermethoden zurückzugreifen, die sie auf dem Weg nach Connecticut kennengelernt hatten. Mit dem Netz, das sie in Milford gekauft hatten, fischten sie im Bach und dünsteten ihren Fang in Blätter gewickelt in der Glut, wie Gookin es ihnen gezeigt hatte. Wenn sich der Fang als zu dürftig erwies, bauten sie, wie sie es bei den Eingeborenen gesehen hatten, eine trichterförmige Steinreuse. Sie sammelten essbare Pflanzen, die sie von ihren Gewaltmärschen in England her kannten – Wasserkresse, Erdbeeren, Haselnüsse. Außerdem sammelten sie ihnen unbekannte amerikanische Beeren, Pilze und Kräuter, die sie erst in winzigen Mengen mit der Zungenspitze prüften, ob sie giftig waren. Einmal bekam Ned trotz aller Vorsicht grässliche Magenkrämpfe, und Will mischte ihm eine Arznei aus Holzkohle und Wasser. Fast den ganzen Tag über saß Ned vor dem Loch, das er etwa fünfzig Schritt von ihrem Versteck entfernt mit dem Beil gegraben hatte, und übergab sich.

Nachts hörten sie manchmal ziemlich nah Wölfe heulen. Dann lagen sie wach auf ihrem mit Laub gestopften Fischernetz und wagten es nicht, den Finger vom Abzug ihrer Pistolen zu nehmen.

Mitte der zweiten Woche ihres Daseins in der Wildnis wurde Ned bei Morgengrauen von einem Hirsch geweckt, der um ihre Feuerstelle herumschnüffelte. Ned hob sehr leise seine Pistole und schoss dem Hirsch in die Flanke. Der stakste noch ein paar Schritte, fiel dann auf die Seite, und Ned gab ihm mit dem Beil den Rest. Sie weideten das Tier aus, schnitten das Fleisch in Würfel und kochten es. Aus Zweigen bauten sie ein Gitter und zogen das Fell daran zum Trocknen auf.

An manchen Tagen im Juni war das Wetter unerträglich heiß, und sie mussten frisches Holz verbrennen, um die Insekten auszuräuchern. An anderen Tagen heulte der Wind um ihre exponierte Behausung, und der Regen blies mit solcher Kraft von See, dass es unmöglich war, der Feuchtigkeit zu entgehen. Sie zogen sich die nasse Kleidung aus, und Ned schnitt aus dem Hirschfell breite Streifen, die sie wie einen Schurz um den Leib trugen. Im Laufe der Zeit fanden sie die Art, sich wie die Indianer zu kleiden, immer angenehmer. Die entblößten Körperpartien warfen in der Sonne zunächst Blasen, wurden dann aber braun. Haare und Bärte wurden länger. Will sagte lachend zu Ned, mit dem grauen Haar und dem grauen Bart sähe er aus wie Methusalem. Doch so oft sie auch im Bach badeten, sie schafften es nie, sich vollständig von Läusen zu befreien.

Mein Gott, dachte Ned eines Nachmittags, als er Will im Wasser stehen sah: fast nackt, regungslos wie eine Statue, mit dem selbst gebauten Speer in der Hand beim Versuch, einen Fisch aufzuspießen. Wir sind keine christlichen Gentlemen mehr. Wir haben uns in Wilde verwandelt, nur ohne deren Anmut und ohne deren Fähigkeiten.

Sie sprachen fortwährend über ihre schlimme Lage und wie sie sie lindern könnten. Sollten sie ihr Glück in einer anderen Stadt versuchen? Aber wenn New Haven schon nicht mehr sicher war, wo sollten sie dann sicher sein? Außerdem hatten sie nur verschwommene Kenntnisse von der lokalen Geografie. Sie könnten sich zur Küste durchschlagen und dem Weg nach Neu-Amsterdam folgen. Aber das war nun einmal die Richtung, so hieß es, die dieser mysteriöse Nayler und sein Suchtrupp eingeschlagen hatten. Gut möglich, dass die Holländer gastfreundlicher wären, aber die Oberste sprachen deren Sprache nicht und hatten nur wenig Geld. Sie waren so augenfällig Fremde, dass es nur eine Frage der Zeit wäre, bis jemand sie auslieferte, um die Belohnung zu kassieren. Vielleicht, meinte Will, sollten sie sich einfach ergeben. Aber Ned schreckte davor zurück. »Gott hat uns diese Prüfung nicht ohne Grund auferlegt. Es ist unsere Pflicht, sie zu bestehen.«

Als Erstes am Morgen und später am Nachmittag beteten sie. Will vermerkte sorgfältig jeden neuen Tag, indem er Kerben in einen der Felsen ritzte. Am Sabbat hielten sie länger Andacht als sonst, Will las laut aus der Bibel, wobei er mit dem Oberkörper vor und zurück wippte, weil er sich dann, so sagte er, besser konzentrieren könne. Er kam oft auf die Geschichte von Jesu vierzig Tagen und vierzig Nächten in der Wildnis zurück, wie in den Evangelien von Lukas und Matthäus berichtet: Wie Jesus gefastet habe und hungrig geworden sei und wie ihm der Satan erschienen sei, um ihn in Versuchung zu führen.

Eines Nachmittags in der sechsten Woche ihrer Abgeschiedenheit stieg Will mit der Bibel in der Hand von der Felsplatte herunter. Seine dunkelbraunen Augen, die wegen der Auszehrung größer wirkten als früher, leuchteten hell vor Erregung. Ned saß am Feuer, stocherte in der Glut herum und bereitete das Essen vor.

»Ich glaube, Ned, ich habe jetzt endlich den Sinn von alldem begriffen.«

»Und was ist der Sinn, Will?«

»Gott hat uns aus dem gleichen Grund in diese Wildnis aus Felsen und hohen Bergen geschickt wie Jesus – um uns zu prüfen, um uns zu lehren, dass wir allein durch den Glauben leben sollen, nicht durch das Brot und durch weltliche Versuchungen.« Er rezitierte aus dem Gedächtnis. »›Da sprach Jesus zu ihm: Heb dich weg von mir, Satan, denn es stehet geschrieben, du sollst anbeten Gott, deinen Herrn, und ihm allein dienen. Da verließ ihn der Teufel; und siehe, da traten die Engel zu ihm und dienten ihm.« Er zählte die Kerben in dem Felsen. »Übermorgen, am 23. Juni, dem Tag des Herrn, sind wir den vierzigsten Tag hier.« Er überprüfte seine Rechnung. »Ja, da bin ich mir sicher. Heute ist Freitag, dann ist es am kommenden Sabbat.«

»Was ist dann?«

»Das Ende unserer Prüfung. Der Tag, wo wir die Wildnis verlassen sollen, wie es unser Erlöser getan hat, um in die Welt der Menschen zurückzukehren.«

»Und wohin sollen wir dann gehen?«

»Zum Versammlungshaus in New Haven und dort unseren Glauben verkünden.«

Ned war die plötzlichen Anfälle religiösen Eifers seines Schwiegersohnes gewohnt. Er versuchte immer, ihnen mit Achtung zu begegnen. Hatte nicht Oliver höchstpersönlich erklärt, Will trage den Geist von Jesus Christus in sich? Aber das hier war zu viel.

»Das wäre Wahnsinn. Wir müssen warten, bis Jones uns Bescheid gibt, dass wir gefahrlos von hier wegkönnen.«

»Nein, da liegst du falsch. Was, wenn Jones nie kommt? Wir müssen an den Plan glauben, den Gott für uns gemacht hat.«

»Gott hat uns auch den Verstand gegeben, die Hand nicht im Glauben ins Feuer zu halten, dass sie nicht verbrenne.«

Sie stritten bis zum Einbruch der Nacht. Es war der erste ernsthafte Streit, seit sie in der Wildnis lebten. Als sie sich schlafen legten, musste Ned zu seinem Entsetzen feststellen, dass Will entschlossen war, in die Stadt zu gehen, einerlei ob er ihn begleitete oder nicht. Der Gedanke, völlig allein zurückzubleiben, erschreckte ihn. Er lag noch lange wach und versuchte sich zu einer Entscheidung durchzuringen. Als er schließlich einschlief, wurde er von Träumen geplagt. Der Satan war hinter ihm her, eine Bestie mit gelben Augen, die Geräusche von sich gab, die er noch nie zuvor gehört hatte – ein gespenstisches tiefes, hohles Knurren, das ihm alle Haare zu Berge stehen ließ.

Er öffnete die Augen und sah im blassen Schein des schmalen Mondes und des Sternenhimmels die Umrisse eines Tieres, das keine zwei Schritte von ihm entfernt auf der Felsplatte kauerte. An den zitternden Hinterläufen erkannte er, dass es kurz vor dem Sprung war. Einen Augenblick lang war er vor Angst wie gelähmt, doch dann war sein Verstand plötzlich sehr klar, und er tastete am Rand des Bettlagers nach seiner Pistole.

Diese leise Bewegung musste das Tier gereizt haben. Es sprang in dem Augenblick, wo er die Pistole hochriss. Ned spürte das schwere Gewicht auf seine Brust fallen und roch den heißen, stinkenden Atem des Tiers, als er den Lauf der Pistole in das Fell des muskulösen Körpers presste und abdrückte. Die Explosion war ohrenbetäubend. Ned nahm wahr, dass das Ding auf seinem Brustkorb lag – ob tot oder lebendig, konnte er nicht sagen – und wie Will schrie. Er wand sich unter dem Gewicht, versuchte sich aufzurichten und rief um Hilfe. Zusammen mit Will schaffte er es, das Tier von der Felsplatte in die Tiefe zu werfen, wo es hart auf dem Boden aufschlug.

Ned ließ sich keuchend auf den Rücken fallen. Will fragte, ob er verletzt sei, und Ned antwortete, er glaube nicht. Trotzdem bewegte er sich nicht, sondern blieb mit weit aufgerissenen Augen liegen, während die zweite Pistole gespannt und geladen auf seiner Brust ruhte. Auch Will neben ihm lag regungslos da.

Beim ersten Tageslicht kletterten sie nach unten, um das tote Tier zu untersuchen. Es handelte sich nicht um den Satan, sondern um einen Berglöwen, eine Löwin. In Neds Erinnerung war es ein riesiges Tier gewesen, aber in der grauen Morgendämmerung entpuppte es sich als fast winzig, nicht viel mehr als drei Fuß lang und sehr mager, mit vorstehenden Rippen und kleinem Kopf. Das Rückenfell war gelbbraun, das am Bauch blass und dort, wo die Kugel eingedrungen war, von dem getrockneten Blut verfilzt. Die Kugel hatte die Löwin anscheinend ins Herz getroffen. Halb verhungert, dachte Ned, genau wie wir. Er empfand plötzlich Mitleid.

Will zeigte auf Neds rechte Schulter. »Du bist verletzt.«

Ned schaute auf seinen Oberarm. Schnitte und Kratzer, rot, von Zähnen oder Krallen, aber kaum Blut. Ein paar Narben mehr in seiner Sammlung. Er ging hinunter zum Bach, um die Wunden auszuwaschen. Er wusste, Will würde den Vorfall als ein Zeichen Gottes deuten, dass sie ihr Versteck verlassen müssten. Und als Beweis würde er irgendwelche Bibelstellen anführen, was er auch sogleich tat, indem er aus den Psalmen zitierte: »Die jungen Löwen müssen darben und hungern; aber die den Herrn suchen, haben keinen Mangel an irgend einem Gut.« Aber das war nicht der Grund, warum er seine Meinung änderte. Ihm war nun klar, dass er an diesem einsamen Ort mit all seinen Gefahren und Entbehrungen ohne seinen Schwiegersohn unmöglich würde überleben können. So weit waren sie nun zusammen gekommen, zusammen würden sie auch weiterziehen – wie es in der Bibel hieß, *bis an der Welt Ende*.

Um dem mosaischen Gesetz zu gehorchen, worauf Will nach wie vor bestand, mussten sie sich bei Sonnenuntergang innerhalb von zwei Meilen Entfernung zum Versammlungshaus befinden. Die naheliegende Lösung war, die verfallene Mühle wieder aufzusuchen. Sie konnten sich nicht dazu entschließen, zwei Felswände hinunterzuklettern, vor allem wegen Neds verletztem Arm, was bedeutete, dass sie den langen Weg außen herum würden gehen müssen. Ned nahm die Löwin aus, schnitt das wenige Fleisch in kleine Stücke und warf es in einen Topf. Während es köchelte, zog er das Fell ab und spannte es für den Fall, dass sie umzukehren gezwungen wären, auf das Holzgitter.

Es schien keine Rolle zu spielen, wie lange das Fleisch kochte, es blieb zäh und hart, hatte aber dennoch einen kräftigen Wildgeschmack, der an Bärenfleisch erinnerte. Was sie nicht aßen, nahm Ned für den Abend in seiner Tasche mit. Dann zogen sie ihre englische Kleidung an, traten das Feuer aus und machten sich auf den Weg.

Sie gingen zunächst auf dem Bergkamm einige Meilen nach Norden, bis das Gelände abfiel, dann durch den Wald nach Süden und schließlich, als der Weg allmählich ebenerdig wurde, in Richtung Osten. Zur Bestimmung ihrer Position richteten sie sich nach dem Stand der Sonne. Es war ein mühsamer Marsch in unwegsamem Gelände bei großer Hitze, zumal in den ledernen Armeemänteln. Und dann die Bisse der bösartigen Moskitos, die sich an ihrem Blut labten. Aber die Wochen unter freiem Himmel hatten sie auch abgehärtet, und die Monate des Umherziehens hatten sie gelehrt, sich in der Wildnis zu orientieren. Am späten Nachmittag sahen sie Sperrys Bauernhof. Kurz erwogen sie, einen Zwischenhalt einzulegen, entschieden sich aber dagegen. Es hatte ohnehin den Anschein, dass niemand zu Hause war.

Kurz vor Einbruch der Dunkelheit erreichten sie die Mühle. Ned war so erschöpft, dass er nur noch ein paar Brocken kaltes Löwenfleisch essen konnte und dann auf seinem Mantel ausgestreckt sofort einschlief.

Am nächsten Morgen schulterten sie ihre Taschen und machten sich wieder auf. Nach etwa einer Meile war in der Ferne die läutende Glocke des Versammlungshauses zu hören. Als sie eine Viertelstunde später in die Stadt kamen, lagen die breiten Straßen wie ausgestorben da. Alle Bürger waren beim Gebet. Sie marschierten über den Anger, Will voraus, hinter ihm Ned, den die Vorahnung plagte, dass sie einen furchtbaren Fehler begangen hatten. Und als sie das Versammlungshaus betraten und die dicht gedrängte Gemeinde sich zu ihnen umdrehte, wusste er, dass er damit richtig lag.

Ihr Erscheinen – sowohl die Tatsache an sich wie auch ihr Aussehen nach fast sechs Wochen in den Wäldern – rief Ausrufe des Entsetzens hervor. Davenport stand auf der Kanzel und hielt die Predigt. Vielleicht zum ersten Mal in seiner langen Laufbahn schien es ihm kurz die Sprache zu verschlagen. Es dauerte ein paar Augenblicke, aber dann stieg er unter dem lauter werden Gemurmel der Gemeinde von der Kanzel und ging ihnen mit abweisenden Handbewegungen entgegen, als wären sie zwei wilde Tiere, die sich aus dem Wald hierher verirrt hätten. Gouverneur Leete und William Jones erhoben sich von ihrem Platz in der ersten Reihe und folgten Davenport. Die drei Männer schoben die Oberste nach draußen. Jones drehte sich um, schloss die Tür und fuhr wieder herum.

»In Gottes Namen«, sagte er leise. »Habe ich Euch nicht gesagt, dass Ihr in Eurem Versteck bleiben sollt, bis ich Euch Bescheid gebe? Warum seid Ihr hier?«

Will hob aufmüpfig das Kinn. »Wir waren vierzig Tage und vierzig Nächte in der Wildnis, und es steht geschrieben, dass unsere Prüfung nun beendet ist und die Engel sich unser annehmen werden.«

»Wo steht geschrieben, dass Eure Prüfung beendet ist?«, fragte Davenport.

»Matthäus, Kapitel vier.«

»Das ist nicht die Bedeutung des Absatzes.«

»Ich glaube schon.«

»Wollt Ihr Euch anmaßen, mir die Heilige Schrift zu erklären?«

»Nein, Sir.«

»Behauptet Ihr, Christus zu sein, Oberst Goffe? Wenn ja, dann ist das schwerwiegendste Blasphemie.«

Zum erste Mal schien Will verunsichert zu sein. »Ich will nicht behaupten, dass einer von uns beiden Jesus ist, nur dass wir demütig seinem in der Heiligen Schrift offenbarten Beispiel folgen.«

Leete schüttelte ungläubig den Kopf. »Eure Rückkehr bringt uns in eine höchst gefährliche Lage. Ganz Neuengland hat sich seit Eurem Verschwinden gegen unsere Kolonie gewandt. Mr Davenport schwebt in ernster Gefahr, verhaftet zu werden – und Mr Jones und ich ebenso.«

»Das tut uns leid«, sagte Ned.

»Wir haben den Vertretern der Krone versichert, dass wir nichts über Euren Aufenthaltsort wissen – und jetzt taucht Ihr hier auf. Die ganze Stadt hat Euch gesehen.«

»Geht«, sagte Jones und wiederholte die schrecklichen abweisenden Gesten Davenports, die Ned als den Augenblick in Erinnerung behalten sollte, wo ihr Ausschluss aus der menschlichen Gesellschaft besiegelt wurde. »Geht jetzt. Wir werden sagen, dass Ihr die Berge verlassen und Euch nach Boston aufgemacht habt, um Euch zu ergeben.«

»Aber das ist nicht christlich«, sagte Will.

Ned nahm ihn am Arm. »Komm, Will«, sagte er sanft. »Das sind unsere Freunde. Wir können nicht mehr von ihnen verlangen, als was in ihrer Macht steht.« Er wandte sich an Jones. »Den Sommer können wir im Freien überstehen. Aber wenn das Wetter schlechter wird, dann ...« Er brachte es nicht fertig, den Satz zu beenden.

»Wir tun, was wir können«, sagte Jones. »Ihr habt unser Wort darauf. Ich werde zu Euch kommen, wenn wir einen Plan ausgearbeitet haben. Aber geht jetzt, bitte.«

Will schien weiter mit ihnen streiten zu wollen, aber Ned zog ihn weg. Nach ein paar Schritten gab Will nach, und zusammen gingen sie über den Anger zurück. Als sie wieder auf der Straße waren, drehte Ned sich noch einmal um. Die drei Männer schauten ihnen hinterher. Als er sich eine Minute später noch einmal umblickte, waren sie wieder hineingegangen.

Die Oberste mussten weiter in der Wildnis ausharren, weitere sechsundfünfzig Tage, die Will – zusammen mit den Vollmondnächten am 11. Juli und 9. August – sorgfältig mit in den Fels geritzten Kerben festhielt. Die Tage verschmolzen miteinander, sodass sie ohne Wills akribisch geführten Kalender keine Vorstellung von der verstrichenen Zeit gehabt hätten.

Sie bauten Schlingfallen, um Kaninchen zu fangen, und schnitzten aus dem Ast eines Hickorybaums einen Bogen. Den bespannten sie mit einer Schnur, die sie aus den Fasern von Nesselstängeln flochten. Sie schnitzten Pfeile aus Birkenholz, an denen sie oben spitze Kiesel und unten Federn befestigten. Das sparte Munition, es vertrieb die Zeit und war bei der Jagd auf Hirsche überraschend wirkungsvoll. Sie hungerten nicht. Tatsächlich ernährten sie sich mit dem gekochten und gebratenen Fleisch, dem gedünsteten Fisch, den Beeren und anderen essbaren Pflanzen womöglich gesünder als vorher. Nur die Aussicht auf den Herbst und den Winter machte Ned Angst. Er war davon überzeugt, dass sie an ihrem ungeschützten Standort das kalte Wetter nicht überleben würden. Also machten sie sich auf die Suche nach einer geeigneteren Unterkunft, wobei sie jedes Mal tiefer in den Wald eindrangen.

Bei einem dieser Ausflüge trafen sie auf Indianer. Will sah sie als Erster – drei männliche Gestalten, die regungslos zwischen den Bäumen standen. Eine halbe Minute schauten sich die beiden Parteien an, dann hob Ned die Hand zum Gruß, worauf die Indianer sich umdrehten und im Wald verschwanden. Sie sahen sie nie wieder. Aber seitdem spürten sie, dass sie unter Beobachtung standen, was ihre Unruhe nur verstärkte. Eines Nachts hörten sie Geräusche, die sich nach einem Bären anhörten, der am Lagerfeuer an ihren Essensvorräten herumschnüffelte. Am nächsten Morgen fanden sie ihre Speisekammer leer vor. Das Gefühl, dass ihr Überleben gänzlich von diesem unaufhörlichen Kampf abhing, hinterließ allmählich Spuren – dass nämlich feindselige Tiere oder auch Menschen sie beobachteten und nur auf einen Fehler von ihnen warteten, der dann ihr Ende besiegelte. Am Tag, wenn sie ihren Beschäftigungen nachgingen, war es erträglich, aber in den länger werdenden Nächten wurde ihre Vorstellungswelt zunehmend von Ängsten beherrscht. In der Dunkelheit war das Land laut, leer, gespenstisch. Jedes Vogelkreischen, jedes Heulen und Rascheln beschwor böse Geister. Ned fragte sich, ob sie allmählich durchdrehten.

An einem Montagnachmittag, nach Wills Kalender der neunzehnte Tag im August, saß Ned auf dem höchsten Ausguckfelsen und sah durch sein Fernrohr vier Gestalten, die in ihre Richtung ritten. Halt, es waren keine vier Gestalten, sondern nur zwei. Die beiden anderen Pferde waren reiterlos. Das waren keine Indianer. Das waren Europäer. Er beobachtete sie eine Zeit lang, dann nahm er das Fernrohr herunter und wischte sich den Schweiß vom Auge. Er beugte sich nach unten und warnte Will. Als er wieder hindurchschaute, erkannte er die Männer als Jones und Sperry.

Die Zeit war zu knapp, als dass sie sich hätten umziehen und die beiden Männer in ihrer englischen Kleidung empfangen können. Sie begrüßten sie so, wie sie waren, Will mit dem Bogen über dem Arm, Ned mit dem Löwenfell über den Schultern. Er sah das Entsetzen in Jones' Augen – und nicht nur das, er sah den Ekel.

Die Besucher schauten sich im Lager um. Sie sahen den getrockneten Fisch, die Tierhäute und die offene Grube, in die sie die Knochen der von ihnen gefangenen Tiere geworfen hatten. Der aus Nordost kommende Wind drehte etwas und wehte den Gestank der Latrine herüber.

»Es ist so weit«, sagte Jones. »Und keinen Augenblick zu früh, so wie es hier aussieht. Wir haben einen Platz für den Winter für Euch gefunden.«

»Wo soll das sein?«

»Ihr werdet schon sehen. Sucht Eure Sachen zusammen.«

Sie benötigten eine Stunde, bis das Lager geräumt und ihre Taschen gepackt waren. Ned brachte es nicht über sich, das Beil, das er gefunden hatte, und die Werkzeuge, den Bogen und die Pfeile, den Speer und die Trockengestelle, die sie alle selbst gebaut hatten, einfach zurückzulassen. Er vergrub sie zusammen mit ihrem Fischernetz in einem Loch.

Die Route, die Jones und Sperry ausgesucht hatten, führte sie am Hügelkamm entlang und dann in den Wald hinunter, wo sie sich aber nicht nach Süden wandten, sondern in einem großen Bogen um New Haven herum in Richtung Südwesten. Gegen Ende des Nachmittags machten sie am Rand des Waldes Rast, aßen und tranken etwas, warteten den Sonnenuntergang ab und zogen dann weiter. Wohin wir auch gehen, dachte Ned, sie wollen, dass wir im Dunkeln ankommen.

Sie durchquerten abermals eine weite Ebene, die mit großen Bäumen besprenkelt war und einer englischen Parklandschaft glich. Nach und nach wurde klar, dass sie auf die Küste zuhielten. Im abendlichen Dämmerlicht erschien eine kleine Siedlung, aber erst als sie bei Dunkelheit die Küstenstraße erreichten, erkannte Ned, dass sie in Milford waren. Wenig später standen sie vor Micah Tomkins' Krämerladen. Jones klopfte, und Tomkins erschien mit einer Laterne. Er bat sie nicht ins Haus, sondern schaute sich nervös um, gab ihnen kurz die Hand und führte sie dann über den Hof in ein Nebengebäude. Es war zu dunkel, als dass man viel hätte sehen können – Fässer, Säcke, Bauholz. Er schob ein paar Dinge zur Seite, öffnete eine Falltür und hielt die Laterne darüber.

»Da ist es wenigstens trocken. Da unten seid Ihr sicher. Ich komme morgen früh wieder.«

Er gab Will die Laterne, der ihm dankte und damit die Leiter hinunterstieg. Ned guckte in das dunkle Loch. Nicht dass er erpicht darauf gewesen wäre, es näher zu erkunden, aber er war wohl kaum in der Lage, sich zu beschweren. Er zögerte kurz, dann folgte er Will die Leiter hinunter. Über ihnen schloss sich die Falltür.

TEIL DREI

VERSTECKEN

1662

KAPITEL 23

Im nächsten Frühjahr – genauer, am Sonntag, dem 2. März 1662, um acht Uhr morgens – konnte man vier Mitt- und Endfünfziger, alle im tristen puritanischen Sonntagsstaat und mit einer Bibel in der Hand, durch die City von London gehen sehen. Darin offenbarte sich eine gewisse Renitenz, denn nach den Gesetzen der Regierung unter König Karl II. war es höchstens fünf Puritanern erlaubt, sich zu irgendeiner Zeit zu treffen. Eine größere Versammlung wurde als Konventikel betrachtet, als heimliche Zusammenkunft außerkirchlicher religiöser Gemeinschaften, die mit Gefängnis bestraft wurde. Ihr Auftritt war also legal, wenn auch nur ganz knapp.

Begleitet vom Glockengeläut der Kirchen in der Stadt gingen die Männer vom Fluss in nördlicher Richtung durch die Coleman Street, bogen nach rechts in eine mit Handelshäusern gesäumte Gasse ein, die Swan Alley, und blieben dort vor einem hohen, schmalen Gebäude stehen, das aussah, als hätte es sich nachträglich in die Häuserreihe gequetscht.

Frances Goffe schenkte ihrem Onkel William gerade ein Glas Wasser ein, als die Besucher an die Haustür klopften. Der alte Prediger saß wie immer über seine Papiere gebeugt am Schreibtisch. »Das sind wahrscheinlich meine Gäste«, sagte er, ohne den Kopf zu heben. »Lass sie bitte herein. Das wird dich interessieren, sie sind gerade erst aus Amerika eingetroffen.«

Amerika. »Glaubst du, sie bringen Neuigkeiten von Will und Vater?«

»Das ist sehr wahrscheinlich.«

Sie lief durch den Flur, strich ihr Kleid glatt, fuhr sich mit einer Hand durch die Haare und öffnete dann die Tür. Der älteste der vier Männer musterte sie kurz und lächelte dann feierlich.

»Habe ich die Ehre, mit Mrs Goffe zu sprechen? Mrs Frances Goffe?«

Die Aufregung hatte sie noch nicht so überwältigt, dass sie ihre Vorsicht vergaß. »Darf ich fragen, wer das zu wissen wünscht?«

»Verzeiht.« Er berührte den Rand seines hohen Puritanerhutes. »Meine Name ist John Winthrop, Gouverneur der Kolonie von Connecticut. Das sind Major Robert Thompson aus Guilford in New Haven, Hauptmann John Scott aus Long Island und Mr Nathaniel Whitefield, ebenfalls aus Guilford. Wir würden gern mit Reverend Hooke sprechen.«

»Kommt bitte herein. Mein Onkel erwartet Euch.« Sie trat zur Seite und ließ sie ein, schaute schnell hinaus auf die Straße, ob ihnen jemand gefolgt war, und führte die Besucher dann in die Stube.

Sie blieb in der Tür stehen, weil sie hoffte, ein paar Fragen stellen zu können, aber Onkel William sagte bestimmt: »Danke, Frances. Deine Tante wartet sicherlich schon auf dich. Schließ bitte die Tür.«

Es war grausam, sie aus dem Gespräch auszuschließen, dachte sie. Fast zwei Jahre waren vergangen, seit sie Will oder ihren Vater zuletzt gesehen hatte. Abgesehen von Wills kleiner Notiz, hatte sie in der ganzen Zeit von keinem der beiden einen Brief erhalten. Obwohl sie tränenreich darum gefleht hatte, ihnen schreiben zu dürfen, hatte man ihr jegliche Kontaktaufnahme verboten, sogar nach dem Tod ihrer Mutter. Das Risiko wurde als zu groß eingeschätzt. Sie versuchte das Gespräch der Männer zu belauschen, konnte aber nichts verstehen. Schließlich ging sie nach oben zu Tante Jane und den Kindern.

Richard war jetzt fast zwei, die Ähnlichkeit mit seinem Vater stand ihm ins Gesicht geschrieben. Er lief schon so forsch durch die Wohnung, dass sie oben im Flur ein Gitter hatten anbringen müssen, damit er nicht die Treppe hinunterfiel. Betty und Nan neigten immer noch zum Kränkeln, aber Judith war ein kräftiges Mädchen. Frankie war eine große Hilfe mit den Kleinen – auch wenn das nicht gerade ein großartiges Leben für eine Zehnjährige war. Sie war eingesperrt in einem gemieteten Haus und musste die abgelegten, von Kirchenmitgliedern gespendeten Kleider auftragen. Frances' eigene Kleider waren allerdings auch nicht besser. Die Leute waren freundlich, sie stellten keine Fragen. Trotzdem wusste sie, dass hinter ihrem Rücken getuschelt wurde. Sie war nicht nur die Frau, sondern auch die Tochter von Königsmördern, Männern auf der Flucht, die man hängen, ausweiden und vierteilen würde, wenn man ihrer habhaft wurde. Das war ein weiterer Grund, warum sie die Kinder möglichst nicht aus dem Haus ließ. Sie wollte sie so lange wie möglich vor der Wahrheit abschirmen. Das Geld war knapp. Sie machte für andere Leute die Wäsche und arbeitete als Näherin, damit sie über die Runden kamen.

Tante Jane hatte Richard auf den Schoß genommen, auf dem Tisch lag aufgeschlagen die Bibel. Sie hatte mit der Bibelstunde auf Frances gewartet. Frances hielt Judiths Hand und versuchte sich zu konzentrieren, besonders während der Gebete, aber ihre Gedanken wanderten immer wieder zu den Männern in der Stube, und als sie ein paar Stunden später Stimmen hörte, entschuldigte sie sich und lief nach unten.

Die Gruppe verließ gerade die Stube. Sie spürte sofort, dass harte Worte gefallen waren. Thompson und Whitefield, die Männer aus Guilford, standen mit dem Rücken zu Winthrop, der verzweifelt die Arme ausgebreitet hatte, als wäre ein eben von ihm vorgetragenes Ansinnen von den beiden zurückgewiesen worden. »Meine Freunde, ich bitte Euch«, sagte Onkel William klagend und folgte ihnen in den Flur. »Wir dürfen uns nicht entzweien. Unduldsamkeit ist die Sünde, die für den traurigen Zustand verantwortlich ist, in dem wir uns derzeit befinden.«

»Nein, Sir«, sagte Whitefield. »Es ist eher die übertriebene Duldsamkeit, die uns zugrunde richtet. Schluss jetzt, damit ist alles gesagt. Gott sei mit Euch, Mr Hooke. Und Mr Winthrop ... möge Gott Euch zu einem besseren Verständnis führen.«

Whitefield, Thompson und Scott gingen. Winthrop sah ihnen kopfschüttelnd hinterher. »Da seht Ihr es, Mr Hooke. Die Lage ist ziemlich verzweifelt.« Er seufzte. »Nun, ich danke Euch für Eure Bemühungen. Nun bleibt uns nichts, als abzuwarten, wie die Dinge sich entwickeln.«

Als er auf die Haustür zuging, rief Frances von der Treppe: »Mr Winthrop, bevor Ihr geht, ich flehe Euch an ... Habt Ihr Nachrichten von meinem Mann und meinem Vater?«

Er blieb stehen und drehte sich um. »Wir haben alles, was wir wissen, Eurem Onkel berichtet.«

»Bitte, erzählt es auch mir, Sir. Verzeiht, aber ich habe schon so lange nichts mehr von ihnen gehört.«

»Ich erzähle dir später alles, mein Kind«, sagte Hooke.

»Habt Ihr sie gesehen? Sind sie gesund?«

»Frances!«

»Schon gut, Mr Hooke«, sagte Winthrop freundlich. »Ja, Mrs Goffe. Ich habe sie gesehen. Vor einem Jahr. Sie sind durch Hartford gekommen. Und ja, es ging ihnen gut. Müde vom Reisen, aber sonst guter Dinge.«

»Und jetzt? Wo sind sie jetzt?«

»Irgendwo in der Kolonie von New Haven, glaube ich. Der genaue Ort ist geheim, den kennen nur eine Handvoll Leute. Es ist sicherer so.«

»Wie ist ihr Leben? Ist es hart?«

»Sie leben, Mrs Goffe, und sie sind unter Freunden, soweit ich weiß. Das ist schon etwas. Der Rest liegt in Gottes Hand.«

»Wenn Ihr sie seht, richtet Ihr ihnen aus, dass es mir und den Kindern gut geht und dass ich jeden Tag für sie in der Hoffnung bete, dass wir bald wieder vereint sind? Bitte!«

»Wenn ich sie sehe, richte ich es ihnen aus, das verspreche ich.« Winthrop lächelte und berührte den Hutrand. »Ich wünsche Euch beiden einen guten Tag, und sei Gott mit Euch.«

Er trat hinaus auf die Straße, und sein Lächeln verschwand. Eines wusste er mit Sicherheit. Er würde sich hüten, dass ihm die beiden Oberste jemals wieder unterkamen. Als er das letzte Mal von ihnen gehört hatte, hieß es, sie hausten in einer Höhle. Wenn das stimmte, wie sollten sie da den Winter überlebt haben? Unglücksraben, dachte er. Tot wären sie besser dran.

Hooke rief Frances in die Stube. Sie wollte sich entschuldigen, aber er schien ihr gar nicht zuzuhören. Er setzte sich mit dem Rücken zu ihr an den kleinen Tisch, seinen Schreibtisch, wo er sein »Intelligenzblatt« verfasste. Da es ihm verboten war zu predigen, verwandte er fast seine gesamte Anstrengung auf diese Mitteilungen, die eigentlich kleine Zeitungen voller Tatsachen und Gerüchte waren, die er in der Stadt aufschnappte. Kopien davon versandte er an die puritanischen Gemeinden außerhalb von London, auf dem Kontinent und in Amerika. Sie lebten wie Rebellen im Untergrund. An seinen neuesten Mitteilungen arbeitete er seit einer Woche. Die Feder huschte über das Papier.

»Ich befürchte, dass dein Vater und dein Mann Anlass für tiefe Zerwürfnisse unter unseren Freunden in Neuengland sind«, sagte er. »Die Männer aus New Haven, vor allem Davenport, haben offen – anscheinend zu offen – ihre Gastfreundschaft gezeigt und die offizielle Fahndung nach ihnen behindert. Es heißt nun, dass der König die Kolonie von New Haven auflösen will. Wenn das geschieht, werden die Siedlungen höchstwahrscheinlich Connecticut zugeschlagen. Die Männer aus New Haven verlangen von Gouverneur Winthrop die Zusicherung, dass er dieser Abtretung nicht zustimmt. Man hat mich gebeten, als ehrlicher Vermittler zu fungieren.«

»Und Winthrop verweigert diese Zusicherung?«

Hooke nickte. »So ist es. Er ist nach London gekommen, um für seine Kolonie eine eigene Charta auszuhandeln. Er meint, dem König den Gehorsam zu verweigern mache Connecticut verdächtig.«

»Und was meinst du?«

»Ich verstehe beide Seiten. Das ist eine meiner ewigen Schwächen.« Er beendete seine Arbeit und blies über die Tinte. »Laut Thompson wird ein Verbindungsmann von ihm, ein Kaufmann namens Samuel Wilson, morgen nach Boston segeln. Er teilt unseren Glauben und nimmt das Wagnis auf sich, für uns Nachrichten zu befördern. Ich hatte bereits eine Auswahl für Davenport zusammengestellt und habe gerade noch etwas über das Treffen heute Morgen angefügt – in Andeutungen, aber er wird die Botschaft schon verstehen. Wärst du so nett, den Brief diesem Wilson zu überbringen? Er hat ein Haus am Fluss. Ich würde ja selbst gehen, aber ich werde oft beschattet und bin auch nicht mehr so flink auf den Beinen.« Er faltete die Seiten zusammen und versiegelte sie mit Wachs. »Hier ist Wilsons Adresse. Ich gehe jetzt zu Jane und berichte ihr die Neuigkeiten über ihren Bruder.«

Frances holte ihren Mantel aus der Küche, und als sie zurückkam, war ihr Onkel schon verschwunden. Auf dem dicken Konvolut stand *Reverend John Davenport, New Haven.* Samuel Wilsons Haus befand sich in der Pfarrei der Kirche Sankt Peter und Paul. Sie drehte den Brief zwischen den Fingern hin und her. Er stellte die wenn auch schwache Verbindung zu ihrem Mann dar. Die Versuchung war unwiderstehlich. Sie setzte sich an den Schreibtisch, nahm ein Blatt Papier, tauchte die Feder ihres Onkels in das Tintenfass und hielt sie kurz über die leere Seite. Ihre Nachricht durfte nur die knappste Andeutung ihrer Liebe enthalten – keine Einzelheiten über ihre tatsächliche Lage, nichts, was ihren Aufenthaltsort verriet, nichts darüber, wer der Absender oder der Adressat war. Beim letzten Punkt musste sie auf Davenports Verschwiegenheit vertrauen.

Mein Allerliebster, schrieb sie. *Gott hat uns getrennt, aber dank seiner Barmherzigkeit geht es den Kindern gut, und dank seiner grenzenlosen Gnade glaube ich fest daran, dass wir eines Tages wieder vereint sein werden.*

Sie hielt inne und überlegte, ob sie ihrem Vater mitteilen sollte, dass ihre Stiefmutter gestorben und dass es eine Erlösung für sie gewesen sei. Aber sie fand nicht die richtigen Worte und wollte ihm in seiner Lage nicht zusätzlichen Kummer bereiten.

Sie faltete das Blatt zweimal und versiegelte es mit einem Tropfen Wachs. Dann brach sie das Siegel an dem Bündel für Reverend Davenport. Es enthielt einen Wechsel von Puritanern der Gemeinde über zwanzig Pfund. Das Geld hätten sie selbst gut gebrauchen können, aber natürlich gönnte sie es ihm. Sie schob den eigenen Brief zwischen die acht eng beschriebenen Seiten und versiegelte das Bündel an vier Stellen wieder mit dem Ring ihres Onkels. Sie begutachtete das Bündel. Niemand würde erkennen, dass sie daran herumgepfuscht hatte.

Von oben waren Geräusche zu hören. Ihr Onkel kam die Treppe herunter. Sie legte schnell alles auf dem Schreibtisch so hin, wie sie es vorgefunden hatte, nahm das Briefbündel und den Zettel mit Wilsons Adresse und trat auf die Straße.

Das Haus des Kaufmanns befand sich nur eine gute Meile entfernt nahe am Fluss in Blackfriars. Sie fragte den Küster der Kirche von Sankt Peter und Paul nach dem Weg und klopfte, eine halbe Stunde nachdem sie von Hookes Schreibtisch aufgestanden war, an Wilsons Tür. Er war jünger als erwartet und ganz in puritanisches Schwarz gekleidet. Sie hörte lachende Kinder, was sie irgendwie beruhigte.

»Mein Onkel hat mich gebeten, Euch dies auf Eure Reise nach Amerika mitzugeben.«

Er las den Namen auf dem Bündel und verzog das Gesicht. »Das muss besonders gut versteckt werden.«

»Aber Ihr nehmt es mit?«

»Ja, ich verspreche es.«

»Gott segne Euch, Ihr seid ein guter Mensch.«

Die Leidenschaft, mit der sie sprach, schien ihn zu überraschen. »Möchtet Ihr für einen Augenblick hereinkommen?«

»Nein danke. Ich muss zurück zu meinen Kindern.«

Nach knapp der Hälfte des Rückwegs bemerkte sie, dass die kräftige Frau in dem braunen Kleid und mit der dunkelgrünen Haube, die ihr schon in der Wilson Street aufgefallen war, keine fünfzig Schritte hinter ihr ging. Sie schlüpfte in die Kirche der heiligen Maria vom Bogen, ging schnell durch das Hauptschiff und dann durch die Tür des Altarraums wieder nach draußen auf die Straße, wo sie nach links in die Old Jewry einbog. Die Frau war ihr immer noch auf den Fersen, folgte aber schon etwas weiter zurück. Frances betrat einen Innenhof, lief über das Kopfsteinpflaster, fand eine unverschlossene Tür und duckte sich in den Durchgang. Hatte das zu bedeuten, dass Wilson beschattet wurde? Oder waren sie hinter ihrem Onkel her? Wenn dem so war, sollte sie dann zu Wilson zurückgehen und ihn warnen, dass er durch ihre Schuld möglicherweise in Schwierigkeiten geraten könnte?

Sie verharrte fast eine ganze Stunde. Als die Kirchenglocke zwölf schlug, wagte sie es und verließ ihr Versteck. In der schmalen Gasse keine Spur von der Frau. Sie schlug zurück nach Hause in die Swan Alley einige Umwege ein und drehte sich immer wieder um. Anscheinend hatte sie ihre Verfolgerin abgeschüttelt.

Sie erzählte Onkel William sofort, was passiert war. Er schien nicht weiter beunruhigt zu sein. Er ging große Risiken ein, um den Glauben am Leben zu erhalten, und nahm die Gefahren hin. Und das würde auch Wilson. »Alles liegt in Gottes Hand«, sagte er.

KAPITEL 24

Am selben Sonntag, wo Hooke die vier Männer aus Amerika empfing, segelte Nayler nach Rotterdam. Vier Tage später, am Donnerstag, dem 5. März, befand er sich abends in der holländischen Stadt Delft. Er kauerte am Fenster eines Zimmers im ersten Stock und schaute durch sein Fernrohr auf ein schlichtes, weißes Haus auf der anderen Seite des Kanals. Es war kurz nach sechs. Die Sonne ging gerade unter, und die Schatten krochen über die Wandbehänge aus Damast. Auf einem hohen Lehnstuhl hinter ihm saß Sir George Downing, Seiner Majestät Botschafter in Den Haag. Unten warteten ein halbes Dutzend in Zivil gekleidete, aber bewaffnete Soldaten. Sie waren im Laufe des Nachmittags nach und nach heimlich von der *Blackamoor* gekommen. Das Schiff der Königlich Afrikanischen Gesellschaft gehörte dem Herzog von York und lag etwa sechs Meilen weiter südlich im Hafen von Rotterdam vor Anker.

Downing gähnte. »Was, wenn sie nicht kommen?«

»Sie kommen«, sagte Nayler, der das Fernrohr schärfer stellte, damit er die Straße besser absuchen konnte. »Ich habe ihre Briefe gelesen. Liebesgefühle sind ihr schwacher Punkt, glaubt mir.« Das war sein festes Kredo.

»Allein die Vorstellung«, sagte Downing kopfschüttelnd. »Eine Frau so sehr zu vermissen, dass man das eigene Leben aufs Spiel setzt.« Er lachte auf.

Nayler hasste ihn.

Nayler war Ende Juli von Boston nach London zurückgekehrt, fest entschlossen, seine Nachforschungen unter denjenigen Königsmördern zu verschärfen, die sich noch freien Fußes auf dem Kontinent befanden. Sollten Whalley und Goffe sich dort aufhalten, würde er bald von ihnen hören. Als er Hyde – inzwischen Graf von Clarendon – über seine gescheiterte Mission in Amerika Bericht erstattete und die Möglichkeit erwähnte, dass seine Beute nach Holland geflohen sein könnte, erzählte ihm Hyde von der Wiederernennung Downings als Botschafter. »Schreibt ihm. Ihr werdet sehen, wie begierig er darauf ist, Euch zu unterstützen.«

»Downing ist in Den Haag?« Nayler war erstaunt. »Aber er war doch auch schon Cromwells Mann in Holland.«

»Richtig. Und jetzt ist er unser Mann. Unter uns gesagt, er hatte sich insgeheim schon auf unsere Seite geschlagen, als der König noch im Exil war. Er hat sich als Spitzel als höchst nützlich erwiesen. Noch einer von diesen früheren Parlamentariern, die jetzt ganz scharf darauf sind, uns ihren Eifer zu beweisen. Schaut nicht so entsetzt, Mr Nayler. Skrupel stehen Euch nicht.«

Downing erwies sich bei der Suche nach den Königsmördern tatsächlich gerade wegen seiner Vergangenheit als sehr wirkungsvoll – das konnte man nicht bestreiten. Aufgewachsen in Salem in der Massachusetts-Bai-Kolonie, war er einer der ersten Absolventen von Harvard und anschließend Geistlicher im neuen Musterheer gewesen, bevor er in den Regierungsdienst eintrat. Mit früheren Mitstreitern, die ihm noch vertrauten, hielt er freundliche Verbindung ins Exil. In den Berichten, die er an Naylers Geheimdienstausschuss weiterleitete, wimmelte es von Namen und Orten. Über sechs der dreizehn noch auf freiem Fuß befindlichen Männer, die das Todesurteil des Königs unterzeichnet hatten, hatte er zuverlässige Auskünfte geliefert. John Hewson, ein ehemaliger Schuster, der in Irland als Soldat in Cromwells Armee ein Auge verloren hatte, war kürzlich in Amsterdam gestorben und konnte von der Liste gestrichen werden. Miles Corbet, ein alter Advokat, lebte in Holland zwischen Zwolle und Kampen. Die anderen vier – Valentine Walton, Cromwells Schwager; Sir John Barkstead, ehemaliger Leutnant des Towers von London; John Dixwell; Oberst John Okey, der Downings befehlshabender Offizier gewesen war – waren alle in Hanau in der Nähe von Frankfurt.

In Deutschland waren sie außer Reichweite, aber wenn man sie nach Holland lockte, könnte man sie vielleicht erwischen.

Downing lieferte die Namen, Nayler stellte die Falle. Er wusste von einem Kaufmann in Delft namens Abraham Kicke, der die Post zwischen den Königsmördern Barkstead und Okey und deren Frauen beförderte. Nayler las die Briefe, bevor sie ausgeliefert wurden, und er war beeindruckt von dem liebevollen Ton. Auf seine Anregung hin bot Downing Kicke ein Kopfgeld von je zweihundert Pfund, wenn er die beiden Männer dazu brächte, sich in seinem Haus in Delft heimlich mit ihren Frauen zu treffen. »Die Frauen werden sie anlocken, meine Herren«, hatte Nayler den Ausschussmitgliedern versichert. Als zusätzlichen Köder versprach Downing Okey sicheres Geleit in Holland.

Das Rendezvous wurde auf die erste Woche im März festgelegt. Mrs Okey und Lady Barkstead wussten allerdings nichts davon und blieben in England.

Um sieben läuteten die Glocken in Delft graziös bimmelnd zur vollen Stunde – heller, melodischer als englische Kirchenglocken. Um halb acht versank Kickes Haus in Dunkelheit, lediglich in einem Fenster im Erdgeschoss brannte das Licht einer Lampe. Downing brachte die Frage vor, was für den Fall geschehe, dass sie nicht kämen. Dann komme er am nächsten

Abend wieder, entgegnete Nayler, und weiter tags darauf, so oft, wie es nötig sei. Der Botschafter bewegte sich auf seinem Lehnstuhl und seufzte.

Auf einmal bogen von rechts zwei Schatten um die Hausecke. Sie gingen schnell, Schulter an Schulter, unförmige Gestalten, zweifellos bewaffnet. Sie kamen an dem beleuchteten Fenster vorbei und blieben stehen. Bald darauf hob ein länglicher, gelber Lichtstreifen ihre Umrisse kurz hervor. Sie betraten das Haus, die Tür schloss sich.

»Sie sind da«, sagte Nayler, ohne das Fernrohr vom Auge zu nehmen. »Sie sind ins Haus gegangen.«

»Wie viele?«

»Zwei.«

Downing stand auf, stellte sich neben ihn und legte ihm die Hand auf die Schulter. Er hatte Hängebacken und einen wuchtigen Körper. Seine Kleidung roch nach Hammelbraten. Nayler musste sich zusammenreißen, dass er nicht zurückwich. Ein paar Minuten später erschien in einem der oberen Stockwerke eine brennende Kerze.

»Das Zeichen«, sagte Downing. »Ich gebe den Männern Bescheid.« Er wandte sich um.

»Halt«, sagte Nayler und stellte das Fernrohr schärfer. »Da ist noch einer.«

Auf Anweisung von Nayler hatte Kicke einen weiteren Mann eingeladen, Miles Corbet, der außerhalb von Amsterdam lebte. Kicke hatte ihn gefragt, ob er seine Kameraden nicht gern wiedersehen wolle. Es sah ganz so aus, dass Nayler richtiggelegen hatte. In seiner Einsamkeit hatte Corbet nicht widerstehen können. Die gebückte Gestalt näherte sich aus der entgegengesetzten Richtung. Er hatte den behäbigen Gang eines annähernd Siebzigjährigen. Die Tür öffnete sich, dann verschluckte auch ihn die Dunkelheit.

»Und jetzt?«, fragte Downing.

Wie er danach gierte, Freunde zu verraten. Auch das widerte Nayler an.

»Lassen wir ihnen die Zeit, ihre Mäntel und Pistolen abzulegen, Sir George, und gönnen wir ihnen ein Glas Wein. Es ist schließlich ihr letztes.«

Sie warteten noch eine halbe Stunde ab, dann gingen sie nach unten und riefen die Männer zusammen. Einer der Soldaten trug einen Sack mit Hand- und Beineisen, ein anderer eine Stange mit einer Laterne an der Spitze. Downing und Nayler nahmen ihre Pistolen. Zusammen mit dem Stoßtrupp gingen sie hinaus auf die leere Straße. Als sie die kleine Kanalbrücke überquerten, spürte Nayler sein Herz schneller schlagen.

Wie ausgemacht, hatte Kicke die Haustür nicht abgesperrt. Downing drängelte sich am Trupp vorbei. Er will den Ruhm einheimsen, dachte Nayler. Die Depesche an Clarendon hat er wahrscheinlich schon aufgesetzt. Downing drehte sich um und hielt den pummeligen Zeigefinger an die Lippen. Sie betraten leise die Diele. Aus dem Raum zur Rechten drangen Stimmen. Als sie sich alle davor versammelt hatten, drückte Downing den Griff nach unten und warf die Tür weit auf.

Die Königsmörder und Kicke saßen vor einem lodernden Kaminfeuer, tranken Bier und rauchten Pfeife. Der Ausdruck von Schrecken und Entsetzen auf ihren Gesichtern, als die Soldaten hineinstürmten und sie Downing erkannten, würde für lange Zeit in Naylers Gedächtnis eingebrannt bleiben. Der alte Corbet brach zusammen, wahrscheinlich hatte er einen Anfall erlitten. Die knochige Gestalt lag zuckend und klappernd wie eine Handpuppe auf dem glänzenden Parkett. Es war schwierig, ihm die Handschellen anzulegen. Nach fünf Minuten war alles vorüber. Als die Männer abgeführt wurden, spürte Nayler – zumindest an diesem einen Abend – kurz Linderung von der bohrenden Qual, dass ihm das mit Whalley und Goffe nicht gelungen war.

Es dauerte einige Tage, bis Nayler die Gefangenen verhören konnte.

Nachdem sich ihre Verhaftung herumgesprochen hatte, versammelte sich vor dem Gefängnis eine Menschenmenge einheimischer Anhänger. Bei Gericht wurde eine Petition eingereicht, die ihre Freilassung forderte. Downing musste seine ganze bösartige Intrigenkunst und einige saftige Schmiergelder aufbieten, bis die Auslieferung genehmigt war und die Gefangenen in Naylers Obhut übergeben wurden. Am folgenden Dienstag wurden sie um zwei Uhr morgens von englischen Soldaten durch die ausgestorbenen Straßen zu einer Barkasse geführt, mit der sie nach Rotterdam zur *Blackamoor* ruderten. Die Männer wurden dort im Laderaum in separaten Abteilen in Ketten gelegt. Am nächsten Morgen wurde der Anker gelichtet, und Nayler ging unter Deck, um seine Fracht zu inspizieren.

Mit Miles Corbet hielt er sich nicht lange auf. Er war ein hagerer Advokat, ein Schreibtischmensch, der nicht als Kämpfer am Bürgerkrieg beteiligt gewesen war, dafür aber unter Cromwell die meiste Zeit als Verwaltungsbeamter in Irland gearbeitet hatte. Er behauptete, außer beim Prozess gegen den König in der Westminster-Halle und danach in der Gemalten Kammer zur Unterzeichnung des Todesurteils habe er weder Whalley noch Goffe jemals getroffen. Nayler war geneigt, ihm zu glauben.

Bei Barkstead und Okey lagen die Dinge anders.

Barkstead war als Leutnant des Towers berüchtigt für seine Härte und Habgier gewesen und hatte London als stellvertretender Generalmajor ein strenges puritanisches Regime aufgezwungen. Er hatte das Globe-Theater abgerissen, Hunderte Prostituierte festgenommen und viele nach Amerika in die

Verbannung geschickt, alle Maibäume niedergerissen, den Bärengarten in Bankside geschlossen und die traditionellen Vergnügungen am Fastnachtsdienstag verboten. Die Soldaten wussten das alles und packten ihn hart an. Von ihren Schlägen war sein Gesicht geschwollen, und die Nase sah gebrochen aus.

Für Nayler interessanter war die Tatsache, dass Barkstead im neuen Musterheer zum Oberst aufgestiegen war und im Sommer 1648 an der Seite von Whalley bei der Belagerung von Colchester gekämpft hatte, nach der die Befehlshaber der Royalisten, Sir Charles Lucas und Sir George Lisle, sich ergeben hatten und in einem Schnellverfahren abgeurteilt worden waren. Ireton, Whalley und Barkstead waren alle an deren Todesurteil beteiligt gewesen. Auf General Lucas' Protest hin – »nie zuvor wurden Männer derart kaltblütig ermordet« – soll Whalley erwidert haben: »Sir, darauf habe ich eine Antwort für Euch.« Dann erinnerte er ihn an die vierzehn kapitulierenden Rundkopf-Soldaten, die man auf Schloss Woodhouse in Wiltshire gehenkt hatte. Der Wortwechsel war in der royalistischen Presse eingehend wiedergegeben worden: *Danach feuerten sechs Dragoner mit ihren Vorderladern auf Lucas; und nachdem er tot zu Boden gestürzt war, küsste Sir George Lisle ihn und wurde daraufhin ebenfalls erschossen.*

Barkstead behauptete, sich nicht an diesen Vorfall erinnern zu können.

»Aber Whalley war doch ein Freund von Euch, nicht wahr?« Nayler hatte einen dreibeinigen Hocker mit nach unten genommen, um bei dem Verhör bequem sitzen zu können. Barkstead saß an den Schiffsrumpf gekettet auf dem Boden.

»Ja, das stimmt.«

»Wann habt Ihr ihn zuletzt gesehen?«

Barkstead dachte nach. »Vor zwei Jahren.«

»Wo ist er jetzt?«

»Das kann ich Euch nicht sagen.«

»Kann er nicht, oder will er nicht.«

»Kann ich nicht.«

»Ich habe Beweise dafür, dass er letztes Jahr in Holland war.«

»Wenn dem so ist, so habe ich keine Kenntnis davon.«

»Vielleicht habt Ihr es vergessen. Ich kann ein paar von meinen Männern hereinrufen, die Euer Erinnerungsvermögen etwas auffrischen.«

Kurz flackerte Angst in Barksteads Augen auf, aber dann riss sich der alte Soldat hinter dem zerschlagenen Gesicht zusammen. »Ihr könnt mich prügeln, so viel Ihr wollt. Meine Antwort bleibt die gleiche. Ich weiß nicht, wo Oberst Whalley sich aufhält. Ich bin nur froh darüber, dass er sich noch in Freiheit befindet.«

Nayler überlegte kurz, ihn selbst in die Mangel zu nehmen, entschied aber, dass es das nicht wert sei. Er nahm den Hocker und die Laterne und ging nach nebenan, wo in einer Ecke Oberst Okey kauerte. Okey hatte das Dragonerregiment in Naseby befehligt, das mit dafür verantwortlich gewesen war, die Schlacht zugunsten der Parlamentsarmee zu entscheiden. Er hatte Whalley mit großer Sicherheit gut gekannt. Bei ihm bediente sich Nayler einer anderen Taktik. Er stellte die Laterne auf den Boden und setzte sich auf den Hocker. »Nun, Oberst Okey, wie geht es Euch?«

»Wie es jemand geht, der auf übelste Weise von einem verraten wurde, dem er vertraut hat.«

»Ich kann Eure Gefühle gut verstehen. Downing ist ein Lump mit der Moral einer Hure. Tut mir leid, was er Euch angetan hat.«

»Das könnt Ihr also gut verstehen? Das bezweifele ich. Der Mann war mein Feldprediger. Er hat unter meinem Dach gewohnt. Er war ein Nichts. Ich habe ihn gemacht.«

»Es betrübt mich, Euch in diesem Zustand zu sehen.« Nayler beugte sich vor. »Ich könnte Eure Lage erleichtern. Ich könnte

Euch gestatten, nach oben an Deck zu gehen, an die frische Luft.«

»Ihr wollt einen Handel mit mir machen? Spart Euch die Mühen. Ich habe Euch nichts anzubieten.«

»Alles, was ich will, sind ein paar Auskünfte. Oberst Whalley und Oberst Goffe, das waren doch Freunde von Euch, nicht wahr?«

»Goffe eigentlich nicht. Er war ein Mystiker und zu radikal für meinen Geschmack. Aber Ned Whalley, den habe ich gut gekannt.«

»Erzählt mir von ihm.«

»Ein guter Offizier. Ein Mann Cromwells, durch und durch. Das war sein Schicksal und sein Fluch.«

»Sein Fluch, wie meint Ihr das?«

»Er hat sein Urteilsvermögen für seine Stellung eingetauscht. Er wurde ganz und gar Cromwells Geschöpf. Wusstet Ihr, dass er einer derjenigen war, die Oliver dazu drängten, König zu werden? So verkommen war der Staatenbund schon geworden.«

»Ich glaube, er ist in Holland.«

Okey starrte ihn einen Augenblick lang an und prustete dann. »Jetzt verstehe ich Euer Spiel. Downing war mein Judas, und jetzt soll ich für Euch die Rolle bei Whalley spielen. Und das alles, damit ich an Deck gehen kann und noch ein bisschen Farbe abbekomme, bevor Ihr mich hängen, ausweiden und vierteilen lasst.«

»Aber es heißt, dass er auf dem Kontinent sei. Wenn ja, dann hat er sicher versucht, Euch aufzuspüren.«

»Ich habe Ned Whalley das letzte Mal gesehen, als General Lambert in Gefangenschaft geriet und die Republik am Ende war. Das war bei Daventry, da hat er in einem Graben gelegen. Das war genau vor zwei Jahren. Seit damals – nichts. Allerdings sage ich Euch ganz offen, Mr Nayler, auch wenn ich ihn erst letzte Woche gesehen hätte, ich würde ihn nicht verraten. Nehmt das als meine Antwort. Und nun geht und lasst mich beten. Vor mir liegt die lange Reise zu Gott, und mir bleibt nicht mehr viel Zeit, mich darauf vorzubereiten.«

Nayler sah ihn nachdenklich an und empfand widerwillig Hochachtung für ihn. Selbst in ihrem gegenwärtigen bedauernswerten Zustand waren sie harte Männer. Kein Wunder, dass sie den Krieg gewonnen hatten. Wieder stand er auf und nahm seinen Hocker, diesmal aber wies er auf dem Weg zum Oberdeck den Wachmann an, jedem Gefangenen unter strenger Aufsicht eine halbe Stunde an der frischen Luft zu gestatten.

Die *Blackamoor* ging morgens am Sonntag, dem 16. März, in Gravesend an der Themsemündung vor Anker. Auf Hydes Anordnung hin entsandte Samuel Pepys von der Admiralität eine Ruderbarkasse zur Übernahme. Die drei Königsmörder wurden in das überdachte Heck der Barkasse umgeladen. Für die Annehmlichkeit der Offiziere der Admiralität waren die vergoldeten Bänke mit purpurrotem Samt bezogen. In ihren Ketten wollten Corbet, Barkstead und Okey nicht recht dazu passen. Die Wachmänner saßen vorn im offenen Teil bei den Seeleuten an den Riemen. Die Ruderblätter tauchten ins Wasser, die Barkasse legte ab. Nach ein paar Minuten empfand Nayler den Anblick der Gefangenen und das Klirren der Ketten, wenn sie sich bewegten, als so deprimierend, dass er sich nach vorn zu den anderen gesellte.

Sie erreichten den Tower bei Einbruch der Dämmerung. Die Barkasse glitt durch die Verräterpforte, dann wurden die Königsmörder über die mit grünem Schleim verschmierten Stufen gestoßen und gezerrt. Als Barkstead an ihm vorbeiging, konnte Nayler es sich nicht verkneifen, ihn anlässlich seiner Heimkehr willkommen zu heißen, »auch wenn die Räumlichkeiten leider Gottes weniger komfortabel als gewohnt sein dürften«. Später ließ Nayler sich von der Barkasse zum Landungssteg am Essex-Haus bringen. Er spazierte durch die Gartenanlage und verbrachte die Nacht in seinen Räumen.

Am nächsten Morgen begab er sich zum Whitehall-Palast, wo Samuel Nokes mit einem Ordner unter dem Arm bereits auf ihn wartete, um ihm zu gratulieren. Nachdem er sich an den Schreibtisch gesetzt und ihm die Verhaftungen geschildert hatte, sagte Nokes: »Seid Ihr auf irgendwelche Neuigkeiten zu Whalley und Goffe gestoßen?«

Bildete er sich das ein, oder machte sich sein Sekretär ein klein wenig über ihn lustig? »Nein, Mr Nokes, leider nicht. Allerdings meine ich an Eurem Lächeln erkennen zu können, dass Ihr erfolgreicher gewesen seid.«

Nokes öffnete seine Akte. »Erinnert Ihr Euch an den Kaufmann Samuel Wilson, den wir im Verdacht hatten, zwischen London und Amerika geheime Botschaften der Puritaner zu befördern?«

»Natürlich. Ich habe ja selbst angewiesen, ihn beschatten zu lassen.«

»Während Ihr in Holland wart, habe ich erfahren, dass sein Schiff bald auslaufen würde, und daraufhin eine Durchsuchung veranlasst. Wir haben eine große Menge an subversiven Nachrichtenblättern, religiösen Traktaten und ähnlichen Flugschriften entdeckt, die in der Fracht versteckt war. Wilson sitzt in Haft und schwört, weder davon gewusst zu haben noch zu wissen, woher die Sachen stammen.«

»Und wie hängt das mit Whalley und Goffe zusammen?«

»Das hier befand sich auch unter den Schriften.« Er legte vor Nayler ein dickes Briefkonvolut auf den Tisch.

»Reverend Davenport«, las Nayler. »Da hat sich einer viel Arbeit gemacht.« Er blätterte durch die Seiten – eine Litanei an Klagen über die Unterdrückung der Puritaner durch die Regierung und verschiedene Artikel mit bösartigem Getratsche über den König – und kam schließlich zum Ende. »Gezeichnet von *D. G.* – wer ist das?«

»Die Bedeutung der Initialen ist unklar. Nach dem Inhalt zu urteilen, handelt es sich um einen puritanischen Geistlichen, schon etwas älter, der einmal unter einem Dach mit Davenport gelebt hat.«

»William Hooke?«

»Das nehme ich stark an. Er schildert ein Treffen mit Gouverneur Winthrop und einigen bedeutenden Männern aus New Haven, das vor zwei Sonntagen stattgefunden und offenbar keinen guten Abschluss gefunden hat. Wenn Ihr Euch den allerletzten Absatz genauer anschauen wollt.«

Die Handschrift war winzig, die Zeilen, um Platz zu sparen, dicht gedrängt, aber doch leicht zu entziffern. *Ich bitte Euch, grüßt meine Verwandten, die Ihr in einem Eurer letzten Briefe erwähnt habt, und unterrichtet sie über all dies, soweit Ihr selbiges für angebracht befindet. Sagt ihnen, unsere Freunde hier seien wohlauf.*

Nayler hob den Kopf und schaute zu Nokes. »Seine Verwandten? Meint er Whalley und Goffe?«

»Höchstwahrscheinlich. Whalley ist sein Schwager, Goffe sein angeheirateter Neffe. Zu den erwähnten Freunden gehört wahrscheinlich auch Frances Goffe. Zwischen den Seiten hat eine zweite Nachricht gesteckt.«

Er reichte ihm mit einer für ihn höchst ungewöhnlichen, überschwänglichen Handbewegung einen Zettel. Die Handschrift sah völlig anders aus – ungebildet, fast kindlich.

»Von unseren Vertrauensleuten wird berichtet, dass am Tag vor Wilsons Abreise eine Frau sein Haus aufgesucht habe. In den Zwanzigern, dünn, ärmliche Erscheinung. Aber eindeutig keine dumme Person. Sie ist unsrer Ausspäherin entwischt. Sie hat sie in der Stadt abgeschüttelt.«

»Frances Goffe«, sagte Nayler. Er hielt sich den Zettel unter die Nase und schnüffelte. Sarah hatte ihre Liebesbriefe immer mit Parfüm besprenkelt, Frances' Brief duftete nach nichts. Natürlich nicht: Sie war die brave Frau eines Puritaners.

»Wissen wir, wo sie wohnt?«

»Bis vor kurzem in der Swan Alley bei den Hookes. Wahrscheinlich haben sie Wind von Wilsons Verhaftung bekommen und sind deshalb wieder umgezogen.«

Nayler schlug verärgert auf den Tisch.

Er erledigte schnell die Korrespondenz, die während seiner Abwesenheit aufgelaufen war, ging dann ins Worcester-Haus und berichtete dem Lordkanzler über die Ereignisse in Delft. Am Ende fügte er hinzu: »Uns ist jüngst zur Kenntnis gelangt, dass Whalley und Goffe noch in Amerika sind, sehr wahrscheinlich in New Haven, noch unter dem Schutz von Davenport und seinen Anhängern.«

»Hattet Ihr nicht gesagt, sie würden sich in Holland aufhalten?«

»Ich hatte das als Möglichkeit erwogen. Anscheinend müssen wir unsere Bemühungen jedoch wieder auf Amerika richten.«

»Was schlagt Ihr vor?«

»Ich bin zu dem Schluss gekommen, dass Staatssekretär Morice recht hat. Die Aufgabe erfordert eine umfassende militärische Expedition. Wir dürfen uns nicht ein weiteres Mal auf eine einheimische Suchmannschaft verlassen. Wir segeln direkt vor New Haven und drohen damit, den Ort dem Erdboden gleichzumachen, wenn man die beiden nicht herausgibt.«

»Wir? Wer soll bei diesem Abenteuer das Kommando führen?«

»Ich selbst, wenn Ihr erlaubt, nur dass ich diesmal bleibe, bis die Arbeit erledigt ist.«

»Whalley und Goffe«, brummte Hyde. »Whalley und Goffe. Ich habe Euch schon einmal gewarnt. Ihr lauft Gefahr, Euch zu sehr in diese Sache zu verbeißen. Wenn wir mit diesen drei Königsmördern aus Holland fertig sind, dann haben wir dreizehn Männer exekutiert.« Nayler wollte protestieren, aber Hyde hob die Hand. »Es reicht, Mr Nayler. Die Gesinnung der Leute hat sich gedreht. Sie sind des Spektakels überdrüssig. Wir laufen Gefahr, Mörder in Märtyrer zu verwandeln. Sollten wir Whalley und Goffe irgendwann zu fassen bekommen, dann werden sie natürlich den Preis zahlen, den das Gesetz verlangt, aber ich verbiete Euch ausdrücklich, für derart fruchtlose Unternehmungen weitere Mittel unseres Landes zu vergeuden. Ich hoffe, ich habe mich damit verständlich ausgedrückt.«

»Natürlich, Mylord.«

Doch noch während Nayler mit gesenktem Kopf den Raum verließ, beschäftigte sich sein fruchtbarer Verstand mit Whalley und Goffe und wie er frische Mittel für ihre Ergreifung auftreiben könne.

Der Tag für die dreifache Hinrichtung wurde auf den 19. April festgesetzt, einen Samstag, um so viele Zuschauer wie möglich anzulocken. Am frühen Morgen drängten sich auf den Böschungen rund um Tyburn Zehntausende Zuschauer, und das übliche Gefolge aus Standbetreibern verkaufte Bier und Rum, Austern und Backwaren und Ähnliches. Eltern hoben ihre Kinder auf die Schultern, damit sie besser sehen konnten. Nayler war anwesend, und er hatte für seinen Teil nicht den Eindruck, dass die Begeisterung der Londoner für Blut und Gewalt im Schwinden sei.

Die Menschenmenge war so groß, dass die Schlitten mit den Verurteilten stecken blieben und diese das letzte Wegstück zum Schafott zu Fuß gehen mussten. Okey als Erster, eine halbe

Stunde später Barkstead, der am lautesten verhöhnt wurde, und schließlich Corbet. Die Gefangenen kletterten auf den Wagen unter dem Galgen, man nahm ihnen die Perücke ab und legte ihnen die Schlinge um den Hals. Die Feuerschalen, in denen die Eisenwerkzeuge glühten, leuchteten fröhlich in der Frühlingssonne. Sie hielten ihre Reden, wobei Okey ein letztes Mal Downing schmähte (»mein einstiger Feldprediger hat zu guter Letzt meinen Tod betrieben«) und die Menge fürderhin zur Unterstützung des Königs aufforderte. Als man dem Pferd kräftig auf die Hinterbacken klatschte und der Wagen daraufhin nach vorn rollte, rief Barkstead: »Jesu Christe, empfang er unsre Seele!«, und dann baumelten sie alle drei nebeneinander in der Luft.

Aber Menschenmengen waren merkwürdige Wesen mit ganz eigenem Charakter – nach Naylers Erfahrung glich keine der anderen. Als der Henker zu seinem Gemetzel ansetzte, senkte sich eine seltsame Stille über Tyburn, und Nayler erkannte, dass Hyde doch recht hatte: Die Leute hatten tatsächlich die Nase voll davon. Sie zerstreuten sich, lange bevor das Vierteilen und das Kochen der Köpfe begann. Am nächsten Tag, als Okeys abgetrennte Körperteile in Anerkennung seiner Bußfertigkeit für eine christliche Bestattung an seine Familie übergeben wurden, erschien zu seiner Beerdigung in Stepney jedoch eine riesige Trauerschar. Sie war so groß, dass der Gottesdienst aus Angst vor öffentlichem Aufruhr abgesagt wurde. Die Überreste wurden letzten Endes heimlich auf dem Gelände des Towers beigesetzt.

Am Montag danach ging Nayler in den Raum des Kronrats, wo Hyde schon auf ihn wartete.

»Habe ich Euch nicht gewarnt, dass das passieren würde?«, sagte er düster. »Aus Sicherheitsgründen mussten wir gestern Seine Majestät nach Hampton Court umquartieren. Schluss mit den Hinrichtungen. Wenn wir jetzt noch einen Königsmörder aufspüren, dann entsorgen wir ihn auf eine andere Art.«

Nayler sah ihn überrascht an. »Ihr wünscht, dass ich berufsmäßige Mörder nach Übersee entsende, um sie beseitigen zu lassen?«

»Warum nicht? Solange keine Spur zu uns führt.«

Nayler berief das Frühjahr und den Sommer hindurch weiterhin seine Geheimdienstgruppe ein. Die Nachricht von der Verhaftung Barksteads, Corbets und Okeys hatte die Exilanten in angsterfülltes Schweigen gestürzt. Downing meldete zwei weitere Verstorbene. Valentine Walton, der mit Cromwells Schwester verheiratet gewesen war und sich bis zum Ende seiner Tage als Gärtner durchschlagen musste, hatte mit dem letzten Atemzug seine wahre Identität preisgegeben. Thomas Challoner war, wie sich herausstellte, schon über ein Jahr zuvor in Middelburg gestorben. Damit blieben nur noch sieben überlebende Unterzeichner des Todesurteils: Edmund Ludlow, der unter dem Pseudonym Edmund Phillips in Vevey in der Schweiz lebte, und ebenfalls dort William Say, beide unter dem Schutz des Schweizer Kantons Bern; Michael Livesey, angeblich in Rotterdam; Daniel Blagrave, den man in Aachen gesehen hatte; Whalley und Goffe in Amerika. Der Aufenthaltsort von John Dixwell, dem einstigen Gouverneur von Burg Dover, war nicht länger bekannt.

Zweiundfünfzig von neunundfünfzig auf der Liste gestrichen, ob aufgrund Hinrichtung, lebenslanger Einkerkerung, natürlichen Dahinscheidens oder Begnadigung – lediglich in einem Fall, nämlich Ingoldsbys –, das war eine ansehnliche Ausbeute, aber der Gedanke an den letztlich unerledigten Auftrag nagte unablässig an Nayler. Der Lordkanzler lag auch hier richtig: Mord stellte das einzige realistische Vorgehen dar, den

Rest von der Liste zu tilgen. Was allerdings in Europa möglich sein mochte, wo es vor englischen Spitzeln und Veteranen auf Arbeitssuche nur so wimmelte, war in Amerika nicht so einfach. Wo sollte er da solche Männer finden? Je länger er darüber nachdachte, desto überzeugter war er davon, dass man dem Problem Whalley und Goffe nur mit einer militärischen Expedition beikommen konnte. Hyde würde jedoch seine Meinung nicht ändern und ein solch kostspieliges Abenteuer wie die Jagd auf zwei Königsmörder keinesfalls billigen. Was also konnte er tun?

Die Antwort kam ihm eines Nachts im Juli, als er wegen der Hitze nicht einschlafen konnte.

Der Herzog von York.

Der Bruder des Königs, noch keine dreißig Jahre alt, war immer auf der Suche nach einer Möglichkeit, Geld zu verdienen, und wenn dabei auch noch militärischer Ruhm heraussprang, umso besser.

Er passte den Herzog am nächsten Tag im Oberhaus ab, wo er es sich gern auf dem Wollsack bequem machte und gähnend die Debatten über sich ergehen ließ. Er hatte das Gesicht eines Lüstlings – lang und blass wie der Mitternachtsmond, breiter, weicher Mund und der ständige Ausdruck gelangweilter Herablassung. Als er aufstand, um die Kammer zu verlassen, fing ihn Nayler an der Tür mit einer tiefen Verbeugung ab. »Eure Königliche Hoheit …«

Der Herzog blieb stehen und bedachte ihn mit einem verhangenen Blick. »Ah, ja, Mr …«

»Nayler, Eure Königliche Hoheit.«

»Nayler?« Das königliche Gehirn arbeitete langsam. Er sah aus, als wäre er die halbe Nacht unterwegs gewesen. »Unser oberster Königsmörderjäger?«

»In der Tat, Sir.« Eine weitere Verbeugung.

»Und wie kommt die Angelegenheit voran?«

Seine Fürstlichkeit schwebte weiter, die üblichen Hofschranzen folgten dichtauf. Nayler schlüpfte an seine Seite. »Sie ist fast abgeschlossen, Sir. Nur eine Handvoll befindet sich noch auf freiem Fuß. Einige wenige auf dem Kontinent, und dann diese beiden in Amerika …«

In der Zeit, die sie zur Durchquerung des Korridors benötigten, schaffte es Nayler, ihm einen kurzen Bericht über seinen Besuch in Neuengland und die dort erlittenen Rückschläge zu geben.

»Das ist ja unerhört«, sagte der Herzog gleichgültig.

»Es ist tatsächlich unerhört, Sir, von des Königs Untertanen derart behindert zu werden. Und dann noch die Holländer.«

Der Herzog blieb an der Tür zum Innenhof stehen. Ein Aufflackern von Neugierde. »Was soll mit den Holländern sein?«

»Ihr Hafen, Sir, Neu-Amsterdam, er ist von den Königsmördern anscheinend genutzt worden. Aber die holländischen Siedler denken eben nur an Geld. Die ganze Kolonie floriert und hindert uns daran zu expandieren. Allerdings ist sie nur leidlich geschützt.«

»Das habt Ihr mit eigenen Augen gesehen?«

»Als ich den Generaldirektor in seinem Fort besucht habe, konnte ich lediglich zwanzig Kanonen zählen. Ihre Bürgerwehr ist sehr klein.«

»Wie interessant.« Der Herzog belohnte ihn mit einem schmalen Lächeln, als ließe er ihm eine Münze zukommen. »Nun denn, einen schönen Tag noch, Mr …«

»Nayler, Eure Hoheit.«

Seine Fürstlichkeit zog durch den Innenhof weiter, und Nayler sah ihr hinterher. Die Saat war gesät. Jetzt galt es abzuwarten, ob sie aufging. Bis dahin bemühte er sich weiter, den Aufenthaltsort von Frances Goffe und den Hookes ausfindig zu machen. Geschützt vom puritanischen Netz, blieben sie jedoch in der City von London verschwunden.

*

Die heißen Monate jenes Sommers würde Frances als die schlimmsten in Erinnerung behalten, die sie und ihre Familie seit Wills Flucht durchmachen mussten.

Sofort nachdem sie von Samuel Wilsons Verhaftung erfuhren, hatten sie ihre Habseligkeiten auf zwei Handkarren gepackt, und sie, ihre Kinder und die Hookes waren aus der Swan Alley in ihr nächstes Versteck geflohen, nach Holborn in die West Harding Street, nördlich der Fleet Street. Die neue Unterkunft war noch schäbiger als die letzte – zwei Schlafkammern für alle acht in einem feuchten Reihenhaus in einer düsteren, keine fünfzig Schritt langen Gasse, die die Säufer aus den umliegenden Bierschenken als Latrine benutzten. Als es wärmer wurde, begannen die Abwässer in der Hitze zu stinken. Betty und Nan wurden wieder krank. Während Tante Jane bei den Kindern blieb, arbeitete sie in einer Manufakturhalle am Fluss als Tabakschneiderin. Es fiel ihr schwer, vor den Kleinen eine fröhliche Fassade aufrechtzuerhalten, nicht zuletzt deshalb, weil sie an deren Unglück mitschuldig war.

Sie hatte ihrem Onkel sofort gebeichtet, dass sie in das Briefbündel an Davenport eine Nachricht an Will eingeschmuggelt hatte. Er war wütend gewesen, aber nicht lange. Sie musste ihm Wort für Wort aufsagen, was sie geschrieben hatte. »Wenn du keinen Namen genannt hast, sehe ich keine Schwierigkeiten.« Er hatte sogar einen Witz gemacht. »Allein die Vorstellung – dein kleiner Liebesbrief in den Händen des Kronrats.« Nach außen machte er einen unerschrockenen Eindruck. Während sie arbeitete und Tante Jane sich um die Kinder kümmerte, schrieb er weiter seine Mitteilungsblätter, wagte es aber nicht mehr, sie an den gebrandmarkten Davenport persönlich zu schicken, sondern sandte sie stattdessen an einen anderen alten Freund, Reverend Increase Mather von der Nordkirche in Boston.

Und dann, an einem Tag Ende August, nachdem sie gerade erschöpft aus der Tabakmanufaktur nach Hause gekommen war, nahm ihr Onkel sie beiseite. Er hatte die Hände hinter dem Rücken verschränkt und sah sie ungewöhnlich ernst an.

»Onkel?«, sagte sie ängstlich, weil sie befürchtete, einem der Kinder könnte etwas zugestoßen sein. »Was ist?«

»Nichts Schlimmes.« Ein Lächeln huschte über sein Gesicht. »Für dich ist ein Brief gekommen.«

Er nahm die Hände hinter dem Rücken hervor und reichte ihr ein kleines gefaltetes Blatt Papier.

Sie wagte kaum zu fragen. »Von Will?«

Er nickte.

Sie hatte diesen Augenblick so sehr herbeigesehnt, und er hatte so lange auf sich warten lassen, dass sie zunächst unschlüssig war. Sie würde jetzt für sich sein müssen. Sie nahm den Brief und ging hinaus auf die Straße. Ihre Hände zitterten so sehr, dass sie den Brief fast nicht aufbekam und die vertraute Handschrift kaum lesen konnte.

29. Mai 1662
Meine Allerliebste, so viel ist geschehen, seit wir getrennt wurden & so viele Abenteuer hatte ich zu bestehen, dass ich kaum weiß, wovon schreiben, & mir außerdem kaum die Zeit bleibt, den Brief zu verfassen, da der Bote nicht länger säumen darf & ich nicht erwartete, diese Gelegenheit zu erhalten. Aber Du sollst wissen, mir geht es gut & ebenso Deinem geliebten Vater, der hier neben mir sitzt

& mir aufträgt, Dir die herzlichsten Wünsche zu senden. O meine teure Liebste, Gottes Pläne für uns sind ein unergründliches Mysterium, & die Trennung von Dir & den Kleinen kann ich kaum ertragen. Und doch kann ich nicht anders, als zu glauben & zu wissen, dass all das einen Sinn hat. »Die Güte des Herrn ist, dass wir nicht gar aus sind; seine Barmherzigkeit hat noch kein Ende, sondern sie ist alle Morgen neu, und deine Treue ist groß.« (Klagelieder 3:22,23) Schreib mir, wenn die Deinen glauben, es sei sicher, denn ich sehne mich nach jedem Wort von Dir. Ich lebe nur noch in der Hoffnung, dass wir eines Tages wieder zusammen seien & ich Dein liebliches Gesicht sehen könne, & dann wird alles erklärt werden, denn es heißt wahrlich, dass es nichts Verborgenes gebe, das nicht enthüllt, & nichts Verschwiegenes, das nicht gesagt werden solle. Meine Liebste, lebe wohl.

Sie las die Zeilen wieder und immer wieder und schlief von jenem Tag an mit dem Brief unter dem Kissen.

KAPITEL 25

Als Will den Brief von Frances erhielt, lebten die beiden Oberste seit genau einem Jahr im Keller von Micah Tomkins. Sie waren nicht gerade Gefangene – sie hätten jederzeit gehen können. Aber Tomkins hatte ihnen klar zu verstehen gegeben, solange sie sich unter seinem Dach befänden, sich an seine Regeln zu halten, und die waren gleichbedeutend mit Gefangenschaft. Von vierundzwanzig Stunden durften sie dreiundzwanzig ihren Keller nicht verlassen. In der einen erlaubten Stunde Freigang war es immer schon dunkel. Sie durften erst an die Oberfläche, wenn Tomkins' Haushalt – Micah, seine Frau Mary und die beiden kleinen Mädchen – sowie ganz Milford schliefen. Dann konnten sie sich im Hof körperlich ertüchtigen und sich im Obstgarten die Beine vertreten. In schönen Nächten erschien ihnen die Rückkehr in den Keller unerträglich, und so blieben sie dann länger draußen und schlichen sich erst in der Morgendämmerung zurück.

Der Keller lag unter einem Lagerraum, der sich zwischen dem Haus und dem Krämerladen befand. Er war hoch genug, dass Ned aufrecht stehen konnte, und maß zwanzig auf zwanzig Fuß, was sie ganz genau wussten, so oft waren sie hin und her gegangen. In einer Art geschlossener Eisenkiste mit Abzugsrohr, die Tomkins selbst gebaut hatte, konnten sie im Winter Feuer machen. (Seinen Nachbarn erzählte er, dort unten Schinken zu räuchern.) Sie hatten einen Tisch, ein Bett für beide zusammen und jeder einen einfachen Holzstuhl. In einen Eimer in der Ecke konnten sie sich erleichtern. Sie trugen ihn nachts mit nach oben und kippten ihre Notdurft in die Senkgrube. Der Keller ragte an einer Seite eine gute Elle über den Lagerraum hinaus, und hier befand sich eine Öffnung mit einem Metallgitter, durch die etwas Tageslicht und frische Luft hereindrang, die allerdings bei Regen oder Schnee mit einer Klappe geschlossen wurde. An Sonnentagen saßen sie gewöhnlich unter dem Gitter und schauten hinauf in den blauen Himmel oder in klaren Nächten zu den Sternen.

Tomkins war ein Mann, dessen Ernsthaftigkeit an Unfreundlichkeit grenzte. Es war offensichtlich, dass ihm die Gastgeberrolle keine Freude bereitete. Er brachte ihnen jeden Tag ihr Essen und Trinken, weil er das für seine christliche Pflicht hielt. Als Besitzer des Krämerladens konnte er zumindest leicht verbergen, dass er zusätzliche Mäuler stopfte. Glücklicherweise war er nicht der Einzige, den sie zu Gesicht bekamen. Davenport und Jones besuchten sie gelegentlich, beteten mit ihnen und brachten Nachrichten aus der Außenwelt, von denen die meisten von William Hooke in London stammten und über Increase Mather ins Land kamen.

Das feierliche Bündnis und Abkommen mit den Schotten ist vom Scharfrichter verbrannt worden … Der Markgraf von Argyle bewies noch bei seiner Enthauptung, ein Mann von Fassung und Mut zu sein … Das Parlament hat verfügt, dass Lord Monson, Sir James Harrington & Sir Henry Mildmay (die über den verstorbenen König zu Gericht saßen) alle Ehren & Titel aberkannt werden & dass sie zu jedem Jahrestag der Ermordung des Königs – auf Schlitten gefesselt, mit Schlingen um den Hals, die Gesichter mit Blut beschmiert – vom Tower in London zu den Gal-

gen in Tyburn gezogen werden & dort für sechs Stunden am Pranger zu stehen haben & danach in den Tower zurückgebracht werden & dass sie für den Rest ihres Lebens in Gefangenschaft zu halten sind …

So viel zur Gnade gegenüber diejenigen, die sich ergeben und abgeschworen hatten!

Einige Männer in Milford waren in das Geheimnis eingeweiht, dass Whalley und Goffe sich in ihrer Gemeinde aufhielten. Pfarrer Roger Newton und die beiden Magistrate Robert Treat und Benjamin Fenn warteten ihnen von Zeit zu Zeit auf. Tomkins' Frau und die beiden Töchter bekamen sie nie zu sehen, obwohl die Mädchen den Lagerraum zum Spinnen nutzten, wo sie sie bei der Arbeit singen hörten. Die Kinderlieder trieben Will die Tränen in die Augen. Sie konnten auch die Kunden hören, die in den Laden kamen oder draußen vor der Tür standen und tratschten. Von den Belanglosigkeiten der Außenwelt zu hören lenkte sie ab, auch wenn die unbefangenen Gespräche der Leute, die nichts von den beiden Flüchtlingen wussten, ihre Abgeschnittenheit nur noch hervorhoben.

Sie vertrieben sich die Zeit, indem sie sich ihren alten Berufen zuwandten. Ned schnitt Tuch zu und nähte die Tierhäute zusammen, die Tomkins bei den Indianern in der Gegend eintauschte. Will pökelte Fleisch und Fisch ein. Was sie herstellten, wurde im Laden verkauft. Tomkins bestand darauf, dass er ihnen nach Abzug eines Kostgelds die Differenz ausbezahlte, sodass sie sogar etwas zurücklegen konnten.

Wem noch nie das Unglück widerfuhr, für lange Zeit auf engem Raum eingesperrt zu sein, der stellte sich natürlich vor, dass die Tage sich langsam dahinschleppen. Hatte man diese Erfahrung jedoch einmal gemacht, wusste man, dass das Gegenteil der Fall war. Wenn jeder Tag dem zuvor glich, gab es nichts, woran der Geist sich festhalten konnte. Die Zeit verlor ihre Form. Die Tage glitten ununterscheidbar dahin und verschmolzen flugs zu Wochen und Monaten. Stattdessen wurden durch eine seltsam ausgleichende List der Natur die Nächte lebhaft, füllten sich mit aufregenden Träumen, die bei Ned fast ausnahmslos in der Vergangenheit spielten. Er wachte dann schweißnass und erschöpft auf und sah, dass er allein im Bett lag. Will hatte sich mit seiner Decke auf den Boden gelegt, weil ihm der sich hin und her wälzende Schwiegervater an der Seite zu anstrengend geworden war.

Erstaunlicherweise stritten sie nur selten. Jeder hatte sich so an die Launen des anderen gewöhnt, dass sie die Warnsignale kannten und gelernt hatten, den Mund zu halten. Wenn Will gereizt war, dann wusste Ned, dass er an Frances und die Kinder dachte, und vermied jedes Thema, das ihn provozieren könnte. Und wenn Ned sich in seine Gedankenwelt zurückzog, vermutete Will, dass ihn Cromwell und die Umstände beschäftigten, die ihn in solche Höhen katapultiert und dann so tief hatten abstürzen lassen.

Alle öffentlichen Zusammenkünfte werden mit äußerster Härte aufgelöst, & die sich privat treffen, stehen unter Beobachtung, & viele werden ins Gefängnis geworfen, & wann auch ich verschleppt werde, ist ungewiss … Die Herrlichkeit ist gegangen & das Böse aufs Schlimmste über das Volk Gottes gekommen. Die Raserei des Feindes & die Leiden der Heiligen werden immer stärker … Unsere Freunde in England hegen große Zweifel & sind sehr im Ungewissen, was zu tun sei, ob fliehen oder ausharren & sich darein fügen … Prinz Ruprecht zum Konstabler des Towers ernannt …

Als sie vom Tod Barksteads, Okeys und Corbets und ihrer Unerschrockenheit auf dem Schafott erfuhren, lamentierte Will wieder einmal verbittert über die Torheit ihrer Flucht nach Amerika. »Sieh uns an! Ohne Freiheit oder Ehre in einer Zelle gefangen. Hätten wir den Mut unserer Freunde besessen, die als Märtyrer gestorben sind, wären wir jetzt bei Gott …« Ned hätte ihn gern darauf hingewiesen, dass auch jene drei zunächst vor einer Bestrafung geflohen seien und nur aufgrund ihres Leichtsinns als Märtyrer gestorben waren, was wohl kaum ehrenhaft zu nennen sei, hütete aber seine Zunge.

Über seinen Gedanken an die Hinrichtungen versank Will in eine Schwermut, die mehrere Wochen andauerte und erst im November endete, als Davenport ihnen wieder einmal einen Besuch abstattete. Er kam allein und machte einen niedergeschlagenen, gealterten Eindruck. Aus London sei eine Depesche mit der Nachricht eingetroffen, dass Winthrop die königliche Charta gewährt worden sei und dass von nun an das gesamte Territorium von New Haven der Gerichtsbarkeit von Connecticut unterstehe. »Kann es wirklich Gottes Wille sein, die mosaischen Gesetze aus diesem Land zu tilgen?« Er war über das Wirken des Allmächtigen so hochgradig verwirrt, dass ihm erst nach ihren Gebeten, als er gehen wollte und schon einen Fuß auf die Leiter gesetzt hatte, plötzlich der andere Grund für seinen Besuch wieder einfiel.

»Verzeiht, Oberst Goffe. Das habe ich glatt vergessen. Ich habe einen Brief aus England für Euch.«

Will wartete, bis Davenport sich verabschiedet hatte, dann ging er in die Ecke unter dem Metallgitter, wo er im matten Winterlicht Frances' unbeholfene Handschrift gerade eben entziffern konnte. Wie er war auch sie sich ihrer mangelhaften Bildung bewusst. Das war unter anderen eines der Dinge, die sie verband.

Mein Allerliebster, ich war außer mir vor Freude über Deinen kostbaren Brief.

Dank Gottes Gnade sind die Kinder und ich einigermaßen gesund, nur Betty und Nan kränkeln etwas, und ich befürchte, sie werden schwächlich bleiben. Die anderen sind gesund und munter.

Von Herzen wünsche ich mir, bei Dir zu sein, aber dadurch würden sie Dich wohl aufspüren, wie es bei Oberst Barkstead und Oberst Okey gewesen ist, und deshalb werde ich fürs Erste nichts dergleichen versuchen und darauf hoffen, dass der Herr Dich nach eigenem Ermessen zu uns zurückschickt. Lass uns darin Trost finden – selbst wenn wir uns in dieser Welt nicht mehr wiedersehen sollen, so hoffe ich doch, dass wir dank Gottes Gnade im Himmel wieder zueinanderfinden.

Mein Liebster, ich weiß, dass Du Dir meiner Liebe sicher bist, doch erlaube mir, Dir zu sagen, Du bist mir als Ehemann so lieb, wie Du einer Frau nur sein kannst, und wenn ich wüsste, was ich tun könnte, Dich glücklich zu machen, würde ich es tun, wenn der Herr es erlaubt, selbst wenn es mich das Leben kosten würde.

An Neuigkeiten gibt es zu berichten, dass mein Onkel Burket gestorben ist und auch meine Mutter zu ihm gegangen ist. Mein Bruder John ist über das Meer gefahren, aber ich weiß nicht, wohin. Desgleichen Henry und Edward.

Mein Allerliebster, meine Tanten und viele andere sind sehr freundlich zu mir, sodass ich dank Gottes Gnade keinen Mangel an Essen und Kleidung habe, auch wenn alles recht bescheiden ist. Aber es ist mir ein unaussprechlicher

Trost zu hören, dass es Dir gut geht. Und doch bitte ich Dich dringend, mir nicht zu oft zu schreiben, denn sonst befürchte ich das Schlimmste. Sie sind sehr wachsam hier.

Und nun, mein Liebster, verabschiede ich mich mit 1000 Tränen von Dir und anempfehle Dich Gott, der nie schläft und der, so hoffe ich, Dich und Deinen lieben Freund an Deiner Seite gegen alle Feinde beschützt und Dich nach eigenem Ermessen zu Deiner Familie zurückschickt. Dafür betet alle Tage bis in den Tod Deine Dich liebende und gehorsame Frau, F.

Viele Freunde hier wünschen, dass Du Dich ihrer erinnerst. Richard und Deine anderen lieben Kleinen, die viel von Dir sprechen und sich danach sehnen, Dich wiederzusehen. Richte meinem lieben Vater meine demütigen Grüße aus, und sage ihm, dass ich aus tiefster Liebe für ihn bete, mir das Schreiben aber so schwerfällt, dass ich mich nicht traue, ihm zu schreiben. Halte Dich verborgen, und gib acht, wem Du vertraust.

Er las den Brief noch einmal und ging dann zurück zu der Stelle, wo sie schrieb, dass ihr Onkel Burket gestorben und auch ihre Mutter zu ihm gegangen sei. Das war eine schüchterne Art, so schreckliche Neuigkeiten zu übermitteln, fast beiläufig, aber das stand für ihren festen Glauben. Nach Jahren der Krankheit war Katherine Whalley jetzt in Frieden mit Gott, da gab es nichts zu beklagen. Er sah zu Ned hinüber, der vorgebeugt auf dem Stuhl saß und ihn ungeduldig anschaute.

»Na los, Will«, sagte Ned. »Was schreibt sie?«

»Lies selber.«

Er gab ihm den Brief und drückte tröstend seine Schulter. Ned schaute ihn durchdringend an. In seinem Gesicht stand plötzlich Angst.

Nachdem er den Brief gelesen hatte, lehnte er sich auf dem Stuhl zurück und starrte ins Leere, den Brief fest umklammert.

»Es tut mir sehr leid«, sagte Will. »Sie war eine feine Dame, erfüllt von Gottes Gnade. Sie hat sehr gelitten, jetzt hat sie es überstanden.«

Schweigen.

»Ja, so ist es wohl«, sagte Ned schließlich.

Als sie in jener Nacht wie üblich nach oben stiegen, ging Ned sofort zum Obstgarten. Will ließ ihn allein.

Aus dem Long-Island-Sund war Nebel an Land gekrochen. In der feuchten Dunkelheit des Novembers breiteten die Apfel- und Birnbäume ihre kahlen Äste aus, als wollten sie, so schien es ihm zumindest, wehklagen. Lange verdrängte Bilder von ihr erschienen ihm im Dunst – Katherine Myddleton, die neunzehnjährige Schönheit, die er geheiratet hatte, nachdem seine erste Frau Judith im Kindbett gestorben war; die ausgezehrte Katherine, die er mit vier kleinen Kindern – zwei von Judith, zwei von ihr selbst – auf dem Gut in Essex gelassen hatte, als er in den Krieg gezogen war; die strahlende Katherine, mit der er beim König auf Hampton Court getafelt hatte, als Karl sein Gefangener war und ein Abkommen noch in greifbarer Nähe; die elegante Katherine, Herrin über den Haushalt in der King Street in jenen fetten Zeiten, wo sie reich und gefeiert zum engsten Kreis des Lordprotektors gehörten; und die gebrochene Katherine, die in ihrem zwanzigsten Ehejahr unerwartet schwanger wurde, ein totes Kind gebar, wobei sie fast verblutet wäre, und sich an Leib und Seele nie mehr davon erholte. So viele Katherinen. Keine würde er noch einmal wiedersehen oder noch einmal im Arm halten, keiner noch einmal ins Ohr flüstern können. So viel Ungesagtes; so viel Bedauern.

Er sank in dem kalten Obstgarten in Neuengland auf die Knie und weinte.

Jener Winter – ihr zweiter in Milford, ihr dritter im Exil – war so bitterkalt wie der erste in Cambridge. Es schneite, und die Klappe über dem Gitter blieb geschlossen. Bei Kerzenlicht kauerten sie im Halbdunkel vor dem Feuerkasten und versuchten mit steifen Fingern zu arbeiten. Es kamen keine Briefe mehr. In der Sturmsaison über den Nordatlantik zu segeln war zu gefährlich. Außerdem erfuhren sie von Davenport, der es von Increase Mather erfahren hatte, dass William Hooke untergetaucht sei. Einer seiner Briefe sei abgefangen worden, sodass er nicht mehr direkt nach New Haven schreiben könne.

Will führte auch weiter seinen Kalender und verkündete eines Morgens, dass Weihnachten sei. »In England wieder einmal Anlass für Trunkenheit und gottloses Schlemmen«, sagte er düster. Dann hellte sich seine Miene auf. »Erinnerst du dich an den Tag 1657, wo wir in diese geheime Messe im Essex-Haus geplatzt sind?«

Ned schaute von Nadel und Faden auf. Er erinnerte sich gut. Den Staatsrat hatte beunruhigt, dass sein Verbot solch papistischer Feste ignoriert wurde, und der Armee in jenem Dezember befohlen, hart durchzugreifen. Die Papisten bei einer Haussuchung in der Privatkapelle des Markgrafen von Hertford auf frischer Tat zu erwischen war Wills Idee gewesen. Ned war nicht sonderlich begeistert gewesen, hatte seinen Schwiegersohn aber gewähren gelassen. »Diesen überheblichen Royalisten haben wir einen gehörigen Schrecken eingejagt. Erinnerst du dich noch an diesen unverschämten Burschen, der mit uns streiten wollte … den wir dann haben verhaften lassen?«

»Hertfords Sekretär«, sagte Will prompt. »Ein gewisser Nayler.«

»Richtig. Nayler.« Ned wandte sich seiner Näharbeit zu, hob aber gleich wieder den Kopf. »Hat Sperry nicht gesagt, dass dieser Handlanger der Regierung, der die Suche nach uns leitet, so hieß?«

»Ach ja?« Will zuckte die Achsel. »Das ist kein ungewöhnlicher Name. Unwahrscheinlich, dass es derselbe ist.«

»Wohl wahr.« Trotzdem ließ Ned der Gedanke keine Ruhe. Hatten bei der schwangeren Frau des Mannes nicht Blutungen aus dem Mutterschoß eingesetzt, sodass sie aus der Kirche getragen werden musste? Er erinnerte sich an den schauderhaften Gegensatz zwischen dem roten Blut auf den Steinplatten und der tödlichen Blässe in ihrem Gesicht. Sie hatte genauso ausgesehen wie Katherine bei ihren Blutungen im Kindbett ein Jahr zuvor. Er fragte sich, was wohl aus ihr geworden war. *Nayler.* Es stimmte, das war der Name. Ein wahres Ungeheuer, hatte Sperry gesagt.

An diesem Abend war es zu kalt, sich draußen die Beine zu vertreten. Nach dem Essen legte Will sich auf ihr Bett und las in der Bibel, während Ned auf dem Tisch eine zweite Lampe anzündete und seine Papiere aus der alten Armeetasche nahm.

Einige Lebenserinnerungen
an Seine Hoheit, den Lordprotektor selig,
Oliver Cromwell.
Von seinem Vetter
Col. Edw. Whalley

Er hatte seit mehr als eineinhalb Jahren keinen Blick mehr in sein Manuskript geworfen. Jetzt war sein Kopf jedoch so voller Bilder aus der Vergangenheit, dass er glaubte, er würde bersten, wenn er den Druck nicht ablassen und sie zu Papier bringen würde. Außerdem wusste er nun, dass seine Erinnerungen immerhin einen Menschen interessieren würden – Frances, über die seine Karriere solches Unheil gebracht hatte. Der Gedanke, dass seine Tochter ihm nicht zu schreiben wagte, weil sie ihre Handschrift für zu schlecht hielt, entsetzte ihn. Er war immer zu streng mit ihr gewesen. Er würde es gutmachen. Er würde ihr keinen Brief schreiben, sie würde ein Buch bekommen.

Ich wurde zwar als Mann von Stand geboren und aufgezogen, doch als ich schließlich erwachsen war, hatte mein Vater unser Gut durch seine Verschwendungssucht abgewirtschaftet. Er lebte ausschließlich von Schulden. Im Alter von neunzehn Jahren hatte ich nichts mehr zu erwarten und wurde nach London zu einem Schneider in die Lehre geschickt.

Sieben Jahre lang stand ich in dessen Diensten, in einem Beruf, den ich mir nicht ausgesucht hatte, aber mit dem Trost, einen freundlichen, bescheidenen und gottesfürchtigen Herrn zu haben. Er wiederum war gesegnet mit einer schönen und gescheiten Tochter, Deiner Mutter Judith, die mit seiner herzlichen Billigung meine Frau wurde. Es tut mir leid, dass Du Dich nicht an sie erinnern kannst. Sie war sanft, freundlich und gottesfürchtig, ihre Seele lebt in Dir fort. Durch einen jener Zufälle, die unser Leben bestimmen, heiratete Oliver im gleichen Jahr Elizabeth, die Tochter von Sir James Bourchier, einem Lederkaufmann in der City, und wir sahen uns oft, bevor er wieder nach Huntingdonshire auf den Gutshof der Familie zurückkehrte.

Trotz der glücklichen Verbindung mit Betty, die schnell mit Kindern gesegnet wurde, litt Oliver unter einer drückenden Schwermut, die ihn oft mit mehr eingebildeten denn wirklichen Leiden niederwarf. Er war der tiefen Überzeugung, die er mir gegenüber oft zum Ausdruck brachte, dass er noch vor seinem dreißigsten Lebensjahr sterben werde. Er trank mehr, als ihm guttat, wettete bei Hahnenkämpfen, ließ in Tavernen schnell die Fäuste sprechen und war nicht gerade ein gewissenhafter Kirchgänger. Kurz nach dem Ende meiner Lehrzeit, der Aufnahme in die Schneidergilde und der Eröffnung eines eigenen Geschäfts verschwand Oliver von zu Hause. Seine Freunde befürchteten das Schlimmste und suchten tagelang nach ihm. Ohne Erfolg.

Nach einer Woche führte Gottes Gnade ihn schließlich an unsere Haustür in London – der gleiche Oliver und doch verwandelt. (Das war vor Deiner Geburt.) Seine Augen leuchteten. Es loderte ein Feuer darin, anders wüsste ich es nicht zu beschreiben. Unser Herr und Erlöser war zu ihm gekommen und hatte ihn aus dem Höllenschlund errettet, in den er gestürzt war. Er sagte zu mir: »Ich habe als der schlimmste aller Sünder gelebt und geliebt in Dunkelheit. Ich war blind, doch nun bin ich sehend. Ich habe mein Leben in seine Hände gelegt und werde fortan im Licht von Gottes Wille gehen, wohin auch immer er mich führen mag.«

Um welche Offenbarung es sich handelte, wo und wie sie ihm widerfahren war, habe ich nie erfahren, aber er sagte die Wahrheit. Er war wiedergeboren, und fortan erblühte er. Er hatte sich verändert, und mit diesem Feuer des Glaubens – obwohl wir das damals noch nicht ahnen konnten – würde er England verändern.

Über mehrere Tage hinweg strich Ned aus und dachte über vieles noch einmal nach, nur um schließlich diese kargen Absätze fertigzustellen. Aber welch Rolle spielte das? Zeit war das einzige Gut, woran es ihm nicht mangelte. Oft legte er das Manuskript für Tage oder Wochen beiseite, bevor er es wieder zur Hand nahm. Er tagträumte stundenlang über einem einzigen Satz. Für jede Erinnerung, die er niederschrieb, fielen ihm ein Dutzend, ja hundert weitere ein. Seine hoffnungslosen Abenteuer in der Geschäftswelt sparte er lieber aus. Der Wollhandel lief schlecht, die Preise waren im Keller. Die Holländer weigerten sich, ihm seine verarbeiteten Webstoffe abzunehmen. Zweimal musste er vor seinen Gläubigern fliehen. Er pachtete im Marschland von Essex ein Bauerngut namens Longhouse, das an die Themsemündung grenzte, bemühte sich, das Land urbar zu machen, und scheiterte auch damit. Aber was ging all das die Nachwelt an? Die Erinnerung daran war demütigend.

Er dachte oft an Judith. Ihr Vater war jung verstorben, und ihr Erbe war bald aufgebraucht, aufgefressen von Neds gescheiterten Plänen. Sie brachte zwei Kinder zur Welt, John und Frances, und starb bei der Geburt eines dritten Kindes, bevor sie dreißig Jahre alt war. Kurz danach begegnete er Katherine. Sie war die Tochter eines Nachbarn in Essex, einheimischer Adel – ihr Großvater Sir Thomas Myddleton war Oberbürgermeister von London gewesen. Sie heiratete Ned aus Liebe, den hochgewachsenen Witwer aus gutem Haus, den Gentleman in den Dreißigern, der sich damit abplagte, zwei kleine Kinder großzuziehen. Falls sie Hoffnungen in die Zukunft gesetzt hatte, so wurde sie jedoch genauso enttäuscht wie er. Was er ihr bieten konnte, war flaches, unergiebiges, verpfändetes Land, von wo man auf Salzmarschen und das Meer blickte. Dann erhob der König seine Schiffssteuer – jene höchst verabscheuungswürdige Abgabe zur Finanzierung seiner papistischen Politik – und besiegelte den Bankrott von Gut Longhouse.

So stand es um Edward Whalley, als nach dem Ausbruch des Bürgerkriegs sein Vetter Cromwell ihn besuchte und fragte, ob er in sein Regiment eintrete wolle: vierundvierzig Jahre alt, gesellschaftlich abgestürzt, für seine Stellung zu gebildet, unzufrieden mit seinem Schicksal, enttäuscht von der Welt und ihrer Ordnung, seinem puritanischen Glauben streng ergeben, körperlich stark durch die Arbeit auf dem Hof, unruhig nach Abenteuern Ausschau haltend, inbrünstig die Regierung des Königs verachtend, wahrlich furchtlos – ein Revolutionär im Werden.

»Was schreibst du da eigentlich, Ned?«, fragte Will eines Abends. »Irgendwie scheint es ja nur langsam voranzugehen. Briefe wohl nicht, wo wir keine verschicken können. Und selbst wenn, du schreibst nie Briefe.«

»Ablenkung, um die Zeit totzuschlagen. Ein paar Erinnerungen, nichts von Bedeutung.«

»Ich würde es gern lesen. Darf ich?«

»Später vielleicht. Wenn es fertig ist.«

Aus irgendeinem Grund wollte er es Will jedoch gar nicht zeigen, und so hütete er die Blätter sorgfältig. Jeden Abend faltete er sie zusammen und steckte sie ganz unten in seine Tasche.

Tatsächlich war es ihm lieber, wenn viele Episoden unerwähnt blieben, besonders gegenüber seiner Tochter. Zum Beispiel die aus dem ersten Kriegswinter, wo sie durch die Grafschaften im Osten streiften, Anhänger der Royalisten verhafteten und ihnen ihr Geld abnahmen, um es nach London zu schicken. Sie ritten nach Lowestoft in Suffolk, nahmen etwa dreißig Schurken gefangen und enthoben die papistischen Priester ihrer Ämter. Dann zogen sie nach Cambridge – seit seinen Studententagen Neds erster Besuch in der Stadt – und forderten alle

Colleges auf, ihr Gold- und Silbergeschirr abzuliefern. Auf deren Weigerung hin sperrten sie die Lehrer und den Rektor in ihren Räumen ein. Sie stürmten auf ihren Pferden durch das Mittelschiff der Universitätskirche, konfiszierten die Agende der englischen Kirche und zerrissen sie, und Cromwell ging mit seinem Schwert auf die Holzschnitzereien in der Kapelle los, zerhackte sie und verbrannte sie vor dem Altar. Das war im März. Im April wüteten sie in der Kathedrale von Peterborough. Sie hieben mit Äxten auf die Orgel ein, zerschlugen die bunten Kirchenfenster, zerstörten den Altar samt Kommunionbank und Messingpult, verbrannten die Bibliothek, das Archiv und das Chorgestühl und benutzten die Frauenkapelle als Pferdestall. Danach hatte das wuchtige mittelalterliche Bauwerk so nackt ausgesehen wie der Keller von Micah Tomkins. Ned erinnerte sich daran, dass einige seiner Soldaten die liturgischen Gewänder der Priester anzogen und durch die Stadt tobten. Sie waren wütende Kreuzritter, die ihrem aufgestauten heiligen Furor freien Lauf ließen, und zurückblickend fragte er sich, ob sie damals wirklich Gottes Werk verrichtet hatten. Aber Oliver hatte ihre Taten verklärt. Er sah ihn vor sich, das rote Gesicht noch leuchtender im lodernden Schein des antiken Gebälks und der brennenden Bücher, der zudem in seinen dunklen Augen flackerte. Worauf sie wirklich aus waren, das waren tote Royalisten. »Den Feind abschlachten, das ist unsere Aufgabe«, sagte Oliver. Und im Mai war es dann so weit.

Es war keine Schlacht, nur ein Scharmützel ohne Artillerie, zwei Meilen außerhalb von Grantham in Lincolnshire. Auf Feindesseite waren es ein paar Tausend Mann, Reiterei, Fußvolk, Dragoner, die in der sommerlichen Abenddämmerung mit Trommelwirbel und fliegenden Standarten angriffen. Unter Cromwells Kommando standen etwa tausend Soldaten, davon die Hälfte aus seinem eigenen Regiment und der Rest ein armseliger, abgerissener Haufen Einheimischer. Eine halbe Stunde lang standen sich die beiden kleinen Armeen gegenüber und beschossen sich mit Musketen. Mit der einbrechenden Dunkelheit verlor Oliver die Geduld und befahl ungeachtet der wenig günstigen Kräfteverhältnisse den Angriff.

Er lief genau so ab, wie sie es den ganzen Winter über geübt hatten – in drei Reihen in schnellem Trab vorrücken, Ned in vorderster Linie, die Pistole in der Hand, die Beine verschränkt mit denen der Reiter zu beiden Seiten. Ned spürte nicht den Hauch von Angst, nur die durch seinen Körper strömende Kraft Gottes – sie sangen einen Psalm, während sie die Pferde immer schneller vorantrieben, auch wenn man ihren Gesang unter dem Donnern der Hufe kaum hören konnte. Plötzlich war die Linie der Feinde, die ihnen so weit entfernt erschienen war, sehr nah. Er feuerte seine Pistole ab und schleuderte sie dann dem nächsten Royalisten an den Kopf, zückte das Schwert und hieb blindlings auf die Gestalten zu seiner Rechten ein, während sie die feindliche Linie durchbrachen. Die Wucht ihres Vorstoßes trug sie etwa zwei Steinwurf weit. Dann hielten sie an, machten kehrt und griffen den überraschten Gegner – der sich schon um seine Verwundeten kümmerte – rücklings an. Was zuvor noch eine geordnete Formation gewesen war, zerfiel in eine panische Meute verzweifelter Männer, die nur noch das Weite suchten. Ned gab seinem Pferd die Sporen und machte sich an die Verfolgung, und da kam es zu seiner ersten Bluttat an einem Menschen. Er holte einen Mann ein, lehnte sich aus dem Sattel, schwang das Schwert und traf den Mann seitlich am Hals. Das Blut spritzte. Er blieb nicht stehen, um nachzuschauen, wen er da getötet hatte – ein junger, schmächtiger Kerl, dachte er –, und galoppierte den anderen Fliehenden hinterher, bis sie mit der Dunkelheit verschmolzen.

In jenem Jahr 1663 und bis in das nächste hinein schrieb er ununterbrochen. Während über dem Keller die Jahreszeiten wechselten, verbrauchte er den gesamten Papiervorrat von Tomkins und bat ihn, in New Haven Nachschub zu bestellen. In der ganzen Zeit erreichte Davenport nur ein Brief von Reverend Hooke, der mit sehr verhaltenen Worten – als ob das alles einer anderen Person zugestoßen wäre – die Affäre der abgefangenen Geheimdepesche schilderte. *Ihr werdet wissen, wie seine Briefe fehlgeleitet wurden & in wessen Hände sie gefallen & aus welchem Grunde er sich bedeckt hält & Euch nicht so schreiben kann wie ehedem … Soweit ich weiß, hat Euer Freund einige Verwandte, die sich nicht weit entfernt von Euch an einem Euch bekannten Ort aufhalten & die sicher froh sind zu hören, dass es ihm gut gehe & der selbiges sicher auch von ihnen gern hörte.* Will betete jeden Tag für einen weiteren Brief von Frances, aber es kam keiner. Es war klar, dass die Lage in London gefährlich war. *Das Volk Gottes ist sehr traurig, es weiß nicht, was tun oder wohin gehen …*

Ned schlug die Abgeschiedenheit nicht so aufs Gemüt wie seinem Schwiegersohn. Sein Körper mochte in dem Keller eingesperrt sein, aber in seinem Geist, der sich hoch über das England von vor zwanzig Jahren aufschwang, durchlebte er noch einmal die ruhmreichen Tage des Krieges, wo Cromwells Eisenseiten, wie sie schon bald genannt wurden, alle niederrangen, die sich ihnen in den Weg stellten – Sieg folgte auf Sieg, sodass sie immer fester davon überzeugt waren, das Werk des Herrn zu verrichten.

Zwei Monate nach Grantham kämpften sie sich bei Gainsborough in Lincolnshire die sandigen, von Kaninchenbauten unterhöhlten Hügel auf und ab – ein furchtbares Gelände für die Kavallerie, aber mit Gottes Hilfe hielten sie ihre Schlachtordnung, und als der General der Royalisten Cavendish mit seinem Regiment vom hohen Plateau auf die weichende Parlamentstruppe herabstürmte, gab Cromwell den Befehl zum Gegenhalten und trieb den Feind hinunter in den Sumpf. Der erst dreiundzwanzigjährige Cavendish, Sohn des Grafen von Devonshire, saß in der Falle. Whalley und Major Berry stellten ihn. Berry, ein Schreiber aus der Eisenhütte in Shropshire, stieg ab, watete durch den Morast und versetzte ihm mit dem Schwert einen Stoß zwischen die Rippen, dass er wie ein Schwein quiekend starb.

Wiederum zwei Monate später brach in der Grafschaft Lincolnshire nahe Boston Cromwells Pferd von einer Kugel getroffen unter ihm zusammen, wobei er fast umgekommen wäre, aber durch Gottes Gnade überlebte; hundert feindliche Soldaten ertranken im sumpfigen Marschland von Lincolnshire. Und dann die mit zweiundvierzigtausend Mann größte Schlacht, die je auf englischem Boden geschlagen wurde, die Schlacht bei Marston Moor in Yorkshire, wo der inzwischen zum Oberst aufgestiegene Whalley die Kavallerie befehligte, die Prinz Ruprechts Linien durchbrach. Der Lärm und Gestank der dreieinhalbtausend über das dichte Gras und die breiten Hänge des Moors donnernden Pferde. Die Präzision der inzwischen zehntausend Soldaten unter Cromwell, die nach ihrer ersten Attacke kehrtmachten und erneut angriffen. Die Blüte der königlichen Armee niedergemacht – viertausend dahingeraffte Feinde bei einem Verlust von nur dreihundert Mann aufseiten der Parlamentsarmee.

Und im nächsten Sommer schließlich die Schlacht bei Naseby in den Ebenen von Northamptonshire. Begleitet vom aufgeschreckten Gesang der Lerchen ritt Oliver am frühen Morgen jenes Junitags zu ihm und eröffnete mit einem breiten Lächeln – vor einer Schlacht lachte und lächelte er oft, so sicher war er sich eines Sieges –, dass Ned die Ehre habe, den ersten

Angriff gegen Sir Marmaduke Langdale und seine fünfzehnhundert Kavaliere aus den nordischen Grafschaften zu führen, die sich bereits langsam auf sie zubewegten. »Gott wird Wunder tun an den Menschenkindern«, sagte er zu Ned. Es war ein harter, hautnaher Kampf zwischen Stechginstergebüsch und Kaninchenbauten gewesen, nachdem sie ihre Pistolen abgefeuert und mit Schwertern Mann gegen Mann weitergekämpft hatten. Zu diesem Zeitpunkt wusste er schon gar nicht mehr, wie viele Feinde er niedergestreckt hatte, und er schätzte, dass er an jenem Tag noch drei oder vier weitere erschlug. Nach der Schlacht war er ausgelaugt und blutverschmiert und verspürte zum ersten Mal kein Hochgefühl, sondern nur Überdruss am Handwerk des Krieges.

Es war nicht so sehr die Schlacht selbst, die ihn anekelte, sondern die Massaker danach, nicht nur an den zurückweichenden Mannschaften, sondern auch an den über hundert Frauen, die im Lager der Royalisten Schutz gesucht hatten. Ned inspizierte die Zelte. Es gab keine Vergewaltigungen, Gott sei Dank – während des ganzen Krieges hatte es nie Berichte über Vergewaltigungen aus den Reihen des neuen Musterheers gegeben. Aber es gab Verstümmelungen und Gemetzel. Die Männer behaupteten, die Frauen seien irische Papistinnen, Huren oder Hexen oder alles zusammen, aber Ned vermutete, dass sie lediglich die Ehefrauen royalistischer Soldaten waren, die ihren Männern in den Krieg gefolgt waren. Das hätten Judith oder Katherine sein können.

Er sprach die Angelegenheit bei Oliver an, aber General Cromwell, der er inzwischen war, sagte nur, solche Dinge geschähen eben im Krieg, was hätten sie auch auf dem Schlachtfeld zu suchen, und er wolle nichts mehr davon hören. Die Armee des Königs sei vollständig zerschlagen, nur das zähle. Sie hatten guten Grund für die Annahme, der Krieg sei beendet. »Naseby war nichts anderes als die Hand Gottes«, sagte Cromwell. »Ihm allein gehört der Sieg.« Ned sorgte dafür, dass die Frauen in einem Massengrab bestattet wurden. Da er nicht die Worte fand, seine Gefühle auszudrücken, ließ er den Vorfall in seinen Memoiren unerwähnt.

Außerhalb des Kellers war es Spätsommer – heiß, still, schwül. Das grollende Donnern über dem Long-Island-Sund und die über dem Metallgitter zuckenden Blitze waren wie Sendboten einer nahenden Schlacht.

KAPITEL 26

Jener August 1664 sah Nayler unter dem falschen Namen Richard Foster, seines Zeichens Juwelier, wieder rastlos auf Reisen – zuerst nach Paris, wo er dem englischen Gesandten Lord Holles verschiedene geheime Botschaften von Hyde überbrachte, dann nach Genf, wo er die Nacht verbrachte und am nächsten Tag eine Kutsche mit Ziel der am Nordufer des Genfer Sees gelegenen Schweizer Stadt Lausanne nahm. Dort traf er nachmittags am Mittwoch, dem 10. August, ein und stieg in einem Gasthaus mit Seeblick namens L'Auberge Saint-Gabriel ab.

Normalerweise hätte er sich nicht in einen waghalsigen Meuchelmord verwickeln lassen, allerdings hatten sich die zu diesem Zweck angeheuerten Söldner als einzigartig erfolglos erwiesen. Der Versuch eines Attentats auf General Edmund Ludlow in seinem Haus im ebenfalls am Nordufer des Sees gelegenen Vevey war ihnen gründlich missraten. Der unter dem Schutz des Kantons Bern stehende Ludlow war nun doppelt auf der Hut und unerreichbar. Da er den Gedanken an einen weiteren Fehlschlag nicht ertrug, hatte Nayler entschieden, die Angelegenheit selbst in die Hand zu nehmen. Außerdem war es in London ungewöhnlich heiß, es hatte einen Fieberausbruch gegeben, der Hof war mit dem König für den Sommer aufs Land gezogen, und er langweilte sich.

Die drei irischen Mordbuben, alle in den Dreißigern, trafen am selben Abend in der Herberge ein – James Fitz Edmond

Cotter, Miles Crowley und John Rierdan (alias Riordo, wie die anderen ihn nannten). Sie waren ehemalige royalistische Offiziere, hatten schwere Zeiten hinter sich und waren begierig darauf, mit dieser Art von Dienstleistung ihr Schicksal zu wenden. Ein unansehnliches Trio: Unbeholfen, schwitzend, mit breiten, sommersprossigen Gesichtern und schauerlichem französischem Akzent, waren sie sofort als Ausländer erkennbar. Schon als sie sich auf der Terrasse seinem Tisch näherten, stöhnte er innerlich auf. Aber er hatte gelernt, dass es in solchen Angelegenheiten unumgänglich war, mit dem Personal zusammenzuarbeiten, das zur Hand war.

Bei dem gegenwärtigen Opfer handelte es sich um Sir John Lisle, Alter vierundfünfzig, den Advokaten, der den Prozess gegen den König organisiert hatte, den Vorsitzenden des Gerichtshofs während der Anhörungen und bei der Abfassung des Urteils maßgeblich unterstützt hatte und jetzt unter dem Pseudonym Field lebte. Er selbst war keiner der Richter gewesen und hatte auch nicht das Todesurteil unterzeichnet, wurde aber wegen seiner Rolle beim ganzen Verfahren des Hochverrats für schuldig befunden – verglichen mit Ludlow eine untergeordnete Figur, aber dennoch der Mühe und des Wagnisses wert.

Cotter, offenbar der Anführer, hatte den Plan ausgearbeitet. Nachdem sie über mehrere Wochen jede seiner Bewegungen beobachtet hatten, waren sie davon überzeugt, dass Lisle am morgigen Tag, zu Fuß und begleitet von zwei Leibwächtern, die Frühmesse besuchen würde. Cotter und Rierdan würden sich um die Begleiter kümmern, Crowley würde ihn mit einer eigens dafür ausgewählten Waffe erschießen. Crowley legte nun einen in eine Decke gewickelten Gegenstand auf den Terrassentisch und hob die Decke etwas an, damit Nayler einen verstohlenen Blick darauf werfen konnte. Es handelte sich um eine sogenannte Donnerbüchse, eine gekürzte Flinte mit trompetenförmiger Mündung, die ein halbes Dutzend Kugeln gleichzeitig abfeuern konnte. Nayler betrachtete die Waffe bestürzt und schaute dann zu den voll besetzten Tischen auf der Terrasse.

»Um Himmels willen, Mr Crowley, steckt das Ding sofort weg.« Nachdem die Waffe unter dem Tisch verstaut war, sagte er: »Mit dieser Büchse müsst Ihr ja ganz nah an ihn herankommen, wenn nicht die halbe Kirchengemeinde dran glauben soll.«

»Das werden wir, Mr Nayler«, sagte Cotter. »Macht Euch darüber keine Sorgen.«

Aber Nayler machte sich Sorgen. Er lag die halbe Nacht wach und machte sich Sorgen. Für seinen Geschmack war der geplante Anschlag viel zu öffentlich. Er dachte sogar daran, bei Tagesanbruch aus der Stadt zu verschwinden. Wenn herauskäme, dass ein Beamter des Kronrats auf fremdem Boden in einem neutralen Land einen Mordanschlag unternommen hatte, dann würde das einen diplomatischen Skandal verursachen. Schließlich kam er zu dem Schluss, dass es seine Pflicht war, die Sache durchzuziehen, und als er am nächsten Morgen aufstand, lud er seine Pistole und schob sie sich in die Tasche.

Die Kirche Saint-François befand sich in der Mitte von Lausanne, etwa eine Meile von seiner Herberge entfernt. Der stramme Fußmarsch führte durch steile, verwinkelte Gassen, wo es von Leuten wimmelte. Eine Glocke begann zu läuten. Er trat aus einer der Gassen auf einen kopfsteingepflasterten Platz, wo an einer Seite die Kirche aufragte, während die andere Seite von Geschäften gesäumt war. Vor einem Barbierladen lungerten Cotter, Crowley und Rierdan herum. Bizarrerweise trugen sie alle trotz großer Hitze weite Umhänge. Die Gläubigen gingen zielstrebig auf die Kirchentür zu. Nayler hielt in der Menge nach jemand Ausschau, der Lisle sein könnte, und entdeckte ihn sofort. Er war so wenig zu übersehen wie seine Mörder – eine korpulente Gestalt unter einer Perücke, bekleidet mit der Robe eines englischen Advokaten, umgeben von vierschrötigen Begleitern.

Fast gleichzeitig mit Nayler entdeckten ihn auch Cotter und seine beiden Kumpane. Sie gingen von dem Barbierladen mit forschen Schritten über das Pflaster, holten ihn ein, öffneten ihre Umhänge und zogen in dem Augenblick ihre Waffen hervor, wo Lisle die Kirchentür erreichte. Der Messinglauf der Donnerbüchse blitzte im Sonnenlicht, der Mündungstrichter nur wenige Zoll von Lisles Rücken entfernt. Der fürchterliche Knall schreckte einen Schwarm Tauben auf, der über den Platz davonflatterte. Lisle riss die Arme in die Höhe. Die Wucht der Explosion schleuderte den schweren Leib nach vorn, und er schlug mit dem Gesicht auf den Kirchenstufen auf. Die Leibwächter griffen nach ihren Pistolen, aber Cotter und Rierdan hielten sie in Schach. Sie richteten ihre Pistolen auf sie, brüllten sie an, die Waffen stecken zu lassen, und machten sich gleichzeitig auf den Rückzug. Eine Frau kreischte, und Cotter rief in seinem entsetzlichen Französisch: »*Vive le roi d'Angleterre!*« Dann drehten sich alle drei um, liefen über den Platz und verschwanden in einer Seitengasse.

Die Leute drängelten sich um das Opfer. Nayler überquerte den Platz und schob sich durch die Menge, bis er einen guten Blick auf Lisle hatte. Er lag regungslos auf dem Bauch. Die Perücke war verrutscht, und neben ihm sammelte sich eine Blutlache auf den Steinstufen. Im Kreuz klaffte eine gezackte Wunde von der Größe eines kleinen Tellers, wie ein Himbeerdessert, aus dem Blut quoll. Lisles Leibwächter drehten ihn um. Schreie des Entsetzens. Der alte Advokat starrte blind zum Himmel, die Mundwinkel hingen schlaff herunter. Nayler blieb so lange stehen, bis er gänzlich von Lisles Tod überzeugt war.

Dann drehte er sich um und schlüpfte zwischen den Gaffern hindurch auf den Platz.

Niemand hielt ihn auf. Zum ersten Mal seit seiner Ankunft in der Schweiz spürte er eine gewisse Leichtigkeit in seinen Schritten. Wenn alles nach Plan gelaufen war, dann würden Cotter, Crowley und Rierdan in diesem Augenblick ein Boot besteigen, mit dem sie nach Genf entschwinden würden. Wieder hatte einer der Königsmörder den gerechten Tod gefunden. Und die Expedition des Herzogs von York zur Eroberung von Neu-Amsterdam müsste dieser Tage in Amerika an Land gehen. Mit etwas Glück würde er gegen Ende des Sommers zwei weitere von der Liste streichen können.

KAPITEL 27

In der gleichen Woche Mitte August jährte sich die Kerkerhaft von Ned und Will in Micah Tomkins' Keller zum dritten Mal. Wegen der drückenden Hitze waren die Oberste dazu übergegangen, nur Leibwäsche zu tragen. Ned saß den ganzen Tag am Tisch und schrieb an seinen Erinnerungen, wobei er Mühe hatte, alle Belagerungen, an denen er nach Naseby teilgenommen hatte, in die richtige Reihenfolge zu bringen – Bridgwater, Sherborne, Bristol, Dartmouth, Banbury, Exeter, Oxford, Worcester … Obwohl die königliche Armee auf dem Schlachtfeld besiegt war, war die Zahl der royalistischen Widerstandsnester scheinbar endlos gewesen. Will pökelte Hammelfleisch für den Winter ein. Der enge Raum war erfüllt vom Summen der Fliegen und vom Geruch nach Blut und Fett.

Keiner der beiden äußerte sich zu dem Datum. Was gab es auch groß zu sagen? Sie konnten nichts tun und nirgendwohin gehen. Sie konnten nur beten, dass die Umstände sich änderten.

Nachdem Tomkins ihnen an jenem Abend das Essen gebracht hatte, warteten sie bis nach Mitternacht, stiegen dann die Leiter in die nun kühlere Luft hinauf und gingen durch den Lagerraum nach draußen in den Hof. Die Nacht war sehr still und klar, am Sommerhimmel leuchteten ein heller Halbmond und ein Meer aus Sternen. Sie konnten über die Straße und durch den schmalen Weg, der etwa hundert Schritt durch die Kiefern führte, bis zum Ozean sehen. Der Long-Island-Sund lag unter dem Mond da wie ein getupfter silberner See. Das Geräusch der ans Ufer plätschernden Wellen war nicht lauter als ein Atemzug, dem ein lang gezogenes Seufzen folgte. Auf einem Fleckchen Sand zwischen den Felsen zogen sie Stiefel und Kleidung aus und wateten nackt ins Wasser.

Sie schwammen eine Stunde, wobei sie darauf achteten, dass die Strömung sie nicht zu weit vom Ufer abtrieb. Sie sprachen kein Wort. Die Nacht fühlte sich zu heilig an, als dass man sie durch Gerede stören durfte, als befänden sie sich in einer riesigen Kathedrale nah bei Gott. Danach legten sie sich in den Sand und sahen hinauf zu den Sternen, bis sie einschliefen. Als Ned aufwachte, leckte er über seinen Arm, um das Salz zu schmecken. Dann holte er sein Fernrohr aus der Rocktasche und richtete es auf den Mond. Er war so hell, dass er die Gebirgszüge und die Krater erkennen konnte. Eine Sternschnuppe fiel zum Horizont. Mit dem Fernrohr folgte er ihrer langen Bahn durch die Dunkelheit von rechts nach links.

Dann sah er den dunklen Schatten eines Schiffes.

Erschrocken nahm er das Fernrohr herunter, setzte sich auf und hob es wieder ans Auge. Zuerst sah er nichts, dann fand er es wieder. Etwa eine Meile entfernt. Ein großes Schiff, das hoch über das Wasser ragte: ein Dreidecker mit drei Masten, vier großen Segeln an jedem Mast und einer riesigen Flagge am Heck. Das Schiff, dessen Silhouette sich gegen den Mondschein abhob, glitt langsam durch die ruhige Nacht. Das war kein Frachtschiff, sondern ein Kriegsschiff. Und es war nicht allein. Dichtauf folgte ein weiteres Schiff, dann noch eines und – großer Gott! – noch eines.

Er rüttelte Will wach und gab ihm das Fernrohr. »Vier Kriegsschiffe«, flüsterte er. »Westwärts.« Er zeigte zum Horizont. Alle vier waren jetzt deutlich zu sehen.

Will betrachtete die Flottille eine halbe Minute lang.

»Kannst du die Flagge erkennen?«, fragte Ned leise.

Will kniff die Augen zusammen und stellte das Fernrohr schärfer. »Engländer, kein Zweifel.« Er gab Ned das Fernrohr zurück. »Das ist eine Militärexpedition.« Sein blasses Gesicht im Mondschein verdüsterte sich. »Ob die nach uns suchen?«

»Das ist gut möglich.«

»Du meinst, die könnten nur unseretwegen den weiten Weg gekommen sein?«

»Vielleicht.« Wir könnten bis ans Ende der Welt fliehen, dachte Ned, und trotzdem würden sie nie aufgeben. »Wir sollten zurück in den Keller.«

Als Tomkins ihnen an jenem Morgen das Essen brachte, erzählten sie ihm von den Schiffen. Die Neuigkeit versetzte ihn so in Panik, dass er ganz vergaß, wütend zu sein, weil sie die Flottille ja nur ihres Nachtausflugs wegen hatten sehen können.

Am Nachmittag tags darauf war er in Begleitung von Davenport bei ihnen.

Der Pfarrer kam gleich zur Sache. »Eine Expedition englischer Kriegsschiffe hat in der Gravesend-Bai angelegt. Vier Schiffe mit vierhundert Soldaten.«

»Wo ist die Gravesend-Bai?«, fragte Ned.

»Am äußersten Ende von Long Island.«

»Weiß man, warum sie hier sind?«

»Das erste Mal sind sie vor drei Wochen in Boston vor Anker gegangen, um ihre Vorräte aufzufüllen. Sie haben Gouverneur Endecott ihre Befehle gezeigt. Sie haben vom Herzog von York den Auftrag, die Kapitulation von Neu-Amsterdam zu erzwingen – und Euch gefangen zu nehmen.«

Sie hätten gern mehr Zeit zur Vorbereitung gehabt, aber Tomkins blieb hart. Er könne nicht ausschließen, dass man sie in den letzten drei Jahren vielleicht einmal nachts gesehen habe, besonders seit sie es sich zur Gewohnheit gemacht hätten, seine Anweisungen zu missachten und auch jenseits des Obstgartens herumzustreifen. Die zweihundert Pfund Belohnung seien immer noch ausgesetzt, und wenn man sie auf seinem Grund entdeckte, würde er hängen. Er wolle, dass sie bis zum nächsten Morgen verschwänden.

»Und wohin sollen wir jetzt?«, fragte Ned.

»Nun ja.« Davenport druckste herum. »Das ist die Frage.«

Sie besprachen sich nur kurz und kamen zu dem unausweichlichen Schluss, dass die einzige Möglichkeit ihr altes Versteck in den Felsen oberhalb von New Haven war.

»Ich gebe William Jones Bescheid«, sagte Davenport, der sichtlich erleichtert war, dass eine Rückkehr in sein Haus nicht zur Sprache gekommen war. »Wir versorgen Euch mit Vorräten, sobald das gefahrlos möglich ist, und in der Zwischenzeit schaue ich mich nach einem neuen Versteck für den Winter um.« Er seufzte und schüttelte den Kopf. »Wer Euch angesichts der neuen Umstände aufnehmen könnte, kann ich jetzt noch nicht sagen. Es muss jedenfalls weit weg vom Meer sein.«

Nachdem der Besuch gegangen war, saß Ned zusammengesackt auf dem Stuhl gegenüber Will. Es graute ihm vor weiteren Wochen in der Wildnis, ohne dass ein Ende absehbar war. Er war fünfundsechzig. Seine alten Verletzungen waren das Erste, was er morgens, und das Letzte, was er abends spürte. Er war sich nicht sicher, ob er das überleben würde. »Ich weiß, ich war immer der, der auf die Flucht gedrängt hat«, sagte er schließlich. »Aber jetzt frage ich mich auch, ob wir nicht tatsächlich besser dran wären, wenn wir uns ergäben.«

»Bildest du dir etwa ein, dass sie uns gegenüber Gnade walten lassen würden?«

»Nein. Uns würde das gleiche Schicksal blühen wie Okey und den anderen. Aber man würde uns für die Hinrichtung nach London bringen, wo wir uns wenigstens von unseren Lieben verabschieden könnten. Und wir würden mannhafte Entschlossenheit beweisen und den Märtyrertod sterben, nach dem du dich doch immer so gesehnt hast.«

Will erwiderte nicht sofort darauf, dann griff er nach seiner Bibel und suchte darin eine bestimmte Stelle. »›Wir haben allenthalben Trübsal, aber wir ängstigen uns nicht; uns ist bange, aber wir verzagen nicht; wir leiden Verfolgung, aber wir werden nicht verlassen; wir werden unterdrückt, aber wir kommen nicht um.‹ Das schreibt Paulus an die Korinther.« Er legte Ned die Hand auf den Arm und sah ihn eindringlich an. »Noch ein Jahr, höchstens anderthalb, dann ist alles gut, das verspreche ich dir.«

»Woher willst du das wissen?«

»Ich habe oft mit Davenport darüber gesprochen. Es ist geweissagt. Im Jahr des Herrn 1666 kehrt Jesus Christus zurück, und hier in Amerika wird die Herrschaft der Engel anbrechen. Du hattest recht. Wir müssen den Glauben bewahren, Ned, so wie Paulus es uns gelehrt hat – den Kampf kämpfen, den Lauf vollenden, um Gottes Königreich auf Erden zu erleben.«

In seiner Stimme lag so viel Überzeugungskraft, dass Ned sich kurz in seinem Lebensmut bestärkt fühlte. Will hatte Olivers Talent, sich mit einer bestimmten Stelle in der Heiligen Schrift dafür zu rechtfertigen, dass er seinen Eingebungen folgte. Als sie jedoch ihre Taschen packten und Ned klar wurde, dass er entweder seine Erinnerungen oder stattdessen etwas anderes zurücklassen musste, entschied er sich gegen die Bibel. Er sagte sich, dass sie keine zwei benötigten und er nötigenfalls auf Wills Bibel zurückgreifen könne.

Sie saßen mit den gepackten Taschen zwischen den Beinen auf den Stühlen und warteten schweigend.

Sobald der Himmel über dem Metallgitter sich verdunkelte, wurde die Falltür geöffnet, und Tomkins stieg die Leiter herunter, um sie zu verabschieden. Obwohl Ned sich danach gesehnt hatte, dem Keller zu entfliehen, spürte er jetzt bei dem Gedanken, dass er ihn nie wiedersehen würde, ein Ziehen in den Eingeweiden. Es war nicht nur das harte Leben in der Wildnis, vor dem er zurückschreckte, es war die Welt da draußen. Dummer alter Trottel, dachte er wütend, die Dunkelheit hat dich so weich und weiß wie eine Made gemacht. Er lehnte Tomkins' stützende Hand ab, sprach ein paar knappe Worte des Dankes, schulterte seine Tasche und stieg die Leiter hinauf. Danach hielt Will eine aufwendigere Dankesrede und sprach zudem ein Gebet für die Familie Tomkins. Eine Minute später traten die Oberste hinaus auf die Straße und marschierten im Mondschein gen Osten, um bis Tagesanbruch so viele Meilen wie möglich zwischen sich und die englischen Schiffe zu legen.

Sie hatten Glück, dass in der letzten Augustwoche und den ersten Tagen im September 1664 in Neuengland ein zunehmender Mond schien. Der bläuliche Glanz auf Ebene und Wald war hell genug, scharfe Schatten zu werfen. Sie schritten aus, bis die ersten Vögel erwachten und zu singen begannen und über den Baumwipfeln die Sonne aufging. Etwa eine Meile vor New Haven verließen sie die Küstenstraße und bahnten sich mit ihren Schwertern einen Weg durchs Unterholz in den dichten Wald. Auf einer von mächtigen Kiefern umgebenen Lichtung rasteten sie und aßen das Brot und den Käse von Tomkins. Danach legten sie sich hin und schliefen so gut wie Männer, die wussten, dass ihnen vierhundert Soldaten auf den

Fersen waren. Bei Einbruch der Dunkelheit setzten sie ihren Weg fort.

Sie gingen in einem Bogen um New Haven herum, dessen Dächer sie im Schein des Mondes deutlich sehen konnten, und schlugen den vertrauten Weg nach Norden ein. Als sie am frühen Morgen erschöpft die verlassene Mühle erreichten, breiteten sie die Mäntel über das Unkraut und besprachen, ob sie Sperry Bescheid sagen sollten. Es waren Jahre vergangen, seit sie sich zuletzt gesehen hatten. Woher sollten sie wissen, ob er ihnen helfen würde oder ob man ihm überhaupt noch trauen konnte? Sie entschieden sich dagegen.

Am vierten Tag standen sie wieder in ihrem alten Zuhause zwischen den Felsen. Sie suchten die Gegend ringsherum ab, fanden aber keine Anzeichen dafür, dass in der Zwischenzeit jemand hier gewesen war. Ihr Fischwehr stand noch genauso im Fluss, wie sie es zurückgelassen hatten. Nach einer halben Stunde Kopfzerbrechen und einer längeren Buddelei fand Ned schließlich ihre vergrabenen Werkzeuge und Fischernetze wieder. Als die Sonne unterging, machten sie Feuer und dünsteten den Fisch, den Will gefangen hatte, das erste warme Essen seit fast einer Woche. Vielleicht lag es nur am vollen Magen, aber als Ned sich in jener Nacht zum Schlafen auf den Boden legte, tat er das mit einem merkwürdigen Gefühl des Wohlbefindens, ja fast des Glücks. Sie waren noch zusammen und noch gesund. Sie waren ihren Verfolgern einen Schritt voraus. Mit Gottes Hilfe würden sie überleben.

Ein Tag, und es war, als wären sie nie weg gewesen. Ihr Leben verlief wieder in der vertrauten Bahn. Sie gingen auf die Jagd, stellten Fallen und fischten, sammelten Beeren, Kräuter und Pilze, zogen Tierhäute ab und trockneten sie, schliefen mit gespannter Pistole und lauschten auf die Geräusche von Wölfen.

Beim ersten Licht des Tages kletterte Ned mit seinem Fernrohr auf den höchsten Felsen und suchte die Gegend ab, zuerst New Haven und das drei Meilen entfernte Meer und dann im Uhrzeigersinn die Gehöfte der Engländer in der Ebene, die Wälder bis zu Sperrys Bauernhof, den Hügelkamm, die weiten Waldflächen im Norden, wieder den Hügelkamm und zurück zum Meer.

Am Freitag, dem 5. September, war Vollmond. Mit abnehmendem Mond schlug das Wetter um. Stürmischer Wind kam auf, es regnete in Strömen, die Tage wurden kürzer und die Nächte kühler. Ned nähte aus den Fellen gefangener Kaninchen eine Decke, die sie, wenn es aufhörte zu regnen, auf den Felsen zum Trocknen ausbreiteten. Mit dem Indianerbeil fällten sie ein paar Bäume und fütterten damit ein Feuer, das sie die Nacht hindurch brennen ließen. Die Nächte des 19. und 20. Septembers waren mondlos, und am Abend des 21. blieb Ned wach und wartete auf den ersten Streifen des neuen Mondes. Als er schließlich am Horizont über Long Island auftauchte, flüsterte er unwillkürlich ein Dankesgebet, bis er zur Besinnung kam und sich zusammenriss. Als Nächstes würde er noch die Sonne und die Sterne anbeten.

Anfang Oktober stand er eines Morgens auf dem höchsten Felsen, als er aus dem Wald im Norden Rauch aufsteigen sah. Es war zu weit weg, als dass er Genaueres erkennen konnte. Er rief Will nach oben.

Will schaute durch das Fernrohr. »Ob das ein Soldatenlager ist?«

»Wahrscheinlich Indianer.«

»Da, schau, die Bäume brennen.«

Er gab Ned das Fernrohr zurück. Orange leuchtende Flammen breiteten sich über das Blätterdach aus. Etwas weiter weg stieg Rauch von einem zweiten Feuer auf. Sie hatten vom Brauch der Indianer gehört, zum Herbstanfang das Land abzubrennen, hatten es aber nie mit eigenen Augen gesehen. In der nächsten Stunde beobachteten sie ehrfürchtig die immer weiter ausgreifende Feuersbrunst. Das wogende Meer aus Flammen schickte gewaltige Wolken aus Ruß und Asche in den Himmel, bis die Sonne zu einer braunen Scheibe verblasste und schließlich ganz verschwand. Der nach versengtem Holz riechende Nordwind blies ihnen mit einem gespenstischen Brausen ins Gesicht.

Gegen Abend überzog ein tiefroter Glanz den Himmel. Noch um Mitternacht war es so hell, dass sie das Gesicht des anderen deutlich erkennen konnten, und sie befürchteten allmählich, dass die Feuersbrunst sie aus ihrem Lager vertreiben könne. In jener Nacht regnete es jedoch so stark, dass die Flammen am nächsten Morgen fast alle gelöscht waren. Nur ein paar vereinzelte hohe Kiefern brannten noch. Wie Fackeln standen sie in der schwarzen Aschelandschaft.

»Armageddon«, sagte Ned.

»Noch nicht«, sagte Will. »Aber bald.« Aus seinem Mund klang das fast schon lustvoll.

Eine Folge des Feuers war, dass die Waldtiere in größere Höhen flüchteten und sich die Fallen und Schlingen der Oberste mit Eichhörnchen und Kaninchen füllten. Will erlegte mit ihrem Bogen und einem der selbst geschnitzten Pfeile einen hungernden Hirsch.

Es wurde jetzt kälter. Der Winter kam. Zweimal wachten sie auf, und ihre Mäntel und Decken waren dick mit Raureif überzogen. Ned nähte aus Hirschleder zwei Paar Handschuhe. Ihre Essensvorräte, so seine Schätzung, würden zwei Monate reichen. Was er am meisten fürchtete, war nicht der Hunger, sondern das Wetter. Will würde wahrscheinlich überleben, er aber würde im Schnee nicht lange durchhalten. Er traf für sich eine Entscheidung für den Moment, wo es so weit war. Er würde sich nachts, wenn Will schlief, aus dem Lager schleichen und so lange gehen, bis er umfiel und in der Kälte sanft entschlief. Er hatte jede Menge Soldaten erlebt, die dem schottischen Winter nicht standgehalten hatten. Das war kein so schlechter Tod, und ohne die Sorgen um einen alten Mann hätte Will eine größere Überlebenschance.

In der dritten Oktoberwoche liefen zwei englische Kriegsschiffe in die Bucht von New Haven ein.

Die Oberste sahen sie durch das Fernrohr in die Hafenmündung segeln und Anker werfen. Eine halbe Stunde später ließen beide Fregatten je zwei Beiboote voller Soldaten zu Wasser. Die Distanz war zu groß, als dass sie die genaue Zahl feststellen konnten. Die Soldaten in ihrer roten Uniform verschmolzen in der Ferne zu einem einzigen auf dem dunklen Wasser leuchtenden Farbtupfer.

»Wie viel Mann je Boot, was meinst du?«, fragte Will.

»Zwei Dutzend«, schätzte Ned.

»Also insgesamt vielleicht so um die hundert.« Er schob das Fernrohr zusammen. »Was würdest du an ihrer Stelle tun?«

»Wenn ich nach Lehrbuch vorginge? Ich würde mir erst die Stadt vornehmen. Straßenposten, damit niemand hinaus- oder hineingelangen kann, und gleichzeitig jedes Haus durchsuchen. Dann erst aufs Land hinaus.«

»Aber da du kein Trottel bist …«

»Würde ich es genau anders herum machen. Straßenposten aufstellen, um die Stadt abzuriegeln, aber mit der Suche auf dem Land anfangen und hoffen, dass uns das in Richtung New Haven treibt.«

»Also, was werden sie tun? Worauf müssen wir uns einstellen?«

»Wir sollten die erste Regel der Kriegführung befolgen: Gehe immer davon aus, dass dein Feind nicht dumm ist.«

Den restlichen Tag und den ganzen nächsten Morgen räumten sie ihr Lager – füllten die Latrine auf, legten alle Werkzeuge zurück in das Loch, das Ned bereits drei Jahre zuvor ausgehoben hatte, vergruben die Taschen, die Nahrungsmittel, die Holzscheite und schütteten die Feuerstelle mit Erde zu. Nachdem das alles erledigt war, gab es keinen Hinweis mehr auf ihre Gegenwart – außer die alten Datumskerben, die Will in ihrem ersten Sommer in den Felsen geritzt hatte. Daran war nichts mehr zu ändern. Sie gingen ein Stück in den Wald hinein und kletterten mithilfe von Sperrys altem Seil in eine mächtige Eiche, deren untere Äste so breit und gerade waren, dass sie in voller Länge darauf liegen konnten. Schwerter und Pistolen hatten sie mitgenommen, falls es zum Kampf kommen sollte.

Ein nächtlicher Regenguss durchnässte sie bis auf die Haut. Als der Morgen graute, kündigte sich bei Ned mit klappernden Zähnen eine Erkältung an.

Am Nachmittag hörte er trotz Fieber von weitem Männerstimmen. Er hob den Kopf und sah auf dem Hügelkamm vier von Westen kommende Rotröcke, die Musketen mit aufgestecktem Bajonett trugen. Sie gingen um die Felsen herum und stocherten im Boden und im Unterholz herum. Sie blieben stehen. Einer der Soldaten kletterte auf den höchsten Felsen, zog ein Fernrohr hervor und suchte die umstehenden Bäume ab. Sein Standpunkt lag höher als ihr Versteck. Ned drückte die Wange gegen die raue Astrinde und presste die Zähne zusammen, um das Klappern zu unterbinden. »Hauptmann, hier!«, rief jemand. Ned hob den Kopf und wagte einen Blick zur Seite. Der Offizier hatte das Fernrohr weggesteckt und kletterte ein Stück nach unten, um sich etwas genauer anzusehen. Wahrscheinlich hatten sie Wills Kalender entdeckt. Die Männer unterhielten sich aufgeregt. Ned hörte, dass sie die Bajonette abnahmen und die Musketen schussbereit machten. Sie kamen auf die Bäume zu und gingen im Gänsemarsch unter der Eiche hindurch.

Die Geräusche verblassten. Nach ein paar Minuten flüsterte Will: »Sind sie weg?«

»Das glaube ich kaum. Es ist höchstens noch drei Stunden hell. Um sich nicht zu verirren, gehen sie wahrscheinlich den gleichen Weg zurück, auf dem sie hergekommen sind.«

»Sollen wir sie uns schnappen?«

Die Versuchung war groß. Aber wenn vier Männer vermisst wurden, würden sicher andere kommen, um sie zu suchen. »Nur wenn sie uns entdecken.«

Ein Schuss hallte durch den Wald. Unwillkürlich drückte Ned das Gesicht wieder gegen den Ast. Zwei weitere Schüsse in schneller Folge. Rufe. Das Geräusch von Körpern, die sich durchs Gebüsch schlugen, dann lange nichts. Ned wagte kaum zu atmen. Schließlich hörte er wieder Stimmen, wütende, streitende Stimmen. Die Soldaten kamen zurück und gingen unter ihnen hindurch.

»Ich sag's euch, ich hab was gesehen!«

»Ja, ja, ein Gespenst.«

»Wahrscheinlich zu viel Rum gehabt gestern Abend.«

Einer lachte. Der erste Sprecher verteidigte sich wieder. Die Stimmen verblassten.

Die Oberste blieben im Baum liegen, bis es dunkel wurde.

Inzwischen zitterte Ned so stark, dass er es kaum schaffte, nach unten zu klettern. Er ging zu ihrem Lagerplatz und legte sich hin. Will grub ein paar ihrer Tierhäute aus und deckte ihn damit zu, dann brachte er ihm eine Tasse Wasser und etwas kaltes Fleisch. Sie sprachen auch weiterhin im Flüsterton und wagten es nicht, ein Feuer zu machen, für den Fall, dass die Soldaten in der Nähe lagerten. O Herr, betete Ned, vergib mir meine Schwäche. Ich ertrage es nicht. Lass mich heute Nacht sterben.

Aber am nächsten Morgen lebte er immer noch.

Drei Tage lang plagte ihn das Fieber. Er war sich bewusst, dass Will ihn wie ein kleines Kind umsorgte. Am Morgen des vierten Tages wachte er auf und fühlte sich nicht mehr heiß an. Will lag schnarchend neben ihm. Ned stand mühsam auf und ging auf wackeligen Beinen zwischen die Bäume, um sich zu erleichtern. Danach fühlte er sich viel besser – die herrliche Euphorie nach einer überstandenen Krankheit. Er nahm sein Fernrohr und kletterte vorsichtig auf ihren Ausguckfelsen. Über der Ebene stieg milchiger Dunst auf, aber das Meer lag im Glanz der aufgehenden Sonne klar wie Glas da.

Die Hafenmündung war leer, die Kriegsschiffe verschwunden.

An jenem Nachmittag bekamen sie zum ersten Mal seit fast zwei Monaten freundlichen Besuch.

William Jones brachte Lebensmittel – frisch gebackenes Brot, Käse, Schinken, Bier und Tabak. Der Waliser zeigte sich halbwegs überrascht, sie noch lebend anzutreffen. Er entschuldigte sich, dass er sie so lange allein gelassen habe. Es sei ihm zu gefährlich erschienen, angesichts der vielen Soldaten in der Gegend die Stadt zu verlassen. Er setzte sich zu den Obersten auf einen Felsen, und während sie aßen, berichtete er ihnen von den neuesten Entwicklungen.

Stuyvesant hatte die holländische Kolonie kampflos an die englische Expeditionsarmee übergeben. Neu-Niederlande gab es nicht mehr. Neu-Amsterdam war zu Ehren des Bruders des Königs umbenannt worden. Es hieß nun New York. Kaum war die militärische Mission erfüllt, hatten sich die Rotröcke in New Haven, Milford, Guilford und der umliegenden Gegend auf die Suche nach den Obersten gemacht. Sie hatten Reverend Davenport, Mr Leete und die Magistrate hart angefasst, was dafür sprach, dass sie über gute Informationsquellen verfügen mussten. Aber sie hatten nichts herausgefunden. Frustriert seien sie am gestrigen Tag nach Boston zurückgesegelt.

»In der Zwischenzeit waren wir nicht untätig und haben bei Euren Freunden in Amerika Geld für Euch aufgetrieben. Mr Hooke hat ebenfalls Geld geschickt, das er in London gesammelt hat. Und wir haben ein neues Versteck für Euch vorbereitet.«

Ned sog genießerisch an seiner Pfeife. »Für den Winter?«

»Nein, zu guter Letzt haben wir eine dauerhafte Unterkunft gefunden.«

»In einem Keller? Oder einem Nebengebäude?«

»Nein. In einem Haus bei einer Familie. Richard Sperry kommt morgen mit den Pferden. Er bringt Euch hin.«

»Mit den Pferden?« Ned hatte angenommen, sie würden zu Fuß nach New Haven zurückkehren. »Wohin wird Sperry uns denn bringen?«

»Nach Hadley in Massachusetts.«

Jones schaute zu Will, der aber nur die Achsel zuckte. »Kenne ich nicht.«

»Das kennt keiner, was ja das Gute ist. Hadley ist eine neue Gemeinde achtzig Meilen nördlich von hier am Connecticut, die am weitesten entfernte englische Niederlassung in ganz Amerika. Es ist alles vorbereitet. Ihr kommt bei John Russell unter, dem Pfarrer, ein alter Freund von Reverend Davenport. Im gesamten Ort leben nur fünfzig Familien. Niemand wird Euch da stören. Zumindest was die Außenwelt angeht …« Er lächelte und breitete die Arme aus, als entließe er zum Abschluss eines Zaubertricks eine Taube in die Freiheit. »Ihr habt aufgehört zu existieren.«

KAPITEL 28

Sperry kam kurz nach Sonnenaufgang. Sie brachen sofort mit so vielen ihrer Habseligkeiten auf, wie die Pferde tragen konnten, und ließen den Rest zurück, ohne sich die Mühe zu machen, alles zu verstecken. Was immer das Schicksal für sie bereithielt, schwor sich Ned, zu den Felsen würden sie nie mehr zurückkehren.

Sie zogen mit Taschentüchern vor dem Gesicht durch den ausgebrannten Wald, um sich gegen die Asche zu schützen, die die Pferdehufe aufwirbelten. Da und dort stiegen Rauchwolken von noch unter der Erde schwelenden Feuern auf. Dennoch war es erstaunlich, wie viele Bäume der Brandrodung widerstanden hatten. Schon zeigten sich erste grüne Triebe in der schwarzen Erde. Sie verstanden jetzt, warum Neuengland so sehr an eine englische Parklandschaft erinnerte. Bei Einbruch der Nacht hatten sie den Connecticut erreicht.

Am nächsten Tag ritten sie weiter gen Norden. Im klaren Licht des Spätherbstes strahlten die Wälder verschwenderisch in Rot und Gold und waren hier und da mit großen schwarzen Flecken durchsetzt, die wie Brandlöcher in einem türkischen Teppich wirkten. Gelegentlich erblickten sie in der Ferne Indianerlager. Um von niemand gesehen zu werden, machten sie einen Umweg durch die Wälder rund um Hartford, bevor sie schließlich in Windsor wieder auf den Fluss stießen – das war das erste Mal seit Jahren, dass sie sich in der Öffentlichkeit zeigten. Der Anblick von nur einem Dutzend Menschen an der Anlegestelle der Fähre war beunruhigend. Ned behielt die unter seinem Mantel verborgene Pistole fest in der Hand. Niemand achtete auf sie. Sie setzten über und nahmen auf der anderen Seite den Weg, der links am Fluss entlangführte. Fünf Meilen südlich von Springfield schlugen sie ihr Nachtlager auf.

Am dritten Tag erreichten sie bei Sonnenuntergang einen weit geschwungenen Bogen des Connecticuts, an dessen Scheitelpunkt sich eine winzige Siedlung befand. Das müsse Hadley sein, verkündete Sperry, auch wenn er sich nicht sicher war, sei er doch noch nie so weit in den Norden vorgedrungen. Er wies sie an, außer Sichtweite zu warten, und machte sich auf die Suche nach Reverend Russell.

Sogar im Halbdunkel der Abenddämmerung konnten sie sehen, dass sie ein herrliches Fleckchen Erde vor sich hatten – eine Wiese mit einem Kiefernhain, am Ufer riesige Weidenbäume, dahinter der Bergwald. Hoch über ihnen kreisten zwei Adler. Aber die völlige Abgeschiedenheit und Stille hatte auch etwas Gespenstisches, Schwermütiges. Ned betrachtete das Dörfchen durch sein Fernrohr. »So klein«, sagte er. »Die müssen ständig in Angst vor einem Überfall leben.«

»So weit weg von jeder anderen menschlichen Seele«, erwiderte Will. »Ist das ein Wunder?«

Es war schon fast dunkel, als Sperry eine Stunde später zurückkam. »Reverend Russell erwartet Euch. Im Dorf hat man sich schon zur Bettruhe zurückgezogen. Keine Gefahr, dass Euch jemand sieht.«

»Was ist er für ein Mensch?«, fragte Ned.

»Ein feiner Christenmensch, ein Herr. Ihr werdet ihn mögen.«

»Das hoffe ich doch, wenn wir schon den Rest unserer Tage hier verbringen sollen.« Ned hatte das als humorige Bemerkung gemeint, aber es schwang doch ein Hauch Verzweiflung mit.

»Nur ein Jahr«, berichtigte ihn Will. »Bis 1666. Dann werden wir alle erlöst werden.«

Sie stiegen wieder auf und folgten Sperry auf dem Weg, der durch die Wiese zum Dorf führte.

Es war noch nicht völlig dunkel, sodass sie die Umrisse der Holzhäuser zu beiden Seiten der breiten, grasbewachsenen Straße erkennen konnten.

Sie ritten an einem Dutzend Häuser vorbei, von denen in manchen noch eine Kerze brannte, bevor sie einige Minuten später an einer Ecke zu einem etwas größeren Gebäude kamen. Sperry stieg ab und öffnete das Tor. Die Oberste stiegen ebenfalls ab und führten die Pferde in den Hof, wo jemand sie mit einer Laterne erwartete – ein großer, breitschultriger Mann mit langem Haar in der Blüte seines Lebens. Er begrüßte sie mit festem Händedruck, der eher an den eines Soldaten denn eines Geistlichen erinnerte.

»John Russell. Gott sei gedankt für Eure Rettung.«

Reverend John Russell war achtunddreißig Jahre alt. Geboren in Ipswich in England, war er als Kind mit der Auswanderungswelle unabhängiger Religionsgemeinschaften, die sich gegen die Politik von Karl I. stellten, nach Massachusetts gekommen. Er war der erst vierzehnte Absolvent von Harvard gewesen. Wie sein Freund und Mentor Davenport hatte er sich mit den moderateren Puritanern in Neuengland zerstritten. Vor allem die Frage hinsichtlich einer Taufe jedweden Kindes, dessen Eltern das wünschten, hatte sie entzweit. Russell lehnte dergleichen strikt ab. Er hatte Wethersfield in Connecticut mit seiner Kirchengemeinde verlassen, um weitab vom Einfluss der Kirchenoberen in Massachusetts eine neue Pfarrei zu gründen.

Aber damit endeten zu Neds Freude die Gemeinsamkeiten mit Davenport. Er hatte vier Söhne: John, vierzehn (von Russells erster Frau Mary, die später wie so viele erste Frauen im Kindbett starb), und drei weitere Jungen von seiner zweiten Frau Rebecca – Jonathan, neun, Samuel, vier, und das knapp ein Jahr alte Stillkind Eleazer. Den Haushalt vervollständigten zwei schwarze Sklaven in ihren Zwanzigern, Abraham und Martha, ein verheiratetes Paar, das er auf einer Auktion in Rhode Island gekauft und die Grundzüge des christlichen Glaubens gelehrt hatte. Sie schliefen in einem der Nebengebäude. Russells knappe Rechtfertigung für ihre Versklavung lautete, dass die Bibel die Knechtschaft von Heiden billige. »Ich versichere Euch, wenn es in England einen Mangel an Arbeitskraft wie hier gäbe, dann hätten sie dort auch Sklaven.« Russell hatte nichts von Davenports träumerischem Fanatismus. Er wusste mit einer Flinte und einer Axt, einem Hammer und einem Pflug genauso viel anzufangen wie mit der Bibel. Im eigenhändig errichteten Haus hatte er im letzten Monat die nötigen Änderungen vorgenommen, damit er seine Gäste unterbringen konnte.

Der Hauptteil des Gebäudes mit den Zimmern der Familie war nach Norden ausgerichtet. An der Südseite war ein neuerer Anbau hinzugekommen, der etwa vierzig mal zwanzig Fuß maß, mit einer Diele und einer Stube im Erdgeschoss, die sich zu beiden Seiten einer Treppe und eines großen Kamins befanden. Nachdem sie ihre Taschen abgeladen hatten, führte Russell sie hinauf. Im oberen Stock zeigte er ihnen zwei geräumige Kammern, in denen bereits Kerzen angezündet waren. »Die sind nur für Euch«, sagte er. »Und jetzt seht Euch das hier an. Erst letzte Woche fertig geworden.«

Er öffnete eine Tür zu einem schmalen Gang, der hinter dem Kamin verlief und die beiden Kammern verband. Man konnte noch das Sägemehl und die frische Farbe riechen. Russell ging bis zur Mitte des Gangs und hob ein paar Bodenbretter beiseite. Er winkte sie zu sich und hielt die Laterne in die Öffnung, durch die eine Leiter hinunter in die Dunkelheit führte. »Hinter dem Kamin im Erdgeschoss verbirgt sich ein Verschlag. Wenn jemand Euch suchen kommt, könnt Ihr Euch dort verstecken.«

»Raffiniert«, sagte Ned. Das ist das Loch, in das ich mich zum Sterben verkriechen werde, dachte er.

Den Rest des Haushalts werde er ihnen am morgigen Tag vorstellen, sagte Russell. »Sie sind verschwiegen, darauf könnt Ihr Euch verlassen.« Damit zog er sich für die Nacht zurück.

Die Oberste setzten sich nebeneinander auf eines der Betten.

»Wahrhaft ein Mann Gottes«, sagte Will. »Das spürt man.«

»Das ist er«, sagte Ned matt. »Kein Zweifel.«

»Was könnte vollkommener sein? Wir haben ein Dach über dem Kopf, haben zu essen, Gesellschaft, Platz, eine Geheimkammer, jeder ein Zimmer für sich. Wir haben sogar Fenster.«

»Das ist wahr.«

»Und trotzdem bist du nicht zufrieden?«

Zufrieden? Ned hätte am liebsten laut geschrien. Wie können wir zufrieden sein? Wir sind am Rand der Zivilisation. Verstehst du nicht? Das ist das Ende unserer Wanderschaft. Wir werden England nie wiedersehen. Er sehnte sich nach seinem Haus in der Whitehall, sehnte sich nach Katherine und seiner Schwester Jane, nach Frances und den Enkeln, nach dem Lärm in der King Street, nach seinen Freunden und Kameraden, nach Cromwell und seiner Armee, nach seinem alten Leben im Mittelpunkt der Ereignisse. »Verzeih«, sagte er. »Aber ich bin einfach sehr müde.«

Sie kamen überein, dass sie tagsüber auf ihren Kammern bleiben und die Mahlzeiten getrennt vom übrigen Haushalt einnehmen sollten, um den Kontakt mit den Kindern so gering wie möglich zu halten und auf diese Weise Fragen nach ihrer Identität und den Gründen für ihre Anwesenheit zu vermeiden. Bei Einbruch der Nacht durften sie das Haus verlassen und sich – unter der Maßgabe, dass sie darauf achteten, nicht gesehen zu werden – auf Russells drei Tagwerk großem Grund die Beine vertreten. Aber da die Häuser weit voneinander entfernt standen, außerdem der Winter nahte und sich ohnehin kaum noch Leute draußen aufhielten, stellte das keine große Gefahr dar. Als im November der erste Schnee fiel und der Wind den Berg herab über den eiskalten Fluss brauste, war Ned davon überzeugt, noch nie eine solche Kälte erlebt zu haben.

Die einzige andere Person in Hadley, die über ihre Anwesenheit Bescheid wusste, war Peter Tilton, Magistrat des Dorfs, Diakon der Kirche und Russells Stellvertreter. Er stammte aus Warwickshire, war ein paar Jahre älter als Russell, ruhiger als dieser, aber von ähnlichem Charakter. Er kam zweimal in der Woche ins Haus, am Sabbat und am Donnerstag, um mit den Obersten zu beten und in der Bibel zu lesen.

Anfangs schliefen sie viel und erholten sich von den Strapazen. Im Dezember bat Will um eine nützliche Beschäftigung. Er wurde zum Holzhacken in die Scheune geschickt, sodass Abraham auf den Feldern arbeiten musste. Ned und Will hielten die Sklaverei für unchristlich. Für jede Bibelstelle, die sie rechtfertigen sollte, konnte Will mindestens zwei Stellen anführen, die das Gegenteil besagten. Kurz danach erbot sich Will, sein altes Handwerk des Einpökelns wieder aufzunehmen, woraufhin Abraham aus der Kälte in die Scheune zurückkehren konnte. Es gab keinen Krämerladen in Hadley und auch noch kein Versammlungshaus. Die Familien tauschten Waren unter sich aus: Kleidung gegen Feuerholz, Feuerholz gegen Fleisch, Fleisch gegen Getreide … Falls irgendeinem auffiel, warum die Russells plötzlich eingepökeltes Schweinefleisch übrig hatten, so wurde das jedenfalls nie angesprochen. Vorrang in jener abgeschiedenen Gegend hatte schlicht, den Winter zu überleben.

Ned verbrachte die Tage in seiner Kammer vor dem Kamin sitzend, auf den Knien eine Decke und ein Tablett, auf dem das Manuskript mit seinen Erinnerungen lag. Außer schreiben hatte er nichts zu tun, zudem bedrängte ihn die Ahnung, dass ihm nicht mehr viel Zeit blieb. In jenem Winter starrte er oft stundenlang in die brennenden Holzscheite, manchmal lauschte er den Geräuschen im Hof, wo die Jungen der Russells Schneeballschlachten veranstalteten. Es entsprach mehr seinem Wesen, im Bürgerkrieg zu kämpfen, als darüber zu schreiben. Aber wenn er den Mut für das eine aufgebracht hatte, musste er dann nicht auch die Kraft für das andere aufbringen können? Er schaute zum Fenster, wo sich auf dem Sims der Schnee sammelte, und dachte an die schrecklichen, ewig langen Winter Mitte der Vierzigerjahre zurück, wo ihnen der Sieg für immer zu entgleiten schien. Wie sollte er das alles Frances erklären – die Schritte, die unausweichlich zur Hinrichtung des Königs und zur Zerstörung ihres gemeinsamen Lebens führten? Schließlich nahm er die Feder wieder zur Hand.

Im Winter 1646 auf 1647 erkrankte Cromwell so schwer am Fieber, dass ein tödlicher Ausgang für sehr wahrscheinlich erachtet wurde. Hinterher erzählte er mir, dass er das Todesurteil mit Freuden entgegengenommen hätte, weil er auf diese Weise hatte lernen können, dem Herrn zu vertrauen, denn alle Dinge des Fleisches zählten weniger als nichts.

In jenem Frühjahr lag ich mit der Armee bei Saffron Walden, als die Nachricht eintraf, das Parlament habe beschlossen, die Hälfte aller Regimenter aufzulösen. Seit vielen Monaten ohne Sold, argwöhnten meine Männer, ihre Sache solle verraten werden, und reichten eine Beschwerdebittschrift ein. In den anderen Regimentern fühlte man ebenso, und so wurde in der Jungfrauenkirche eine große Versammlung mit ihren Abgesandten abgehalten, zu der General Cromwell und andere Heerführer kamen, um sich die Klagen der Männer anzuhören.

Er hielt inne. In den überfüllten Kirchenbänken in Saffron Walden hatte er Will zum ersten Mal gesehen, damals Hauptmann in Oberst Prides Fußregiment. Er hatte zu den militantesten Protestierern gehört und Forderungen nach Amtsenthebung ihrer Parlamentsgegner mit apokalyptischen Schilderungen vermischt, wie Gott ihm im Traum erschienen sei. Er forderte nicht Verhandlungen mit dem König, sondern dessen Vernichtung. Jetzt hörte er ihn draußen in der Scheune Holz hacken. Wie glücklich doch der Mann, der nie einen Zweifel kannte!

Nachdem er sich in der Jungfrauenkirche die Ansichten der Armee angehört und seine Unterstützung für ihr Anliegen versprochen hatte, kehrte General Cromwell nach London zurück. Ende Mai bat er mich zu einem kleinen privaten Treffen in sein Haus in der Drury Lane. Der König befand sich unter Aufsicht des Parlaments im Holdenby-Haus in Northamptonshire. Aus Angst, die beiden Parteien würden eine Übereinkunft erzielen und diese als Vorwand nutzen, die Regimenter aufzulösen, schlug General Cromwell vor, dass die Armee Seine Majestät selbst in Gewahrsam nehmen solle.

Wer war noch anwesend gewesen? Natürlich Ireton, inzwischen mit Cromwells Tochter Bridget verheiratet. Der Prediger Hugh

Peter. Olivers Sekretär John Thurloe. Vielleicht ein halbes Dutzend Offiziere, die im Raum nebenan um Führung beteten. Er erinnerte sich, dass Betty Cromwell ständig mit Essensplatten und Bierkrügen hereinkam. Pfeifenrauch. Aufrührerische, gefährliche Gespräche.

Kornett George Joyce hatte vierhundert Mann in der Nähe von Oxford. Er stimmte zu. Er könnte den König festsetzen.

Ein Befehl wurde aufgesetzt.

Ned hatte Cromwell beiseitegenommen. »Das kannst du nicht machen, Oliver.«

»Warum nicht?«

»Weil du die Befugnis nicht hast.«

»Du Milchbart. Was nutzt uns denn eine gewonnene Schlacht nach der anderen groß, solange das Parlament uns den Krieg verliert?«

»Fairfax ist der Oberbefehlshaber, nicht du.«

»Auf dem Schlachtfeld ist Fairfax ein Löwe, und ich würde ihm in die Hölle folgen, aber in der Politik ist er ein Siebenschläfer. Er wird es mir danken, ihm die Entscheidung aufgezwungen zu haben.«

Nach dem Treffen kehrte ich zur Armee zurück, die jetzt bei Newmarket lag. Ein paar Tage später wurde ich zu General Fairfax gerufen. Er habe gerade die Nachricht erhalten, dass der König von Kornett Joyce unter Gewaltanwendung aus Holdenby abgeholt worden und nun auf dem Weg nach Newmarket sei.

»Euer Vetter steckt dahinter.«

Das war ein peinlicher Augenblick für Ned. Er stand mit dem Helm in der Hand in Habtachtstellung vor dem Oberbefehlshaber.

»Das muss General Cromwell selbst beantworten, Eure Exzellenz.«

General Fairfax befahl mir, mit meinem Regiment sofort auszurücken, ihn abzufangen und sicherzustellen, dass Seine Majestät gut behandelt und die Gelegenheit gegeben werde, nach Holdenby zurückzukehren.

Auf der Straße etwa vier Meilen westlich von Cambridge war er am nächsten Nachmittag auf die Kolonne von Joyce gestoßen. Der war ein junger Heißsporn, noch keine dreißig, und kam sich aufgrund der Tatsache, den König von England in Gewahrsam zu haben, enorm wichtig vor. Ned zeigte ihm den Befehl von Fairfax. »Von jetzt an übernehme ich, Kornett.«

»Er steht Euch zur Verfügung, Oberst.«

»Stellt mich ihm vor.« Während sie an der angehaltenen Kolonne entlanggingen, fragte Ned: »Wie ist seine Stimmung?«

»Wenn man ihm resolut entgegentritt, dann ist er ganz umgänglich.«

Ned hatte den König noch nie zu Gesicht bekommen. Auf dem großen Pferd und umringt von seinen Bediensteten, sah er winzig aus. Er betrachtete verträumt die Landschaft mit ihren sommerlichen Hecken, die von cremefarbenem Hagedorn und rosa Hundsrosen überquollen.

Ohne sich mit Förmlichkeiten aufzuhalten, verkündete Joyce: »Das hier ist Oberst Whalley, Eure Majestät, den Euch General Fairfax zur Gewährleistung Eurer Sicherheit schickt.«

Ned nahm den Helm ab und verneigte sich. Der König blickte kurz herab und streckte dann die Hand aus. Ned zögerte. Er verabscheute den Mann, dennoch war Karl immer noch sein Souverän. Außerdem war er nervös, auch wenn er das möglichst zu verbergen suchte. Er trat vor, nahm die königliche Hand und küsste sie – eine sehr weiche, weiße und zarte Hand war das gewesen, wie die einer Dame. Wie er jetzt in seiner eingeschneiten Kammer an der Grenze der Zivilisation saß, konnte er seiner Erinnerung kaum glauben.

Liebste Frances, Du kannst Dir vielleicht vorstellen, wie ich mich fühlte. Ich stellte mich dem König vor, übermittelte die Grüße von General Fairfax und sagte, ich stünde zu seiner Verfügung, ihn zurück nach Holdenby zu geleiten, worauf er antwortete, er zöge es vor, wie ihm von Kornett Joyce versprochen, nach Newmarket zu reisen und dort die Führung der Armee zu treffen. Seine Antwort kam überraschend und brachte mich in Verlegenheit. Der Tag neigte sich, und es musste eine angemessene Unterkunft für den König gefunden werden, während ich auf frische Befehle wartete.

Unsicher hatte er auf der Straße gestanden.

»Dürften wir einen Vorschlag machen, Oberst Whalley?« Den König schien seine missliche Lage zu amüsieren.

»Eure Majestät?«

»Schloss Childerley befindet sich ganz in der Nähe. Zwar ist Sir John Cutts vor wenigen Monaten verstorben, dennoch sind wir anzunehmen geneigt, dass es Lady Cutts eine Ehre wäre, uns als ihren Gast zu empfangen.«

Ehre oder nicht, die Witwe konnte sich kaum dagegen wehren, dass ein Kavallerieregiment ihr Anwesen überschwemmte. An jenem Abend stand Ned am Fenster seiner Kammer und schaute hinaus in den Hirschpark, wo fünfhundert seiner Soldaten lagerten und die Pferde auf dem kurzen Rasen grasten. An den Toren des Parks und jeder Tür des Hauses waren Wachen postiert, während der König sich in seine Gemächer zurückgezogen hatte.

Der König wiederholte seinen Wunsch, so schnell wie möglich nach Newmarket weiterzureisen. Er zog es vor, mit der Armee und nicht mit dem Parlament zu verhandeln. Ned bat ihn zu warten, bis er auf seine Depesche an Fairfax eine Antwort mit weiteren Anweisungen erhalten habe.

Am Montag kamen Fairfax, Cromwell, Ireton und ihre Leibwächter in den Hof des Anwesens geritten. Fairfax küsste die königliche Hand, Cromwell und Ireton taten dies für alle Anwesenden sichtbar nicht. Nach der höflichen, aber kühlen Besprechung bat Cromwell Ned zu einem Spaziergang in den Garten. »Hast du gesehen, wie gerissen er ist? Er gibt vor, zugänglich zu sein, dabei versucht er die ganze Zeit einen Keil zwischen uns und das Parlament zu treiben. Weich ihm nicht von der Seite. Erweise ihm den gebührenden Respekt. Aber sorge in Gottes Namen dafür, dass er nicht flieht.«

Mein Kind, sicher kannst Du Dir Deinen alten republikanischen Vater nur schwerlich an der Seite des Königs von England vorstellen, und doch habe ich ihn in den folgenden sieben Monaten fast jeden Tag gesehen – im Lauf des gesamten Krieges viel öfter als jeder andere auf der parlamentarischen Seite. Was für eine seltsame Mischung er war – gut gelaunt in der einen Minute, hochnäsig in der nächsten. Er schien die Welt durch eine dicke Glasscheibe zu sehen, getrennt von allen anderen Sterblichen. Ich kann mich nur an eine einzige unangenehme Begebenheit erinnern. Das war an dem Tag, wo ihn ein Offizier besuchte, der die Insignien des Hosenbandordens zurückgeben wollte, die dem verstorbenen Prinzen von Oranien gehörten. Sie gingen auf und ab, und es kam mir vor, als hielten sie eine Art Geheimkonferenz ab. Als ich eingreifen wollte, stieß mich der König jedoch mit beiden Händen weg und hob seinen Stock in die Höhe, als wollte er mir einen Schlag auf den Kopf versetzen.

Meine Befehle lauteten, dass er sich zur bequemeren Aufnahme von Verhandlungen wie auch für den Fall eines Befreiungsversuchs immer in Reichweite der Armee aufzuhalten habe. Als die Armee schließlich wieder die Außenbezirke von London erreichte, wurde der König in seine frühere Residenz Hampton Court zurückgebracht. Hier war es ihm gestattet, seine Freunde und kleineren Kinder zu empfangen, sich mit seinen früheren Dienern zu umgeben und nach Belieben im königlichen Park auszureiten. Er traf sich oft mit Cromwell, um über eine Vereinbarung zu diskutieren, die dauerhaft den Frieden bewahren würde – die ihm seinen Thron erhalten, die Rechte des Parlaments garantieren und Glaubensfreiheit gewähren würde. Manche Eigenschaften des Königs machten Eindruck auf Oliver – seine offensichtliche Kinderliebe, sein tiefreligiöses Empfinden, sogar die Weigerung, um welchen persönlichen Preis auch immer seinen Grundsätzen untreu zu werden. Tatsächlich …

Er hielt inne.

Tatsächlich …

Tatsächlich was?

Tatsächlich hatte Seine Majestät Ned gegenüber im Vertrauen angedeutet, er würde Oliver möglicherweise zum Grafen ernennen und ihm das Kommando über die Armee des Landes übertragen, sobald eine konstitutionelle Vereinbarung erreicht wäre. Allein die Vorstellung – Cromwell, Graf von Ely, und Betty eine Gräfin!

Tatsächlich wurde ihr Verhältnis so alarmierend freundschaftlich, dass der König sich eines Abends im September, als er mit seinen Kindern gespielt hatte und Ned ihn zurück zu seinen Gemächern geleitete, dazu herabließ, ihn in eine private Unterhaltung zu verwickeln.

»Seid Ihr verheiratet, Oberst Whalley?«

»Ja, Eure Majestät.«

»Kinder?«

»Vier, Sir.«

»Ihr solltet sie herbringen. Wir haben fünfzehnhundert Räume und keinen Hofstaat mehr, der der Rede wert wäre. Platz ist also genug. Sprecht mit Sir Jack.«

Bei Sir Jack handelte es sich um Sir John Ashburnham – gut aussehend, reich, etwas dämlich, als ehemaliger Kammerjunker des Königs engster Höfling.

Natürlich unternahm Ned nichts dergleichen. Aber ein paar Tage später suchte Ashburnham ihn auf und sagte, Seine Majestät habe ihm aufgetragen, Mrs Whalley und ihre vier Kinder einzuladen, auf Hampton Court zu wohnen. »Falls Euch das genehm wäre.« Ihm sei auch aufgetragen worden, den Oberst und seine Frau, General und Mrs Cromwell sowie General und Mrs Ireton zum Diner mit dem König zu laden.

Und so war das Unglaubliche geschehen – unglaublich damals und sogar noch unglaublicher mit fast zwanzig Jahren Abstand. Nach monatelanger Trennung hatten sich Ned und Katherine in der Wohnung eines Höflings in einem verlassenen Flügel des Schlosses auf den frisch gewaschenen und nach Lavendel duftenden Laken vereinigt, bevor er und der Begründer der Eisenseiten sich mit dem König zu einem formellen Festmahl niederließen. Ein herrschaftlicher Tisch mit an einer Seite aufgestellten Stühlen und Blick in die große Halle, wo die Höflinge standen und dem Schauspiel zusahen. Betty Cromwell war rechts neben Seine Majestät platziert worden und Katherine zu seiner Linken. Bridget Ireton – Olivers älteste Tochter – saß neben Ned und Oliver neben Katherine. Auf Neds anderer Seite stand jedoch ein leerer Stuhl. Henry Ireton hatte sein Kommen verweigert.

Deine Mutter sah wunderschön aus und wurde vom König charmiert, der Wein und das Essen waren von allererster Güte, der Abend verlief in äußerst aufgeräumter Stimmung …

Als die Nachricht die Armee erreichte, die nur sieben Meilen von Hampton Court entfernt bei Putney an der Themse lagerte, war die Empörung groß – nicht zuletzt aufgestachelt durch den radikalen jungen Mann, der jetzt ein Oberstleutnant war, William Goffe.

An jenem Abend saßen sie in Neds Kammer vor dem Kamin und rauchten ihre Pfeifen. Draußen in der Dunkelheit fiel Schnee. Was für eine Stille.

»Ich habe heute über die Diskussionen innerhalb der Armee in Putney nachgedacht«, sagte Ned.

»Warst du überhaupt jemals dort? Ich dachte, du warst die ganze Zeit auf Hampton Court, mit deinem Freund, dem König.« Sogar nach all der Zeit lag noch ein Hauch von sarkastischer Bitterkeit in Wills Worten.

»Ganz am Anfang. Ich erinnere mich noch an deine Rede am ersten Tag.«

»Hat sie dir gefallen?«

»Sie war hitzig.«

»Ich habe gesprochen, wie der Herr es mir gewiesen hat.«

Die Führung der Armee hatte sich in der Frauenkirche von Putney eingefunden, um die politische Linie festzulegen. Cromwell leitete die Versammlung. Will war zur Kanzel gegangen wie jemand, der in die Schlacht zog. Er verkündete, ihre Siege hätten gezeigt, wie Gott die Verherrlichung alles Fleisches verdamme. In einem Traum sei ihm die Vision zuteilgeworden, dass Verhandlungen mit dem König rundum abzuweisen seien. »Eine Stimme vom Himmel hat zu uns gesprochen, dass wir gesündigt haben wider den Herrn, weil wir uns eingelassen haben mit seinen Feinden.« Seine Worte wurden mit stürmischer Begeisterung aufgenommen. Es war jene Rede gewesen, auf die Cromwell eine Entschuldigung gefordert – und auch bekommen – hatte.

Nach der ersten Sitzung hatte Ned zusammen mit Oliver die Kirche verlassen und einige Anmerkungen zu der hässlichen Stimmung gemacht.

»Hässlich? Bei Gott, das ist sie! Voller Wut – und das vielleicht mit einigem Recht. Es war törichte Eitelkeit, dass wir uns zu einer öffentlichen Schlemmerei haben hinreißen lassen. Henry war schlau, dass er nichts damit zu tun haben wollte. Hast du das gehört? Sie haben mir mit Anklage und Absetzung gedroht. Sie haben mich sogar vor einem Anschlag der Levellers auf mein Leben gewarnt.« Ned hatte ihn noch nie so besorgt erlebt. »Die Armee ist Gottes Werkzeug. In ihrer Wut empfangen wir das Echo seiner Stimme. Wenn wir die Armee nicht für uns einnehmen können, dann müssen wir auf sie zugehen. Du reitest am besten noch heute Abend zurück nach Hampton Court, und ich werde sehen, was ich morgen bei unseren Freunden ausrichten kann.«

Ned beugte sich vor und stocherte im Feuer. »Ich wollte dich nicht beleidigen, Will. Oliver hat dich für deine Gottgefälligkeit immer geachtet.«

»Aber wir hatten recht«, sagte Will erbittert. »Wir hätten mit Karl Stuart nie eine Verständigung erreicht. Wir hätten es nie versuchen sollen.« Er warf Ned einen misstrauischen Blick zu. »Manchmal frage ich mich wirklich, was du da schreibst.«

Er klopfte seine Pfeife aus und ging in seine Kammer.

Die Armee debattierte zwei Wochen in Putney und suchte nach der Führung Gottes, während ich auf Hampton Court blieb. An den meisten Tagen erhielt ich Berichte, worin von der starken Stimmung gegen den König die Rede war. Als Ergebnis ihrer Beratungen am 11. November schickte General Cromwell mir einen Brief und wies mich an, diesen auch dem König zu zeigen. Nicht ohne Grund erinnere ich mich an jedes Wort. »Mein lieber Vetter Whalley, im Ausland laufen Gerüchte um, dass ein Anschlag auf Seiner Majestät Leben beabsichtigt ist. Deshalb flehe ich Dich an, behalte die Wachen gut im Auge, denn sollte tatsächlich Derartiges geschehen, würde dies als eine höchst grauenvolle Tat angesehen werden.«

Noch am gleichen Nachmittag eilte ich damit zum König. Ich versicherte ihm bei meiner Ehre, dass ich zu seinem Schutz geschickt worden sei und nicht, um ihn zu ermorden. Er könne sich darauf verlassen, dass unter meiner Aufsicht nichts Derartiges geschehen und ich als Schutzschild vor seinen Füßen sterben würde. Dafür dankte er mir. »Ihr habt unsere Person immer mit höchstem Respekt behandelt, Oberst Whalley.«

Ich verstärkte wie befohlen die Wachen, aber eigentlich hätte es vier- oder fünfhundert Soldaten bedurft, alle Eingänge eines derart weitläufigen Schlosses zu sichern, und ich hatte kaum ein Viertel der Mannzahl zur Verfügung.

Es war des Königs Angewohnheit, am Donnerstag – und dies war ein Donnerstag – Briefe an die auswärtigen Ländereien zu schreiben. Danach verließ er üblicherweise zwischen fünf und sechs Uhr abends sein Schlafgemach, ging zum Gebet und nahm das Abendessen ein, bevor er sich für die Nacht zurückzog. Ein Unwetter tobte, es stürmte und regnete in Strömen. Um fünf Uhr betrat ich also den Raum neben seinem Gemach und fragte seine Diener nach dem König. Sie sagten, er schreibe noch. Um halb sechs und dann um sechs fragte ich wieder nach. Um sieben bekam ich es allmählich mit der Angst zu tun, und ich fragte einen seiner Kammerdiener, Mr Mawle, ob dem König vielleicht unwohl sei, er solle nachschauen. Er antwortete, er habe die strikte Anweisung des Königs, ihn nicht zu stören, und er wage es nicht, diese zu missachten. Außerdem sei die Tür verriegelt. Ich guckte durch das Schlüsselloch, konnte Seine Majestät aber nicht sehen.

Als es auf acht Uhr zuging, bat ich Mr Smitheby, den Kämmerer, mit mir zusammen durch den Garten – wo ich Wachen postiert hatte – zum Hintereingang zu gehen. Dort stiegen wir die Treppe hinauf und gingen von Zimmer zu Zimmer, bis wir schließlich den Raum neben Seiner Majestät Schlafgemach betraten, in dessen Mitte sein Umhang auf dem Boden lag, was mich höchst erstaunte.

Wieder zurück auf der anderen Seite gab ich Mr Mawle nunmehr den Befehl, in das Schlafgemach einzudringen. Er sagte, er werde gehorchen, ich solle aber draußen bleiben. Ich versprach es und stellte mich neben die Tür. Mr Mawle kam augenblicklich wieder heraus und verkündete, der König sei verschwunden. Wir gingen jetzt alle zusammen hinein, und einer der Diener sagte: »Vielleicht ist der König in seinem Kabinett.« Mr Mawle ging hinein und rief gleich: »Hier ist er nicht, aber er hat einen Brief für Euch zurückgelassen.«

Ned spürte die Trockenheit im Mund, als er diesen Augenblick noch einmal durchlebte – wie er die Botschaft des Königs gelesen hatte, in der er ihm für seine Dienste dankte (»ich versichere Euch, dass nicht der Brief, den Ihr mir heute zu lesen gabt, zu diesem Entschluss geführt hat, sondern, ich gestehe es ein, der Unwille, mein Dasein unter dem Vorwand der Sicherheit für mein Leben in Gefangenschaft zu fristen«), wie er den Soldaten befohlen hatte, in der nassen, stürmischen Novembernacht zu Pferd und zu Fuß den Park zu durchkämmen, und an Fairfax und Cromwell sofort Depeschen geschickt hatte, um sie von der Flucht des Königs in Kenntnis zu setzen.

Oliver war um Mitternacht aus Putney eingetroffen. Zu Neds Überraschung war der General gelassener, ja fast fröhlicher Stimmung. Nachdem er sich den ganzen Bericht angehört hatte, legte er Ned tröstend einen Arm um die Schultern. »Nimm's nicht zu schwer, Vetter. Das war eine unmögliche Aufgabe, die wir dir aufgehalst haben – ihn als Gefangenen zu halten und ihm gleichzeitig auf diesem riesigen Gelände freien Auslauf zu gewähren. Außerdem, vielleicht entpuppt sich seine Flucht ja als Vorteil für uns. Er hat unser Vertrauen missbraucht, hat seinen wahren Charakter offenbart und uns von der Bürde befreit, mit ihm verhandeln zu müssen. Bezüglich Karl Stuart können wir jetzt alle Levellers sein.«

»Und wenn er es schafft, ins Ausland zu fliehen?«

»Umso besser – dann sind wir ihn los. Aber ich glaube kaum, dass er so weit kommt.«

Natürlich behielt er recht. Wie so vieles andere in seiner Regentschaft, war die Flucht des Königs im Plan überstürzt und in der Ausführung schlampig. Nachdem er Hampton Court verlassen hatte, traf er sich verabredungsgemäß mit Ashburnham und zwei weiteren loyalen Unterstützern, Sir John Berkely und William Legge. Die vier ritten sofort nach Süden durch die königlichen Wälder in Richtung Küste. Der König hatte geschworen, er kenne den Weg. In jener garstigen Nacht verirrten sie sich jedoch und hatten es bei Tagesanbruch nur bis Sutton geschafft. Seine Majestät schlug vor, nun nach Southampton zu reiten, allerdings musste Ashburnham gestehen, dass dort keine Vorkehrungen für eine Überfahrt nach Frankreich getroffen worden seien. Folglich änderten sie die Route wieder, steuerten Lymington an und benachrichtigten Robert Hammond, den Gouverneur der Isle of Wight, den der König für einen loyalen Gefolgsmann hielt. Hammond war bereit, ihn zu empfangen, nahm ihn allerdings bei seiner Ankunft auf Burg Carisbrooke fest und unterrichtete London darüber.

Später entdeckten wir das ganze Ausmaß von Karl Stuarts Verrat. Er hatte mit den Schotten ein Geheimabkommen geschlossen, in England einzumarschieren und ihn wieder als König einzusetzen. Auch schrieb er an die Königin von Frankreich, dass er sich nicht an Zusagen gebunden fühle, die man ihm unter Zwang abgepresst habe, und dass er zu gegebener Zeit wissen werde, wie er mit den Schurken zu verfahren gedenke, denen man »anstelle eines seidenen Hosenbandes einen Strick aus Hanf anpassen sollte«.

Das war der wahre Charakter jenes Mannes. Fragst Du Dich immer noch, meine Tochter, warum wir ihn hinrichten mussten? Solange er gelebt hätte, wäre niemals Frieden eingekehrt.

Ned hob den Kopf. Der Tag war in den Abend übergegangen. Schatten waren in die Ecken seiner Kammer gekrochen.

Er wollte nicht mehr weiterschreiben. Es war beunruhigend, den Bodensatz der Vergangenheit aufzuwühlen, alte Ängste und Verdächtigungen zu schüren. Jener Brief von Cromwell beispielsweise, den er dem König zu zeigen befohlen hatte. Jetzt kam ihm der Gedanke, dass er damit den König nicht warnen, sondern zu einem Fluchtversuch provozieren wollte. Wenn das stimmte, war Cromwell vorsätzlich das Wagnis eingegangen, seinen Vetter der Demütigung auszusetzen, vor einem Kriegsgericht zu landen und damit sogar vor einem Erschießungskommando zu enden. Und das nur, um sich den Verhandlungen mit dem König zu entziehen und sein Verhältnis zur Armee wieder in Ordnung zu bringen?

Er blies die Tinte trocken, schob den dicken Papierstapel wieder in seine Tasche und legte sich aufs Bett. Er schloss die Augen. Bei Oliver konnte man nie sicher sein. Ehrgeiz und Frömmigkeit, Eigennutz und hehre Anliegen, das unedle Metall umwickelt mit Gold.

KAPITEL 29

Ein paar Tage später sorgte ein Vorfall dafür, das seine Beziehung zu Will sich veränderte.

Es geschah am Nachmittag des bis dahin kältesten Tages im Winter. Ein Schneesturm mit Graupeln wie winziger Flintenschrot peitschte über die toten, weißen Felder. Die Unwirtlichkeit draußen hatte Will ins Haus getrieben. Ned saß in seiner Kammer am Fenster, das wie das von Will nebenan nach Süden ging, mit Blick über den Hof und die Straße zu den abseits liegenden Häusern. Er starrte hinaus in den Schnee, die Gedanken so verhangen wie die Aussicht, als auf einmal ein Mann erschien, der sich mühsam am Straßenrand entlangbewegte. Er stemmte den gesenkten Kopf gegen den Wind, auf seinen Schultern lag irgendetwas Schweres. Er blieb an Russells Tor stehen und sah zum Haus. Ned zog den Kopf zurück. Als er sich wieder vorbeugte, hatte der Mann das Tor geöffnet und ging auf die Haustür zu.

Er holte seine Pistole unter dem Kopfkissen hervor und ging auf den Flur, der die beiden Kammern verband. Will lag auf dem Bett und guckte an die Decke. Als Ned hereinkam, setzte er sich auf. Ned legte den Finger an die Lippen. »Da ist jemand gekommen«, flüsterte er. »Ein Fremder.« Er bedeutete Will mit dem Zeigefinger, ihm zu folgen.

Sie gingen in den Flur und hoben die Bodenbretter beiseite. Ned stieg die Leiter hinunter. Will blieb nach ein paar Sprossen stehen, griff nach oben, setzte die Bretter wieder ein und kletterte dann auch nach unten. Es war das erste Mal, dass sie sich verstecken mussten. Ohne eine Kerze anzuzünden, standen sie dicht beieinander im Dunkeln hinter dem warmen Kamin und lauschten den murmelnden Stimmen, konnten durch das dicke Mauerwerk aber nichts verstehen. Wenig später hörten sie jemand auf der Treppe. Schritte gingen über sie hinweg und verstummten dann. Die Bretter wurden entfernt. John Russells Kopf erschien.

»Ihr habt Besuch.«

»Wer ist es?«, fragte Ned.

»Er sagt, er heißt James Davids und dass er Euch beide kennt. Erst will er Euch sehen, dann verrät er mehr.«

»Glaubt Ihr ihm?«

»Ja. Er sagt, er kommt aus Holland.«

»Holland?«

»Woher weiß er, dass wir hier sind?«, fragte Will.

»Von unseren Freunden in Boston. Weshalb er wohl die Wahrheit sagt. Sie müssen ihm vertrauen, wenngleich sie sich in dem Brief, den er von ihnen dabeihat, natürlich sehr bedeckt halten. Sie haben ihn mit einem Führer hergeschickt.«

»Was meinst du, Ned?«

Ned dachte nach. »Wenn er weiß, dass wir hier sind, ist es sowieso schon zu spät. Jedenfalls kenne ich niemand, der James Davids heißt.«

»Ich auch nicht. Hört sich ganz nach einem erfundenen Namen an.«

Sie kletterten aus ihrem Versteck, klopften sich den Staub von der Kleidung und folgten Russell nach unten in die Stube – Will voll gespannter Neugier, dahinter Ned mit seiner Pistole. Er war argwöhnischer.

Der Fremde stand vor dem Kamin und wärmte sich auf. Ein alter Lederbeutel lag vor ihm auf dem Boden. Er sah aus wie ein Landstreicher – schmales, ausgemergeltes, von der Kälte fleckiges Gesicht, die Haare und der Bart mit den ersten grauen Strähnen lang und zerzaust. Er nahm den Hut ab. »Oberst Whalley. Oberst Goffe. Ich freue mich aufrichtig, Euch lebend anzutreffen.«

Als er mit ausgetreckter Hand auf die beiden zuging, sagte Will erstaunt: »Ich glaube, ich kenne Euer Gesicht.« Und gleich darauf erinnerte sich auch Ned verschwommen. Unter den Verwüstungen, die die letzten sechs Jahre geschlagen hatten, erkannten sie John Dixwell – Oberst der Rundköpfe, wohlhabender Gentleman, Parlamentsabgeordneter, Richter im Prozess gegen den König und Mitunterzeichner des Todesurteils für Seine Majestät.

Nachdem Dixwell sich an jenem Abend gewaschen und ein paar alte Sachen von Reverend Russell angezogen hatte, setzten sich die vier Männer zum Essen in die Stube, und er erzählte ihnen von seinen Abenteuern. Nach der Wiedereinsetzung der Monarchie im Sommer 1660 hatte er zunächst eingewilligt, sich unter den Bedingungen der Akte des Verzeihung zu stellen. Dann hatte er jedoch eine Krankheit vorgeschützt, das Datum seiner Kapitulation aufgeschoben und die Zeit dazu genutzt, Teile seines Besitzes zu veräußern. Als er schließlich genug Geld für ein bequemes Leben beisammen hatte, floh er heimlich aus England und ging nach Rotterdam. Von da zog er weiter nach Hanau in Deutschland, wo er zwei Jahre blieb und in geringer Entfernung zu Valentine Walton, John Barkstead und John Okey lebte. Fast wäre er in dieselbe Falle wie Barkstead und Okey getappt, aber etwas an der Einladung nach Delft war ihm nicht geheuer erschienen.

»Ich habe ihnen gesagt, seid nicht so dumm, aber Okey hat dieser Schlange Downing vertraut. Ich war nicht überrascht, als ich dann hörte, was passiert war. Und ich wusste sofort, dass ich aus Hanau verschwinden muss.«

Er zog weiter in die Schweiz nach Lausanne, um sich mit Edmund Ludlow zu treffen. Der hatte ihm versichert, dass es dort sicher sei. Dann war Ludlow von ein paar irischen Abenteurern fast entführt worden, und John Lisle, der im Nachbarort wohnte, war auf der Straße erschossen worden. Also hatte er die Schweiz wieder verlassen und war nach Holland zurückgegangen. Aber dann fiel Neu-Amsterdam, und plötzlich wurde allenthalben über einen Krieg zwischen England und den Holländern geredet. Weil er im Falle des Falles als Engländer lieber nicht in Holland bleiben wollte, hatte er ein Schiff nach Boston genommen, war dort im Dezember angekommen, und jetzt war er hier.

»Scheint ganz so, als folgte, wohin Ihr auch geht, die Katastrophe auf dem Fuße«, sagte Ned.

Will lachte und schüttelte den Kopf. »Also wirklich, Ned, das ist ungerecht. John war einfach schlau.«

John …

Mit Dixwell war Ned von Anfang an nicht warm geworden. Aus jedem seiner Worte sprach Selbstgefälligkeit, eine gewisse Herablassung, die Will nicht aufzufallen schien. Ned schätzte, dass er etwa zehn Jahre jünger als er und zehn Jahre älter als Will war. Beim Ausbruch des Bürgerkriegs war er Parlamentsabgeordneter für Dover gewesen und zum Oberst ernannt worden, obwohl er nie in einer richtigen Schlacht gekämpft hatte, zumindest konnte sich Ned an keine erinnern. Aber er erinnerte sich, dass Dixwell im Unterhaus für den Prozess gegen den König gestimmt und als Richter daran teilgenommen hatte, dann aber wie viele andere auch versucht hatte, sich um die Unterschrift unter das Todesurteil zu drücken. Er hatte zu den Abgeordneten gehört, die Cromwell am Tag der

Hinrichtung aus der Kammer in den Raum, wo das Urteil auf dem Tisch lag, zerren und die Schreibfeder buchstäblich in die Hand drücken musste.

Trotzdem bemühte sich Ned um einen freundlichen Umgangston. »Wie lange wollt Ihr bei uns bleiben, Oberst Dixwell?«

»Das hängt ganz von Mr Russells Wohlwollen ab.«

»Ihr könnt so lange bleiben, wie Ihr wollt«, sagte Russell.

Was Dixwell darauf erwiderte, kam Ned seltsam bekannt vor. »Ich bin davon überzeugt, dass sich unser Schicksal wenden wird, wenn unsere Sache im Jahr 1666 mit der Wiederkunft Christi neu erblüht.«

»So lange wollt ihr bleiben?«, sagte Ned.

»Wenn es mir gestattet ist.« Dixwell sah Russell an, der nur nickte. »Es wird ein glorreicher Tag sein, den wir zusammen erleben dürfen.«

»Amen«, sagte Will. »Letzte Nacht erschien mir Gott im Traum und zeigte mir die Vision einer Welt in Flammen, und ein großes Licht kam vom Himmel herab, und ein Mann, von Kopf bis Fuß in Weiß gehüllt, schritt unbeschadet durch die Flammen. Unser Herr und Retter, der gekommen ist, uns zu erlösen.«

Schweigend ließen sie das auf sich wirken.

»Aber ist das alles wirklich so sicher?«, platzte es schließlich aus Ned heraus. »Ich bin kein Gelehrter der Heiligen Schrift, aber die Prophezeiung scheint mir eine Vermutung zu sein. Wenn die Zahl 666 wirklich das Ende aller Tage bezeichnet, hätte dann die Wiederkunft nicht zur Zeit der Sachsen stattfinden müssen? Auf etwas zu warten, was vielleicht gar nicht eintrifft, erscheint mir recht müßig.«

»Verzeiht meinem Schwiegervater«, sagte Will. »Manchmal glaube ich, er hat das Zeug zu einem Presbyterianer.«

Ein Presbyterianer, er? Ned war gekränkt. Er stand ruckartig auf, entschuldigte sich und ging nach oben in seine Kammer. Er wusste, dass er launisch, ja kindisch war, dass er sich in einen dieser gereizten, halsstarrigen Alten verwandelte, die er in seiner Jugend so verachtet hatte. Er würde sich entschuldigen. Er lag noch ein, zwei Stunden wach, weil er annahm, Will würde Dixwell seine Kammer überlassen und dann zu ihm kommen. Aber als er schließlich die Schritte auf der Treppe hörte, zogen sich beide Männer in Wills Kammer zurück. Begleitet vom Geräusch ihrer gemurmelten Unterhaltung schlief er ein.

Am nächsten Morgen sagte er mit gezwungenem Lächeln: »Du und der Oberst, da haben sich ja zwei gefunden.«

»Wir haben uns überlegt, dass es am besten ist, wenn ich meine Kammer mit ihm teile, solange er hier ist.«

»Wie du willst.«

»Bist du gekränkt?« Besorgt legte Will die Hand auf Neds Arm. »Ich dachte, das sei dir recht. Du bist viel öfter drinnen als ich. Dann kannst du ungestört schreiben.«

»Ich denke darüber nach, das mit dem Buch bleiben zu lassen.«

»Warum?«

»Es ist nicht immer angenehm, sich so in der Vergangenheit zu vergraben.«

»Aber was willst du dann die ganze Zeit machen? Ich kann ja wenigstens noch arbeiten.«

Es war nicht unfreundlich gemeint. Trotzdem versetzte es Ned einen Stich. Da war es – das Unausgesprochene schließlich doch ausgesprochen. Er stand in seinem siebenundsechzigsten Lebensjahr, seine alten Verletzungen schmerzten, er hatte kaum noch Muskeln an den dünnen Armen. Er war eine Last, zu alt, zu nichts mehr nütze. Er konnte nur noch mit seinen Erinnerungen in seiner Kammer hocken.

»Tja, du hast wohl recht.«

Er stand am Fenster und beobachtete die beiden jüngeren Männer, wie sie über den Hof zur Scheune gingen.

Meine liebste und einzige Tochter, ich muss jetzt über das Ereignis sprechen, das uns in die gegenwärtige unglückliche Lage gebracht hat, die Hinrichtung des Königs.

Nachdem der König wieder gefangen war und auf der Isle of Wight im Kerker saß, flackerte der Bürgerkrieg wieder auf – den wir schon gewonnen geglaubt hatten –, und eine Zeit lang war unsere Lage ziemlich hoffnungslos. Eine riesige schottische Armee marschierte im Norden auf, um Seine Majestät zu befreien. Unsere Ratgeber waren unterschiedlicher Meinung: Die im Parlament glaubten, eine Vereinbarung mit dem König sei noch möglich, die überwiegende Mehrheit in der Armee dagegen hielt Karl Stuart für den Satan. Überall im Land gab es royalistische Aufstände. Im Mai 1648 trennten sich die Wege von General Cromwell und mir. Er ging nach Westen, um dort die königlichen Truppen niederzuhalten, während ich nach Osten ging, um mich in Kent und Essex der gleichen Aufgabe zu widmen.

Die Kämpfe in jenem Sommer und Herbst waren viel unbarmherziger und verzweifelter gewesen als alle Schlachten zuvor. Ihn graute bei der Erinnerung daran. Niemals hatte er damit gerechnet, so etwas in England erleben zu müssen. Feldfrüchte, Scheunen und Windmühlen wurden in Brand gesteckt, um den Feind auf dem Land auszuhungern. Oberst Shambrooke wurde mit einer giftigen Kugel erschossen, die zuvor in Eisenvitriol gekocht worden war. In Chelmsford lagen die Leichen von zwanzig Royalisten aufgereiht auf dem Boden, vornehm bleiche Herren in eleganter Kleidung, alle in den Hinterkopf geschossen. In Colchester hatten seine Männer eine Granate in das Schießpulverlager des Feindes geworfen und mehr als hundert Mann in Stücke gerissen. Die königlichen Kommandeure Sir Charles Lucas und … Wie hieß doch gleich der andere? Richtig, Sir George Lisle! … wurden, obwohl sie kapituliert hatten, im Schlosshof nach einem Standgericht erschossen. So viele gute Männer waren dahin.

Um alles daraus Folgende zu verstehen, Frances, musst Du erst wissen, was ihm vorausging.

Nachdem General Cromwell die Waliser in Pembroke und dann die Schotten in Preston geschlagen hatte, sammelten sich die Truppen des neuen Musterheers in London, um die Sache mit dem König ein für alle Mal beizulegen. Ich traf zusammen mit dem Hauptteil der Streitmacht am Samstag, dem 2. Dezember, ein. Wir besetzten die Paläste Whitehall und St. James und schliefen dort in den königlichen Gemächern, in den Prunksälen, in den Dienstbotenkammern – wo immer ein Mann sich hinlegen konnte. Trotz Anwesenheit vieler Tausend Soldaten verabschiedete das Unterhaus am nächsten Dienstag ein Gesetz, das die Fortführung der Verhandlungen mit dem König verfügte. Es war offensichtlich, dass diese Versammlung einem Prozess gegen den König niemals zustimmen würde. Deshalb entschied der Rat der Armee, alle jene Parlamentsabgeordneten auszuschließen, die für eine Vereinbarung gestimmt hatten.

Es war das Regiment, in dem Will unter Oberst Pride diente, das radikalste in der Armee, dem die Ehre zuteilwurde, die Kammer des Unterhauses zu umstellen. Will war mittendrin im Geschehen gewesen. Sie schleiften vierzig Abgeordnete, die zu protestieren gewagt hatten, in eine nahe gelegene Schenke, die ihnen vorübergehend als Gefängnis diente, und hinderten doppelt so viele Abgeordnete mit vorgehaltener Muskete daran, ihren Platz einzunehmen. Ned hatte den windigen Maulhelden William Prynne mit seinem ohrlosen Schädel und verunstalteten Gesicht aus der Kammer gezerrt.

Du magst Dich über das Vorgehen einer Armee wundern – und das taten viele, auch ich –, die im Namen des Parlaments in den Krieg gezogen war und nun so rüde mit seinen Abgeordneten umsprang, wie es der König nie gewagt hätte. Aber wir wussten, dass Gott auf unserer Seite war. Wie sonst hätten wir so viele Siege erringen können? Wir waren davon überzeugt, dass wir sein Werk verrichteten.

Unter vier Augen hatte er mit Cromwell sogar über ihre Methoden gestritten. Es muss doch einen einfacheren Weg geben, den König loszuwerden, als dieses pompöse Prozessspektakel. Seine Majestät hat oft genug versucht zu fliehen. Gib ihm die Gelegenheit, es noch einmal zu versuchen, und erschieß ihn auf der Flucht. Das wäre doch gerecht, oder? Aber Cromwell erwiderte nur, das Werk des Herrn dürfe nicht im Dunkeln verrichtet werden. Das Volk müsse sehen, dass Karl Stuart seiner Verbrechen angeklagt und seiner gerechten Strafe nach dem Gesetz zugeführt werde. Für ihn stand fest, dass es für den König keine vollkommenere Demütigung gab. Ned war sich dessen nicht so gewiss.

Sechs Wochen später wurde der König schwer bewacht nach London gebracht und in ein Haus an der Themse gesperrt. Es befand sich innerhalb der Mauern von Westminster, das derzeit einem bewaffneten Heerlager glich. Ned war einer der einhundertfünfunddreißig zu Richtern ernannten Männer – Offiziere, Parlamentsabgeordnete, Advokaten. Der Prozessbeginn in der Westminster-Halle, dem größten Saal in England, wurde auf Samstag, den 20. Januar, festgelegt.

Schon beim Anblick der riesigen, von Soldaten umringten, mit Hunderten Zuschauern gefüllten Halle hatte er ein ungutes Gefühl. Die Hälfte der zum Richter bestellten Männer war aus Angst nicht erschienen. Ihre Plätze blieben leer. Beim namentlichen Aufruf gehörte auch General Fairfax zu den Abwesenden. Die Leute fragten sich flüsternd: Wo ist er? Von der öffentlichen Zuschauertribüne rief eine Frau: »Er ist zu gewitzt, als dass er sich hierherbegibt.« Nur wenige erkannten sie, Ned schon. Es war Lady Fairfax.

Der Prozess verlief genau so, wie er befürchtet hatte. Er kannte Karl Stuart besser als jeder andere im Saal. Als der König die Stufen zur Halle hinaufstieg, eine schmächtige Gestalt, umringt von Oberst Hacker und seinen Soldaten, sah Ned sofort, dass er völlig ungebeugt war. Ihm war kein Verteidiger zugewiesen worden. Man hatte ihn nicht über die Anklagepunkte unterrichtet. Er nahm seinen Platz ein und schaute sich um. In seinem Blick lag die für ihn typische Mischung aus Neugier und Geringschätzung. Er begutachtete die Männer auf der Richterbank – die ihm bis auf Cromwell und Ireton wohl eher unbekannt waren –, und sein Blick verharrte kurz auf Ned, bevor seine Augen nach einem verächtlichen Zucken weiterwanderten. Als der Ankläger John Cooke die Anklageschrift verlas, worin der König beschuldigt wurde, seinen Krönungseid verletzt und Krieg gegen das eigene Volk geführt zu haben, beugte sich Karl vor und klopfte Cooke mit seinem Stock auf die Schulter. Weil dieser nicht reagierte, schlug er ihm noch einmal auf die Schulter, und zwar so hart, dass der Silberknauf abbrach, herunterfiel und über die Steinplatten kullerte. Er wartete darauf, dass ihm jemand den Knauf zurückgab, und als das niemand tat, hob er ihn selbst auf.

Der Vorsitzende Richter Bradshaw fragte ihn nun, worauf er plädiere.

»Zunächst würde ich gern erfahren, kraft welcher Amtsgewalt ich hierherzitiert wurde – kraft welcher *rechtmäßigen* Autorität.« Seine Stimme war klar und fest. »Es gibt viele unrechtmäßige Autoritäten auf dieser Erde, Diebe und Straßenräuber. Vergesst nicht, ich bin Euer König, Euer rechtmäßiger König.«

Er lehnte es ab, sich schuldig oder unschuldig zu bekennen, bevor man ihn über die rechtliche Grundlage des Gerichts aufklärte. Und da es diese nicht gab, drängte er sie alle in die Defensive – und zwar so sehr, dass man am späten Nachmittag, als er aus dem Saal geführt wurde, sogar »Gott schütze den König« rufen hörte.

Genau so verhielt er sich am Montagnachmittag, wo das Gericht wieder zusammentrat, und auch am Dienstag. Jetzt saß nicht mehr der König auf der Anklagebank, sondern die Armee und ihre Legitimität. Eine Änderung der Taktik war vonnöten. Am Mittwoch votierten die Richter in einer Hinterzimmerabstimmung dafür, den Angeklagten von der Verhandlung auszuschließen und die Zeugen der Anklage in seiner Abwesenheit zu hören. Am Samstagmorgen sprachen sie ihn hinter verschlossenen Türen schuldig. Am Nachmittag wurde er zur Verkündung des Urteils wieder in die Westminster-Halle geführt. Bradshaw fragte ihn, ob er vor der Verkündung des Urteilsspruchs noch etwas sagen wolle. Er lehnte es zwar immer noch ab, das Gericht der Armee anzuerkennen, bat aber darum, in einer gemeinsamen Sitzung der Lords und Unterhausabgeordneten sprechen zu dürfen.

Bradshaw lehnte das ab, was zu einem außergewöhnlichen Vorfall führte. Einer der Parlamentsabgeordneten, ein Niemand namens John Downes, der zwei Plätze neben Ned saß, rief: »Haben wir denn alle ein Herz aus Stein? Sind wir überhaupt noch Menschen?«

Er schüttelte die Hände derjenigen ab, die ihn von beiden Seiten zur Zurückhaltung mahnten, und erhob sich. Cromwell, der in der Bank vor ihm saß, drehte sich um und blickte ihn böse an. »Was ist los mit Euch, Mann? Seid Ihr verrückt? Setzt Euch und haltet den Mund.«

»Nein, Sir. Ich kann nicht schweigen. Und wenn es mich das Leben kostet, ich muss Einspruch erheben.«

Bradshaw war sichtlich verängstigt und vertagte die Verhandlung, und die Richter zogen sich in ihre Kammer zurück, wo Cromwell Downes für dessen Feigheit wüst beschimpfte. Ein paar Richter ergriffen jedoch das Wort für ihn. »Könnten wir uns nicht zumindest anhören, was Seine Majestät zu sagen hat? Vielleicht hat er ein Angebot zu machen, das den Landesfrieden bewahrt.«

»Um Gottes willen, versteht Ihr denn nicht? Das ist bloß noch so ein Winkelzug von ihm. Wir sind nicht so weit gekommen, dass wir jetzt umfallen. Ihr Weichlinge ...«

Eine halbe Stunde lang wütete er gegen die Abweichler, dann erlahmte deren Widerstand, und sie gaben nach wie eine Festung unter Beschuss, worauf sie alle – bis auf den in Tränen aufgelösten Downes – für die Urteilsverkündung wieder in der Westminster-Halle Platz nahmen.

»... auf dass besagter Karl Stuart als Tyrann, Verräter, Mörder und Volksfeind zu Tode gebracht werde durch Abtrennung des Kopfes von seinem Leibe.«

»Wollt Ihr mir noch ein Wort zugestehen, Sir?«, sagte der König mit ruhiger Stimme.

»Nach dem Urteilsspruch steht Euch kein weiteres Wort zu«, sagte Bradshaw. »Führt ihn ab.«

Der König schaute verblüfft. »Ich darf nach dem Urteil sprechen …« Und als die Wachen hereinkamen, um ihn abzuführen, verlor er zum ersten Mal die Fassung. »Mit Verlaub, haltet ein. Das Urteil, Sir … Ich sage, Sir, ich …«

Die restlichen Worte gingen im Geschrei der Soldaten unter. »Aufs Schafott! Gerechtigkeit! Aufs Schafott!« Er wurde die Stufen hinuntergeführt, seinem Schicksal entgegen, und verschwand aus dem Blickfeld.

Ned lehnte sich erschöpft auf seinem Stuhl zurück. Er spürte einen scharfen, stechenden Schmerz hinter den Augen, und seine Arme kribbelten. Seit vielen Jahren hatte er nicht mehr an die Ereignisse während des Prozesses gedacht – jedenfalls nie an die Einzelheiten. Wie immer wartete er ab, bis die Symptome wieder verschwanden. Woran konnte er sich noch erinnern? Daran, dass der nächste Sonntag ein Tag des Gebets und der Andacht war. Dass am Montag das Todesurteil auf dem Tisch in der Gemalten Kammer ausgelegt war (einer der prachtvollsten Räume der königlichen Gemächer, den Oliver dafür beschlagnahmt hatte) und er zusammen mit Cromwell vom Whitehall-Palast hinübergegangen war, um es zu unterzeichnen. Zwei Dutzend der Richter warteten schon und wärmten sich am Feuer des gewaltigen Kamins. Es war ein eiskalter Tag. Auf dem Tisch war ein türkischer Teppich ausgebreitet worden. Bradshaw unterzeichnete als Erster, dann Lord Grey, der einzige Adelige unter ihnen, dann Cromwell, der bester Stimmung war – er schnipste Henry Marten Tinte ins Gesicht, woraufhin der gleich zurückschnipste. Danach reichte Oliver die Feder an Ned weiter, der als Vierter unterschrieb und sein Siegel mit dem Familienwappen mit den drei Luft speienden Walen hinzusetzte. Er tat es ohne Skrupel. Die Strafe war gerecht. Sie war Gottes Wille. Nur der Prozess war ein Fehler gewesen. Er gab die Feder an John Okey weiter. Er erinnerte sich, dass Will auch anwesend war, gerade zurückgekehrt von einem Besuch beim König. Er stand vor dem Kamin und schilderte, wie er aus Barmherzigkeit versucht habe, Karl Stuart zu einem Gebet mit ein paar puritanischen Geistlichen zu überreden, die er mitgebracht hatte. Er sei wortlos abgewiesen worden.

Der Vormittag war schon weit fortgeschritten, als sie etwa drei Dutzend Unterschriften hatten. »Das reicht nicht«, sagte Cromwell. Ned ging mit ihm hinunter zum Unterhaus, um die Abgeordneten zu holen, die sich um ihre Pflicht drücken wollten. Vor der Tür blieben sie kurz stehen. »Alle, die da drinnen sind, sollen unterschreiben. Ich will ihre Unterschriften jetzt.« Cromwell ging hinein. Einer war Dixwell, der niederträchtige Downes ein anderer. Cromwell legte Downes einen Arm um die Schulter und führte ihn zur Gemalten Kammer. Er sagte ihm, das sei seine Gelegenheit, in den Augen Gottes und seiner Kameraden seine Schuld zu tilgen.

Wenig später machte Ned sich auf den Weg die King Street hinauf, um sich um die Vorbereitungen zur Hinrichtung zu kümmern – die Errichtung des Schafotts, den Abbruch eines Teils des Mauerwerks vom Banketthaus, damit der König auf das Schafott hinaustreten könne, die Anlieferung des »strahlenden Richtbeils« aus dem Tower von London. Es waren so viele Einzelheiten, dass er sich nicht mehr an alle erinnern konnte. Es dauerte die ganze Nacht. Am nächsten Tag in aller Frühe betrat er wieder Cromwells Zimmer. Harrison und Ireton lagen schlafend auf dem Bett. Cromwell war schon auf. Das Todesurteil und der Hinrichtungsbefehl lagen auf dem Tisch. Die drei Offiziere, die ausersehen waren, die Enthauptung zu überwachen – Hacker, Axtell und Huncks – umringten ihn. In letzter Minute weigerte sich Huncks, seine Aufgabe zu erfüllen, worauf Cromwell ihn einen »schwerfälligen, mürrischen Burschen« nannte. Zweifel, Zweifel, noch in allerletzter Sekunde Zweifel. Aber Ned war fest entschlossen. Es war wie bei einer Kavallerieattacke: Kopf runter, die Beine verschränkt mit dem Nebenmann und mit voller Kraft gegen den Feind.

Ich kehrte zum Banketthaus zurück, um sicherzustellen, dass nicht noch im letzten Augenblick jemand versuchte, den König zu befreien. Ich war anwesend, als er auf das Schafott ging, um seinem Tod entgegenzutreten. Er streifte mich leicht, schien mich aber nicht zu sehen. Man hatte mir gesagt, er werde wegen der Kälte ein zusätzliches Hemd tragen, weil niemand glauben solle, er zittere vor Angst. Er starb sehr tapfer, das muss ich sagen.

Konnte ein schlechtes Leben durch einen guten Tod wettgemacht werden? Ned stand am Fenster, als der König seine letzten Worte sprach. »Ich lasse ein vergängliches Königreich hinter mir und betrete ein unvergängliches, wo kein Aufruhr ist, kein Aufruhr in der Welt.« Er sah das Beil niederfahren, hörte das Aufstöhnen der Menge, sah den abgetrennten, in die Höhe gehaltenen Kopf. Später hatten sie den Kopf wieder an den Rumpf angenäht und die Leiche im St.-James-Palast in einem offenen Sarg ausgestellt, damit die ausländischen Botschafter und andere Würdenträger sich davon überzeugen konnten, dass Karl Stuart tot war.

Er überflog noch einmal, was er geschrieben hatte. *Er starb sehr tapfer …* Das war nicht ganz richtig, es war mehr als tapfer. Er starb gleichmütig, fast heiter. Er musste gewusst haben, dass er mit seinem Verhalten vor Gericht und auf dem Schafott schließlich doch noch einen Sieg über seine Feinde errungen hatte. Erst in diesem Augenblick begriff Ned, dass der König genau so gestorben war wie die Königsmörder viele Jahre später – in der absoluten Gewissheit, im Recht zu sein.

KAPITEL 30

In jenen Tagen war es in Naylers Arbeitszimmer am Ende des Kronrat-Korridors sehr ruhig. Nokes hatte sich von den Pflichten als sein Sekretär entbinden lassen und arbeitete jetzt für Sir William Morice. Die Mitglieder des Geheimdienstausschusses kümmerten sich um dringendere Aufgaben. Als der Herbst in den Winter überging und immer noch keine Nachrichten aus Amerika eintrafen, saß Nayler die meiste Zeit allein in seinem Arbeitszimmer – vergessen, so schien es ihm – und lauschte dem einzigen Geräusch im Raum, dem zischenden Kohlefeuer im Kamin. Eine der wenigen Ablenkungen war ein Komet, der in der Woche vor Weihnachten am Himmel über London erschien, weshalb er aufs Dach gestiegen war, um ihn zu beobachten. Und dann, am vorletzten Tag des Januars 1665, am Jahrestag der Hinrichtung des Königs, wurde er zum Lordkanzler gerufen.

Sir Edward Hyde – Nayler konnte sich einfach nicht an seinen neuen Adelstitel gewöhnen – benutzte immer noch sein altes, kleines Arbeitszimmer im Worcester-Haus, war immer noch umgeben von Papierbergen und wegen seiner Gicht immer noch so unbeweglich. Die geschwollenen Beine waren auf Kissen hochgelegt, der gewaltige, fassförmige Körper war häufigen Diäten und Einläufen zum Trotz sogar noch dicker als früher. Die Hände hatten sich im Lauf der Jahre in rote, schuppige Klauen verwandelt. Mit einer deutete er nun auf den Platz neben ihm, und als Nayler sich gesetzt hatte, hob er das Schriftstück vor ihm hoch, wozu er es zwischen Daumen und Handfläche einklemmte. Um es lesen zu können, musste er den Kopf wie ein Papagei leicht zur Seite neigen.

»Wir haben nun doch eine Depesche von Oberst Nicolls aus Boston erhalten, in der er von seiner Mission in Neuengland berichtet. Scheint so, als hätten sie die Holländer niederwerfen können, ohne einen Schuss abgeben zu müssen – Gott sei's gepriesen. Neu-Amsterdam ist nun New York, und Seine Königliche Hoheit darf mit Einkünften von etwa dreißigtausend Pfund per annum rechnen.«

»Glückwunsch, Mylord«, sagte Nayler. »Das ist ein großartiger Triumph.« New York scherte ihn keinen Deut, ihn interessierten nur Whalley und Goffe.

»Ist es das wirklich? Bald werden wir mit Holland im Krieg stehen, und der kostet uns zwei Millionen im Jahr.«

Nayler wand sich auf seinem Sitz. Er hatte nichts schriftlich festgehalten und peinlich darauf geachtet, sich aus der unmittelbaren Planung der Expedition herauszuhalten, weshalb er von Hydes Ahnungslosigkeit ausging, dass die ursprüngliche Idee von ihm stammte – aber bei dem alten Mann konnte man nie wissen.

»Zweifellos wünscht Ihr Neuigkeiten über die Königsmörder zu erfahren. Wie befohlen hat Oberst Nicolls eine gründliche Suche nach den Obersten Whalley und Goffe veranlasst.« Hyde hob den Blick von dem Schreiben und schwieg zunächst, was Naylers Qualen nur verlängerte. »Nichts.«

»Nichts, Mylord?« Nayler sackte in sich zusammen. Jetzt, wo der Hieb ausgeteilt war, wurde ihm klar, dass er damit gerechnet hatte. Irgendwie hätte er es in den Eingeweiden gespürt, wenn sie Whalley und Goffe bereits liquidiert hätten. »Absolut nichts?«

»Sie haben an allen von Euch genannten Orten gesucht. Nicolls hat mit diesem Gookin gesprochen und hegt kaum Zweifel daran, dass er zu einem Puritanernetz gehört, das die Flüchtigen deckt. Er glaubt sogar, dass er ihnen mit Geld ausgeholfen hat. Aber seiner Meinung nach reichten die Beweise nicht aus, ihn zu verhaften.«

»Dann haben sie uns also besiegt.«

»Wenn Ihr es als Sieg betrachtet, wenn man dreitausend Meilen von zu Hause entfernt leben muss, in ständiger Angst vor jedem Fremden und ohne einen Fuß vor die Tür setzen zu können. Also, ich würde das nicht so nennen.« Er legte die Depesche auf den Tisch. »Nun, es ist, wie es ist. Ich habe beschlossen, dass es an der Zeit ist, den Ausschuss für die Ergreifung der Königsmörder aufzulösen. Wir sehen uns ohnehin nur selten. Ich bin der Meinung, dass Eure Talente anderweitig bessere Verwendung finden.«

Nayler wappnete sich. Er hatte schon halb damit gerechnet. Er hatte seinen Zweck erfüllt. Jetzt würde Hyde ihn entlassen.

»Ich denke da an eine neue Stellung als mein Privatsekretär.«

Er starrte Hyde an, zu überrascht für eine Antwort.

»Aber damit eines klar ist. Diese Obsession mit den Obersten in Amerika, damit ist jetzt Schluss. Ich habe Nachforschungen anstellen lassen. Ich kenne jetzt den Grund. Auf diese Weise seine Frau zu verlieren ist überaus grauenvoll. Aber die Sache ist erledigt. Das müsst Ihr akzeptieren.« Hyde rückte ein Bein zurecht und verzog dabei das Gesicht. »Ihr werdet mir doch keinen Korb geben, oder?«

»Nein, Mylord, ich fühle mich geehrt.«

»Trotzdem, nehmt Euch noch etwas Zeit, das Angebot zu überdenken. Mein Einfluss ist dieser Tage nicht mehr der, der er einmal war. Ich habe viele Feinde, besonders Mrs Palmer, also Lady Castlemaine, wie wir sie jetzt wohl nennen sollten.

Sie hat das Ohr des Königs, wohingegen ich alt, krank und immerzu matt und müde bin. Dieser Krieg gegen die Holländer, der uns bald bevorsteht, das wird keine einfache Sache, und nächstes Jahr ist das Jahr, dem die Millenaristen große Bedeutung zumessen. Ich nehme an, dass Ihr mit solchem Aberglauben nichts am Hut habt.«

»Es ist bloß ein Jahr wie jedes andere.«

»Aber viele Tausend Menschen glauben etwas anderes und werden auf Vorzeichen wie diesen Kometen verweisen, den sie für ein Wunder halten. Eine fieberhafte Stimmung kann ein eigenes Armageddon auslösen. Seid gewarnt – Ihr fesselt Euer Schicksal an einen sinkenden Stern.«

»Ich nehme Euer Angebot dennoch demütig und bereitwillig an, Mylord.«

»Dann schlage ich vor, Ihr verlegt Eure Räumlichkeiten hierher ins Worcester-Haus. Ich arbeite oft bis spät in die Nacht, und es wäre zweckmäßig, Euch in meiner Nähe zu wissen. Sagen wir morgen?« Er griff mit seiner ungestalten Hand nach einem weiteren Schriftstück und begann zu lesen, hob kurz darauf den Kopf und schien überrascht zu sein, dass Nayler noch zugegen war. »Gibt es noch etwas?«

»Nein, Mylord.«

Privatsekretär des Lordkanzlers von England – das war schon etwas. Das war eine Auszeichnung, auch wenn es natürlich stimmte, was Hyde gesagt hatte: Seine Macht war im Schwinden. Er hatte sich die Mätresse des Königs, besagte Lady Castlemaine, zur großen Feindin gemacht, indem er sich gegen ihre Ernennung zur Hofdame der Königin gewandt hatte. Er hatte das als grobe Beleidigung für die Frau des Königs empfunden. Außerdem baute er sich in der Nähe des St.-James-Palasts gerade ein riesiges Haus, das angeblich prachtvoller als die königliche Residenz werden sollte, was als Hinweis auf seine Ambitionen verstanden wurde. Da Karls zahlreiche Kinder alle illegitim waren, folgte Hydes Enkelin Anne in der Thronfolge an zweiter Stelle. Und trotzdem, während Nayler auf der Strand zu den Arbeitsräumen des Kronrats ging, schwindelte ihn angesichts der Aussichten, die sich ihm eröffneten.

Unter dem Fenster des Bankethauses, durch das der König sechzehn Jahre zuvor seinem Henker entgegengetreten war, waren zum Gedenken kleine Sträuße mit den kümmerlichen Blumen abgelegt worden, die England im Januar hervorbrachte – Schneeglöckchen, Zaubernuss, Erika. Eine Pilgergruppe stand auf der anderen Straßenseite und betete.

Nayler durchquerte den Innenhof des Whitehall-Palasts, ging die Treppe hinauf in sein Arbeitszimmer und setzte sich an den Schreibtisch. Er nahm sein ledernes Halsband ab und öffnete den Beutel mit dem Tuchstreifen, der mit dem Blut des gemarterten Königs befleckt war. Er küsste ihn. Er hatte seinen Schwur, so gut es ging, erfüllt, das tröstete ihn. Wie ein Künstler, der ein fertiges Gemälde begutachtete, studierte er die Liste der Königsmörder, die immer noch an der aufgestellten Tafel hing. Jede Menge schwarzer Linien. Fast alle Namen waren durchgestrichen. Nach einer Weile schob er seine Reliquie wieder in den Beutel, nahm den Bogen mit der Liste von der Tafel und rollt ihn zusammen. Dann räumte er seinen Tresorschrank aus und sortierte aus viereinhalb Jahren Akten diejenigen heraus, die er ins Worcester-Haus mitnehmen wollte. Verschlüsselte Briefe, Agentenberichte, Verhörnotizen, unterschriebene Geständnisse, Gnadengesuche, anonyme Denunziationen, Quittungen, Abrechnungen – einen Großteil verbrannte er im Kamin.

Er stieß auf die mit *Wm. Goffe* beschriftete Akte und nahm den Zettel heraus, den der Oberst an seine Frau geschickt hatte: *Gott wird uns schützen, denn sein Werk auf Erden ist gerecht. Bete für mich, so wie ich stets für Dich bete, die Du das größte Geschenk bist, das der Herr mir gemacht hat. Ich werde zu Dir zurückkehren, sobald mir das möglich ist.* Unerträglich, diese scheinheiligen Puritaner. Er ging zum Kamin, kniete sich vor dem Feuerrost auf den Boden und hielt den Zettel an die Flammen. Er sah, wie der Rand braun wurde und sich kräuselte. Ein paar Augenblicke verharrte er so und hatte plötzlich den bitteren Geschmack der Niederlage im Mund. Als die Hitze seine Finger erreichte, überlegte er es sich anders, zog den Zettel zurück und legte ihn zu den anderen für das Worcester-Haus bestimmten Dokumenten.

Jenseits des gekuppelten Fensters, auch wenn er das gegenwärtig nicht ahnte, hob Englands Armageddon an.

*

Ein paar Meilen weiter in nordöstlicher Richtung, in Holborn, eilte Frances Goffe nach Hause. Seit über zwei Jahren hatte sie keine persönliche Nachricht von Will mehr erhalten. Er war in Sicherheit, wenngleich inzwischen an einem anderen Ort, mehr wusste sie nicht.

Sie war gerade an der Kirche Sankt Giles in den Feldern vorbeigegangen, als ihr auffiel, dass der Menschenstrom vor ihr wie ein Bach, der einem Felsblock auswich, die Richtung änderte. Die Leute liefen lieber durch den Dreck in der Straßenmitte als nahe der Häuserzeile. Als sie mit der drängelnden Menge auf gleicher Höhe war, sah sie den Grund für das Ausweichen: ein frei stehendes Haus, die Türen und Fenster verrammelt, auf die Holzbretter mit roter Farbe ein großes Kruzifix gemalt. Daneben war eine Botschaft zu lesen, ebenfalls in Rot, wobei die Buchstaben wie Blut aus einer Wunde verliefen. *Herr, erbarme dich unser.* Jemand raunte ihr zu, die Familie sei im Haus eingesperrt.

Die Goffes und die Hookes lebten immer noch in der Enge des schmalen Hauses in der West Harding Street, das nur zehn Minuten Fußweg entfernt lag. Kaum hatte Frances die Haustür geschlossen, erzählte sie Onkel William von dem verrammelten Haus, dem roten Kruzifix und der eingesperrten Familie. Sie wusste, was das bedeutete, wenn auch nicht aus eigener Erfahrung. So lange sie lebte, hatte es in London keinen Pestausbruch mehr gegeben. Hooke sagte: »In der Offenbarung des Johannes steht geschrieben, dass als Vorboten des Jüngsten Gerichts vier Reiter kommen werden – der Tod, der Krieg, die Hungersnot und der Antichrist. Das Gegenwärtige ist also der Tod.«

Sie lief nach oben zu den Kindern.

Von da an kaufte sie jede Woche für einen Penny eine der gedruckten Namenslisten, die für die Pfarrgemeinde die Todesfälle und deren Ursache aufführten. Man musste nach »schwarze Schwellungen« oder ähnlichen Wendungen suchen. Im Februar starb lediglich eine Frau an dergleichen Ursache. Im April zwei Menschen. Bis Ende Mai waren es dann hundert Tote jede Woche. Es war eine hässliche Krankheit, die in den Überlieferungen in den schrecklichsten Farben gemalt wurde – quälende Schweißausbrüche und Kopfschmerzen, dunkle Geschwulste in der Achselhöhle und im Schritt, Erbrechen, Durchfall. Der Körper verflüssigte sich gewissermaßen, drei von vier Fällen endeten tödlich. Frances ließ die Kinder nicht mehr aus dem Haus, spülte ihnen den Mund mit warmem Wasser und Essig aus und kaute selbst Tabakblätter, die sie unter ihren Röcken aus der Manufaktur schmuggelte. Sie tat alles, was das Übel dem Hörensagen nach abwehren sollte. Zum ersten Mal war sie froh, dass Will und ihr Vater sich am anderen Ende der Welt befanden.

Anfang Juni – sie arbeitete gerade in der Manufaktur – drang von der Themse ein unablässiges gespenstisches Dröhnen. Sie ging nach draußen ans matschige Ufer, wo sich schon eine Menschenmenge versammelt hatte. Das Geräusch schien von Osten zu kommen und hätte man für Donner halten können, nur dass es durchgehend zu hören war. Wenn es gelegentlich abflaute, folgte gleich darauf ein erneuter Ausbruch. Überall in London konnte man es hören. Es verfolgte sie auf dem Nachhauseweg, als sie an den verrammelten Häusern entlang durch die verlassenen Gassen eilte, wo aus dem Matsch und Dreck inzwischen Unkraut wucherte, weil die Menschen geflohen waren. Onkel William war zum Kirchplatz von Sankt Paul gegangen, um von den Buchhändlern in der Paternoster Row mehr zu erfahren. Nach seiner Rückkehr verkündete er, das Dröhnen stamme von einer großen Seeschlacht zwischen der englischen und der holländischen Flotte.

»Der zweite Reiter – Krieg. Das ist der Anfang vom Ende aller Tage. Wir müssen das alles tapfer überstehen, damit wir die Wiederkunft unseres Erlösers erleben können, wenn er die Herrschaft der Engel auf Erden errichtet.«

Die Schlacht dauerte vier Tage. Die englische Seite büßte zehn Schiffe ein, tausend Mann gaben ihr Leben, die Holländer verloren vier Schiffe und fünfzehnhundert Mann. Beide Länder beanspruchten den Sieg für sich, aber jeder wusste, dass es die Engländer schlimmer getroffen hatte.

Im Juli forderte die Pest jede Woche schon annähernd zweitausend Opfer, und es hieß, das Land sei verflucht. Im September lag der wöchentliche Blutzoll bei siebentausend Toten, und Frances hörte auf, die gedruckten Namenslisten durchzugehen. Nachts lag sie wach und hörte auf der Straße die klappernden Handkarren und die schwermütigen Rufe: »Bringt eure Toten heraus!«, wenn die Leichen aufgestapelt und in die

Massengräber gebracht wurden. Tagsüber läuteten die Todesglocken ohne Unterlass, bis es schließlich niemand mehr gab, der sie läuten konnte, und sie endgültig verstummten. Onkel William, der anscheinend keine Angst vor einer Ansteckung hatte, verließ trotz Bitten seiner Frau zu jeder Stunde das Haus. Er besuchte die Grube am Stadttor Aldgate. »Vierzig Fuß lang und halb so breit«, berichtete er. »Und zwanzig Fuß tief – so tief sie graben konnten, bevor das Wasser hineinlief.« Das Ausmaß der Katastrophe schien ihm eine merkwürdige Befriedigung zu verschaffen. Die Krämerläden waren leer. Die Menschen verhungerten auf der Straße und lagen tot im Rinnstein. Der dritte Reiter – die Hungersnot.

Frances konnte das Ganze nicht verstehen. »Wenn das die Rückkehr unseres Herrn ankündigt, warum bestraft er dann die Gerechten genauso wie die Gottlosen?«

»Betrachte es wie die Qualen der Niederkunft, meine Liebe – eine Notwendigkeit, die ertragen werden muss, damit etwas Neues geboren werden kann.«

»Das Gerede eines Mannes«, sagte Tante Jane in einer seltenen Aufwallung von Verärgerung. Immerhin besaß er die Schicklichkeit, daraufhin zu verstummen.

*

Der Lordkanzler war mit dem König und dem übrigen Hofstaat aufs Land gezogen, aber Nayler blieb auf seinem Posten. Dem Rat von einem der Ärzte Hydes folgend, schluckte er vorsorglich jeden Tag eine Mischung aus Muskat und Honig und trank spanischen Likörwein. Sonst ging er wie immer seiner Arbeit nach, wobei er den neuen Mantel aus grünem Samt trug, den er sich zur Feier seiner Ernennung zum Privatsekretär hatte schneidern lassen. Jeden ersten Mittwoch im Monat zog er sich für einen feierlichen Fastentag zurück, an dem er um Erlösung von der Pest betete. Er besprach sich mit dem Oberbürgermeister, und sie verhängten eine Sperrstunde, die von neun Uhr abends an galt. Er nahm an Bord des Kriegsschiffs *Prince* an einer Versammlung teil, wo über den durch die Pest verursachten Engpass an Seeleuten debattiert wurde, und er berichtete Hyde, der inzwischen mit dem König und dem Parlament nach Oxford gezogen war, über die besorgniserregende Lage im Krieg gegen Holland. Ihn erreichten beunruhigende Berichte darüber, dass Hyde dem König wieder einmal eine harsche Lektion über die Unmoral des Hofes erteilt habe. Er hatte offenbar einen von Lady Castlemaines Versuchen vereitelt, ihre Schulden aus der Privatschatulle des Königs zu begleichen. Nayler ordnete die vorübergehende Einstellung aller Bauarbeiten am Clarendon-Haus an, deren Fortführung ihm angesichts der vielen Sterbenden und Hungernden unangemessen erschien. Er arbeitete von Sonnenaufgang bis spät in die Nacht, und zum ersten Mal in mehr als fünf Jahren vergingen ganze Wochen, ohne dass er ein einziges Mal an die Königsmörder dachte.

*

Frances war überzeugt gewesen, dass einige aus der Familie sterben würden. Frankie und Judith, beide gesund, sowie Richard, der inzwischen ein kräftiger Junge von fünf Jahren war, würden wohl überleben. Aber Betty und Nan waren schon in normalen Zeiten oft krank, und auch sie selbst war erschöpft und hungerte oft, sodass man unter dem gebrauchten Kleid die Rippen vorstehen sah. Und ihre Tante und ihr Onkel zeigten alle Gebrechen hohen Alters. Als der Winter kam und das Sterben versiegte, stellte sie jedoch zu ihrer Überraschung fest, dass der Haushalt noch vollzählig war. Alle waren am Leben.

Im Februar wurde im Intelligenzblatt veröffentlicht, dass König und Hofstaat nach sieben Monaten vom sicheren Landleben in den Whitehall-Palast zurückgekehrt seien.

Aber jetzt schrieb man 1666, das schicksalhafte Jahr, und Onkel William strotzte vor düsteren Voraussagen. Frances war insgeheim entsetzt, mit welcher Lust er jedes Unheil aufgriff. Im Juni kam er von einem Gang in die Paternoster Row zurück und berichtete lächelnd, die englische Flotte habe in einer zweiten Schlacht gegen die Holländer, die vier Tage dauerte, eine weitere Niederlage erlitten. Er studierte die Namenslisten mit den Verstorbenen, ob die Sommerhitze ein Wiederaufflammen der Pest bewirkte, und schien enttäuscht zu sein, dass dem offenbar nicht so war.

Und dann, Anfang September, am Morgen des Sabbats, kam der vierte Reiter – der in Feuer gehüllte Antichrist.

Frances wachte auf und sah ein seltsames rotes Licht durch die Fensterläden scheinen, das für die aufgehende Sonne viel zu leuchtend war. Sie ging auf Zehenspitzen an den Kindern vorbei, stieg die Treppe hinab und trat auf die Straße. Alle Nachbarn, einige noch im Nachthemd, waren auf den Beinen. Funken regneten wie Glühwürmchen auf sie herab. Der Himmel im Osten leuchtete in grellfiebrigem Blutrot. Sie lief ins Haus zurück, hämmerte an die Tür von ihrer Tante und ihrem Onkel und weckte die Kinder auf. Alle zusammen gingen sie nach draußen. Es wurde langsam hell. Ascheflocken wie schwarzer Schnee vermischten sich mit den Feuerfunken. Richard lief lachend und kreischend auf der Straße herum, dass es Frances mit der Angst bekam, seine Haare könnten Feuer fangen. Sie hob ihn hoch und stellte sich mit ihm neben die Haustür.

Onkel William reckte die Arme dem entflammten Himmel entgegen und frohlockte. »›Ist mein Wort nicht wie ein Feuer, spricht der Herr, und wie ein Hammer, der Felsen zerschmeißt?‹«

»Hört!«, sagte Tante Jane und legte eine Hand an ihr Ohr.

In der Ferne tobte ein Inferno.

Onkel William bestand darauf, die für den Sabbat übliche Gebetsstunde abzuhalten, und versammelte sie alle um den Küchentisch. Er suchte in der Bibel nach Anspielungen auf Feuer – von denen es, wie Frances bemerkte, jede Menge gab: Die Heilige Schrift schien an jenem Morgen aus nichts anderem als aus feurigen Omen zu bestehen. Nachdem sie zum Abschluss einen Psalm gesungen hatten, hielt es Frances nicht länger auf dem Stuhl. Sie zog ihre Stiefel an und verkündete, sie werde jetzt nachschauen gehen, wie groß die Gefahr tatsächlich sei.

Hooke protestierte, das sei seine Aufgabe, aber sie sagte, er sei zu alt. Sie vermutete zudem, dass er von dem Schauspiel so hingerissen sein würde, dass er seine Familie darüber vergaß.

»Nein, Onkel«, sagte sie bestimmt. »Ich werde gehen. Du wartest hier mit Tante Jane und den Kindern.« Um die Kleinen nicht zu verängstigen, flüsterte sie ihrer Tante leise zu: »Pack vorsichtshalber einen Mundvorrat und alle Wertsachen ein. Ich bin gleich wieder zurück.«

Sie lief durch die gewundenen Straßen erst nach Osten und dann südlich zum Fluss bei Blackfriars. An jenem Sonntagmorgen läutete keine einzige Kirchenglocke, weder in der City noch außerhalb der Stadtmauern. Nur das ständige Lodern war zu hören. Die Leute flohen mit Handkarren und allem, was sie tragen konnten, zur Themse. Sie rannten mit schreienden Säuglingen im Arm, und die Alten mühten sich ab, mit den Jüngeren Schritt zu halten. Ein warmer, nach versengtem Holz riechender Wind blies ihr ins Gesicht. Die Luft war erfüllt von winzigen, schimmernden Funken. Gelegentlich wirbelte ein größeres Stück brennender Abfall durch die Luft. Es war offensichtlich, dass das Feuer aus westlicher Richtung auf sie zutrieb. Unnötig, noch weiterzugehen. Sie machte kehrt und bahnte sich gegen den panischen Menschenstrom einen Weg zurück nach Hause.

*

Nayler, der trotz Sabbat in seinem Zimmer saß und arbeitete, erfuhr erst gegen acht Uhr durch seinen Diener von dem Feuer. Er ging sofort aufs Dach des Worcester-Hauses, um sich selbst davon zu überzeugen. In etwa einer Meile Entfernung stieg entlang der Themse eine große, schwarze Rauchwolke über der Stadt auf. Zunächst konnte er keine Flammen sehen, aber dann schoss ein großer, gelber Ball in die Dunkelheit nach oben, wo er zu Rauch verpuffte. Kurz darauf bemerkte er einen orange leuchtenden Saum, der wie ein Wurm über die dicht gedrängten Häuser auf der London-Brücke kroch. Der unheimliche Anblick war so fremdartig, dass er kurz seinen eigenen Augen nicht traute. Aber dann kam er mit einem Ruck wieder zu Sinnen und lief nach unten, um den Lordkanzler zu suchen.

Er fand ihn auf dem Weg zu seiner Privatkapelle. Er saß in seinem Rollstuhl, neben ihm ging Lady Clarendon, hinter ihm folgten seine Diener. Er schien die Bedeutung dessen, was Nayler ihm berichtete, nicht zu begreifen.

»Aber in London brennt es doch jeden Tag irgendwo.«

»Aber nicht so, Mylord. Das Feuer hat schon die London-Brücke erreicht.«

»Und was soll ich dagegen tun?«

»Beruft eine Sitzung des Kronrats ein, so viele Mitglieder, wie Ihr erreichen könnt.«

»An einem Sonntagmorgen?« Er klopfte ärgerlich gegen die Rollstuhlseite. »Findet mehr über das Feuer heraus, und berichtet mir nach der Gebetsstunde – zu der Ihr Euch übrigens selbst öfter einmal einfinden solltet.«

Nervös trat Nayler von einem Bein auf das andere. »Mylord.« Er verbeugte sich.

Er rief eine Kutsche aus dem Innenhof und ließ sich über die Strand bis nach Blackfriars fahren, wo die Masse der Menschen und die Wand aus Hitze sie zum Halten zwang. Auf den Stufen zum Fluss hinunter lag ein Mann, auf den einige junge Burschen mit Knüppeln einschlugen. Sie waren drauf und dran, ihn totzuprügeln. Nayler sprang mit einem Satz aus der Kutsche.

»Wer ist der Mann? Was ist hier los?«

Einer der Angreifer drehte sich keuchend um. »Das ist einer von den Franzosen, die das Feuer gelegt haben.«

»Das Ganze ist eine papistische Verschwörung«, sagte ein anderer.

»Lasst ihn los.«

»Wer befiehlt das?«

»Der Lordkanzler von England.« Sie stierten ihn tumb an. »Ihr glaubt mir nicht? Da, die Kutsche, seht Ihr Lord Clarendons Wappen am Schlag?«

Die Burschen traten noch ein paarmal nach dem Mann und bespuckten ihn, dann verdrückten sie sich.

Nayler packte den Franzosen am Arm und half ihm auf die Beine. »Los, lauft«, sagte er. »Und macht den Mund erst wieder auf, wenn Ihr aus der Stadt seid.«

Er stieg wieder in den Wagen. »Zurück zum Worcester-Haus«, befahl er dem Kutscher. »Und zwar schnell.«

*

Bis zum Erreichen des Flusses brauchte Frances mit ihrer Familie bis weit in den Nachmittag hinein. Es war ein wahrer Hexenkessel. Das Feuer war inzwischen kaum noch eine halbe Meile entfernt. Über den Häusern in der Gegend schwarzer Rauch und aufschießende Flammen; unter dem Funkenregen Tausende, die sich entlang der Themse an der Anlegestelle drängelten. Frances tauchte mit den Kindern an den Händen und den Hookes hinter ihr in die anstehende Menge ein und schaffte es schließlich bis zum Anfang der Schlange. Das Geld zählte nicht mehr viel, die Bootsführer verlangten, was sie kriegen konnten. Es kostete sie über die Hälfte ihrer Ersparnisse, ein paar Plätze auf einem Kohlekahn zu ergattern, der sie auf die andere, die sichere Seite der Themse bringen würde. Man half Onkel William und Tante Jane an Bord. Frances hob die Kinder hinein und kletterte ihnen hinterher. Das Boot war von im Kohlenstaub Kauernden überfüllt und schien gefährlich tief im Wasser zu liegen. Als das Boot vom Ufer abgestoßen wurde, schwappte Wasser über die Bordwand ins Innere.

Die Ruderer hatten zu kämpfen, um es gegen die Strömung bis ans andere Ufer zu schaffen. In Bankside schlängelte sich die Familie zwischen anderen hindurch, die sich erschöpft auf dem Gras oberhalb des Schlicks niedergelassen hatten. Schließlich fanden sie einen Flecken nackte Erde, wo sie sich hinsetzen konnten. Von der Stelle hatten sie freie Sicht über den Fluss auf das Feuer. Es schien ein lebendiges Wesen zu sein – mit teuflischer Bosheit klettert es die Kirchtürme hinauf und hüllte sie blutrot ein, schlug über die Straßen hinweg Bogen zwischen den Gebäuden und bewegte sich unerbittlich gen Westen. Zu dem dröhnenden Lodern kam der Lärm einstürzender Gebäude. Über der Stadt hing eine riesige Rauchwolke. Im schwindenden Tageslicht mit Einbruch der Nacht wurde die Stadt von unten durch ein wütend rotes Glühen so strahlend erleuchtet, dass Onkel William stehen blieb und aus der Bibel las. Er verkündete, sie seien alle Zeugen der Zerstörung von Sodom und Gomorrha. Die Leute umringten ihn bei seiner Predigt.

»Den Verzagten aber und Ungläubigen und Greulichen und Totschlägern und Hurern und Zauberern und Abgöttischen und allen Lügnern, deren Teil wird sein in dem Pfuhl, der mit Feuer und Schwefel brennt: welches ist der andere Tod …«

»Halt den Mund, alter Mann«, rief einer. Andere flehten Gott an, er solle sie erretten. Ein Streit entbrannte. Frances breitete die Arme aus, zog alle vier Kinder nah an sich heran und sagte den dreiundzwanzigsten Psalm auf. »Der Herr ist mein Hirte, mir wird nichts mangeln. Er weidet mich auf einer grünen Aue …«

Die nächsten beiden Tage blieben sie dort, wärmten sich nachts an einem Feuer, das die frühherbstliche Kühle abwehrte, und überlebten mit dem Essen, das sie mitgenommen hatten, und dem wenigen, was Frances besorgen konnte. Sie sahen die Barkassen, mit denen die Wohlhabenden ihre Reichtümer wegbrachten, und hörten die Explosionen in der Nähe von Tower und Whitehall-Palast, wo die Soldaten Häuser niederrissen, um Feuerschneisen zu schaffen. Frances setzte große Hoffnungen darauf, dass der nur hundert Schritt entfernt an der West Harding Street vorbeifließende Fleet-Bach die Flammen aufhalten möge. Aber am Dienstagmorgen sprang die Feuersbrunst darüber hinweg, als wäre er nur ein kleiner Wassergraben.

Währenddessen ragte der massive Kirchturm der Sankt-Pauls-Kathedrale, der für Reparaturarbeiten mit einem Holzgestell eingerüstet war, unversehrt über das Feuer und den Rauch hinaus. Am Dienstagabend stieß Onkel William einen Schrei aus und deutete auf die Flammen, die die Holzstangen erklommen hatten und über das Dach züngelten. Das Blei begann rot zu glühen, und eine Stunde später sahen sie, wie das gewaltige Bauwerk in sich zusammensackte. Wenige Augenblicke später hörten sie die furchterregende Kanonade der herabstürzenden Steine.

»Der Herr ist mein Hirte …«

Am Mittwochmorgen erwachte Frances bei Morgengrauen, stand in ihren vom Tau klammen Kleidern auf, schaute über den Fluss und sah, dass das Schlimmste anscheinend vorüber war. Das Bild, das seit Samstag ein sich ständig wandelndes Panorama aus Rottönen gewesen war – Purpurrot, Zinnoberrot, Scharlachrot –, war nun statisch, vor allem schwarz und grau mit flackernden Flecken orangefarbenen Lichts, wo die Flammen noch Reste zu verschlingender Nahrung fanden. An hundert Plätzen, wo einst Kirchtürme gestanden hatten, stiegen nun geisterhafte, schmale Rauchsäulen auf.

Um vier Uhr nachmittags legte sich der Wind, und so hielten sie es für sicher genug, sich auf den Weg zurück nach Holborn zu machen, um herauszufinden, ob noch etwas von ihrem Zuhause übrig war. Frances gab ihr letztes Geld für die Überfahrt mit einem Kahn aus, der sie am Nordufer gegenüber der Farringdon Street absetzte. Die meisten Gebäude waren entweder ausgebrannt oder ganz verschwunden. Die anderen sahen aus, aus wollten sie jeden Augenblick einstürzen. Unter der Erde schwelte es immer noch. Der Boden unter ihren Sohlen war heiß, überall lagen verrußte Ziegelsteine und in Kohle verwandelte Holzbohlen herum. Sie versanken mit den Schuhen in der weichen, warmen Asche. Zum ersten Mal weinten die Mädchen hemmungslos. Nur für Richard war das Ganze immer noch ein Abenteuer. Sie musste ihn fest an der Hand halten, damit er nicht in eines der entblößten Häuser rannte, wo rußschwarze Gestalten – die Besitzer? Plünderer? – die Trümmer durchsuchten.

Sie bogen in die Überreste der Fleet Street ein. Frances hielt es für unmöglich, dass ihr Haus das Inferno überstanden hatte. Ohne einen Penny, ohne Dach über dem Kopf, ohne Vorräte – wo sollten sie da hin? Sie würden auf der Straße verhungern wie die Bettler während der Pest. Die Hälfte der Gebäude in der Fetter Lane gab es nicht mehr, aber die Verwüstung war nicht ganz so vollständig wie anderswo, und sie betete, wie sie noch nie zuvor gebetet hatte – nicht einmal für Will –, dass ihr Haus noch stehen möge. Sie brachte es nicht über sich, selbst nachzuschauen. Sie flüsterte Frankie ins Ohr, sie solle vorauslaufen und ihr dann Bescheid geben. Für den Rest ihres Lebens würde sie das lächelnde Gesicht ihrer Tochter nicht vergessen, wie sie zurückkam und sagte, die West Harding Street sei wie durch ein Wunder verschont geblieben.

*

Nayler hatte seit Samstagmorgen kaum geschlafen. Schwitzend, mit rußverschmiertem Gesicht war er im Namen des Lordkanzlers hierhin und dorthin gelaufen und hatte den Eindruck zu erwecken versucht, sein Herr sei auf der Höhe der Ereignisse. Es war dann der König selbst gewesen, der den Kronrat einberufen hatte. Den führenden Mitgliedern waren Stadtviertel in London zugeteilt worden, die sie zu überwachen hatten. Hyde war wegen seiner Gicht zu unbeweglich, an dem Treffen teilnehmen oder sonst etwas tun zu können, außer gereizt im Worcester-Haus zu sitzen und ein heilloses Durcheinander anzurichten, damit seine Wertsachen in ein Boot verladen wurden. Nayler hatte fast die gesamten letzten drei Tage als sein Mittelsmann zum König und zum Herzog von York fungiert, die das Kommando zur Bekämpfung des Feuers übernommen hatten, da General Monck, der Herzog von Albemarle, bei der Flotte war. Allgemein stimmte man darin überein, dass dies die größte Stunde der königlichen Brüder war. Sie leiteten die Einsätze aus dem Sattel und der königlichen Barkasse, ordneten den Abriss von Gebäuden an, um Feuerschneisen zu schaffen, zeigten sich der Öffentlichkeit, ignorierten die Risiken und stützten die Moral. Jetzt, am späten Mittwochnachmittag, waren sie wieder vom Whitehall-Palast aus zu Pferde zu einer weiteren Inspektionsrunde aufgebrochen. Nayler begleitete sie in der Hoffnung, ein gutes Wort für Hyde einlegen zu können.

»Wie geht es unserem Lordkanzler eigentlich, Mr Nayler?«, fragte der König, der sich plötzlich zu ihm umgedreht hatte, auch prompt. »Wir waren so beschäftigt, dass wir kaum die Zeit fanden, an ihn zu denken. Ich hoffe, er ist in Sicherheit.«

»Es geht ihm gut, Eure Majestät.«

»Zumindest ist er gut ausgeruht, möchte ich meinen.«

»Das würde ich so nicht sagen, Eure Majestät. Es tut ihm leid, dass seine Gebrechen ihn daran hindern, Euch zu begleiten. Aber er ist immer auf seinem Posten.«

»Ich bin ihm für seine Dienste in höchstem Maße dankbar«, sagte der König und fügte hinzu, als wäre es ihm gerade eingefallen: »Aber er braucht eine Ruhepause – eine lange Ruhepause.«

Der König ritt nach vorn zu seinem Bruder und ließ Nayler mit einem unguten Gefühl zurück. Die Reputation seines Herrn glich dem Zustand vieler der prachtvollen alten Bauwerke in der Stadt: scheinbar noch intakt, aber schon bröckelnd.

*

Onkel William saß am Tisch vor der aufgeschlagenen Bibel. Das alles sei kein Wunder, korrigierte er sie: Das sei Gottes Plan, wie in der Offenbarung geweissagt. Aus den Trümmern der Hure Babylon werde der Staatenbund als ein Paradies auf Erden wiederauferstehen.

Frances ging aus dem Haus, um Lebensmittel zu besorgen. In der Hoffnung, dafür etwas eintauschen zu können, verbarg sie unter ihrem Mantel einen Kerzenständer.

In der Fleet Street herrschte Aufregung – ein Pferdetrupp am Ende der verwüsteten Straße, Trompetenfanfaren, in der Ferne aufblitzendes Blau und Gold. Die Leute tauchten aus den Ruinen auf, um nachzusehen, was da vor sich ging. Aus Richtung Whitehall erschienen, eskortiert von einer Leibwache, zwei feine Herren zu Pferde, die vor den Überlebenden den Hut zogen. Eine Welle des Jubels brandete auf: »Gott schütze den König!« Als die beiden mit ihren Begleitern vorbeiritten, drückte sich Frances an die Wand. Der Größere der beiden lächelte ihr sogar zu. Die Hufe der stattlichen Blauschimmel des Königs von England und seines Bruders, des Herzogs von York, wirbelten Wolken pulveriger Asche auf.

Sie erkannte Nayler nicht, und höchstwahrscheinlich sah auch er sie in der Masse nicht.

Sie blickte ihnen hinterher, wie sie in Richtung City verschwanden. Die Jubelrufe begleiteten sie wie die Bugwelle eines Schiffes, und Frances kam der Gedanke, dass ihr Onkel vielleicht unrecht hatte, dass die Usurpatoren nicht so einfach gedemütigt und die Herrschaft der Gerechten nicht so schnell wieder errichtet werden konnten.

KAPITEL 31

Entfernung und Zeit waren dafür verantwortlich, dass Nachrichten über die großen Ereignisse Hadley erst nach Monaten erreichten.

Im Oktober 1665 erfuhren Ned, Will und Dixwell, dass mit einer Niederlage auf See der Krieg gegen die Holländer begonnen habe – ein Grund zum Feiern für Männer, die auf eine göttliche Strafe für die heimatliche Alte Welt hofften.

Dann mussten sie drei weitere Monate bis zum Januar 1666 warten, bevor sie nach und nach das gesamte Ausmaß der Pest begreifen konnten. Das Ganze hörte sich tatsächlich nach einer Strafe Gottes an. Als Reverend Russell ihnen den Brief von Increase Mather mit seiner langen Liste der Kirchsprengel Londons mit den dort Verstorbenen vorlas – Sankt Botolph am Aldgate, Kirche des Heiligen Grabes am Newgate, Sankt Anna in Blackfriars und viele mehr –, jubelte jedoch nur Dixwell. Die traurige Miene von Ned und Will überraschten ihn.

»Warum so lange Gesichter? Bedenkt doch, welches Jahr ansteht! Das ist der Zorn Gottes, der Vorbote der Wiederkunft Christi.«

Neds Meinung von Dixwell hatte sich nicht gebessert. »Ihr, Mr Dixwell, könnt Euch leicht freuen«, sagte er. »Eure Frau lebt in Kent. Als wir das letzte Mal etwas von unseren Familien vernommen haben, da haben sie noch in jenen Vierteln gelebt.«

Insgeheim betete Ned für das Ende der Pest, selbst wenn sie vom Himmel gesandt war, und sprach auch ein Dankgebet, als er im Herbst erfuhr, dass sie abgeklungen war. Da hieß es, der Blutzoll liege bei hunderttausend Toten – einen von vier Londonern habe es dahingerafft. Als Will das hörte, wurde er blass. Wie wahrscheinlich war es, dass Frances und die Kinder unbeschadet davongekommen waren? Er sehnte sich nach einem Brief, der ihm ihr Wohlergehen versicherte, aber ein solcher kam nicht.

Das Jahr verlief in qualvoller Erwartung – in der Hoffnung auf die in der Offenbarung vorhergesagten Katastrophen, aber auch im Grauen davor, wie diese aussehen mochten.

Erst Ende Dezember dieses unheilvollen Jahres erreichten die Nachrichten vom Großen Brand die Ufer des Connecticuts. Die Oberste zeigten Reverend Mathers Kurzfassung der Ereignisse den anderen. Dreizehntausend Häuser, siebenundachtzig Kirchen und die Sankt-Pauls-Kathedrale zerstört. Genau die Sprengel waren betroffen, wo auch die Pest gewütet hatte. Niemand konnte sagen, wie viele Hundert umgekommen waren, weil die meisten Opfer zu Asche verbrannt waren. Als hätte Gott in seiner unendlichen Weisheit entschieden, dass diese wenigen Quadratmeilen Londons der Dreh- und Angelpunkt alles Übels in der Welt wären. Und doch wurde ihnen berichtet, dass der König sich als Held erwiesen habe.

»Warum sind Karl Stuart und sein Hofstaat in Whitehall verschont worden?«, fragte Ned. »Warum hat gerade die Gerechten in der City und außerhalb die Katastrophe getroffen? Ist das die Befreiung, auf die wir gewartet haben?«

»Sie wird kommen«, prophezeite Dixwell.

»Aber wann? Und was können wir in der Zwischenzeit tun, außer für die Sicherheit unserer Familien zu beten?«

»Stellt Ihr Gottes Plan infrage?«

»Vielleicht ja, denn ich muss gestehen, das alles ergibt keinen Sinn für mich.«

Drei Gesichter – Russell, Will und Dixwell – schauten ihn erschüttert an.

»Glaubst du etwa nicht mehr, dass dies das Jahr der Wiederkehr ist?«, sagte Will. »Obwohl der Brand von London aufs Genaueste der Vision in meinem Traum entspricht?«

Nicht zum ersten Mal kam Ned der Gedanke, dass sein Schwiegersohn völlig den Verstand verloren hatte. »Ich dachte, du hättest vorausgesagt, die Wiederkehr würde 1666 hier in Neuengland stattfinden.«

Will zögerte. »Das war die Meinung von Mr Davenport.«

»Nun denn, das Jahr ist noch nicht um. Wir werden es also bald wissen.«

Am Neujahrstag riss Ned beim ersten Tageslicht die Fensterläden auf. Und tatsächlich war die Welt noch da – natürlich! Der Hof, die Straße, die etwas abseits stehenden Häuser, stumm und unverändert. Kein von Kopf bis Fuß in Weiß gehüllter Erlöser spazierte an jenem Morgen durch Hadley – oder würde das später an irgendeinem anderen Morgen tun. Während er aus dem Fenster sah, hatte er das Gefühl, ihm sei Einblick in eine bedeutsame Wahrheit gewährt worden, eine, die man seinem Bewusstsein schon seit vielen Jahren zugeflüstert hatte: Man konnte Gott nicht dazu drängen, den Menschen dienstbar zu sein, nur weil es zu ihren Bedürfnissen passte, auch wenn sie noch so sehr glaubten, ihre Sache sei eine gerechte. Allein die Annahme war eine Sünde. Er spürte Verzweiflung wie auch bittere Bestätigung.

An jenem Abend saßen sie schweigend beim Abendessen.

»Vielleicht steckt im Kalender irgendein Fehler«, sagte Dixwell schließlich. »Und den kann man vielleicht bis zu einem

Fehler vor Hunderten von Jahren zurückverfolgen, und deshalb ist das Jahr falsch. Oder es wechselt am Tag von Mariä Verkündigung im März, so wie die Rechtsgelehrten das halten.«

Ned machte ein Geräusch, das sich wie ein prustendes Stöhnen anhörte. »Soll das heißen, wir warten jetzt noch einmal drei Monate?«

»Der Brief über den Brand wurde Anfang September geschrieben«, sagte Will. »Woher wollen wir wissen, was seitdem passiert ist? Gut möglich, dass England längst in Trümmern liegt und der Herr tatsächlich gekommen ist.«

»Der Brand ist gelöscht«, sagte Ned. »Das steht in dem Brief. Oder glaubst du, es hat danach noch einen zweiten gegeben?«

»Du darfst den Glauben nicht verlieren, Ned.«

»Den Glauben verlieren? Ich glaube nichts mehr von deinen Weissagungen. Ich glaube nicht, dass in den nächsten paar Wochen der Erlöser auf die Erde zurückkommen wird. Das ist Unsinn, Wunschdenken, das auf Eurer Lesart der Heiligen Schrift gründet, eine Wahnvorstellung, an die außer Fanatiker kaum noch einer glaubt, und ich bereue, dem jemals Gehör geschenkt zu haben.«

Es folgte eine lange Pause. Es war wie die Stille nach einer Explosion. Dann stand Dixwell ohne ein weiteres Wort vom Tisch auf, öffnete die Tür und ging nach draußen. Will senkte den Kopf. Seine Lippen bewegten sich. Er betet, dachte Ned – für das Armageddon oder meine unsterbliche Seele? Nach einer Minute hob Will den Kopf. Er schaute Ned mit grausamen, wütenden, vorwurfsvollen Augen an, ein Gesichtsausdruck, den er noch nie an ihm gesehen hatte. Dann stand auch er auf und ging hinaus auf den Hof.

Ned nahm an, dass Will nur Dixwell beruhigen und ins Haus zurückholen wollte. Aber die Zeit verstrich, und niemand kam. Nach einer Stunde wartete er nicht länger und ging nach oben.

Spätabends öffnete Will die Tür von Neds Kammer, kam aber nicht herein, sondern blieb auf der Schwelle stehen. »John verlässt uns.«

»Wann?«

»Wenn es für die beschwerliche Reise warm genug ist.«

»Wohin geht er?«

»Er weiß es noch nicht. Vielleicht New Haven.«

»Aber da wäre er nicht sicher.«

»Er glaubt schon.« Wills Stimme klang kalt, metallisch. »Er sagt, er hätte nicht den Fehler wie wir gemacht, nämlich bei der Ankunft in Boston den richtigen Namen anzugeben. Die Obrigkeit hat keine Ahnung, dass er in Amerika ist. Die glaubt, er sei noch in Holland. Er hat Geld. Er hat vor, etwas Grund zu kaufen und unter dem Pseudonym James Davids zu leben. Ein Siedler, gerade erst aus England eingetroffen.«

»Trotzdem, das ist viel zu gefährlich.« Ned schluckte schwer und stand auf. »Ich gehe zu ihm und entschuldige mich.«

»Er will deine Entschuldigung nicht. Er will nichts mehr mit dir zu tun haben.« Will hielt kurz inne und sagte dann: »Er hat gefragt, ob ich mitgehe.«

»Das kannst du nicht, Will.«

»Warum nicht? Weil du meine Gesellschaft brauchst?«

»Nein, weil dein Gesicht in New Haven viel zu bekannt ist. Die Belohnung ... Die werden dich bestimmt schnappen.«

»Er wird mir Unterschlupf gewähren, bis es nicht mehr gefährlich ist und ich mich aus dem Haus wagen kann. Der Ort ist größer als Hadley und nicht so abgelegen. Mit mehr Gelegenheit, in passender Gesellschaft zu sein.«

»Passende Gesellschaft? Inwiefern passend?«

»Leute, die so denken wie wir.«

»Du meinst, du hängst der gleichen Wahnvorstellung an?« Plötzlich hielt Ned es nicht mehr aus. »Na los, dann geh! Wenn es dir ein Trost ist. Geh! Mir macht es nichts aus. Ich habe mein Bestes getan, dich zu beschützen.«

»Glaubst du wirklich, dass du das getan hast? *Mich beschützt?*« Will war laut geworden. »Selbst jetzt siehst du die Wahrheit nicht? Störrischer alter Mann, du hast uns beide in den Ruin geführt.«

Er drehte sich um. Ned schlug hinter ihm die Tür zu.

Liebste Frances, eine Frage quält mich. Es war nicht nur Karl Stuart, den wir an jenem Januartag beseitigen wollten, sondern die Monarchie an sich. »Wir werden dem König den Kopf abschlagen samt der Krone darauf«, sagte Cromwell. Und das haben wir getan. Unsere Absicht war, aus England eine aufrechte Republik zu machen, damit weder Könige noch Prinzen, weder Lords noch Bischöfe sich jemals wieder zwischen das Volk und den Allmächtigen Gott stellen können. Es waren edle Grundsätze. Ich habe damals daran geglaubt, und ich glaube noch heute daran, all unseren gegenwärtigen Heimsuchungen zum Trotz. Aber hier ist die Frage, auf die ich keine Antwort finde: Wenn die uns von Gott geschenkten Siege Beweis dafür waren, dass wir sein Werk verrichteten, wie sollen wir dann erklären, was seitdem geschehen ist? Hat er unserer Sache seine Gunst entzogen, oder …

Er zögerte. Dann beendete er den Satz.

… befanden wir uns schon die ganze Zeit über im Irrtum?

Nach jenem schrecklichen Neujahrstag blieb Ned in seiner Kammer und schrieb. Wenn er Will oder Dixwell auf der Treppe begegnete, dann wandten sie den Kopf ab, und er tat es ihnen gleich. Sie trafen sich immer noch zweimal die Woche zu ihrer gemeinsamen Gebetsstunde mit Reverend Russell und Peter Tilton, aber ihr Gespräch beschränkte sich auf die Heilige Schrift, ohne allerdings die Offenbarung des Johannes zu erwähnen.

Er schrieb bei Tageslicht und bei Kerzenlicht. Er schrieb über Cromwell in den Jahren nach der Hinrichtung des Königs – über die Unruhen in der Armee, als die Levellers meuterten (darunter auch einige von Neds Soldaten) und freie Wahlen nebst Wahlrecht für Männer jedes Standes forderten; und wie Cromwell zur Wiederherstellung der Disziplin die Anführer von einem Erschießungskommando hinrichten ließ. Er beschrieb, wie er in London geblieben war, um für die Sicherheit in der Stadt zu sorgen, während Cromwell mit einem schrecklichen Leuchten in den Augen nach Irland ging, um die rebellischen Katholiken zu bestrafen, ein grässliches Gemetzel, an dem er zu seiner Erleichterung nicht teilnehmen musste. Er schrieb über den Feldzug gegen die Schotten und die Schlacht bei Dunbar, wo sie abgeschnitten am Meeresufer festsaßen, und wie er die Kavallerie anführte, die den gefährlichen Kessel schließlich sprengte, und er dabei verwundet wurde. Er beschrieb die letzte große Bürgerkriegsschlacht in Worcester, wo die Royalisten vernichtet und er abermals verwundet wurde. Er schrieb über die triumphale, cäsarenhafte Rückkehr Cromwells, der mit viertausend Gefangenen in London einzog. Nun »Seine Exzellenz der Lord-General« geheißen, wurde ihm vom dankbaren Parlament die private Nutzung des Schlosses Hampton Court sowie des königlichen Cockpit-Theaters neben dem Whitehall-Palast gestattet. Und dann die glücklichen Jahre danach: Neds Haus in der King Street mit den Kindern, Frances' Hochzeit mit Will, die beschlagnahmten, ihm zugesprochenen Anwesen der Royalisten, Jahre des Reichtums und des Lebens im Vollen. Er vertiefte sich so sehr in die Wiederbelebung der Vergangenheit, dass er manchmal den Kopf hob und überrascht war, sich nicht in einer seiner eleganten Residenzen zu befinden, sondern in dieser stillen Gefängniszelle. Wie hoch war er aufgestiegen, wie tief gefallen.

Wills Stimme ließ ihm keine Ruhe. *Störrischer alter Mann, du hast uns beide in den Ruin geführt …*

Der Februar kam, und es wurde wärmer. Eines Tages saß er frühmorgens vor dem Kamin, als im Hof unter seinem Fenster Stimmen zu hören waren. Er benutzte den Schürhaken, auf dessen Griff er sich beim Aufstehen mit beiden Händen stützte, als Gehstock. Draußen war es warm, frühlingshaft, singende Vögel, auf dem Dach schmolz der letzte Schnee, tropfte in den Hof und verschwand gurgelnd in dem Bach hinter dem Zaun – ein verheißungsvoller Tag. Dixwell trug seinen Wintermantel und die schweren Stiefel, die Tasche stand neben ihm. Russell, der ebenfalls feste Kleidung trug, und Will, der seinen alten Armeemantel angezogen hatte, waren bei ihm. Die Stimmen drangen nur undeutlich an sein Ohr. Als er seinen Namen aufschnappte, schauten sie alle auf einmal nach oben zu seinem Fenster.

Er zog so ruckartig den Kopf zurück, dass er das Gefühl hatte, in seinem Körper sei etwas zerrissen. Sein Herz schlug schnell und heftig. Ein Schmerz fuhr ihm durch die Brust und in die Arme und schnürte ihn ein wie ein Eisenring. Würde Will wirklich ohne ein Wort des Abschieds gehen? Er lehnte mit schlaff herabhängendem Kopf schwer an der Wand. Er hörte eine zufallende Tür und den Riegel am Tor, der erst angehoben wurde und dann nach unten fiel. Und danach nur noch das Zwitschern der Vögel, das Tropfen des schmelzenden Schnees und das Hämmern seines Herzschlags. Er konnte sich nicht rühren. Er wusste, dass er bei der leisesten Bewegung zusammenbräche.

Kurz darauf ließ der Schmerz nach, und er hörte Schritte auf der Treppe. Er hob den Kopf.

»Will?«

Er stützte sich auf den Schürhaken, schlurfte durch die Kammer und öffnete die Tür. Will stand im Flur.

»Du gehst nicht mit?«

Sein Schwiegersohn brachte es nicht über sich, ihn anzuschauen, und schüttelte nur kurz den Kopf. »Du hast recht. Ich sitze in der Falle. Für immer. Mit dir.«

Cromwell ist wütend auf das Parlament, das eigentlich gar kein richtiges Parlament ist, sondern nach dem Ausschluss der Abgeordneten, die sich einem Prozess gegen den König widersetzt hatten, nur ein abgewracktes Rumpfparlament. Es tagt und tagt und tut nichts. »Sind wir dafür in den Krieg gezogen?«, sagt Cromwell immer wieder.

An einem Morgen im April 1653 geht Cromwell in seiner schlichten schwarzen Kleidung und den grauen Kammgarnstrümpfen in einem der prachtvollen Empfangssalons des umgebauten Cockpit-Theaters ruhelos hin und her, während man ihm berichtet, das Parlament peitsche gerade ein Gesetz durch, das die Amtszeit der Abgeordneten auf unbestimmte Zeit verlängern würde. Er bleibt wie betäubt stehen. Er ruft aus dem eigenen Regiment sechs Rotten seiner Musketiere zu sich und stürmt mit Ned und Will im Schlepptau – ohne sich die Zeit zu nehmen, angemessene Kleidung anzulegen – durch die King Street nach Westminster, platzt in die Unterhauskammer hinein, hört eine Viertelstunde lang vor Wut schäumend zu, springt dann auf und marschiert in seinen weichen Lederhausschuhen wie ein Wahnsinniger den Gang auf und ab, deutet auf diesen und jenen Abgeordneten und schimpft sie Hurenmeister, Trunkenbolde, gottlose Feiglinge, korrupte Hanswurste.

»Vielleicht ist das nicht die Sprache des Parlaments. Ich gebe zu, das ist sie nicht, aber die könnt Ihr von mir auch nicht erwarten. Ihr habt lange genug getagt. Ich werde Eurem Geschwätz ein Ende bereiten. Ihr seid kein Parlament. Ich sage, Ihr seid kein Parlament. Ich werde Eurer Sitzung ein Ende bereiten.« Er wendet sich an Ned, der an der Tür steht: »Ruf sie herein!« Ned tritt beiseite, damit die Musketiere in die Kammer stürmen können. Oliver deutet auf den Sprecher des Parlaments und sagt: »Festnehmen!«

Während Sprecher William Lenthall von seinem Platz gezerrt wird, ruft der sonst gemäßigte Henry Vane aus: »Das ist nicht rechtens. Es verstößt gegen jede Moral und allgemeine Rechtschaffenheit.«

Cromwell herrscht ihn an. »O Sir Henry Vane, Sir Henry Vane, der Herr möge mich erlösen von Sir Henry Vane!« Dann nimmt er den Amtsstab von dem Tisch vor dem Stuhl des Sprechers. »Was sollen wir mit seinem Narrenzepter machen?« Er wirft es Will zu. »Schaff es weg.« Als die Kammer geleert ist, verschließt er die Tür, steckt den Schlüssel ein, marschiert über die King Street zurück zu seinen Gemächern, wo die Spitzen der Armee ihn bereits erwarten, und wirft den sprachlosen Heerführern den Schlüssel vor die Füße. »Als ich ins Parlament ging, hatte ich nicht vor, dies zu tun. Aber da der Geist Gottes so stark über mich kam, wollte ich weder Fleisch noch Blut zurate ziehen.«

Und damit ist die Sache erledigt. Oliver wird Lordprotektor, zieht im Whitehall-Palast ein, wird von nun »Eure Hoheit« geheißen, reist im Sechsspänner mit zehn Lakaien, hat einen Thron, auf den er sich setzt, wann immer er öffentlich auftritt, und ist Englands Militärdiktator – der König bis auf den Namen.

Ich fragte ihn, welche Arbeit er für mich habe. Er antwortete, meine Aufgabe sei sein Überleben, damit er das Werk erfüllen könne, das zu verrichten Gott ihn beauftragt habe. Das war keine leichte Aufgabe. Ich weiß nicht mehr, wie viele Verschwörungen es gegeben hat, ihn zu töten – zu vergiften, zu erschießen, in die Luft zu sprengen. Auch die Zahl der Hinterhalte, die ihm zwischen Whitehall und Westminster und auf der Strecke nach Hampton gelegt wurden, kann ich nicht mehr nennen. Er ging nie aus dem Haus ohne seine fünfundvierzig Mann starke Leibwache und die Pistole, die er stets in der Rocktasche trug. Kurioserweise kam er dem Tod durch die eigene Hand am nächsten. Der Graf von Oldenburg hatte von des Protektors Pferdeliebe gehört und ihm sechs prächtige friesische Blauschimmel geschickt, mit denen er in den Hyde Park ging. Nachdem er unter den Bäumen mit uns gegessen hatte, bestand er darauf, sie alle vor seiner Kutsche anzuschirren und diese als Sechsergespann selbst zu fahren. Allerdings übertrieb er es mit der Peitsche, sodass die heißblütigen Hengste ungebärdig wurden. Irgendwie verfing sich ein Fuß in den Zügeln, er wurde vom Bock gerissen und eine ordentliche Strecke über den Boden geschleift, wobei sich ein Schuss aus seiner in der Rocktasche steckenden Pistole löste. Wir trugen den Bewusstlosen zurück zum Whitehall-Palast, wo er drei Wochen lang das Bett hütete. Ich bin der Ansicht, dass er sich von dem Unfall nie wieder richtig erholt hat, jedenfalls gab es danach kaum einen Tag, wo er nicht an irgendeiner Erkrankung litt – Koliken, Nierensteine, Tumoren, Katarrh und das Wechselfieber, das ihn schon seit dem Feldzug in Irland plagte.

Cromwell besaß alle Macht, aber zu welchem Zweck? Jedes Mal, wenn er das Parlament wieder einsetzen wollte, stellte es sich gegen ihn, und er löste es wieder auf. Die Armee war gespalten, das Land mürrisch. Er lebte in einer von ihm selbst gestellten Falle. Ned sah ihn noch heute vor sich, wie er von Zimmer zu Zimmer und über die bleigedeckten Dächer seines Palastes wanderte. Ned begriff schließlich, an wen er ihn erinnerte – an jenen anderen Halbgefangenen, nämlich Karl Stuart.

Im Sommer 1658 starb seine Tochter Elizabeth auf Schloss Hampton Court an einem Geschwür. Nie hatte ich ihn verzweifelter gesehen. Er zog sich in sein Schlafgemach zurück und bat mich, ihm die Stelle aus den Paulusbriefen vorzulesen, die ihm auch nach dem Tod seines Sohnes so viel Halt gegeben habe. »Denn ich habe gelernt, bei welchen ich bin, mir genügen zu lassen … beide satt sein und hungern, beide übrig haben und Mangel leiden. Ich vermag alles durch den, der mich mächtig macht, Christus.« Er war zu krank, als dass er an Elizabeths Bestattung teilnehmen konnte. In seinen Gedanken herrschte der Tod. Wir brachten ihn nach London, und zwar in den St.-James-Palast, der weiter vom Fluss entfernt lag, weshalb dort nach Meinung der Ärzte die Luft gesünder sei. Aber es half nichts. (Später fanden die Ärzte heraus, dass seine Milz voller Eiter war und unsere Hoffnung auf Genesung vergeblich.) Am Abend vor seinem Tod rief Staatsminister John Thurloe mich und Will als Zeugen an sein Bett. Man sagte ihm, er solle uns durch ein Zeichen angeben, ob er immer noch seinen Sohn Richard als seinen Nachfolger wolle. Er hob leicht die Hand. Dann baten uns die Ärzte zu gehen. Das war das letzte Mal, dass ich ihn lebend gesehen habe.

Neds eigene körperliche Verfassung verschlechterte sich jetzt schnell. Sein Leben, seine Verwundungen holten ihn ein. Das

Schreiben fiel ihm schwer. An manchen Tagen kam er kaum aus dem Bett. Er legte das Manuskript beiseite. Eines Morgens wachte er auf und blickte Oliver, der auf ihn herabschaute, ins Gesicht.

»Steh auf, du Weichling.«

»Ich kann nicht, Eure Hoheit. Ich habe keine Kraft mehr.«

»Eure Hoheit? Was soll das? Für dich bin ich Oliver, nicht anders, als wir Jungen waren.«

»Wirklich? Soweit ich mich erinnere, warst du immer recht eigen mit deinem Titel, sogar unter vier Augen.«

»Ha! Glaubst du etwa, ich wollte diesen Firlefanz? Wenn wir auch sonst nichts gelernt haben, dann zumindest, dass die Menschen in England nie irgendwelchen Ausschüssen folgen werden. Sie wollten immer noch einen König, und durch Gottes Gnade war ich das Zweitbeste, was sie kriegen konnten.«

»Du hättest dich krönen lassen, wenn du aus der Armee genug Unterstützung bekommen hättest.«

»Richtig, aber ich wollte das nie.«

»Trotzdem hast du deinen Sohn zu deinem Nachfolger bestimmt, als wärst du der König.«

»Das ist doch alles Unsinn, Ned. Es gibt nur Gottes Wille.«

»Du hast dem König den Kopf abgeschlagen und uns mit einer Leerstelle zurückgelassen. Richard hatte nicht das Zeug zum Lordprotektor. Das musst du gewusst haben. Was sollten wir tun, Oliver? Oliver?«

Er war verschwunden.

Will stand in Strümpfen vor Neds Kammer. Er konnte hören, wie sein Schwiegervater leise mit sich selbst redete. Er überlegte, ob er hineingehen solle. Ihr Verhältnis war jetzt schon so lange so schlecht, dass er Angst vor den Grobheiten hatte, die er ihm vielleicht an den Kopf werfen würde. Er wollte nicht alles noch schlimmer machen. Andererseits machte er sich Sorgen. Der alte Mann schien im Fieberwahn zu liegen. Er streckte die Hand nach dem Türgriff aus. Plötzlich verstummte das Murmeln. Langsam zog er die Hand wieder zurück. Es war besser, ihn schlafen zu lassen. Es würde sich eine andere Gelegenheit ergeben. Er entfernte sich auf Zehenspitzen.

Ned spielte mit Oliver zwischen den riesigen rosa Rhododendronbüschen im Schulgarten in Hinchingbrooke gerade Verstecken, als er das Knarzen der Holzdielen im Flur vernahm.

»Will, bist du das?«

Die Worte hörten sich in den eigenen Ohren wie Kauderwelsch an.

Er brauchte mehrere Anläufe, sich umzudrehen, und hatte dann Mühe, die Beine auf den Teppich zu stellen. Ächzend stieß er sich vom Bett ab und schaffte es halbwegs, aufrecht zu stehen. Er war fast blind vor Kopfschmerzen. Er machte ein paar wackelige Schritte durch den Nebel auf die Tür zu und blieb dann kurz schwankend stehen, bevor er der Länge nach zu Boden stürzte.

TEIL VIER

MORDEN

1674

KAPITEL 32

Es war sieben Jahre später, Mitte August 1674, als Oberst William Goffe sehr früh am Morgen, eine Stunde vor Sonnenaufgang, Russells Haus verließ. Er trug einen prall gefüllten Leinensack bei sich.

Es war ein langer, heißer Sommer gewesen. Schon hob sich der Nebel vom Connecticut, was einen weiteren warmen Tag verhieß. Will sog den besonderen Dunst des Flusses ein – kühl, etwas faulig – und schlich zum Tor, wo er den Kopf vorstreckte und sich nach beiden Seiten umguckte. Es war bereits so hell, dass er sehen konnte, wie der Feldweg verlassen dalag.

Er wuchtete den Sack auf die Schulter, zuckte kurz zusammen, weil sich das Metall darin mit lautem Klirren verschob, öffnete leise das Tor, ging ein Stück nach links und bog dann links zur Straße ab, wo er mit hastigen Schritten auf den Rand der Siedlung zuhielt.

Östlich von Hadley, gleich hinter dem Zaun am Ende von Russells Grundstück, erstreckte sich die Kiefernebene, wie die Einheimischen sie nannten. Vereinzelte hohe Bäume ragten wie die Masten eines ankernden Schiffes über die dünne, weiße Dunstschicht hinaus. Es war eine Erleichterung, die Ansiedlung zu verlassen, auch wenn es nur für kurze Zeit war. Er hätte gern das Gefühl der Freiheit genossen, die geschmeidig federnde Grasnarbe unter seinen Sohlen und das sich ausbreitende Licht der nahenden Morgendämmerung. Aber dafür hatte er keine

Zeit. Er schritt aus. Inzwischen war er sechsundfünfzig Jahre alt, aber immer noch gesund und schlank, das lange, graue Haar nach hinten zu einem Pferdeschwanz zusammengebunden, der untere Teil des Gesichts verborgen unter einem dichten, grauen Backenbart. Außerhalb des russellschen Haushalts hatte ihn seit knapp zehn Jahren fast niemand zu Gesicht bekommen. Er fühlte sich wie ein Vergessener, wie ein Relikt aus einem anderen Zeitalter. Wenn er jemand begegnet wäre, hätte der ihn vielleicht für einen ergrauten Seemann gehalten, der nach einer langen Fahrt gerade erst an Land gegangen war. Nur die Gesichtsblässe hätte ihn vielleicht verwundert – das und der unverkennbar religiöse Eifer, der in seinen dunklen Augen leuchtete, sowie die Ausbuchtung der Pistole in seiner Rocktasche.

Über die Ebene bis zum Waldrand benötigte er eine Viertelstunde. Dort musste er langsamer gehen, um im Halbdunkel nicht zu stolpern. Den Weg kannte er zwar, aber er musste vorsichtig einen Fuß vor den anderen setzen, von Fels zu Fels und dann über den moosigen Stamm, der über den Fluss führte. Zwischen den Bäumen zu seiner Rechten bewegte sich etwas, wahrscheinlich ein Hirsch. Indianer konnten es nicht sein, die hätte er nicht gehört. Weitere zehn Minuten später sah er am Seeufer schemenhaft eine Ansammlung großer Hütten, das Lager der Norwottuck-Indianer. Er wusste, dass auf der anderen Seeseite noch mehr Wigwams standen, insgesamt etwa fünfzig. Auch hier stieg wie aus einem Dampfkessel der Nebel vom Wasser auf und vermischte sich mit dem Rauch aus den Wigwams. Als er näher herankam, bellte ein Hund. Es roch nach gerösteten Maisflocken.

Die Frau, mit der er immer Handel trieb, hockte an ihrem üblichen Platz. Ihr Alter war ihm ein Rätsel. Faltenloses Gesicht, schwarzes Haar. Er schätzte sie auf um die dreißig. Ihren

Namen kannte er nicht. Sie sprachen nie miteinander. Er wusste, dass Norwottuck in ihrer Sprache »in der Mitte des Flusses« bedeutete und ihre Bezeichnung für die Flussbiegung des Connecticuts war, wo sich jetzt Hadley befand. Sie verständigten sich mit Handzeichen und gelegentlich mit Bildern, die sie in den Sand zeichneten. Mit einem großen Kreis hatte sie ihm zu verstehen gegeben, dass er immer am Tag des Vollmonds kommen solle.

Er verneigte sich höflich und hockte sich ihr gegenüber auf den Boden. Sie bot ihm einen Teller mit dem Maisbrei der Norwottuck an, den er zwar nicht wollte und für den er auch keine Zeit hatte, aber er aß ihn, und zwar gerade so verhalten langsam, dass er nicht unhöflich erschien. Danach öffnete er den Leinensack und nahm die Waren heraus – hauptsächlich Werkzeuge, die er in Hartford bestellt hatte: Beile, Messer, Hämmer, einen Meißel, eine kleine Säge, einen Messingkessel. Sie begutachtete alles sorgfältig, hielt jedes Teil hoch, drehte es hin und her und prüfte mit dem Daumen die Schärfe der Schneiden. Dann breitete sie ihr Angebot aus – zwei Dutzend Biberfelle von guter Größe und Qualität. Er hütete sich zu feilschen. Bei seinem einzigen Versuch dazu war sie aufgestanden und weggegangen. Zur Erheiterung der Männer war er ihr hinterhergelaufen und hatte zum Zeichen seiner Entschuldigung eine Hand auf sein Herz gelegt. Wer immer sie war, sie ließ sich nicht übers Ohr hauen. Er packte die Felle sorgfältig in den Sack, zeichnete einen Kreis in den Sand und hielt beide Zeigefinger in die Höhe. In zwei Vollmonden würde er wiederkommen. Sie nickte.

Als er ging, folgten ihm wie immer die Blicke der Männer, aber diesmal sah er kein lächelndes Gesicht. Sie besaßen inzwischen Musketen, wie ihm aufgefallen war. Engländern war es verboten, den Eingeborenen Waffen zu verkaufen. Er nickte beim Vorbeigehen. Sie erwiderten seinen Blick – feindselig, wie ihm schien, obwohl die Norwottuck als freundlich gesinnt galten. Nach halber Wegstrecke spürte er, dass sie ihm folgten. Er steckte die Hand in die Tasche, umfasste die Pistole und drehte sich wieder um. Sie waren verschwunden, was aber nichts zu bedeuten hatte. Als er den Wald hinter sich gelassen hatte und die Ebene erreichte, atmete er erleichtert auf. Hier bot der inzwischen nur noch fadenscheinige Nebel einem Angreifer keinen Schutz mehr. Mit gelegentlichen Schulterblicken lief er nun schneller und war um sechs Uhr, gerade als die Sonne über den Horizont lugte, wieder sicher zu Hause in Hadley.

Er verstaute die Felle in seiner Kammer – später würde er sie nach Boston senden, wo ihm die Pelzhändler einen guten Preis dafür zahlten – und ging dann über den Flur nach nebenan, um nach Ned zu sehen.

Wie jeden Morgen schaute er als Erstes nach, ob Ned noch lebte. Er berührte ihn an der Wange. Die Augen des alten Mannes öffneten sich und schauten ihn an. »Guten Morgen, Ned. Gott segne dich.« Die Antwort war ein Lallen. »Lass uns dem Herrn Dank sagen für einen weiteren Tag.« Er schob einen Arm unter, zog ihn hoch und hob ihn aus dem Bett. Beim Schlurfen zum Latrinenstuhl hielt er ihn fest. Ein kurzer Blick zeigte Will, dass Ned sich in der Nacht nicht eingenässt hatte. Das war immer ein guter Tagesbeginn. Er zog ihm das Nachthemd die abgemagerten Beine hoch, bugsierte ihn in die richtige Position, stellte sich dann hinter ihn und schob ihm zur Stütze seine Ellbogen unter die Achseln. Während er darauf wartete, dass Ned sich erleichterte, sang er mit seiner schönen Stimme, die Gott ihm für den Gesang von Psalmen geschenkt hatte:

Ned, Ned, der liegt im Bett,
Die Beine taub, im Kopf nur Staub.

Über diesen albernen kleinen Vers von Will hatte Ned anfangs immer laut lachen müssen. Die meiste Zeit schien er zu verstehen, was man zu ihm sagte, auch wenn er selbst nicht sprechen konnte. Inzwischen lächelte er bei dem Kinderreim nur noch, so auch diesmal. Aus seinem Mundwinkel lief ein Spuckefaden. Will nahm ein Taschentuch und wischte ihn ab.

Das war nun seit sieben Jahren ihre tägliche Routine.

Nach dem morgendlichen Stuhlgang zieht Will ihn an. Was keinen praktischen Sinn ergibt, da der alte Mann die Kammer ohnehin nicht verlässt. Aber es würde ihn traurig stimmen, Ned, der früher so penibel auf seine Erscheinung geachtet hat, den ganzen Tag im Nachthemd zu sehen. Er muss alles für ihn erledigen – ihn mit Russells selbst gekochter speckiger Seife aus Lauge und Talg waschen, ihn mit dem Löffel füttern, ihm den Becher an die Lippen halten, ihm die Haare, den Bart und die Fingernägel schneiden, ihn aufrecht in seinen Stuhl setzen (im Winter vor den Kamin, im Sommer neben das offene Fenster, gerade so weit weg, dass man ihn von der Straße nicht sehen kann), ihm vorlesen, mit ihm reden, ihn abends zu Bett bringen. Ein endloser Kreislauf, Monat für Monat, Jahr für Jahr. Das ist schwere körperliche Arbeit. Zwar hat das Alter Oberst Whalley schrumpfen lassen, aber er ist immer noch ein schwerer Mann. Kein Wunder, dass Will selbst so kerngesund ist, mit kräftigeren Armmuskeln als in seiner Jugend, so als hätte Ned ihm seine Stärke quasi vererbt.

Ihm macht das alles nichts aus. Im Gegenteil. Er verrichtet Gottes Werk. *Einer trage des andern Last, so werdet ihr das Gesetz Christi erfüllen.* (Galater, 6:2) Oder: *Wenn aber jemand dieser Welt Güter hat und siehet seinen Bruder darben und schließt sein Herz vor ihm zu, wie bleibet die Liebe Gottes bei ihm? Meine Kindlein, lasst uns nicht lieben mit Worten noch mit der Zunge, sondern mit der Tat und mit der Wahrheit.* (1. Johannes, 3:17,18) Mit jeder Aufgabe, die er verrichtet – besonders den geringsten und schmutzigsten –, fühlt er sich Gott näher.

Nach Neds erstem Zusammenbruch zog Reverend Russell einen Arzt in Springfield zurate. Die in seinem medizinischen Lehrbuch beschriebenen Symptome waren eindeutig die eines Schlaganfalls – »plötzlich auftretende Erkrankung, die das Empfindungs- und Bewegungsvermögen mehr oder weniger vollständig hemmt; hervorgerufen durch eine Störung des Blutes oder der Säfte im Hirn; vorausgehender Schwindel; teilweise Verlust der Muskelkraft; etc.« Für eine Genesung gab es kaum Hoffnung.

Anfänglich ging ihm eine neunzehnjährige Frau namens Lydia Fisher zur Hand, die aus einer guten puritanischen Familie in Dedham in Massachusetts stammte. Doch immer wenn sie ihn berührte, wurde Ned aufgeregt. Zudem merkte Will, dass ihre Nähe in ihm selbst Gefühle erregte, die er annähernd zehn Jahre lang hatte unterdrücken können. Sie lächelte ihm zu und streichelte ihn gelegentlich am Arm und zeigte damit deutlich, dass sie gleichermaßen ihm gegenüber empfand. Nach ein paar Monaten musste Will sie wegschicken, nicht zuletzt weil bei Neds Pflege gewissermaßen auch Frances stets im Raum war. So vieles von ihr sieht er jetzt an ihrem Vater, besonders da er inzwischen so abgemagert ist, dass die Wangenknochen deutlicher vorstehen, und sein Gesichtsausdruck so unschuldig und treuherzig wirkt. Das ist ein weiterer Segen des Alters, hat er herausgefunden – es löst die über die Jahre durch Leid und Erfahrung angehäuften Schichten ab. Es enthüllt das Kind im Mann. Manchmal hat er den Eindruck, dass es ihr Gesicht ist, auf das er hinabsieht. Er fragt sich, was in Neds Kopf vor sich geht – wenn überhaupt etwas. Der Gedanke beunruhigt ihn.

Eines Tages, nicht lange nachdem Lydia das Haus verlassen hatte, holte er einen Besen aus der Küche, weil er Neds Kammer sauber machen wollte. Er schob die alte Armeetasche seines Schwiegervaters zur Seite, um den Staub wegzufegen, der sich dahinter angesammelt hatte. Da fiel ihm der dicke Packen Papier auf, der aus der Tasche herausschaute. *Einige Lebenserinnerungen an Seine Hoheit, den Lordprotektor selig, Oliver Cromwell.* Er schaute hinüber zu Ned. Wie üblich schlief er. Will war so neugierig, dass er das Manuskript mit auf seine Kammer nahm und sofort zu lesen anfing.

»Ich wurde geboren im Jahr des Herrn 1598 …«

Er las, bis es an der Zeit war, Ned zu füttern und zu waschen, setzte die Lektüre danach aber sogleich fort, nachdem er eine Lampe entzündet hatte, weil der Tag zur Neige ging. Der erste Teil war äußerst gefällig, ja faszinierend. Er entfachte eigene Erinnerungen – an seine frühen Jahre als Pikenier in Oberst Prides Infanterieregiment, die fünfzehn Meilen langen Märsche mit sechzig Pfund Ballast auf dem Rücken, die Schlacht bei Naseby, die Erstürmung von Bristol, wo sie als Erste die Stadtmauern erklommen, die Versammlungen in Saffron Walden und Putney, wo seine Predigten und Visionen ihn bekannt gemacht hatten, die Säuberung des Parlaments, an der er eifrig teilgenommen hatte, sein Werben um Frances nach der Hinrichtung des Königs.

Als Ned dann aber Frances zusehends in seine Erinnerungen einführte und sich unmittelbar an sie wandte, änderte sich der Ton, und Will wurde unbehaglich zumute. *Du magst Dich über das Vorgehen einer Armee wundern – und das taten viele, auch ich –, die im Namen des Parlaments in den Krieg gezogen war und nun so rüde mit seinen Abgeordneten umsprang, wie es der König nie gewagt hätte …* Was war denn das? Und dann das merkwürdige Mitgefühl und der seltsame Respekt gegenüber Karl Stuart – geradezu erschütternd – und seine Zweifel an dem Prozess gegen den König und die verstörendste Passage von allen: *Liebste Frances, eine Frage quält mich … Wenn die uns von Gott geschenkten Siege Beweis dafür waren, dass wir sein Werk verrichteten, wie sollen wir dann erklären, was seitdem geschehen ist? Hat er unserer Sache seine Gunst entzogen, oder befanden wir uns schon die ganze Zeit im Irrtum?* Sein Porträt von Cromwell deutete Sünden wie persönlichen Ehrgeiz, Hochmut, Ressentiment, Doppelzüngigkeit, Zynismus an – ein seltsames Werkzeug, das Gott sich erwählt hatte. Die Lesbarkeit des Manuskripts verschlechterte sich gegen Ende zusehends, es war voller Streichungen, Schreibfehler und Wiederholungen. Dafür war die letzte Seite unmissverständlich:

Ich habe gelesen, dass mein Kamerad Oberst Hacker, ein Nachbar von mir in Nottinghamshire, ein guter Soldat und ein gottesfürchtiger Mann, kurz vor seiner Hinrichtung gegenüber mehreren Freunden erklärte, die größte Qual, die ihm auf der Seele liege, sei jene, dass er früher in seinem Herzen zu große Vorurteile gehabt habe gegenüber den guten Menschen Gottes, die anderer Meinung gewesen seien als er.

Wenn er das für seine Grabinschrift ausgewählt hätte, es könnte auch meine sein.

Dank sei Gott, und möge er seinem demütigsten Diener verzeihen.

Edw. Whalley

Will lehnte sich zurück. Er war erschüttert. Ihm war, als wäre der Geist von Ned aus der leiblichen Hülle getreten, wäre durch den Flur in seine Kammer eingedrungen und hätte sich wie ein komplett Wahnsinniger in wüsten Tiraden ergangen. Das konnte unmöglich der Mann sein, den er kannte. Irgendein Teufel musste ihm die Feder geführt haben. Kaum überraschend, dass Gott ihn niedergestreckt hatte. Vor dem Gedanken, dass Frances das alles einst lesen würde, graute ihm besonders. Sie musste vor den Auswirkungen der väterlichen Krankheit geschützt werden. Und Ned musste vor sich selbst geschützt werden.

Er machte Feuer in seinem Kamin und verbrannte die Erinnerungen. Eine Seite nach der anderen.

Im Sommer 1671, vier Jahre nach Neds Schlaganfall, hatte Russell erklärt, dass Reverend Mather das Wagnis einzugehen bereit sei, einen Brief an Frances weiterzuleiten. Will hatte lange daran geschrieben. Über seinen Aufenthaltsort schrieb er nichts. Er deutete die Krankheit ihres Vaters an, ging aber nicht näher darauf ein. Seine Memoiren erwähnte er mit keinem Wort. Für den Fall, dass der Brief in die Hände der Regierung fiele, sprach er sie mit Mutter an und unterzeichnete als ihr Sohn. Im nächsten Frühjahr erhielt er ihre Antwort.

Mein liebster Sohn, wie sehr hat doch Dein Brief, den ich so lange ersehnte, meine Lebensgeister erquickt. Durch seine Gnade sind wir alle gesund und erfahren viel Liebe & Fürsorge durch unseren guten Gott, der uns an einem solchen Tag der Prüfung unterstützt & für uns sorgt. Ich bin glücklich, dass Amerika Dir zusagt & Du so viel Erfolg hast, auch wenn es mich betrübt zu hören, dass Dein Freund so hinfällig ist. Ich weiß nicht, ob diese Zeilen Dich in sicheren Verhältnissen erreichen & werde mich deshalb umso kürzer fassen & Dich wissen lassen, wie sehr Du mir & Deinen kleinen Brüdern und Schwestern am Herzen liegst. Alle erfreuen sich guter Gesundheit, nur Betty ist etwas schwach & alle sehnen sich danach, Dich wiederzusehen. Wenn der Herr es für gut befindet, wird er unsere Wiedervereinigung nach seinem Ermessen geschehen lassen. Wir sind zur Sparsamkeit gezwungen, aber sollte es etwas geben, womit wir Dir dienen können, bitte sag es mir, dann werde ich das Äußerste in meiner Macht Stehende tun, wenn es der Wille des Herrn ist. Ich erflehe Deine Gebete und verspreche Dir meine Gebete & in tiefer Liebe zu Dir & pflichtbewusst & dienstbar gegenüber all Deinen Freunden, empfehle ich Dich & sie der sicheren Obhut des Allmächtigen und verabschiede mich von Dir & bleibe bis zum Tod Deine geliebte und liebende Mutter.

Nach einigen weiteren Briefwechseln entstand eine lange Pause, für die der Krieg gegen die Holländer und die Einstellung des Schiffsverkehrs über den Atlantik verantwortlich war. An jenem Augustmorgen 1674, dem Tag seines Besuchs bei den Norwottuck, war es eineinhalb Jahre her, dass er zuletzt von ihr gehört hatte.

Sobald er Ned in seinen Stuhl gesetzt und das Fenster geöffnet hatte, um frische Luft in die stickige Kammer zu lassen, packte er die Biberfelle zusammen und brachte sie nach unten zu Russell.

»Wie geht's Eurem Freund heute Morgen?«

»Wie immer. Vielleicht ein bisschen schwächer als sonst.«

»Wann Gott es gefällt, wird er ihn zu sich holen. Es kann nicht mehr lange dauern.« Seit Jahren sagten sie sich das schon. Manchmal fragte sich Will, ob Ned ihn und ihren Gastgeber überleben würde. Russell schaute auf den Sack. »Wieder Geschäfte mit den Indianern? Ich hoffe, es hat Euch niemand gesehen.«

»Nein, ich war vorsichtig wie immer. Zwei Dutzend Biber, fertig für Boston. Fünf Schilling pro Fell, macht sechs Pfund insgesamt. Ich habe eine Liste mit den Sachen gemacht, die ich aus Hartford brauche.« Er war stolz darauf, für sich selbst aufkommen zu können. Mit dem Profit aus den Tauschgeschäften mit den Indianern, dem Einkommen aus den Investitionen, die Gookin im Jahr 1661 in ihrem Auftrag getätigt hatte, den Zuwendungen aus der Heimat und einer Erbschaft über fünfzig Pfund von Richard Saltonstall aus Ipswich waren er und Ned fast reich, trotz der Miete, die sie an Russell zahlten.

»Ein Brief aus England ist gekommen.«

Er erkannte die Handschrift von Frances. »Danke, John. Gott sei's gedankt.«

Als er die Treppe hinaufging, zitterte seine Hand vor Vorfreude ein wenig.

»Endlich Nachrichten von Frances, Ned.«

Der alte Mann murmelte.

»Der Brief datiert vom neunundzwanzigsten März.« Will zog einen Stuhl ans Bett, brach das Siegel und las laut vor: »Mein geliebter Sohn, seit ich dir zuletzt habe schreiben können, ist viel passiert, und als Erstes muss ich dir die bedrückendste Neuigkeit mitteilen. Der Herr hat unsere süße Betty in ihrem achtzehnten Lebensjahr zu sich genommen.«

Er hob den Kopf. Ned schaute mit leerem Gesichtsausdruck zur Decke. Will wünschte, er hätte sich den Brief vorher durchgelesen. Aber jetzt war es zu spät, er konnte nicht einfach aufhören.

Sie war immer schon kränklich & wir waren nicht unvorbereitet, aber sie hatte die Pest überlebt & den Großen

Brand & so hat uns der Schlag schwer getroffen. Möge unser Schöpfer & Erlöser Dir den gleichen Trost schenken, den er auch uns in der Stunde des Verlusts entgegengebracht hat. Außerdem musst Du wissen, dass Frankie sich gerade mit einem Salzsieder verheiratet hat, ein feiner Mann, obwohl nicht in besten Verhältnissen, da die Geschäfte schlecht gehen. Sie ist guter Hoffnung & die Entbindung steht bevor. Ich fürchte, Du wirst böse auf mich sein, weil all dies ohne Dein Wissen oder Deinen Rat geschehen ist & obwohl ich mich bemühe, eine gute Mutter zu sein & um Führung bete, kann ich nur so vernünftig handeln, wie es mir ohne Deine Weisheit & Deine anleitenden Ratschläge möglich ist …

Er zerknüllte den Brief und schlich in seine Kammer. Sein Bild von Betty war im Lauf der Jahre verschwommen und blass geworden. Und Frankie war für ihn immer noch das kleine Mädchen mit der Puppe. Er hatte ihr Leben verpasst. Jetzt war eine Tochter tot und die andere verheiratet und schwanger. Er weinte um sie beide, und er weinte um sich selbst. Als er wieder in Neds Kammer ging, hatte sich sein Schwiegervater zur Wand gedreht und schaute ihn nicht an.

Eines Abends einige Tage später, er hatte Ned gerade gefüttert, brachte Russell ihm einen Brief, der in einem Paket von Reverend Hooke gesteckt hatte. Diesmal hatte sich Frances kurzgefasst. Das einzelne Blatt war wenige Wochen nach dem letzten Brief abgeschickt worden.

Mein Liebster, ich möchte Dir kurz mitteilen, dass Frankie vor zwei Tagen einen Jungen entbunden hat, doch lebte das zu Deinen Ehren William getaufte Kind nur wenige Stunden. Frankie litt schrecklich, aber der Herr stand ihr in dieser bedrängten Stunde zur Seite & sie wird sich wahrscheinlich wieder erholen, dank ihm, der über uns alle wacht.

Nachdem Ned für die Nacht hergerichtet war, setzte sich Will an den Tisch seines Schwiegervaters. Motten umflatterten die Flamme der Kerze. Bisher hatte er eine Antwort hinausgeschoben. Nun versuchte er einige Worte zu finden.

Ich vergieße meine Tränen auf dem Sarg der Verstorbenen, deren Verlust ich beklage. Aber meine Liebste, ich möchte Deinen Kummer nicht aufs Neue entfachen, indem ich Dir von meiner eigenen Trauer erzähle, denn ich weiß, Du hast genug, wenn nicht schon zu viel gelitten. Lass uns Dank sagen für ihr Leben und auch dafür, dass Du – wenn auch nur für kurze Zeit – die freudvolle Großmutter eines Sohnes gewesen bist. Sie ruhen jetzt bei Gott.

Du fürchtest, ich könnte böse auf Dich sein wegen Frankies Hochzeit. O meine Liebste, wie konntest Du Dich deswegen vor mir fürchten? Du weißt, niemals habe ich ein böses Wort zu Dir gesagt, noch habe ich einen bösen Gedanken gegen Dich gehegt, noch tue ich das jetzt oder werde es jemals tun, denn Du hast mir nie den geringsten Anlass dazu gegeben, und ich glaube, auch Du wirst das nie tun. Lass uns den Herrn preisen, der unsere Herzen in so inniger Liebe miteinander verbunden hat, dass es schier unmöglich ist, aufeinander böse zu sein.

Es war eine heiße Nacht. Im Bett hinter ihm murmelte Ned unruhig. Will ging zu ihm und zog ihm die Decke herunter, um ihm Kühlung zu verschaffen. Er schaute ihn eine Zeit lang an, wartete, bis er in seinem Schlaf wieder regelmäßiger atmete, und ging dann wieder zum Tisch.

Dein alter Freund, Mr R., lebt noch, ist aber kaum in der Lage zu einem vernünftigen Gespräch. Sein Verständnis, sein Gedächtnis und seine Sprache versagen ihm, und er scheint nicht mehr viel wahrzunehmen von dem, was um ihn herum geschieht oder gesprochen wird. Aber er erträgt geduldig alles und beklagt sich nie. Manchmal habe ich mich gewundert über diese Fügung, die der Herr ihm auferlegt hat. Der Herr hilft uns, aus alldem unseren Nutzen zu ziehen und geduldig auf ihn zu warten, bis wir erkennen, wozu er uns bestimmt hat.

Ein Hustenanfall und weiteres Gemurmel ließen Will wieder aufstehen und zu Neds Bett gehen. Irgendetwas schien ihn aufzuregen. Zum ersten Mal spürte Will, dass es auf das Ende zuging. Würde sein Schwiegervater in der Hoffnung und Erwartung auf Wiederauferstehung sterben? Oder war ihm der Glaube verloren gegangen – so wie der Glauben an die Sache, für die er gekämpft hatte? Er kniete sich neben das Bett und nahm seine Hand. »Ned? Kannst du mich hören? Unser Kampf war gerecht. Der Herr war mit uns. Wir, du und ich, wir haben Zeugnis abgelegt für die Wahrheit. Sag, dass du es weißt. Gib mir ein Zeichen, dass du bereit bist, vor Gott hinzutreten in der Gewissheit der Gnade und des künftigen Lebens.« Aber das einzige Geräusch, das er hörte, war Neds Atem, etwas röchelnder als zuvor, mit einem leichten Rasseln, als strengte es ihn zu sehr an.

Ich habe Deinen alten Freund gerade gefragt, ob er noch etwas mitteilen möchte, was ihn selbst betrifft, und er sagt, dass er nichts mehr wünsche, außer J. Chr. & die Fülle kennenzulernen, die jener in sich hat für die, die an ihn glauben und ihn finden wollen. Diesen Satz hat er kaum vernehmlich gesagt, immer wieder stockend, doch befreiter und klarer als zuletzt.

Er versiegelte den Brief und gab ihn Russell, damit er ihn am nächsten Morgen nach Boston abschicken konnte.

Als er zwei Tage später Neds Kammer betrat, um ihn zu waschen und ihm das Frühstück zu bringen, lag er wie so oft mit offenen Augen im Bett, zur Tür schauend und auf ihn wartend. Noch bevor Will seine Schulter berührte, wusste er, dass er tot war.

Er und Russell zimmerten aus einigen der in der Scheune gelagerten Eichenbohlen einen Sarg und trugen ihn abends im Schutz der Dunkelheit ins Haus. Will streifte Ned das Nachthemd ab und zog ihm seinen alten Kavalleriemantel und die Armeestiefel an, dann hoben sie den Leichnam in den Sarg, Will am Kopf, Russell an den Füßen, und stellten diesen aufs Bett.

Hinter dem Haus warteten Russells zweiter Sohn Jonathan, inzwischen ein kräftiger sechzehnjähriger Bursche, und der schwarze Sklave Abraham auf sie. Im Mondschein gruben sie nahe der Kellerwand, von der Straße und den nächsten Häusern nicht einsehbar, ein Grab. Anfangs war die Arbeit in dem sandigen Mutterboden leicht, doch dann stießen sie auf Wurzeln und eine dichte Steinschicht. Sie schwangen abwechselnd die Spitzhacke und die Schaufel. Das Geräusch von Metall auf Stein war in der stillen Augustluft so deutlich zu hören, dass Will überzeugt war, man könne es in ganz Hadley hören. Trotzdem erschien niemand, der nachsah, was da los sei. Als das Loch sechs Fuß tief war, machten sie Schluss, klopften sich den Schmutz von der Kleidung und gingen nach oben in Neds Kammer, um ihn zu holen. Bevor sie den Deckel auf den Sarg nagelten, küsste Will ihn auf die Stirn. Seine Falten waren verschwunden. Die Haut war glatt, kalt und weiß wie Marmor, wie die Ritterstatue in einer englischen Kirche. In seinem Armeemantel sah er aus, als schliefe er sich am Vorabend einer Schlacht aus.

Unter Mühen trugen die vier den Sarg die Treppe hinunter. Erst in der Stube konnten sie sich den Sarg auf die Schultern heben und würdevoll zu seiner letzten Ruhe tragen. Nachdem sie ihn ins Grab gesenkt hatten, sprach Reverend Russell das Trauergebet. »Erde zu Erde, Asche zur Asche, Staub zum Staube.« Danach bedeckten sie den Sarg mit Steinplatten, um ihn vor räuberischen Tieren zu schützen, und schaufelten Erde in die Grube.

Es wurde schon hell. In der Morgendämmerung leuchteten die Berge in der Ferne rosa. Die anderen gingen ins Haus, Will blieb noch am Grab. Er betrachtete nachdenklich den unmarkierten Flecken grober Erde. Es war so weit weg von zu Hause. Ausnahmsweise kam ihm kein Gebet in den Sinn, keine Bibelstelle. Er stand lange Zeit da, bis er von der Straße Stimmen nahen hörte. Da entsann er sich, wo er war, und lief schnell ins Haus.

KAPITEL 33

In der Folgezeit fiel Will in eine tiefe Verzweiflung. Er brachte nicht einmal mehr genügend Kraft auf, seine Kammer zu verlassen. Ohne die Aufgabe, sich um Ned zu kümmern, waren die Tage leer. Er verlor jedes Interesse an seinen Tauschgeschäften, bestellte keine Waren mehr in Hartford und ging auch nicht zu seinem Treffen mit der Norwottuck-Indianerin. Er zog Neds Bett ab, trug dessen Habseligkeiten über den Flur in seine Kammer und legte sie zu seinen eigenen Sachen – das Schwert und die Pistolen, ein paar Hemden, ein Paar Strümpfe, das Fernrohr. Als er sah, wie wenig es war, kamen ihm die Tränen.

Der Herbst und der Winter kamen, aber keine Briefe aus England. Sein siebenundfünfzigster Geburtstag Ende April ging unbemerkt vorüber. Seit Neds Tod dachte er öfter an seine Familie als jemals zuvor seit seiner Ankunft in Amerika. Nicht nur an Frances und die Kinder, sondern auch an seine Mutter, die gestorben war, als er acht Jahre alt war, und an seinen Vater, den unnachgiebigen Reverend Goffe, von dem er die Leidenschaft für Jesus Christus und das Rednertalent geerbt hatte. Und er dachte an seine Brüder Stephen und John, beide Geistliche – John mit gemäßigten Ansichten, Stephen, der Älteste, ein fanatischer katholischer Konvertit. Gott schütze ihn und zeige ihm das Irrige seiner Bräuche. Lebten sie überhaupt noch? Mit Bestimmtheit wusste er nur, dass er sie nie wiedersehen würde.

Der Frühling ließ seine Lebensgeister wieder ein klein wenig aufleben. Er zwang sich, eine Auswahl an Tauschwaren zu bestellen, und gegen Ende Juni, ein paar Tage nach der Sonnenwende, machte er sich auf den Weg durch den Wald. Er brach lange vor der Morgendämmerung auf, als der Mond noch voll und die Sterne noch strahlend am Himmel standen. Als er etwa die Hälfte der Kiefernebene durchquert hatte, wurde er Zeuge einer äußerst bestürzenden Erscheinung. Der Mond verfärbte sich allmählich und wurde blutrot, durchlief alle seine Phasen von Voll- bis Sichelmond und versank dann im Dunkeln, bevor er wieder zunahm – eine verstörende totale Mondfinsternis, die alles Vieh in Hadley in panisches Gebrüll ausbrechen ließ. Will breitete auf dem feuchten Gras seinen Mantel aus, legte sich hin und betrachtete das Schauspiel und auch die Sternschnuppen, die darauf folgten. Obwohl er in der Offenbarung des Johannes bei der Öffnung des sechsten Siegels davon gelesen hatte, Zeuge eines solchen Vorzeichens war er noch nie zuvor gewesen. »Und die Sonne ward schwarz wie ein hären Sack, und der Mond ward wie Blut.« Der Himmel war voller Voraussagen, sogar noch mehr als 1666. Etwas Schreckliches würde geschehen. Er konnte es spüren.

Nach gut einer Stunde schulterte er den Leinensack mit den Haushaltsgegenständen wieder. Er war hin- und hergerissen, ob es klug sei, den Weg fortzusetzen, nur war er jetzt schon so weit gegangen, dass es töricht wäre, umzukehren. Er setzte den Weg fort.

Es war eine jener Sommernächte, wo es nie gänzlich dunkel wurde. Er konnte den Weg zwischen den Bäumen ziemlich klar erkennen. Er fragte sich, was die Indianer mit ihrem primitiven heidnischen Aberglauben von der Mondfinsternis hielten. Vielleicht würde sie ihre Feindseligkeit gegenüber den Fremden verschärfen. Abermals war er froh um die Pistole in der Rocktasche, auch wenn man ihn bei einem Überfall schnell überwältigen würde.

Auf dem Wegstück hinunter ins Lager der Norwottuck spürte er, dass etwas nicht in Ordnung war. Die Dutzende geduckten Wigwams hoben sich schwarz und still gegen den silbrig glänzenden See ab. Nirgends brannte ein Feuer. Er ging auf die nächstgelegene Hütte zu. Die Tierhaut, die sonst den Eingang bedeckte, war nicht mehr da. Das Wigwam war verwaist, keine Schlafstellen, weder Kochutensilien noch Vorräte. Alles war weg. Es war unnötig, in die anderen Hütten zu schauen. Die Siedlung war offensichtlich aufgegeben worden. Er ging zu einer der Feuerstellen und fuhr mit der Hand durch die Asche. Sie war noch warm. Es war bestimmt keine zwei Tage her, dass sie das Lager verlassen hatten.

Er nahm den Sack und machte sich durch den Wald auf den Rückweg nach Hadley. Halb ging er, halb lief er. In seiner Fantasie war er von bösen Geistern umzingelt. Er achtete weder auf die Zweige, die ihm ins Gesicht schlugen, noch auf die Schlingpflanzen, die sich an seinen Beinen verfingen.

An jenem Morgen erzählte er Russell, dass die Norwottuck verschwunden seien. »Ist das früher schon einmal vorgekommen?«

»Noch nie. Und jetzt ist die Zeit des Fischfangs, da halten sie sich eigentlich in der Nähe des Flusses auf.«

Russell ging zu Peter Tilton und den anderen führenden Männern des Ortes, um die Sache zu besprechen.

Einige Tage später trafen Nachrichten aus Boston ein, die dem leeren Lager eine unheilvolle Bedeutung gaben. Anscheinend waren Anfang des Monats drei Indianer wegen der Ermordung eines Engländers verurteilt und aufgehängt worden. Einer von ihnen war der wichtigste Berater von Metacomet, dem Obersachem des Wampanoag-Volkes im Südosten von

Massachusetts, der sich gern wie König Philipp kleidete. Wutentbrannt über diese Beleidigung, hatte er die zerstreuten Stämme von Neuengland in einem Kriegsbündnis vereinigt, um die Ausländer ein für alle Mal zu vertreiben. Die Norwottuck in der Nachbarschaft von Hadley hatten ihr Lager wohl aufgegeben, um sich ihm anzuschließen.

»Unsere Lage hier ist höchst verwundbar«, sagte Russell. Es war das erste Mal, dass Will ihn ernsthaft besorgt sah. »Wir können nur abwarten und beten.«

Zunächst fanden die Kämpfe nur im Süden statt, in der Gegend um Providence. Eines Nachmittags in der ersten Augustwoche hörte Will jedoch Stimmengewirr und das nahende Rumpeln von Ochsenkarren. Durch sein kleines Fenster auf der Ostseite des Hauses schaute er in Richtung Kiefernebene, und von dort näherte sich tatsächlich eine armselige kleine Kolonne aus drei Gespannen, ein paar Dutzend Schafen und einigen Pferden. Die Familien trotteten neben den Wagen her, die Gesichter und Kleidung von Rauch geschwärzt, die Habseligkeiten auf zweien der Karren, Verwundete auf dem dritten. Sie zogen unter seinem Fenster vorbei, und kurz darauf wurde laut an die Tür geklopft.

Es war das erste Mal seit Jahren, dass er sich wieder verstecken musste.

Er zündete eine Kerze an und ging in den Flur, nahm die Bodenbretter heraus, stieg ein paar Sprossen die Leiter hinunter, zog die Bretter zurück über die Öffnung und kletterte ganz nach unten. Er hörte Russells Stimme – mitfühlend, besänftigend, gelegentlich empört – und dann die Stimme eines anderen Mannes, der vor dem Kamin stehen musste. Er drückte das Ohr an die Ziegelwand und hörte fast alles, was sie sprachen. So, wie er es sich zusammenreimen konnte (der Mann stand unter Schock, seine Geschichte war ein wirrer Wortschwall), waren sie aus Brookfield geflohen, einem winzigen Ort etwa fünfundzwanzig Meilen östlich von Hadley. Anfang der Woche waren ein gewisser Hauptmann Hutchinson und etwa zwanzig Mann der Bürgerwehr von Massachusetts eingetroffen, um die Indianer vor Ort zu beschwichtigen. Etwa drei Meilen außerhalb von Brookfield war Hutchinson in einen Hinterhalt gelockt worden und hatte die Hälfte seiner Männer verloren. Sie hatten sich in das Haus eines Mannes namens John Ayres zurückgezogen, in dem sich die ganze Gemeinde verbarrikadiert hatte. Zwei ganze Tage und Nächte hielten sie der Belagerung der Indianer stand, währenddessen das Dorf bis auf den Grund niedergebrannt wurde. Zwei Siedler waren getötet worden – einer wurde durch ein Fenster erschossen, der andere, als er sich nach draußen gewagt hatte. Am Abend des dritten Tages wurden sie von Hauptmann Parker und vier Dutzend Soldaten befreit. Die Indianer hatten sich zurückgezogen, und die Überlebenden hatten sich auf der Suche nach Unterschlupf in alle Richtungen zerstreut.

Immer mehr Leute kamen ins Haus, immer chaotischer wurde das Stimmengewirr, sodass Will kaum noch ein Wort verstand. Im Lauf der nächsten Stunde wurde es leiser. Die Tür wurde geschlossen. Er hörte Schritte auf der Treppe und dann das Knarzen der Bodenbretter. John Russells Gesicht erschien in der Öffnung.

»Ihr könnt jetzt wieder herauskommen. Keine Gefahr mehr.«

»Nach allem, was ich mitbekommen habe, geht es allerdings überaus gefährlich zu.«

»Wohl wahr. Die armen Menschen.« Russell reichte ihm die Hand und half ihm die Leiter hoch. In Wills Kammer setzte er sich aufs Bett und stützte den Kopf auf die Hände. »Euretwegen habe ich sie weggeschickt, damit sie sich woanders im Ort einen Unterschlupf suchen.«

Will ließ sich neben ihm nieder. »Wenn das so ist, dann gehe ich noch heute, John. Ich beraube nicht verzweifelte Frauen und Kinder ihres Betts.«

»Nein, Ihr könnt nicht weg. Nicht jetzt. Wie Ihr gesagt habt, es ist sehr gefährlich, besonders für einen einzelnen Reisenden mitten im Krieg.« Russell schüttelte den Kopf und lächelte traurig. »Und damit stehen wir vor einem alten Problem, mein Freund. Wohin mit Euch? Es bleibt die Tatsache, dass das hier ein großes Haus ist, und ich befürchte, ich habe mich verdächtig gemacht, weil ich niemand aufgenommen habe. Zweifellos kommen noch mehr, auch Soldaten. Ihr müsst Euch daran gewöhnen, mehr Zeit in Eurem Versteck zu verbringen.«

»Ich kann Euch nicht einer solch großen Gefahr aussetzen.«

»Gefahren lauern überall. Ihr bleibt hier. Lasst uns ein Gebet sprechen.«

Sie knieten sich auf den Boden und beteten schweigend, und zum tausendsten Mal wünschte sich Will, Ned wäre noch bei ihm. Er wüsste, was zu tun sei.

In jener Nacht ging er in Strümpfen leise die Treppe hinunter. Alle anderen schliefen. Er setzte sich auf die unterste Stufe, zog seine Stiefel an und ging hinaus in die Nacht. Genau das hätte Ned getan, hatte er sich gesagt: das Gelände der Schlacht auskundschaften. *Wenn Gott will, beschert er uns den Sieg, aber er erwartet von uns Sterblichen auch, dass wir kluge Pläne schmieden*. Es war ein Risiko, aber ein gerechtfertigtes, so sein Kalkül.

Nie zuvor war er durch das Dorf gegangen. Er wandte sich nach Süden, vorbei an einem Dutzend Häuser hinunter zum breit dahinfließenden, im Mondschein glänzenden Strom des Connecticuts. Er folgte dem Flussufer westlich, vorbei an der Fähre bis zu der Stelle, wo der Fluss eine enge Biegung beschrieb und dann wieder zurückkam, genau wie die Beuge eines Ellbogens. Wo das Gelenk säße, befand sich ein Stück Land, Großer Anger genannt oder auch liebevoll der Honigtopf, fruchtbares Gemeindeland. Dann wandte er sich nach Osten, und bald ging er wieder an bebauten Grundstücken vorbei. Es war die perfekte Stelle für eine Niederlassung. Er konnte sich vorstellen, dass die Norwottuck die Gegend nur ungern verlassen hatten.

In der Ortsmitte befand sich eine Grünfläche mit dem neu errichteten Versammlungshaus. Das ist die offensichtliche Stelle, flüsterte Neds Stimme im Kopf. Vielleicht ein Hauch zu offensichtlich. Er begutachtete den Platz eine Zeit lang im Mondschein, dann ging er weiter. Er schätzte den Umfang des Ortes auf vielleicht drei Meilen. Mit den häufigen Unterbrechungen hatte er für seine Runde zwei Stunden gebraucht.

Zurück in seiner Kammer, zeichnete er aus dem Gedächtnis eine Karte, die er Reverend Russell am Morgen zeigte.

»Ihr seid im Dorf gewesen?« Russell wirkte entsetzt.

»Keiner hat mich gesehen. Und das, John, ist ein Teil des Problems. Ein ganzer Indianerstamm hätte hier durchmarschieren können, und niemand hätte etwas gemerkt.«

»Eigentlich sollte stets ein Nachtwächter unterwegs sein.«

»Wenn dem so ist, dann reicht das nicht. Ein Terrain dieser Größe abzudecken, braucht es drei Mann. Der Ort ist nicht leicht zu verteidigen, hat aber den Vorteil, an drei Seiten vom Fluss begrenzt zu sein. Ein Angriff muss also von Osten kommen. Es sei denn, sie kommen in Kanus, aber dann sind sie durch Abwehrfeuer verwundbar. Ich nehme an, jeder Mann in Hadley besitzt eine Waffe?«

»Natürlich.«

»Welcher Art? Muskete? Flinte? Pistole? Lunten- oder Steinschloss?«

»Sowohl als auch.«

»Die Männer sollen sie ab sofort immer tragen, auch bei der Feldarbeit. Alle anderen Waffen und die Munition sollten im Versammlungshaus aufbewahrt werden – Schwerter, Spieße, Dolche, alles, was nützlich ist. Gibt es für den Fall eines Angriffs ein vereinbartes Signal?«

»Die Sturmglocke im Versammlungshaus wird geläutet. Lasst uns beten, dass es nicht so weit kommt. Aus Boston heißt es, ein Trupp Dragoner durchsuche die Gegend. Das sollte sie fürs Erste von einem Angriff abschrecken.«

»Ausgezeichnet«, sagte Will, auch wenn er sich unwillkürlich fragte, wie Bauersleute auf Ackergäulen, einerlei wie schwer bewaffnet, sich wohl gegen die indianischen Krieger schlügen, denen er im Lager der Norwottuck begegnet war.

Den restlichen Tag verbrachte er mit Vorbereitungen. Er trug Neds Bettzeug, fast ihre gesamten Habseligkeiten und ihr Geld – er betrachtete es immer noch als ihren gemeinsamen Besitz – sowie einen Vorrat an Kerzen, einen Krug Wasser, ihre Schwerter, Pistolen, die Kugeln und das Schießpulver nach unten in den Verschlag hinter dem Kamin. Danach nahm er Neds Fernrohr, setzte sich in seiner Kammer ans Fenster und hielt Wache. Gegen Ende des Nachmittags bemerkte er eine über dem Wald aufsteigende Rauchsäule. Sie dehnte sich in den nächsten Stunden langsam aus und legte sich wie eine Gewitterwolke über die Bäume, gewaltig und unheildrohend. Einige Männer eilten unten an seinem Fenster vorbei auf den Anger, von wo sie einen besseren Blick hatten. Sie waren mit Musketen und Spießen bewaffnet. Jubel brandete auf.

An jenem Abend brachte Russell ihm das Essen mit düsterem Gesichtsausdruck. »Unsere Soldaten haben die Siedlung der Norwottuck angezündet und fünfzig Wigwams niedergebrannt.«

Will war fassungslos. »Warum nur?« Er dachte an die Frau, mit der er Handel getrieben hatte, an das Essen, das sie jedes Mal mit ihm geteilt hatte.

»Rache für Brookfield.«

»Aber wir wissen doch nicht einmal, ob sie es überhaupt waren, die Brookfield angegriffen haben.«

»Ich bezweifele auch, dass sie es waren. Aber es waren Indianer. Das reicht. Daniel Gookin hat mir geschrieben, dass man sogar die christlich getauften Indianer verhaftet und in Eisen gelegt hat. Er selbst wird beschuldigt, den Indianern zu viel Sympathie entgegengebracht zu haben, und wird seinen Sitz in der Generalversammlung verlieren. Jetzt ist es ein Krieg bis zum bitteren Ende. Noch etwas solltet Ihr wissen: Morgen kommen die Soldaten, und jedes Haus in Hadley ist verpflichtet, eine Unterkunft bereitzustellen.«

»Ich bin bereit.«

»Ich nehme an, sie werden oft auf Streifzug außer Haus sein. Ich werde Euch Essen und Trinken bringen, so oft ich kann. Aber es wird nicht sehr angenehm werden. In der Zwischenzeit versuche ich einen anderen Unterschlupf für Euch aufzutun.«

»Macht Euch keine Sorgen um mein Wohlbefinden, John. Besser als eine Zelle im Tower ist es allemal.«

Russell brachte ihm einen Vorrat an Lebensmitteln, den Will unten bei den anderen Sachen verstaute. Am nächsten Tag bezog er wieder Stellung an seinem Fenster, und gegen Mittag sah er eine Staubfahne von der Kiefernebene aufsteigen. Er schaute durch das Fernrohr und konnte wenig später berittene Soldaten ausmachen, schätzungsweise fünfzig oder sechzig an der Zahl, die im Galopp auf Hadley zuhielten. Er nahm seine Bibel, sah sich ein letztes Mal in der Kammer um und ging nach unten in sein Versteck.

Der Raum hinter dem Kamin war acht Fuß lang, aber nur halb so breit. Die Holzbretter befanden sich etwa vier Fuß über ihm, sodass er wenigstens aufrecht stehen konnte. Um Platz für die Matratze zu schaffen, hatte er die Leiter abnehmen und an die Längsseite legen müssen. Danach fühlte er sich wie in einem Grab, mit einer einzigen Kerzenflamme gegen die Dunkelheit.

Es war die letzte Woche im August und drückend heiß. Er hatte nichts zu tun, als schweißnass auf dem Bettlager zu liegen und auf die Soldaten zu lauschen. Ihrem Rumoren konnte er ebenso wenig entgehen wie Hiob seinem Peiniger oder Halluzinationen in einem Fiebertraum. Auf dem Weg zwischen den Ställen und dem Haus kamen die Soldaten durch die Stube, sie stapften die Treppe hinauf, sie verrückten in den Kammern Möbel, sie polterten über ihm durch den Flur. Einmal beklagte sich einer über die losen Bodenbretter und stieß mit dem Stiefel dagegen, wurde aber glücklicherweise von jemand gerufen – dem Befehlston nach zu urteilen einem Offizier – und entfernte sich wieder. Die Soldaten redeten und lachten, fluchten, beteten und schnarchten. Manchmal stießen sie im Schlaf Angstschreie aus.

Eine Zeit lang versuchte er, sie zu unterscheiden – der Ipswich-Mann, der Swansea-Mann, der Junge mit der schwangeren Frau. Aber es waren so viele, dass er die Übersicht verlor und es schließlich aufgab. Es war unmöglich, die Tageszeit zu bestimmen, außer wenn das Haus einige Stunden lang in Stille versank. Aber auch dann konnte er nicht schlafen. Er machte Dehnübungen, Liegestütze, ging auf und ab, auch wenn kaum Platz war, sich umzudrehen. Sonst las er bei Kerzenlicht stundenlang in der Bibel, bis ihm die Augen wehtaten. Immer wieder kehrte er zum einunddreißigsten Psalm zurück, der zu ihm sprach wie nie zuvor.

Herr, sei mir gnädig, denn mir ist angst; meine Gestalt ist verfallen vor Trauern, dazu meine Seele und mein Bauch.

Denn mein Leben hat abgenommen vor Trübnis und meine Zeit vor Seufzen; meine Kraft ist verfallen vor meiner Missetat, und meine Gebeine sind verschmachtet.

Es gehet mir so übel, dass ich bin eine große Schmach geworden meinen Nachbarn und eine Scheu meinen Verwandten; die mich sehen auf der Gasse, fliehen vor mir.

Mein ist vergessen im Herzen wie eines Toten; ich bin worden wie ein zerbrochen Gefäß.

Er war sich sicher, dass er verrückt werden würde. Er war sich sicher, dass er bereits verrückt *war*. Er versuchte sich an irgendeine menschliche Seele zu erinnern, die ein Leben wie er geführt hätte, aber es fiel ihm niemand ein. Für welche schrecklichen Sünden wurde er bestraft? Warum wurde er so geprüft?

Die Tage vergingen. Nie war das Haus leer. Nie kam Russell.

Liebet den Herrn, alle seine Heiligen! Die Gläubigen behütet der Herr und vergilt reichlich dem, der Hochmut übet.

Seid getrost und unverzagt, alle, die ihr des Herrn harret!

Er versuchte die Geißeln als Segen willkommen zu heißen und seine Prüfungen als Aussicht zu begrüßen, sich Gott zu nähern, so wie er es bei Neds Krankheit getan hatte. Aber es fiel ihm zusehends schwerer, besonders als nicht nur seine Vorräte nahezu aufgebraucht waren, sondern auch – was ihn am meisten ängstigte – die Kerzen. Der Gedanke, kein Licht mehr zu haben, war unerträglich.

Am siebten Tag schluchzte er stundenlang, die Hand vor dem Mund, um das Geräusch zu dämpfen, bis er schließlich nach einer Woche zum ersten Mal in einen totenähnlichen Schlaf fiel. Als er aufwachte, herrschte vollkommene Stille.

Er wusste nicht, wie lange er ohne Bewusstsein gewesen war, noch nicht einmal, ob es Tag oder Nacht war. Immer hatte er irgendwelche Geräusche gehört, einerlei zu welcher Stunde, und wenn es nur ein Knarzen oder ein Husten war, doch jetzt war es sterbensstill. Er lag da und lauschte.

Schließlich stand er auf. Durch die Bewegung flackerte die Flamme seines letzten Kerzenstummels auf. Sein Schatten zuckte über die Ziegelwand, dann erlosch die Flamme. Er tastete im Stockdunkeln nach seinem Schwert, steckte die beiden Pistolen ein, stopfte Schießpulver und Kugeln in die Taschen und schob das Fernrohr in die innere Rocktasche. Er stellte die Leiter auf und schob sie an der Wand entlang, bis sie gegen den Deckenbalken stieß. Er stellte einen Fuß auf die unterste Sprosse und stieg langsam hinauf. Oben angekommen, lauschte er einige Minuten lang angestrengt, dann drückte er eines der Bretter hoch. Das Licht blendete ihn so heftig, dass er den Kopf abwenden und die Augen zukneifen musste. Es dauerte einige Sekunden, bis er sie ganz öffnen konnte. Er stieg nach oben und kauerte sich dort auf den Boden. Dann stand er auf, nahm eine der Pistolen in die eine, das Schwert in die andere Hand und drückte sich an der Wand entlang zu seiner Kammer.

Sie sah aus, wie wenn sie überstürzt verlassen worden wäre. Auf dem Boden lagen Gegenstände und schmutzige Teller herum. Er verspürte eine leichte Angst. Etwas stimmte hier ganz und gar nicht. Er holte das Fernrohr hervor und suchte das offene Gelände ab – systematisch von Nord nach Süd, zunächst in der Ferne. Sein Blick blieb an einem ein paar Meilen entfernten verschmierten Fleck hängen. Etwas, was die Soldaten niedergebrannt hatten? Er stellte das Rohr schärfer. Nein, kein

Rauch. Gestalten, die sich bewegten. Er erkannte jetzt mehr. Menschen zu Fuß. Einige auf Pferden. Das Bild schwebte träge im warmen Morgendunst. Kamen die Soldaten zurück? Nein, die Leute bewegten sich nicht in militärischer Formation. Sie waren in einer breiten Linie über die Ebene zerstreut. Und die zu Fuß rannten so schnell, dass sie Staub aufwirbelten. Es sah aus wie eine brennende Lunte, die sich direkt auf Hadley zubewegte.

Er stieß die Haustür auf und durchquerte mit schnellen Schritten den Hof bis zum Tor. Keine Menschenseele, als hätte man den Ort aufgegeben.

Vorbei an leeren Häusern lief er in die Dorfmitte bis zu der Grünfläche mit dem Versammlungshaus. Auf der Schwelle blieb er stehen. Von drinnen hörte er Russells predigende Stimme. Er zögerte. Aber was spielte es jetzt noch für eine Rolle, ob er gesehen wurde. Er stieß die Tür auf und schritt durch den Mittelgang. Über zweihundert überraschte Gesichter drehten sich zu ihm um. Russell war auf der Kanzel. Will stieg die Stufen hinauf und stellte sich neben ihn an das Pult. Zum ersten Mal seit so vielen Jahren stand er wieder vor einer Kirchengemeinde, vor so vielen Menschen. Er warf die Arme in die Luft.

»Ein Angriff! Sie kommen! Holt Eure Waffen! Läutet Sturm!«

Einen Augenblick lang rührte sich niemand. Dann fingen die Leute an, leise zu raunen. Kein Wunder, wie auch anders bei bei dem Anblick, den er bot: ein fremder alter Mann, graue, zerzauste Haare, wilder Blick, das Gesicht aschfahl nach Jahren ohne richtige Sonne und einer Woche in dem Verschlag, in einem alten Mantel der cromwellschen Armee und mit einer Pistole herumfuchtelnd. Ein Verrückter.

Russell sah ihn bestürzt an. »Seid Ihr Euch da sicher?«

»Ich habe sie gesehen, sie kommen über die Ebene. Wo sind die Soldaten?«

»Nach Deerfield gezogen. Das Dorf brennt und wird hart umkämpft.«

»Um Gottes willen, John, wir müssen schnell handeln. Sie wollen auch hier angreifen.«

Russell schaute ihm in die Augen, wie um abzuschätzen, ob Will noch ganz bei Verstand sei. Dann drehte er sich zu seiner Gemeinde um. »Er spricht die Wahrheit! Läutet die Glocke! Verschließt die Tür!«

Plötzlich Bewegung. Das Kratzen der zurückgeschobenen Kirchenbänke. Das Klappern der Musketen, die darunter hervorgeholt wurden. Schreckensschreie. Stoßgebete gen Himmel. Lärmendes Glockengeläut.

Will sprang von der Kanzel und drängte sich durch die Menge zur Tür. Unterwegs begutachtete er die Fenster. Zu viele. Zu groß. In einem vollständig aus Holz erbauten Gebäude. Und Feuer war eindeutig die bevorzugte Waffe der Indianer. Sie würden sie ausräuchern. Das jedenfalls würde er machen – wie er das im Krieg zahllose Male getan hatte.

»Öffnet die Tür«, sagte er. Sie war gerade erst verriegelt worden. Er klopfte mit dem Pistolengriff dagegen. »Aufmachen!«, befahl er.

Jemand hielt ihm den Schlüssel hin.

Er trat vor das Versammlungshaus und war halbwegs darauf gefasst, dem Feind gegenüberzustehen. Aber die Grünfläche war leer. Ziemlich nah, an der Nordseite des Platzes keine fünfzig Schritt entfernt, stand ein Wohnhaus.

»Dorthin!« Er zeigte zu dem Haus. »Alle Mann mit einer Muskete, mir nach.«

Nach ein paar Schritten blieb er stehen. Niemand hatte sich gerührt.

Russell war dicht hinter ihm. »Er weiß, was er tut«, sagte er zu den Leuten. »Macht, was er sagt.«

»Holt Wasser!«, rief Will nach hinten. »Zum Feuerlöschen. Dann versperrt die Tür und bleibt drinnen.«

Er führte einen Trupp von vielleicht vierzig Musketieren – einige waren so alt, dass sie kaum folgen konnten, andere fast noch Kinder – über die Wiese zu dem Haus. »Bezieht Stellung an den Fenstern, aber nicht öffnen. Und Ruhe, kein Muckser, und Kopf runter. Es wird erst geschossen, wenn ich das Kommando gebe. Dann sucht ihr euch ein Ziel aus, legt an und schießt. Verstanden?«

»Ja«, scholl es im Chor.

Sie gehorchten jetzt, ohne Fragen zu stellen. Offensichtlich war er der Einzige, der wusste, was zu tun war. Bei Gott, er würde Soldaten aus ihnen machen.

Sie postierten sich überall in dem zweistöckigen Haus. Will ging von Fenster zu Fenster. Sechs davon zeigten nach Süden zum Versammlungshaus. Vier Mann an jedem Fenster, der Rest verteilt an die Fenster in Richtung Osten und Westen. Er selbst bezog unten an der Haustür Stellung. Gott mochte ihm verzeihen, aber seit Jahren hatte er sich nicht mehr so lebendig gefühlt. Die Frauen hatten vom Brunnen bis zum Haus eine Reihe gebildet und reichten Eimer von Hand zu Hand. Wenn sie nicht aufpassten, dann würden sie auf der freien Fläche ein leichtes Ziel abgeben. Er legte die Hände um den Mund und rief: »Es reicht!« Er machte ihnen Zeichen, sich zurückzuziehen. Die Frauen lösten die Kette auf und liefen schnell ins Versammlungshaus. Die Tür wurde geschlossen. Gerade noch rechtzeitig, denn kaum eine Minute später sah er, wie sich ein erster Angreifer auf den Platz schlich. Quer vor der nackten Brust hielt er eine Flinte.

Will ging ins Haus, schloss die Tür und lief nach oben.

Mit gespannten Pistolen stand er hinter den Männern, die am Fenster kauerten, und schaute hinaus. Dreißig Angreifer, vielleicht mehr, bewaffnet mit Musketen und Pfeil und Bogen, manche zu Pferd. Junge Männer, muskulös, halb nackt, bewegten sich auf das Versammlungshaus zu. Die Reiter beugten sich herab und sahen durch die Fenster. Zwei, die sich zu Fuß genähert hatten, machten sich an der Tür zu schaffen. Plötzlich lautes Kriegsgeheul – kein Angriffsplan, keine Strategie, keine Angst, nur Wut und Erregung. Ein paar Schüsse fielen. Splittern von Glas. Dann ein brennender Pfeil, der über die Grünfläche zielgenau durch das zerbrochene Fenster flog. Die anderen beobachteten, was passieren würde, und peitschten sich mit dem Geheule auf. Wieder flog ein glutroter Pfeil. Er blieb brennend im Holzrahmen unter dem Dach stecken.

Will zielte mit einer seiner Pistolen, obwohl das aus dieser Entfernung sinnlos war. »Feuer!«

Das Haus schien in Lärm und Rauch zu explodieren. Seine Augen brannten im Schwefeldampf, für einen Moment war er blind.

Als er wieder sehen konnte, schaute er auf ein Gemetzel – die Krieger stoben auseinander, Männer lagen auf dem Boden, reiterlose Pferde sprengten davon, ein Mann hing mit einem Fuß fest und wurde von seinem Pferd mitgeschleift. Die verbliebenen Reiter drehten ihre Pferde im Kreis, um herauszufinden, woher die Schüsse kamen. Einer feuerte mit seiner Flinte auf das Haus.

»Nachladen!«

Eine halbe Minute zum Nachladen einer Steinschlossmuskete – Zündkraut auf die Pulverpfanne, Schießpulver und Kugel in den Lauf. Dann ein neues Ziel anvisieren. Inzwischen rannten die Indianer auf das Haus zu.

»Feuer!«

Er schoss mit Neds Pistole, sah sein Ziel zu Boden stürzen und zog sein Schwert.

»Angriff!«

Er lief als Erster die Treppe hinunter. Sie strömten aus dem Haus. Im Gras überall Leichen. Einige Schwerverwundete. Die übrigen Angreifer rannten davon. Alle sehr jung. Er verfolgte einen mit einer Wunde am Bein, der wie ein verletzter Vogel hüpfte und humpelte. Er holte ihn am Rand der Grünfläche ein und hieb ihm das Schwert in den Nacken. Der Mann ging mit einem Schrei zu Boden. Er hörte die Schüsse und das Kreischen der aufrechten Männer von Hadley, die den Verwundeten den Garaus machten.

Wir mähten sie mit unseren Schwertern nieder wie der Schnitter das Getreide … Gebt Gott die Ehre, alle Ehre!

Er stand mit gespreizten Beinen über dem Indianer, packte den Griff des Schwerts mit beiden Händen, hob es in die Höhe und trieb seinem Opfer die Klinge mit aller Kraft in den sehnigen Rücken. Er zog das Schwert heraus und wischte das Blut im Gras ab. Dann ging er zurück zu Russells Haus, die Treppe hinauf und durch den Gang, stieg die Leiter hinunter, zog die Bodenbretter über die Öffnung und setzte sich in der Dunkelheit auf das Bettlager – die Knie hochgezogen, der Kopf dazwischen, die Arme um die Beine geschlungen. Trotz der Sommerhitze zitterte er vor Kälte.

Stunden später. Laute Stimmen. Ein brummender Haufen Menschen, die alle durcheinanderredeten und, den Geräuschen nach zu urteilen, in der Stube und im Hof umherliefen. Er hob den Kopf und lauschte. Er hörte Russells tiefe Stimme – beschwichtigend, versöhnlich und schließlich herrisch. Dann knallte eine Tür.

Stapfende Schritte auf der Treppe, dann über ihm. Die Bretter wurden hochgehoben. Ein Lichtstreifen. Russells Kopf.

»Will?«

Aus Russells Sicht stellte sich die Lage so dar: Zwölf Indianer waren tot, drei Engländer verwundet. Keinen der verwundeten Indianer hatte man am Leben gelassen. Die anderen waren geflohen. Das Feuer auf dem Dach des Versammlungshauses war gelöscht. Am Rand des Großen Angers wurde ein Massengrab ausgehoben.

»Sie waren alle sehr jung. Ich frage mich, ob die Stammesältesten überhaupt wussten, was sie da vorhatten. Anscheinend finden die entscheidenden Kämpfe alle im Norden statt, in der Gegend um Deerfield.«

»Dann haben wir Kinder abgeschlachtet?«

»Mörderische junge Burschen«, berichtigte Russell ihn. »Wenn sie gekonnt hätten, hätten sie uns abgeschlachtet. Ihr habt unser Dorf gerettet. Die Leute nennen Euch einen vom Himmel gesandten Engel. Sie suchen nach Euch. Sie wollen wissen, wer Ihr seid.«

Ein Engel!

»Ich musste mich zeigen, John. Ich hatte keine andere Wahl.«

»Ja, und Gott sei's gedankt, dass Ihr es getan habt. Aber Ihr versteht die Lage, oder? Ich konnte sie fürs Erste beruhigen und wegschicken, aber sie reden von nichts anderem. Sie werden wiederkommen, das ist sicher.«

»Dann muss ich gehen.«

»Ja«, sagte Russell und seufzte. »Leider, ja. Und zwar bald, bevor die Garnison aus Deerfield zurückverlegt wird. Ich habe Euch einen Unterschlupf in Hartford besorgt. Ein guter Puritaner namens Thomas Bull, um die siebzig Jahre alt, ein alter Seekapitän, der allein mit seiner Frau lebt und bereit ist, Euch aufzunehmen.«

»Gut. Ich mache mich noch heute Abend auf den Weg.«

»Nein, nein. So eilig ist es nun auch wieder nicht. Bleibt ruhig noch über das Abendessen hinaus. Ich besorge Euch für morgen einen Führer.«

»Ich brauche keinen Führer. Die Kämpfe sind alle im Norden, sagt Ihr. Hartford liegt genau in entgegengesetzter Richtung. Das schaffe ich leicht. Immer am Fluss entlang nach Süden.« Will lächelte und drückte Russells Schulter. »Seht Ihr, ich bin jetzt schon so lange im Land, dass ich mich inzwischen ganz gut auskenne. Bis morgen früh habe ich die Hälfte schon geschafft. Trotzdem wäre mir ein Pferd ganz recht.«

»Natürlich.«

»Das ich bezahlen werde.«

»Wie könnt Ihr so etwas nur vorschlagen?« Russell machte einen gekränkten Eindruck.

»Wenn ich gehe, soll alles zwischen uns geregelt sein. Ihr habt in den letzten elf Jahren so viel getan.« Er sah sich um. *Elf Jahre* ... Wenn er ehrlich war, tat es ihm nicht leid, endlich gehen zu können. »Für alles gibt es eine Zeit, John. Und meine Zeit hier ist abgelaufen.«

Seine Habseligkeiten hatte er schon gepackt. Dafür musste er sie nur aus seinem Versteck in die Scheune tragen und auf das Pferd schnallen. Um halb acht Uhr, die Sonne war hinter dem Horizont, war er bereit. In der goldenen Abenddämmerung ging er zur Rückseite des Hauses. Neds Grab war zugewachsen. Nichts kennzeichnete es. Die Vögel gaben ihr Abendkonzert. Eine Brise strich durch die Blätter der Apfelbäume, und die letzten Bienen des Sommers summten zwischen den Wildblumen. Er kniete sich hin und legte eine Hand auf den Boden. Er wusste, dass der Grabstein, der eigentlich hier stehen sollte, hier nie würde stehen können. *Hier ruhen die Gebeine von Oberst Edward Whalley – Ehegatte, Vater, Mann Gottes –, der bei Marston Moor die Linien von Prinz Ruprecht durchbrach.* In dieser Stellung blieb er eine Weile, stand dann auf und ging zurück zur Scheune.

Niemand sah ihn den Ort verlassen. Um Mitternacht war er in Springfield. In den Wäldern eine Meile dahinter rastete er ein paar Stunden und zog beim ersten Tageslicht weiter. Er hielt es für einigermaßen sicher, bei Tageslicht zu reiten – die Obrigkeit würde sich mitten im Krieg kaum um ihn kümmern. Trotzdem senkte er vorsichtshalber den Kopf, als er einer Kolonne Soldaten begegnete, die nach Norden marschierte. Sie zogen vorbei, ohne ihn eines Blickes zu würdigen. Am Nachmittag erreichte er die Anlegestelle der Fähre in Windsor. Es wimmelte von Menschen, die mit ihren Habseligkeiten auf dem Weg in den sichereren Süden waren. Fragen, die sie ihm stellten, beantwortete er nur knapp, um nicht in Gespräche hineingezogen zu werden. Nein, er habe keine Indianer gesehen. Ja, er habe davon gehört, dass Brookfield und Deerfield niedergebrannt worden seien. Nein, er sei nicht der Meinung, dass der Krieg so lange andauern müsse, bis auch der allerletzte Indianer tot sei – ihn interessiere es nicht, was die Bibel über das Christenrecht sage, Heiden abschlachten zu dürfen. Es widerspreche der christlichen Lehre. Danach ließen sie ihn in Ruhe.

In der Abenddämmerung ritt er in die Stadt Hartford, wo er nach kaum hundert Schritt von einer mit Spießen und Musketen bewaffneten Streife angehalten wurde. Es gebe eine Sperrstunde, ob er das nicht wisse? Wer er sei? Was er noch so spät auf der Straße mache? Er nannte als seinen Namen Walter Goldsmith und sagte, er suche nach der Straße zum Südanger, nach dem Haus eines Mannes namens Ward. Er hatte keine Ahnung, wer das sein solle. Er wollte nur nicht Bulls Namen erwähnen, und Russell hatte ihm gesagt, Bull wohne in dem Haus neben dem von Ward. Sie winkten ihn weiter.

Als er sein Ziel erreichte, war es dunkel. Im Fenster brannte eine Lampe. Ein Mann machte ihm die Tür auf – klein, drahtig, das Gegenteil seines Namens.

Will nahm den Hut ab. »Kapitän Bull?« Wie oft hatte er das jetzt schon gemacht? In dunkler Nacht einen Fremden begrüßt? »John Russell schickt mich.«

»Thomas Bull, Sir.« Sie gaben sich die Hand. »Gott sei Dank habt Ihr es gesund hierhergeschafft. Meine Frau, Susannah … Ich zeige Euch gleich Eure Kammer …«

Der übliche Ablauf. Eine gewundene Treppe hinauf in die Dachkammer. Ein schmales Bett. Ein Tisch. Ein Stuhl. Eine eisenbeschlagene Seemannstruhe, darauf eine Waschschüssel und ein großer Wasserkrug. Ihm fiel ein, dass er keine Möglichkeit hatte, Frances wissen zu lassen, wo er jetzt war oder was ihm zugestoßen war. Er fühlte sich so leer und einsam, dass er beinahe aufgeschluchzt hätte. Er konnte gerade noch die Hand vor den Mund halten und ein Husten vortäuschen.

»Das ist völlig ausreichend. Gott segne Euch, Kapitän Bull, dass Ihr mich aufnehmt.«

Als er allein war, ging er mit einer Kerze zu dem winzigen Fenster. Die Welt dahinter war vollkommen dunkel. Er sah nichts außer dem Spiegelbild seines Gesichts. Wässrig in dem welligen Glas, bleich wie das eines Ertrunkenen.

KAPITEL 34

Vier Jahre später, an einem Julinachmittag 1679, verließ ein Engländer sein Haus in der Pariser Rue Saint-Denis und unternahm wie immer seinen täglichen Spaziergang. Montorgueil war ein raues Viertel im Norden der Stadt, mit engen Gassen und Holzhäusern, Spielhöllen und Wahrsagerinnen, Dieben und Huren. In der linken Hand hielt er einen robusten Stock, in der rechten Rocktasche steckte eine kleine Pistole. Sogar mit sechzig machte er noch den Eindruck, als wüsste er sich in einem Kampf zu behaupten. Eine vertraute Gestalt, *l'anglais,* dem die Leute im Allgemeinen aus dem Weg gingen. Er trug einen Bart, war um die Hüften fülliger als noch in London und unter der Perücke fast kahl. Aber seine Schultern waren so breit wie eh und je, und er verströmte nach wie vor einen Hauch von Bedrohung, als wüsste er etwas über seinen Mitmenschen, was dieser lieber verheimlichen würde.

Er ging unbehelligt in der Straßenmitte und vermied so den hin und wieder aus einem der oberen Fenster geleerten Nachttopfinhalt. Wenig später erreichte er das rechte Seineufer. Es war warm, und der Fluss stank noch heftiger als sonst. Er schlenderte an dem trüben, braunen Wasser entlang und blieb gelegentlich an einer der Weidentruhen stehen, in denen die Buchhändler ihre Ware feilboten, nahm diesen oder jenen Band in die Hand und blätterte darin. Nichts sagte ihm zu. Zu viel Religion. Der Pont Neuf war vielversprechender. Entlang des

Brückengeländers wurde man von allen Arten Quacksalbern und Gaunern erwartet – Lieferanten von Holzzähnen, Glasaugen und der Spanischen Fliege für schlappe Schwänze; Falschspieler und Schwarzhändler; Gaukler und Akrobaten. Er spürte, wie eine diebische Hand über seinen Mantel strich, und schlug der Frau mit dem Stock auf die Finger.

In der Mitte der Brücke gab es einen *vendeur,* der auf die neuesten englischen Publikationen spezialisiert war. Das gefiel ihm besser. Für fünfzig Sol bekam er eine zwei Wochen alte Ausgabe des Londoner Intelligenzblatts, das den Freigabestempel des Zensors trug. Er spazierte weiter über den Pont Neuf zur Île de la Cité, doch inzwischen langweilte ihn die drängelnde Menschenmenge schon – er langweilte sich oft. Also ging er nach einer schnellen Runde um die Palastkapelle Sainte-Chapelle wieder nach Hause.

Tatsächlich hatte sich Nayler an fast jedem Tag gelangweilt, seit Hyde im Exil gestorben war. Und das war vor viereinhalb Jahren.

Der Lordkanzler war genauso gestürzt, wie er es befürchtet hatte – gefällt wie eine uralte Eiche durch eine Verknüpfung aus hohem Alter, verfaulenden Knochen, schweren Stürmen und wohlgesetzten Treffern seiner Feinde. Seine Schwäche hatte sich zum ersten Mal beim Großen Brand von London gezeigt. Nicht lange danach zerstörten die Holländer in der Themsemündung die englische Flotte, eine nationale Demütigung, für die er zu Unrecht verantwortlich gemacht wurde. In bösartigen Schmierereien auf den Mauern seines gewaltigen Hauses wurde ihm vorgeworfen, dieses sei durch Korruption finanziert worden. Sein Gang, sein Alter und seine Fettleibigkeit beeinträchtigten nicht nur seine Beweglichkeit, sie erregten auch Abscheu am Hof.

Trotzdem hätte er mit der Unterstützung des Königs überleben können, wenn er nicht seine unverhohlene Entrüstung über dessen neueste Sitte vorgebracht hätte, jeder Frau zur Begrüßung an die Brüste und zwischen die Beine zu fassen. Es hatte ein furchtbares letztes Treffen zwischen dem Lordkanzler und Seiner Majestät gegeben, das im Garten im Beisein anderer Personen stattfand, darunter Lady Castlemaine. Die sichere Anklage auf Amtsenthebung durch das Parlament und Kerkerhaft im Tower, gefolgt von Exekution mittels Enthauptung, wurden unverblümt angesprochen, wobei der König behauptete, er sei da machtlos, er könne ihn nicht retten. Exil sei seine einzige Hoffnung auf Überleben. Als er, begleitet von Nayler, aus dem Treffen getragen wurde, hatte des Königs Hauptmätresse gelacht und gesagt: »Wie soll er regieren, er kann nicht einmal gehen.«

»Ach, Madam, was Ihr nicht sagt«, erwiderte Hyde. »Denkt dran, wenn man lebt, dann wird man auch alt.«

Eine Kutsche war bestellt, die ihn an der Themse entlang nach Erith bringen sollte, wo ein Schiff auf ihn wartete. Als Nayler ins Clarendon-Haus kam, um sich zu verabschieden, hatte sein Herr so elend ausgesehen, dass Nayler in letzter Minute spontan zu ihm in die Kutsche gestiegen war. Hyde hatte ihn angesehen, genickt und dann zur Seite geschaut, als hätte er nichts anderes erwartet.

»Ich danke Euch, Mr Nayler, aber seid gewarnt – ich kann Euch nicht bezahlen.«

Sie waren nach Frankreich gesegelt und hatten sich in Montpellier niedergelassen, dann in Moulin und schließlich in Rouen. Der alte Mann war den Franzosen peinlich, sie wollten ihn nicht im Land haben. Einmal war er von einer Horde englischer Seeleute, die ausstehende Heuer einforderten, fast umgebracht worden. Nach dem anfänglichen Schock des Machtverlustes hatte er sich wie viele andere gescheiterte Politiker damit beschäftigt, mit Nayler als Sekretär seine Memoiren zu schreiben – eine ausgezeichnete Arbeit in flüssiger Prosa und mit scharfsinnigen Einsichten. Nachdem das erledigt war, verlor er im Alter von vierundsechzig Jahren die Lust am Leben. Laut seinem Arzt hatte er sich zu Tode gegessen. Der König hatte seine Bitten abgelehnt, in der Heimat sterben zu dürfen, gab aber nun gnädigerweise seine Zustimmung, die Leiche zur Beisetzung in der Westminster-Abtei überführen zu dürfen. Nayler hatte sich verpflichtet gefühlt, den massigen Leichnam nach London zu begleiten, doch in letzter Minute hatte er einmal wieder einer spontanen Eingebung nachgegeben. Nur dass er diesmal nicht in die Kutsche gestiegen, sondern wieder ausgestiegen war.

Was gab es für ihn in England noch zu tun? Nichts. Das Land widerte ihn an.

Nokes, mit dem er regelmäßig korrespondiert hatte und der inzwischen der Sekretär seines Nachfolgers als Berater des Kronrats war, berichtete ihm von der Beerdigung, die im Januar stattfand: *Um sechs Uhr abends versammelten wir uns im Old Palace Yard an dem kleinen Backsteinhaus, wo der Weg zum Oberhaus führt & von dort wurde der Sarg zur Tür der Abtei getragen, wo er vom Dekan & Kapitel von Westminster in Empfang genommen wurde und wo mein Lord Clarendon in Dunkelheit, und in Anwesenheit von nur wenigen alten Freunden, zur letzten Ruhe gebettet wurde.*

Nachdem er Hydes Papiere geordnet und an dessen Erben geschickt hatte, verschlug es Nayler von Rouen nach Paris, wo er, weil er sich nichts Besseres leisten konnte, das armselige Fachwerkhaus in der Rue Saint-Denis mietete, sich eine Mätresse nahm, sich erfolgreich im Glücksspiel mit Karten betätigte, zu viel Cognac trank, Geschmack an Laudanum fand und ganz allgemein seinem Untergang entgegentrieb, da es in seinem Leben weder Ziel noch Aufgabe mehr gab – bis zu jenem Nachmittag im Juni.

Catherine Louvois war das uneheliche Kind eines unehelichen Nachkommen einer Adelsfamilie aus dem Loiretal. Sie war immer von Männern abhängig gewesen, die im Lauf der Jahre – im Gleichschritt mit Catherines verblassender Schönheit – eine immer geringere Stellung in der Gesellschaft eingenommen hatten. Jetzt war sie vierzig, lebte mit Nayler in Montorgueil zusammen, und Gott allein wusste, wohin ihr nächster Schritt nach unten sie führen würde. Sie war außer Haus, als er zurückkam. In jenen Tagen war sie oft außer Haus. Er ging davon aus, dass sie ihn betrog. Es war ihm einerlei. Er würde sie auch betrügen, wenn ihm etwas daran gelegen hätte.

Er schenkte sich ein Glas Cognac ein und setzte sich mit dem Intelligenzblatt in einen Sessel. Er fand kaum Nachrichten, die ihn interessierten. Er bedauerte schon, sich von seinen fünfzig Sol getrennt zu haben. Eigentlich wollte er die Zeitung gerade beiseitelegen, da blieb sein Blick an einer kleinen Überschrift hängen: *Der Engel von Hadley.*

> Aus Seiner Majestät Provinz Neuengland erreicht uns die Nachricht einer höchst ungewöhnlichen Begebenheit aus dem letzten, als der Krieg von König Philipp bekannten Kampf gegen die Indianer. Im September 1675 wurde das kleine abgelegene Städtchen Hadley unweit des Flusses Connecticut während eines öffentlichen Gottesdienstes von Eingeborenen eines Stammes namens Norwottuck überrascht und in größte Konfusion gestürzt. Als sich alle schon verloren glaubten, erschien in ihrer Mitte ein ernster älterer Mann, der sich in Gebaren und Kleidung vom Rest der

Einwohner unterschied. Er ermunterte sie nicht nur, sich zu verteidigen, sondern stellte sich an ihre Spitze, scharte sie um sich, gab ihnen Anweisungen und führte sie schließlich siegreich gegen den heidnischen Feind, der schwere Verluste erlitt, wohingegen unter den Christen niemand zu Schaden kam. So plötzlich er erschienen war, so plötzlich verschwand der Retter von Hadley auch wieder und ward nie mehr gesehen. Die Einwohner blieben fassungslos zurück und wussten nicht, wie sich dieses einzigartige Phänomen erklären, außer dass es sich um Gottes Vorsehung gehandelt haben müsse und der Fremde ein vom Himmel gesandter Engel gewesen sei, der die Wilden vernichten sollte.

Nayler stellte den Cognac auf den Boden und las den Artikel ein zweites, dann ein drittes Mal.

Seit seinem Abschied aus England hatte er es geschafft, nicht mehr an die Königsmörder zu denken. Er konnte dahingehend nichts mehr ausrichten. Warum sich also quälen? Jetzt drängten sie sich wieder in seine Gedanken. Whalley wäre inzwischen achtzig Jahre alt. Nayler konnte mit einiger Sicherheit annehmen, dass er tot war. Und Goffe? Wenn ihn sein Gedächtnis nicht im Stich ließ, dann war er im gleichen Jahr geboren wie er.

Er las den Bericht über das unerhörte Ereignis ein viertes Mal.

»Bei Gott«, murmelte er. »Ich glaube, er ist es wirklich.«

Er versuchte sich einzureden, dass der Gedanke lächerlich sei. Im Jahr 1675 hatten wahrscheinlich Dutzende alter Kriegsveteranen, die unbemerkt in Neuengland lebten, im Augenblick der Krise wieder ihre Uniform angezogen und sich in den Kampf geworfen. Und genauso gäbe es eine Unzahl von Gründen, weshalb sie danach wieder verschwanden und nie mehr gesehen wurden.

Außerdem war das vor fast vier Jahren geschehen. Dieser »ernste ältere Mann« konnte inzwischen gestorben sein. Und selbst unter der Annahme, dass er noch lebte und es sich tatsächlich um Goffe handelte, hätte er sich kaum länger in Hadley aufgehalten, einem so winzigen Ort, dass Nayler noch nie davon gehört hatte. Und wenn er selbst seine Tarnung hatte auffliegen lassen, dann war er sozusagen gezwungen gewesen, danach sofort zu verschwinden. Inzwischen konnte er überall und nirgends sein.

Der Tag ging zur Neige, die Straßenlaterne unter seinem Fenster wurde entzündet, und er saß immer noch regungslos in seinem Sessel und dachte nach.

Er hörte die Haustür, und Catherine rief: *»Es-tu là, mon amour?«* Sie klang ungewöhnlich sanft und zärtlich, was üblicherweise hieß, dass sie gerade von einem Liebeshändel kam.

»Oui, ma chérie, je suis là«, sagte er müde.

Warum zögerte er noch? Als Hyde ins Exil gegangen war, hatte ihn nichts in England gehalten. Jetzt hielt ihn nichts in Frankreich.

Die Spur war warm. Die Jagd konnte wieder beginnen.

Am nächsten Morgen sagte er Catherine, dass ihn dringende Geschäfte nach London riefen, und versicherte ihr, dass er binnen zweier Monate zurückkomme. Er ließ ihr alles Geld, das er entbehren konnte, und gab ihr die Erlaubnis, falls es knapp werden sollte, einige seiner Habseligkeiten zu veräußern, zuallererst die Bücher. Sie ahnten beide, dass er nicht mehr zurückkommen würde. Der Abschied fiel liebevoller aus, als sie beide es erwartet hatten. Sie umarmten sich wie zwei Überlebende, bevor sie sich trennten. Mitte August traf er in London ein.

Er nahm sich eine Kammer über einer Schenke in der Milford Lane, in der es so derb zuging wie eh und je, aber in dieser Gasse kannte er sich wenigstens aus. Von seinem Fenster aus konnte er seine alte Wohnung im Essex-Haus sehen. Er stellte Sarahs Porträt auf den Tisch, dann legte er sich aufs Bett und vertiefte sich in die schmale Akte über Goffe, die ihn auf allen seinen Reisen begleitet hatte. Darin befand sich die Nachricht, die er seiner Frau vor seiner Abreise 1660 geschickt hatte, der Brief, den sie ihm 1662 geschrieben und den Nokes abgefangen hatte, sein Konterfei als junger Mann, das Schriftstück, das seine Richterrolle im Prozess gegen den König bezeugte (er hatte an jeder Sitzung teilgenommen), das Intelligenzblatt mit dem Artikel und verschiedene Aufzeichnungen, die Nayler im Lauf der Jahre angefertigt hatte. Als er seinen Plan ausgearbeitet hatte, packte er die Akte zusammen und machte sich auf den Weg zu Nokes.

Es fühlte sich seltsam an, die bekannte Strecke die Strand entlang zum Whitehall-Palast zu gehen, aber noch seltsamer, am Eingang des Palastes aufgehalten zu werden und erst um ein Gespräch anfragen zu müssen. Nokes kam die Stufen herunter und ging an ihm vorbei, sodass Nayler ihn zurückrufen musste. »Mr Nokes, hier bin ich.«

Nokes drehte sich um und sah ihn an. »Mr Nayler, seid Ihr das?« Er konnte seine Betroffenheit nicht verbergen. »Ich habe Euch nicht erkannt.«

»Also wirklich, ist es so schlimm? Ich bin älter, etwas korpulenter und ziemlich kahlköpfig, nur leider weder reicher noch weiser. Dürfte ich bitte etwas von Eurer Zeit in Anspruch nehmen?«

»Natürlich, Sir. Für Euch werde ich immer Zeit haben.«

Er führte ihn die Treppe hinauf und über den Korridor zu Naylers altem Arbeitszimmer. Sie trieben ein paar Minuten höflich Konversation. Nayler fragte Nokes nach seiner Frau und den Kindern, die ihn nicht im Geringsten interessierten, und erzählte ein paar Geschichten über Hyde im Exil, dann fragte Nokes ihn, wie lange er in London zu bleiben gedenke.

»Das hängt ganz von Euch ab.«

»Von mir, Sir?« Nokes lächelte unbehaglich. »Wie das?«

»Ich bin mir ziemlich sicher, dass ich den Aufenthaltsort unseres alten Freundes Oberst William Goffe herausgefunden habe.«

Bei der Erwähnung des Namens gefror Nokes Lächeln, und als Nayler die Ausgabe des Intelligenzblatts vor ihm auf den Tisch legte und die entsprechende Seite aufschlug, verschwand das Lächeln ganz.

»Was ist das?«

»Lest, Mr Nokes, und dann sagt mir, ob ich falsch mit der Annahme liege, dass unsere alte Jagdbeute sich da verraten hat.«

Er lehnte sich zurück und sah zufrieden, wie Nokes sich über den Artikel beugte. Nachdem er ihn gelesen hatte, hob er den Kopf und zuckte schwach die Achsel. »Das ist eine Möglichkeit, zugegeben.«

»Eine Möglichkeit? Ich würde sagen, dass es eher eine Gewissheit ist. Ich bin erstaunt, dass niemand in der Regierung etwas in der Sache unternommen hat.«

Nokes verzog leicht das Gesicht, als hätte er Zahnschmerzen. »Offen gesagt, Mr Nayler, wir halten nicht mehr so intensiv Ausschau nach den Königsmördern. Wir gehen davon aus, dass annähernd alle tot sind.«

»Dieser ist nicht tot.«

»Das mag so sein, aber selbst wenn er noch lebt, bezweifle ich, dass der Kronrat eine neuerliche Suche billigen wird.«

»Ich schlage nicht vor, den Kronrat damit zu behelligen. Ich will das selbst erledigen.«

»Ich weiß nicht, ob das klug ist, Sir.«

»Das ist keine Frage der Klugheit, sondern der Ehre. Vor Jahren habe ich gegenüber einer Person, die mir sehr viel bedeutete, einen Schwur abgelegt, und den habe ich vor zu halten. Ich benötige nur zwei Dinge von Euch, persönliche Gefälligkeiten, wenn Ihr so wollt.«

»Und die wären?«

»Erstens möchte ich gern die Adresse von Mrs Frances Goffe.«

»Wir haben sie schon seit Jahren nicht mehr im Auge.«

»Aber ich nehme an, dass Ihr immer noch Euer Netz von Ausspähern innerhalb der puritanischen Gemeinde pflegt.«

Nokes nickte. »Wahrscheinlich können wir sie aufspüren. Und das andere?«

»Die Dienste Eures besten Handschriftenfälschers.«

Stundenlang saß er am Tisch in seiner Kammer in der Milford Lane und feilte an dem Brief. Goffes Nachricht an seine Frau lag neben dem Brief, Sarahs Porträt lehnte am Kerzenständer. Wenn sie noch lebte, mit welchen Worten würde er seine grenzenlose Sehnsucht nach ihr ausdrücken? Aber jeder Versuch erschien ihm noch hoffnungsloser als der vorhergehende. *Allerliebste* erschien ihm für den Anfang passend, das war Goffes Anrede in seiner Nachricht gewesen. Doch alles, was er danach schrieb – *ich sehne mich danach, wieder Deine Stimme zu hören; ich träume von Deinem lieblichen Gesicht; seit unserer Trennung verzehre ich mich in jeder Stunde nach Deinen Liebkosungen* –, hörte sich aus der Feder dieses strengen Fanatikers falsch an. An die Puritaner, dachte er, war Liebe verschwendet.

Er würde Gott erwähnen, das war das Einzige, dessen er sich sicher sein konnte. Also ging er nach nebenan in die Kapelle des Exeter-Hauses und verbrachte einen ganzen Nachmittag damit, in der Bibel zu blättern und nach einem passenden Zitat zu suchen. Er war sich schmerzhaft bewusst, dass er dort saß, wo er Sarah ein letztes Mal gesehen hatte und wo Whalley und Goffe in ihrer Machtfülle und Bigotterie mit einem Trupp Soldaten ihre Weihnachtsfeier beendet hatten. Weihnachten, als wäre das ein Fest des Teufels! Und wo sie die beste Frau dem Tod ausgeliefert hatten, die je gelebt hatte. Der Hass tobte noch so zügellos in ihm wie an jenem Tag vor zwanzig Jahren, als es geschah.

Er klappte die Bibel zu. Es war hoffnungslos. Komm schon, Gott, dachte er, wenn es dich gibt, dann zeig mir, was ich schreiben soll. Er schlug die Bibel an einer beliebigen Stelle wieder auf. Und da stand es.

Der Fälscher kam zu ihm in die Kammer. Mit seinen langen, bleichen, tintenfleckigen Fingern sah er aus wie ein gelehrter Amtsschreiber. Er stellte sich als Carby vor, zog seinen Rock aus und krempelte die Ärmel auf. Dann setzte er sich an den Tisch, studierte Goffes Nachricht und bat um mehr Kerzenlicht.

»Eine interessante Handschrift«, sagte er. Er unternahm ein paar Versuche, sie nachzuahmen. »Ein intelligenter Mann, möglicherweise mangelt es ihm an Bildung, was er mit übertriebenen Feinheiten zu verbergen sucht. Was soll er sagen? Je kürzer, desto besser.«

»Es ist kurz.« Nayler gab ihm seinen Entwurf. Er war sowieso zu dem Schluss gekommen, Kürze sei am glaubwürdigsten.

Carby enthielt sich eines Kommentars zum Inhalt. Er arbeitete schnell. Nach zwei Stunden hatte er zwei Versionen angefertigt, die er nebeneinander ins Kerzenlicht hielt und eingehend betrachtete. »Das hier, glaube ich. Die Schrift sieht gelöster aus.«

»Wie Ihr wollt.«

»Und an wen soll er gehen?«

»Mrs Frances Goffe.« Nayler buchstabierte den Namen. »Und was bin ich Euch schuldig, Mr Carby?«

»Nichts, Sir. Mr Nokes hat das schon erledigt.«

Ein paar Tage später, er lag auf dem Bett und las in einer Bibel, die er gerade erst gebraucht erstanden hatte, traf ein livrierter Bote vom Kronrat ein. Er schien entsetzt darüber zu sein, dass man ihn in solch ein schäbiges Loch geschickt hatte. Nayler brach das Siegel: *Die von Euch gesuchte Person ist wohnhaft in Haus zwei am Spital Yard in Bishopsgate.* Das war alles.

»Danke«, sagte er. »Keine Antwort.«

Er machte sich sofort auf den Weg, ging an der Themse entlang zur London-Brücke und dann durch das Tor nach Norden in die City. Hier war damals der Große Brand ausgebrochen, in einer heruntergekommenen Bäckerei. Große Flächen offenen, von Unkraut überwucherten Geländes flirrten in der Nachmittagshitze. Trotzdem, er staunte, wie viel schon wieder aufgebaut war. Er ging an den Finsbury Fields – wo er den völlig sorglosen Spaziergänger Oberst Jones verhaftet hatte – und an den Holzgerüsten und Baustellen vorbei bis nach Bishopsgate. Der Spital Yard war ein winziger gepflasterter Platz nahe der Stadtmauer mit wenigen Häusern. Kinder spielten auf der Gasse. Zwei puritanisch schwarz gekleidete Männer kamen ihm entgegen und beäugten ihn misstrauisch. Das war eindeutig das Viertel, wo die Schlangen ihr Nest hatten. Er ging schnell weiter. Nummer zwei lag am anderen Ende –

ein schmales Haus mit Rissen im Mauerwerk, offensichtlich baufällig, von dem Brand noch schwarz. Er ging um die Ecke und pfiff durch die Finger, um einen der Jungen auf sich aufmerksam zu machen.

»Ein halber Schilling gehört dir, wenn du der Frau in dem Haus da vorn den Brief hier bringst. Aber nur ihr persönlich, verstanden? Wenn sie nicht zu Hause ist, bring ihn mir zurück, und wenn sie fragt, woher er ist, sag ihr, ein Herr hätte ihn dir gegeben.« Der Junge grinste über sein Glück und nahm den Brief. Als er sich umdrehte, hielt Nayler ihn am Arm fest. »Und keine falschen Spielchen, Bürschlein.« Er drückte zu, bis der Junge das Gesicht verzog. »Ich behalte dich im Auge.« Dann ließ er ihn los.

Der Junge lief zu dem Haus und klopfte an die Tür. Eine Zeit lang rührte sich nichts, und Nayler befürchtete schon das Schlimmste – dass sich das Haus als unbewohnt erwies, weil Nokes' Ausspäher nicht mehr auf dem Laufenden waren. Aber dann öffnete sich die Tür einen Spaltbreit, und das Gesicht einer Frau erschien. Aus der Entfernung konnte er unmöglich erkennen, ob es sich um Frances Goffe handelte, schließlich war es achtzehn Jahre her, dass er sie gesehen hatte. Sie sprach mit dem Jungen. Nayler wich hinter die Hausecke zurück, und als er das nächste Mal schaute, war die Tür zu. Jetzt hieß es warten.

*

Es war schon lange her, dass Frances von Will gehört hatte. Etwas musste in Boston vorgefallen sein, dass seine Freunde dort es nicht mehr wagten, seine Briefe weiterzuleiten. Ihr Onkel war inzwischen gestorben und mit ihm ihre einzige Verbindung nach Amerika. Sie war gezwungen gewesen, aus ihrer alten Bleibe auszuziehen, und wusste nicht, wie sie ihm ihre neue

Anschrift hätte zukommen lassen sollen. Aber sie erkannte die Handschrift ihres Mannes sofort.

Sie ging mit dem Brief in die winzige Stube und setzte sich erst einmal, um ihre Nerven zu beruhigen. Erst dann war sie imstande, das Siegel zu brechen.

Allerliebste, nach so vielen langen Jahren können die ersehnten Worte schließlich ausgesprochen werden, wie sie im 3. Buch Mose 25:18-19 geschrieben stehen, & wenn Du für dieses Unternehmen die Kraft hast & den Wunsch es zu wagen, wovon ich überzeugt bin, so beschwöre ich Dich, mit dieser Botschaft zu Mr Daniel Gookin in Cambridge, Massachusetts, zu reisen, der Dir jede Unterstützung zukommen lassen wird.

Das war alles. Sie musste den Brief noch einige Male lesen, bevor sie die Bedeutung begriff. Er forderte sie auf, zu ihm nach Amerika zu kommen! Sie holte die Bibel und schaute ins dritte Buch Mose.

Auf dass ihr im Lande sicher wohnen möget. Denn das Land soll euch seine Früchte geben, dass ihr zu essen genug habet und sicher darin wohnet.

Sie weinte. Sie lachte. Sie fiel auf die Knie und betete. Sie hatte alle Hoffnung schon aufgegeben, aber der Herr war gut, der Herr war voller Gnade. Er hatte sie warten lassen, bis die Zeit gekommen war – bis Onkel William tot und Frankie verheiratet war, bis Dickie in Stellung und versorgt im Haus seines Lehrherrn und die Mädchen bei ihrer verwitweten Tante Jane auf dem Land waren. Der Herr hatte sie durch Pest und Feuer begleitet, bis es nichts mehr gab, was sie davon abhalten könnte, sich mit ihrem Ehemann zu vereinigen. Halleluja! Halleluja! Gott sei's gedankt! Gott sei's gedankt in all seiner Pracht!

*

Nayler sah, wie sie das Haus verließ und in entgegengesetzter Richtung fortging. Sie lief so schnell, dass er ihr kaum folgen konnte. Ihm fiel auf, dass sie sich weder gelegentlich umschaute noch verstohlen in eine Gasse schlüpfte. In ihrer Erregung hatte sie all ihre übliche Vorsicht fahren lassen. Er konnte sein Glück kaum fassen, während er ihr den ganzen Weg durch die City bis dorthin folgte, wo an der Themse die Lastschiffe lagen. Sie ging an dem überfüllten Landungssteg entlang, blieb stehen und fragte nach dem Weg. Vor dem Kontor einer Schifffahrtsgesellschaft angelangt, dachte sie schließlich doch daran, sich einmal umzuschauen, dann ging sie hinein.

Er verweilte etwa zwanzig Schritt vom Eingang entfernt und tat, als beobachtete er das Löschen der Kohlenschiffe aus Newcastle. Wenn auch sonst nichts, so zeigte ihr Handeln zumindest, dass sie glaubte, ihr Mann sei noch am Leben. Nach einer knappen halben Stunde erschien sie wieder, blieb kurz in der Tür stehen und band ihre Haube zu. Sie sah in seine Richtung, schien ihn aber nicht zu bemerken: Lächelnd stand sie in der Sonne und nahm offensichtlich nichts wahr außer ihr eigenes Glück. Und selbst wenn sie ihn gesehen hätte, sie hätte ihn nicht wiedererkannt, davon ging er fest aus – nicht nach einer einzigen Begegnung vor so langer Zeit. Und schon gar nicht, nachdem er sich so verändert hatte, dass selbst sein einstiger Sekretär an ihm vorbeigelaufen war.

Sie trat auf den Landungssteg und schaute zurück in die Richtung, aus der sie gekommen war. Er versuchte sich ihre schlanke Figur unter dem unansehnlichen Umhang vorzustellen, während sie sich durch die Menge schlängelte. Seltsam, wie oft er an sie gedacht hatte.

Er betrat das Gebäude der Schifffahrtsgesellschaft und ging zu dem Angestellten in seinem winzigen Kabuff. Ein Schmiergeld von zehn Schilling verschaffte ihm einen Blick in die Passagierliste, wo sie sich als Frances Stephenson eingetragen hatte. Weitere fünf Pfund bescherten ihm die letzte Koje auf demselben Schiff – der *Blessing,* die von Gravesend nach Boston segelte, in drei Tagen schon, am Donnerstag, dem 21. August.

KAPITEL 35

Sie hatte kaum Zeit, sich von allen zu verabschieden – von Frankie und deren Kindern (zwei inzwischen, ein Junge und ein Mädchen), die in Clerkenwell lebten; von Dickie, der bei einem Krämer in Shoreditch in die Lehre ging und bei seinem Herrn wohnte; bei Nan und Judith, die sich um Tante Jane kümmerten, die in der Nähe der Allmende von Clapham wohnte. Sie verpflichtete alle zur Verschwiegenheit, zeigte ihnen die Nachricht ihres Vaters und eröffnete ihnen, dass sie noch vor Ende der Woche London verlassen werde. Auf die entsetzten Einwände erwiderte sie, das Schiff – die *Blessing* – sei für einen Monat das letzte nach Boston und mit einem späteren laufe sie Gefahr, in die Winterstürme über dem Nordatlantik zu geraten. Außerdem hätte sie so lange auf ein Wiedersehen mit Will gewartet, dass sie die Trennung keinen Tag länger ertragen könne.

Es war Frankie, die schon immer die Vernünftige, die Vorsichtige unter ihnen war, die am entschlossensten versuchte, sie umzustimmen.

»Das ist Wahnsinn, Mutter. Eine Frau in deinem Alter, die allein ans andere Ende der Welt fahren will.«

»Ich bin fünfundvierzig, das stimmt, aber ich bin so stark wie ein Mann. Wenn ich das nicht wäre, wie hätte ich euch alle ohne einen Vater großziehen können?«

»Aber wir werden dich nie wiedersehen.«

Sie umfasste die Hand ihrer Tochter. »Meine liebe Frankie, wenn keine Gefahr mehr besteht, wie euer Vater sagt, dann könnt ihr mir nachfolgen – ihr alle. Amerika ist für Menschen unseres Glaubens ein besseres Land als England. ›Denn das Land soll euch seine Früchte geben, dass ihr zu essen genug habet und sicher darin wohnet.‹« Sie kannte jedes Wort der Bibelstelle auswendig. Der Gedanke, nach all den Jahren des Wartens Wills Ruf nicht zu folgen, war undenkbar. »Das ist unser Gelobtes Land.«

Sie debattierten eine Stunde, bis Frankie schließlich aufgab. Sie kannte den Dickkopf ihrer Mutter nur zu gut. »Dann geh mit unsrem Segen. Offenbar bist du so fest entschlossen, dass keiner von uns dich noch umstimmen kann.«

Frances nahm ihre Enkel in den Arm, küsste sie und schaffte es nur mit Mühe, die Tränen zurückzuhalten – die Kleinen sollten sie fröhlich in Erinnerung behalten. Dann umarmte sie ihre Tochter und eilte aus dem Haus, bevor sie doch noch in Tränen ausbrach.

Sie war davon überzeugt, dass Gott sie wieder zusammenführen würde, entweder auf Erden oder im Himmel.

Am Mittwochmorgen packte sie – warme Kleidung für Neuengland, Teller, Tasse und Besteck, ein paar Kekse, etwas Käse und ihre Bibel. Sie brauchte nicht lange. An weltlichem Besitz hatte sie nicht viel. Was noch da war, konnten die Kinder haben. Keinem aus ihrer Kirchengemeinde hatte sie von ihren Plänen erzählt. An jenem Nachmittag ging sie hinunter an die Pier nahe der London-Brücke und mietete ein Boot mit Ruderer, das sie nach Gravesend brachte. Als der Abend dämmerte, war sie schon an Bord der *Blessing,* im beengten Gemeinschaftsraum unter dem Deck, dessen Planken mit der aufkommenden Flut zu knarzen begannen.

*

Nayler verbrachte die Nacht vor dem Auslaufen der *Blessing* in einer Schenke in der Nähe des Kais in Gravesend. Er wusste aus Erfahrung, wie diese Seereise verlaufen würde, und wollte so wenig Zeit wie möglich an Bord verbringen. In ein Hemd hatte er zwei Pistolen, Kugeln und Schießpulver eingewickelt. In seiner Rocktasche befand sich ein scharfes Messer in einer Lederscheide. Beim ersten Tageslicht ging er hinunter zum Hafen.

Er trug dunkle, triste Kleidung. Seine Perücke hatte er weggeworfen und sich einen jener für die Puritaner typischen schwarzen Pilgerhüte besorgt. In einer Hand trug er seine Ledertasche und eine zweite, größere Tasche, in der anderen seine gebrauchte, abgegriffene Bibel. Er zeigte dem Zahlmeister den Beglaubigungsschein, auf dem er sein übliches Pseudonym Richard Foster hatte eintragen lassen. Die größere der Taschen ließ er in den Laderaum bringen, dann zeigte man ihm den Weg zu den Hängematten. Diesmal hatte er keine eigene Kabine. Stattdessen zwängte er sich mit etwa hundert anderen Passagieren unter dem Hauptdeck in einen engen Raum, der nur fünf Fuß hoch war. Wie ein Buckliger musste er sich zwischen den dicht gedrängten Leibern hindurchzwängen – Alten und Jungen, Männern und Frauen (manche hochschwanger), Kindern jedes Alters, Müttern mit Säuglingen, Hunden. Schließlich fand er eine leere Hängematte. Aus dem Laderaum unter ihnen drang das Grunzen und Quäken von Schweinen, Ziegen und Hühnern nach oben. Er legte die Bibel, den Hut und die Ledertasche auf das Segeltuch, band alles fest und begab sich dann auf die Suche nach Frances. Wenn er sie nicht finden sollte, weil sie in letzter Minute Verdacht geschöpft oder man ihr die Reise ausgeredet hatte, dann würde er, das schwor er sich, wieder von Bord gehen. Tatsächlich graute ihn dermaßen vor dieser Tortur einer Seereise, dass er fast hoffte, sie hätte ihre Meinung geändert.

Er tastete sich durch den insgesamt etwa achtzig Fuß langen Raum, duckte sich in dem trüben Licht zwischen und unter den Hängematten hindurch, stolperte über krabbelnde Kinder, über Hunde und Gepäck und hielt Ausschau nach ihr. Er hatte seine Hängematte fast schon wieder erreicht, als er sie sah. Sie lag mit ihm zugewandten Gesicht in einer Hängematte so dicht vor ihm, dass er sie hätte berühren können. Sie war blass und sah verängstigt aus. Er schaute sofort zur Seite. Nach all der Sucherei war ihre Hängematte keine zehn Fuß von seiner entfernt.

Er zwängte sich bis zur Leiter durch und kletterte an Deck. Er lehnte sich an die Reling, lauschte dem Kreischen der Möwen und beobachtete, wie die letzten Passagiere an Bord gingen und die letzte Fracht verladen wurde. Der Steg wurde hochgeklappt, die Leinen vorn und achtern losgemacht. Das Schiff löste sich von der Kaimauer. Jetzt konnte er sich sicher sein, dass sie an Bord geblieben war.

Sein einziger Luxus – wenn man das Wort im Zusammenhang mit einer Reise über den Atlantik überhaupt in den Mund nehmen wollte – war Zeit. Wochen strenger Haft lagen vor ihm. Durch übereilte Schritte Verdacht zu erregen war nicht nötig. Er konnte seiner Beute geduldig nachstellen.

In den ersten drei Tagen hielt er Abstand. Die meiste Zeit lag er in seiner Hängematte und las im Schein einer Kerze geflissentlich in der Bibel. Am vierten Tag, als nirgendwo Land in Sicht war, schloss er sich den Sabbatgebeten der Puritaner an, die sich auf dem erhöhten Halbverdeck im Heck zusammendrängten. Sie machten etwa die Hälfte der Passagiere aus. Eine Kirchengemeinde aus Essex war mit ihrem Ältesten ausgewandert, einem Pfarrer namens Humility Fuller, der darauf bestand, der gesamten Gemeinde eine Standpauke zu halten.

Zwei Stunden lang predigte er über Sünde und Versuchung und brüllte dabei beständig gegen den Wind an. Nayler stand in den hinteren Reihen neben der Leiter, die hinunter zum Hauptdeck führte, und bemühte sich, ein aufmerksames Gesicht zu machen. Die ausufernden Gebete waren zumindest leicht zu ertragen – es war eine Erleichterung, den Kopf senken und die Augen schließen zu dürfen. Aber beim ungewohnten Absingen der Psalmen konnte er unmöglich mithalten. Er bewegte den Mund zu den Worten, so gut er konnte. Am Ende der Zusammenkunft sagte er laut und von Herzen kommend: »Amen«, blieb da stehen, wo er war, und ließ den anderen Gläubigen den Vortritt. Als Frances an ihm vorbeiging, murmelte er: »Gott sei mit Euch.« Sie sah ihn überrascht an. »Gott sei auch mit Euch, mein Freund.«

Bei der Andacht in der Wochenmitte versuchte er etwas anderes. Wieder stand er im hinteren Teil der anwesenden Gemeinde. Diesmal kletterte er nach dem Ende der Gebete schnell die Leiter zum Hauptdeck hinunter und streckte den Frauen für die letzten Sprossen hilfsbereit eine Hand entgegen. Manche wichen angesichts einer Berührung durch einen fremden Mann zurück, Frances jedoch nahm kurz seine Hand.

»Danke.« Ein Ruck fuhr ihm durch die Finger, bevor sie wieder losließ.

»Gott segne Euch, Schwester.« Er berührte die Hutkrempe. »Richard Foster.«

Sie nickte kurz und ging ohne ein weiteres Wort davon.

Eine gute puritanische Frau zu umwerben würde eindeutig keine leichte Aufgabe werden. Aber er blieb dran – Foster, der sture Fuchs – und richtete es so ein, dass er ihr in den folgenden Wochen einige Male wie zufällig über den Weg lief, wenn sie zum Luftschnappen an Deck waren. Er machte ein paar

Bemerkungen zum Wetter oder über das Meer, wo die Wellen sich bis in die Unendlichkeit erstreckten – manchmal grau, manchmal ölig schwarz, betupft mit weißen Kronen, ohne dass sie jemals die Segel eines anderen Schiffes sahen, das die Gleichförmigkeit durchbrach.

»›Und der Geist Gottes schwebte auf dem Wasser‹«, zitierte er aus der Bibel.

»Das tut er tatsächlich, Mr Foster. Es ist ein äußerst ehrfurchtgebietender Anblick.«

Diese sorgfältig geplanten, scheinbar zufälligen Begegnungen waren die Höhepunkte der Reise. Alles andere war langweilig, armselig, abstoßend.

Je länger die Fahrt dauerte, desto schlechter wurde das Essen. Gegen den Hunger knabberte er an dem Schiffszwieback herum, der jeden Morgen ausgegeben wurde – aber erst nachdem er die roten Würmer und Spinnen herausgepult hatte. Manchmal versuchte er seine fette, grünliche Fleischration in der Kochkiste zu erhitzen, die auf einem Sandbett stand. Er trank viel Bier (wie übrigens auch die Puritaner und sogar ihre Kinder, da das Süßwasser auf der *Blessing* bräunlich und wie der Zwieback voller winziger Krabbeltiere war). Er pisste und schiss in die gemeinschaftlichen Latrineneimer und schabte sich bei Bedarf die Läuse von der Haut. Bei mildem Wetter hielt er sich an Deck auf; wenn es regnete, wie an den meisten Nachmittagen, lag er in seiner Hängematte und blätterte in der Bibel. Das Ärgerlichste an seiner Puritanerrolle war, dass sie ihn davon abhielt, in die Kartenpartien einzusteigen, die die weniger religiösen Passagiere zum Zeitvertreib spielten. Mit jeder Seite der Heiligen Schrift verstärkte sich seine Abneigung gegen Gott. Was für ein Ungeheuer. Er zermalmte, bestrafte und stellte auf die Probe, er schickte seinen Sohn in den Tod und missachtete dessen Hilfeflehen.

Die ganze Zeit über behielt er Frances im Auge. Ihm fiel auf, wie gesellig sie auf ihre stille Art sein konnte. Sie lachte mit den anderen Frauen, schaute nach deren Kindern und wiegte ihre Säuglinge im Arm. Auch das erinnerte ihn an Sarah und brachte ihn auf eine Idee. Er sammelte die auf dem Schiff herumliegenden Holzabfälle, schnitzte daraus kleine Figuren und gab sie ihr als Spielzeug für die Kinder, um die sie sich kümmerte.

Allmählich sprachen sie öfter miteinander, und schließlich kam es sogar zu der einen oder anderen Unterhaltung. Eines Tages, als sie am Schandeck lehnten und die unheilvoll schwarzen Gewitterwolken betrachteten, die sich am Horizont zusammenballten, ging er ein Wagnis ein. »Darf ich Euch fragen, wohin Ihr reist?«

Das war ein Fehler. Zum ersten Mal sah sie ihn misstrauisch an. »Ich habe noch keine festen Pläne.« Sie wandte ihre Aufmerksamkeit wieder den Wolken zu, und er befürchtete schon, seine ganze sorgfältige Arbeit sei umsonst gewesen. Aber dann sagte sie, als wollte sie wiedergutmachen, dass sie so kurz angebunden gewesen war: »Darf ich fragen, was Euer Ziel ist?«

»Ein Dorf namens Hadley am Fluss Connecticut. Bestimmt habt Ihr noch nie davon gehört.«

Er achtete genau auf ihre Reaktion. Sie schüttelte den Kopf. »Ich kenne mich in Neuengland überhaupt nicht aus.« Ihre Stimme klang gleichgültig. Wenn sie nicht eine vollendete Lügnerin war, was er nicht annahm, sagte sie die Wahrheit. Aber sein Vorstoß hatte sie eindeutig verunsichert. »Gott sei mit Euch, Mr Foster«, sagte sie und ließ ihn stehen.

»Und auch mit Euch«, rief er ihr hinterher.

Sie hatte ihm immer noch nicht ihren Namen genannt. Als die Mannschaft an jenem Abend angesichts eines drohenden Sturms vorsichtshalber die Luken schloss, sah er sie mit einem älteren, ihm unbekannten Mann sprechen. Die beiden schauten zu ihm herüber. Als sie bemerkten, dass er sie sah, wandten sie schnell den Kopf ab. Offenbar sprachen sie über ihn.

Spätabends brach wie befürchtet ein Sturm über sie herein. Die Böen tosten durch die ächzende Takelage. Jeder Donnerschlag hörte sich an, als zersplitterten die Masten. Meereswasser krachte auf das Deck über ihnen und strömte in schmalen, gelegentlich von Blitzen erleuchteten Sturzbächen durch die Plankenritzen. Das Schiff stampfte so heftig, dass Nayler einmal ums Haar aus der Hängematte gefallen wäre. Die Latrineneimer kippten um. Die Kerzen erloschen. Aus der vollkommenen Dunkelheit ertönte eine Kakofonie aus panischem Kreischen und Rufen, Flehen zu Gott, weinenden Kindern, schreienden Säuglingen und kehligen Würgegeräuschen. Die kalte, feuchte Luft war erfüllt vom Gestank nach Erbrochenem, was wiederum den Brechreiz anregte. Nayler klammerte sich an die Hängematte, beugte sich zur Seite und würgte das wenige heraus, was er noch im Magen hatte.

Der Sturm dauerte die ganze Nacht an und ließ auch am nächsten Morgen nicht nach. Blassgraues Licht drang zwischen den Decksplanken hindurch und beleuchtete schwach die Verwüstung – verstreute Habseligkeiten, blutig geschlagene Köpfe, schlaff aus den Hängematten baumelnde Gliedmaßen. Die *Blessing* schwang hin und her wie ein Pendel. Gegenstände wurden von einer Seite des Rumpfs zur anderen geschleudert. Unfähig zu stehen, zu erschöpft, als dass sie rufen oder schreien könnten, klammerten sich die Leute an ihre Hängematten und Pritschen, meist schweigend, gelegentlich hörte man Schluchzen und Stöhnen und das Wehklagen eines Mannes, der immer wieder jammerte, seine Frau sei tot. Nayler lag zitternd in der Hängematte, von Salzwasser durchnässt, mit angezogenen Knien gegen die Magenkrämpfe. Es war weit schlimmer als bei seiner letzten Überfahrt. Er war jeden Augenblick darauf gefasst, dass der Kiel barst und sie alle auf dem Grund des Meeres endeten. Er fühlte sich dermaßen elend, dass er es sich beinahe wünschte.

Besessen von Träumen, warf und wälzte er sich in der Hängematte herum und überstand den Tag und die folgende Nacht. Als er am Morgen des zweiten Tages aufwachte, war es windstill. Der Regen hatte aufgehört, und das Schiff lag waagerecht im Wasser. Die Passagiere in den Hängematten nahe den Rumpfwänden öffneten die Luken und ließen frische Luft herein.

Nayler setzte die Füße auf den Boden und versuchte aufzustehen. Eine Mischung aus Salzwasser, Erbrochenem und Exkrementen hatte das Holz nass und glitschig gemacht, und er rutschte mit den glatten Stiefelsohlen aus. Fast wäre er gestürzt, konnte sich aber an den Stricken der Hängematte gerade noch festhalten. Vorsichtig bewegte er sich zwischen den Schlafenden hindurch bis zur Leiter und machte sich oben daran, die Luke zu öffnen. Sie ließ sich nur schwer bewegen. Als er es schließlich geschafft hatte, ergoss sich ein Schwall Salzwasser über ihn und durchnässte ihn erneut. Protestgeschrei von unten. Er kletterte an Deck.

Was für eine Erleichterung, der stinkenden Dunkelheit entkommen zu sein. Er atmete den kalten Salzgeschmack des Ozeans ein. Das Meer war glatt, der Himmel weich und perlgrau. Dank der Vorsehung ragten die Masten unversehrt auf. Abgesehen von einigen Seeleuten, die Trümmer wegräumten, hatte er das Deck für sich allein. Er ging nach achtern und schaute über das Schandeck. Das Schiff trieb mit gerefften Segeln in der Strömung. Es musste meilenweit vom Kurs abgekommen sein. Er hörte Schritte, drehte sich um und sah den älteren Mann, mit dem sich Frances vor dem Sturm unterhalten hatte, auf ihn zukommen.

»Gott sei's gedankt«, sagte der Mann und blieb neben ihm stehen. »Ich war mir sicher, dass wir verloren sind.«

Nayler schaute wieder aufs Meer hinaus. Er wollte mit niemand sprechen. Trotzdem fühlte er sich zu irgendeiner Art von Kommentar genötigt. »Das war der schlimmste Sturm, den ich je erlebt habe.«

»Dann habt Ihr die Fahrt also schon einmal gemacht?« Und weil Nayler nichts darauf sagte, fügte er hinzu: »Natürlich habt Ihr das, wenn Ihr aus Hadley kommt.«

Nayler umklammerte das Schandeck. Er witterte Probleme.

»Dann kennt Ihr ja den Magistrat dort«, fuhr der Mann fort. »John Russell. Und Peter Tilton, den Pfarrer.«

»Selbstverständlich.«

Der Mann stieß ein unangenehm triumphierendes Krächzen aus. »Sicherlich nicht, Mr Foster, oder wie auch immer Ihr in Wirklichkeit heißt. Würdet Ihr sie kennen, dann wüsstet Ihr, dass Mr Russell der Pfarrer und Mr Tilton der Magistrat ist.«

»Ich habe nicht behauptet, dass ich aus Hadley komme, Sir. Mein Bruder ist dort ansässig, ich ziehe zu ihm.«

»Eine weitere Lüge. Es gibt niemand in Hadley mit dem Namen Foster. Ich weiß das, weil es nämlich *mein Dorf* ist.«

Missmutig drehte sich Nayler wieder zu ihm um und betrachtete ihn eingehend. Wie groß war die Aussicht für solch einen Zufall? Tausend zu eins, mindestens. Und doch stand nun dieser dürre Alte vor ihm und drohte sein Vorhaben zunichtezumachen – ein puritanischer Störenfried mit eigentümlich verkniffenem Gesicht, in dessen Augen die Selbstgerechtigkeit leuchtete, als hätte er gerade eine Hexe zur Strecke gebracht. Eine lang unterdrückte Wut kochte in ihm.

»Ich glaube, Ihr seid ein Spitzel, den man auf uns angesetzt hat«, fuhr der Mann fort. »Entweder das oder …«

Die restlichen Worte erstickte Nayler. Er drückte die linke Hand auf den Mund des Mannes, schob ihn nach hinten gegen das Schandeck, schaute schnell, ob ihn jemand beobachtete, zückte dann mit der Rechten sein Messer, stieß es ihm mit aller Kraft unterhalb der Rippen in den Bauch, riss es hoch und drehte die Spitze der Klinge zum Herzen hin. Der Mann sperrte die Augen auf und keuchte noch einmal dumpf, dann zog Nayler das Messer heraus, schob ihm einen Arm unter die Kniekehlen, kippte ihn rückwärts über das Schandeck und warf das Messer hinterher. Das Platschen, mit dem er ins Wasser stürzte, war so laut, dass die Seeleute sich umschauten.

»Mann über Bord!«, rief Nayler und deutete aufs Meer.

Er atmete schwer, sein Kreuz schmerzte. Er blickte hinunter aufs Wasser, konnte aber nicht erkennen, ob der Mann noch lebte. Wenn sie ihn lebend herausfischten oder an der Leiche die Stichwunde entdeckten, dann wäre er geliefert.

Die Seeleute hasteten die Leiter vom Halbverdeck herunter. Inzwischen waren von unten Passagiere erschienen und drängelten sich an die Reling. Der Mann trieb mit dem Gesicht nach unten vom Schiff weg.

»Was ist passiert?«

»Hat jemand was gesehen?«

Nayler stieg aufs Schandeck, sammelte sich kurz und sprang dann. Der Schock beim Eintauchen in das kalte Wasser verschlug ihm kurz den Atem. Prustend stieß er den Kopf durch die Wasseroberfläche, schnappte nach Luft, sah sich um und schwamm dann zu dem Körper. Er drehte ihn auf den Rücken. Der Mann war mausetot. Er trieb mit dem Wellengang dahin, Augen und Mund weit offen, und starrte zum Himmel, als wäre ihm eine letzte wundersame Erscheinung gewährt worden. Nayler hörte Rufe vom Schiff. Er legte dem Mann die Hände auf die Schultern und drückte ihn unter Wasser. Einige Sekunden lang hing die Leiche noch schwebend unter seinen Händen, dann begann sie langsam zu sinken. Nach und nach verblasste das weiße Gesicht, bis es schließlich ganz verschwunden war.

Nayler kämpfte sich zu der schon gefährlich weit entfernten *Blessing* zurück. Das Gewicht seiner vollgesogenen Kleidung zog ihn nach unten. Ein Matrose rief etwas, dann warf er ihm eine Leine zu. Mit letzter Kraft erreichte Nayler das Seil und schlang es sich ums Handgelenk. Er wurde zum Schiff gezogen. Er war selbst schon fast tot. Nur noch verschwommen nahm er wahr, dass ein Matrose eine Strickleiter hinunterkletterte, ihm ein Tau um die Brust band und er nach oben über das Schandeck gezogen wurde. Endlich lag er an Deck, spuckte Salzwasser, schnappte nach Luft und blickte in die Gesichter von Passagieren, unter denen auch Frances war. Er war ein Mörder und wundersamerweise doch ein Held.

Dann wurde er bewusstlos.

*

Frances nahm ihn in ihre Obhut. Er zitterte vor Kälte. Die Seeleute trugen ihn nach unten. Sie zeigte ihnen seine Hängematte, dann zogen sie ihm die nassen Sachen aus, Mantel, Stiefel und Hosen. Ihr fiel auf, dass er ein Halsband mit einem kleinen Beutel trug. Sie eilte zu der Kochkiste und erbettelte sich von einer der Frauen eine Tasse heißer Hühnerbrühe. Sie schob die Hand unter die von Salzwasser verklebten Haare und hob seinen Kopf an, damit sie ihm die Tasse an die Lippen halten konnte. Zitternd öffneten sich die Augenlider, er trank ein paar Schlucke, sank zurück und schlief sofort wieder ein. Sie holte ihre Decke, die nicht ganz so nass war wie seine, und wickelte ihn darin ein.

Sie fühlte sich irgendwie schuldig an dem, was passiert war. Obwohl er so freundlich gewesen war, sich immer nach ihrer Gesundheit erkundigt und ihr Spielzeug für die Kinder gebracht hatte, hatte sie Abstand gehalten. Irgendetwas an ihm (Gott möge ihr verzeihen) hatte sie daran gehindert, ihm voll und ganz zu vertrauen. Wie sie alle, die aufgrund des schlechten Essens und des ständigen Durchfalls nur noch Haut und Knochen waren, hatte auch er im Lauf der Reise abgenommen. Und da hatte sie manchmal das Gefühl gehabt, dass sie ihn von irgendwoher kannte. Goodman Jones hatte die Hängematte neben ihrer gehabt. Der Witwer war nach der Beisetzung seiner Frau in England auf dem Rückweg nach Amerika gewesen. Er hatte gesehen, wie sie mit Nayler sprach, und sich bei ihr nach ihm erkundigt. Sie erzählte ihm das wenige, was sie wusste. Das war kurz vor dem Sturm gewesen. Und jetzt war Jones trotz Naylers heldenhaftem Rettungsversuch ertrunken, und sie betrachtete das irgendwie als ihre Schuld, als eine Bestrafung für ihre mangelnde christliche Nächstenliebe.

Sie trug seine Kleidung nach oben an Deck und breitete sie zum Trocknen aus. Als sie zurückkam, fiel ihr die kleine Ledertasche unter seiner Hängematte auf. Vielleicht hatte er ein zweites Hemd. Sie öffnete die Tasche, fand seine Bibel und einen Gegenstand, der in Wachstuch eingewickelt war. Es fühlte sich hart an und war sicher kein Hemd, aber sie war neugierig. Es war das Porträt einer jungen, sehr schönen und elegant gekleideten Frau mit modischer Frisur.

Die Hängematte bewegte sich. Sie legte die Miniatur schnell wieder zurück und stand auf. Er öffnete die Augen und wollte sich aufrichten.

»Langsam«, sagte sie und legte ihm die Hand auf die Stirn. »Ihr braucht Ruhe.«

»Ihr seid sehr freundlich.« Er streckte sich wieder aus. »Und ich weiß nicht einmal Euren Namen.«

»Frances«, sagte sie. »Frances Stephenson.«

*

Am Spätnachmittag war er wieder auf den Beinen und zog die getrocknete Kleidung an. Er war noch etwas unsicher in seinen Bewegungen, hatte die Prüfung aber anscheinend unbeschadet überstanden. Das Lob der anderen Passagiere nahm er achselzuckend entgegen. »Ich habe nur das getan, was jeder andere Christ auch getan hätte. Ich habe mein Leben Gott anvertraut im Wissen, dass er mich schützen wird. Mir tut nur leid, dass ich den armen Mann nicht retten konnte.« Auf die Frage des Kapitäns, wie es zu dem bedauerlichen Vorfall gekommen sei, antwortete er: Er habe gesehen, dass Goodman Jones sich gefährlich weit über das Schandeck gelehnt habe, dass er ihm einen guten Morgen gewünscht habe, weitergegangen sei und dann einen Schrei und das Platschen im Wasser gehört habe. Das schien dem Kapitän zu genügen. So etwas komme auf langen Seereisen vor. Schon in dem Sturm hätten sie eine Frau und ein Kind verloren. Im Logbuch werde er den Abgang von Goodman Jones als tödlichen Unfall verzeichnen.

Als sich später der bescheidene Held und Frances auf dem Hauptdeck die Beine vertraten und an der bewussten Stelle vorbeikamen, erzählte er ihr unter dem Siegel der Verschwiegenheit mit leiser Stimme eine andere Geschichte: Er habe gesehen, dass Jones auf das Schandeck gestiegen und nach kurzem Zögern ins Wasser gesprungen sei.

Sie sah ihn entsetzt an. »Ihr meint, er hat sich das Leben genommen?«

»Ich befürchte, so ist es gewesen.«

»Aber das ist eine Todsünde.«

»Das ist wahr.«

»Dabei hat er einen so gottesfürchtigen Eindruck gemacht.«

»Wer kann schon in das Herz eines anderen Menschen schauen? Vielleicht haben ihn irgendwelche Zweifel geplagt, und er war des Sturms wegen vorübergehend nicht ganz bei Sinnen. Verzeiht, dass ich Euch damit belaste. Aber ich habe sonst niemand, mit dem ich sprechen kann. Wollt Ihr mit mir ein Gebet für seine Seele sprechen?«

Sie knieten sich hin.

Danach war sie es, die seine Gesellschaft suchte, und nicht umgekehrt. Sie wollte mehr über ihn erfahren.

»Verzeiht mir«, sagte sie etwa eine Woche später. »Aber ich muss Euch ein Geständnis machen. Als Ihr geschlafen habt, habe ich in Eurer Tasche nach einem Hemd gesucht, und dabei ist mir die Miniatur in die Hände gefallen. Ist das Eure Frau?«

»Sie war es.« Ein Schatten der Trauer huschte über sein Gesicht. »Sie starb im Kindbett. Das Kind auch, ein Junge. Es wäre unser erstes gewesen.«

»Das tut mir sehr leid. Sie sah wie eine feine Dame aus.« Und eine Minute später sagte sie: »Und Ihr habt Euch nicht wieder verheiratet?«

»Ich habe niemand mehr gefunden, für den ich so viel empfunden habe. Ihr seht also, in England hält mich nichts mehr. Ich war vor vielen Jahren schon einmal in Amerika und habe mich entschlossen, dorthin zurückzukehren. Ich werde zu meinem Bruder nach Hadley ziehen und dort im Kreis von Menschen unseres Glaubens die verbleibenden Jahre verbringen, die Gott mir schenkt.« Er hielt inne. »Und Ihr, Mrs Stephenson? Ich nehme an, Ihr seid verheiratet.«

»Ja, seit vielen Jahren.«

Sie gab preis, was sie für vertretbar hielt, ohne eine glatte Lüge zu erzählen. Sie sagte, dass sie in Amerika niemand sonst kenne, dass ihr Mann ausgewandert sei, um ein neues Leben für sie aufzubauen, dass er sie jetzt zu sich gerufen habe, dass er aber so viel im Land umherziehe, dass sie nicht mehr genau wisse, wo sie ihn finden könne.

Sie wusste, wie idiotisch sich das alles anhörte, aber sie empfand es als Erleichterung, sich jemand anvertrauen zu können.

»Gibt es einen Bekannten von ihm, der Euch drüben helfen kann?«

»Er hat mir den Namen eines Mannes in Cambridge genannt, der immer über seinen letzten Aufenthaltsort Bescheid wisse.«

»Wer ist das, wenn Ihr mir die Frage erlaubt?«

Sie sah keinen Grund, warum sie es ihm nicht sagen sollte.

»Ich kenne Daniel Gookin«, sagte er. »Oder genauer, ich habe von ihm gehört. Ich kann Euch zu seinem Haus bringen. Mit dem Pferd ist es nur eine halbe Stunde von Boston entfernt.«

Sie legte ihm die Hand auf den Arm. »Ihr seid sehr freundlich, Mr Foster. Ich weiß nicht, was ich ohne Euch angefangen hätte.«

Der Rest der Reise verlief ruhig. Während sie sich Amerika näherten, standen sie stundenlang zusammen am Schandeck und beobachteten die verspielten Wale und Delfine, die das Schiff begleiteten. Schon bald erschienen die ersten Möwen über ihnen, und am Donnerstag, dem 30. Oktober, ging die *Blessing* nach neunundsechzig Tagen auf See in Boston morgens vor Anker.

*

Sie wusste nicht, wo sie über Nacht bleiben sollte, und so ging sie auf seine Empfehlung eines Gasthauses in Hafennähe bereitwillig ein. Er trug ihren Koffer vom geschäftigen Hafen in die enge Gasse, wo sich das Gasthaus befand. Es war noch eine einzelne Kammer frei und ein Bett im großen Schlafraum. Er bestand darauf, dass sie die Kammer nahm. Es war ein derbes Etablissement voller lautstarker Seeleute und Händler, die ihre Pfeifen rauchten und allerlei Geschäfte besprachen. Als sie an diesem Nachmittag zusammen aßen, war sie froh über seine Gesellschaft. Er schlug vor, für den nächsten Morgen zwei Pferde zu mieten. Er würde ihr gern den Weg zu Gookins Haus zeigen.

Sie protestierte. »Ihr habt schon so viel für mich getan.«

»Unsinn. Ihr könnt doch reiten, oder?«

»Ja, auch wenn das letzte Mal schon viele Jahre zurückliegt. Mein Vater war ein großer Pferdefreund, und ich bin mit den Tieren aufgewachsen. Aber es widerstrebt mir, Euch zur Last zu fallen, Mr Foster.«

»Ihr fallt mir nicht zur Last. Ich bin nicht in Eile.«

»Schön«, sagte sie. »Danke.«

Ihr war aufgefallen, dass er sie nie über ihren Mann befragte, obwohl er sicherlich neugierig war. Sie war ihm für sein Taktgefühl dankbar.

Am nächsten Morgen ritten sie nebeneinander die kurze Strecke am Fluss Charles entlang bis Cambridge. Es war Allerheiligenabend, ein herrlich klarer Tag, an dem die letzten goldbraunen Herbstblätter zu Boden fielen und schon ein Hauch von Winter in der Luft lag. Die Pferde riefen Erinnerungen an ihren Vater wach – der Geruch in den Stallungen, seine mahnende Stimme, sich aufrecht zu halten, die kräftigen Arme, die sie aus dem Sattel hoben. *Irgendwann landest du noch bei der Kavallerie …*

Vor einer Brücke hielt Mr Foster an. Er deutete über den Fluss.

»Das ist das Haus der Gookins, das erste rechts. Ich warte hier auf Euch. Lasst Euch so viel Zeit, wie Ihr braucht.«

Sie führte das Pferd am Zügel über die Brücke und stieg dann wieder auf. Das imposante Gebäude, das den Ort überragte, so viel wusste sie, war das College von Harvard. Cambridge machte einen guten Eindruck auf sie. Es unterschied sich kaum von England, nur war es hier weitläufiger und sauberer und nicht so voller Menschen. Plötzlich war sie von Optimismus erfüllt. Worauf Will mit der Bibelstelle verwiesen hatte, entsprach gänzlich der Wahrheit. In diesem Land lebte man in Sicherheit.

Sie erreichte das Tor von Gookins Grundstück, stieg vom Pferd, machte es am Zaun fest und betrat den Hof. Sie klopfte an die Tür. Eine Frau in den Fünfzigern, die eine mehlbestäubte Schürze trug, öffnete ihr und wischte sich an einem Tuch die Hände ab. Sie fuhr sich mit dem Unterarm über die Stirn und schaute die Besucherin mit zusammengekniffenen Augen an. Sie kam Frances halb blind vor.

»Ja?«

»Ich möchte zu Daniel Gookin«, sagte Frances.

»Er ist im Stall. Ich sage ihm Bescheid. Darf ich fragen, wer Ihr seid?«

»Mein Name ist Frances Stephenson.« Sie schluckte. »Möglicherweise bin ich ihm besser als Frances Goffe bekannt. Ich glaube, er kennt meinen Mann und meinen verstorbenen Vater, Oberst Whalley.«

Die Frau war so überrascht, dass sie einen Augenblick brauchte, sich zu fangen. »Wartet hier.«

Sie ging schnell über den Hof zum Stall und erschien kurz darauf mit einem großen, kräftigen Mann mit stahlgrauem Haar und Bart.

»Stimmt das?«, fragte er.

Sie legte beide Hände auf ihr Herz. »Gott ist mein Zeuge.«

Er schaute an ihr vorbei zur Straße. »Seid Ihr allein?«

»Ja. Außer einem Passagier vom Schiff, der mir den Weg gezeigt hat.«

»Weiß er, wer Ihr wirklich seid?«

»Nein.«

Er ging zum Tor und sah sich nach allen Seiten um.

»Ihr kommt lieber mit ins Haus.«

Sie setzten sich an den Küchentisch, und sie holte den Brief von Will hervor. Gookin las ihn und reichte ihn dann an seine Frau weiter. »Diese Bibelstelle …«

»›Auf dass ihr im Lande sicher wohnen möget. Denn das Land soll euch seine Früchte geben, dass ihr zu essen genug habet und sicher darin wohnet.‹« Sie lächelte. »Das ist bezeichnend für Will, dass er immer die genau passende Stelle findet.«

»Das ist wahr.« Gookin sah zu seiner Frau und dann wieder zu Frances. »Und Ihr seid Euch sicher, dass das seine Handschrift ist?«

»Ja, kein Zweifel. Hier, schaut. Das sind die anderen Briefe, die er mir geschrieben hat.« Sie zeigte ihm das wertvolle Bündel, löste die Schleife und breitete die Briefe auf dem Tisch aus.

Gookin nahm einen und verglich die Schriften. Er wiederholte das mit einigen anderen. »Ich kann keinen Unterschied erkennen.« Er wandte sich wieder an seine Frau. »Allein die Anzahl der Briefe ist Beweis genug. Ich glaube, sie sagt die Wahrheit.«

»Wie viele Kinder habt Ihr, Mrs Goffe?«, fragte Mrs Gookin.

»Fünf, jetzt noch vier. Eines ist gestorben.«

»Und wie heißen sie?«

»Frankie, Nan, Judith, Richard und Betty – sie ist die, die gestorben ist.«

»Und wie heißt Euer Onkel, der in New Haven gelebt hat? Und seine Frau?«

»William und Jane Hooke. Onkel William ist leider auch schon verschieden.«

»Das tut mir leid zu hören. Gott sei seiner Seele gnädig.«

»Wir hatten harte Jahre. Aber jetzt sind die Kinder erwachsen und haben ihren Platz gefunden. Ich hatte keinen Grund mehr, nicht sofort herzukommen. Ich habe Tausende Meilen hinter mir.« Sie begann zu weinen. »Bitte, Mr Gookin, sagt mir um Gottes willen, wo er ist.«

Gookin blies die Backen auf und fuhr sich mit der Hand durch das graue Haar. »Das ist schwierig, Mrs Goffe. Ich habe Will seit vielen Jahren nicht mehr gesehen. Von ihm gehört habe ich das letzte Mal vor zwei oder drei Jahren. Er könnte tot sein, vielleicht ist er aber auch nur wieder weitergezogen, was weiß ich. Zu der Frage, ob es hier im Lande sicher ist – davon bin ich ganz und gar nicht überzeugt.« Er sah wieder zu seiner Frau. Sie nickte. »Dass er sich unter dem Schutz eines gewissen Kapitän Bull in Hartford in der Kolonie Connecticut aufhält, ist das Letzte, was ich gehört habe.«

»Ich danke Euch.« Sie senkte erleichtert den Kopf und sammelte die Briefe wieder ein. »Ich werde Euch nicht weiter belästigen.«

Die Gookins standen an der Tür und verabschiedeten sich von ihr. Achtzehn Jahre und drei Monate waren vergangen, seit die Königsmörder hier angekommen waren. Mrs Gookin nahm Frances' Hand. »Gott sei mit Euch, Mrs Goffe. Ich hoffe, Ihr findet Will, und wenn Ihr ihn findet, grüßt ihn herzlichst von uns. Sagt ihm, es tue uns leid, dass wir nicht mehr für ihn tun konnten.«

*

Nayler wartete auf der anderen Seite der Brücke. Er saß an einen Baum gelehnt im Gras und beobachtete den vorbeiziehenden Verkehr. Er sehnte sich nach einer Pfeife Tabak, musste sich aber damit zufriedengeben, an einem langen Grashalm zu lutschen. Nach außen wirkte er ruhig, aber im Grunde machte er sich Sorgen. Es war schwierig genug gewesen, das Vertrauen von Frances zu gewinnen. Aber das hier war die Zerreißprobe. Gookin war keine einsame Frau, die begierig auf Gesellschaft war. Soweit er sich erinnerte, war Gookin das echte Oberhaupt seiner Gemeinde – erfahren, scharfsinnig und zweifellos immer noch auf der Hut bei allen die Königsmörder betreffenden Fragen. Er hatte Oberst Nicolls' Blick standgehalten, als der ihn nach der Einnahme von Neu-Amsterdam vor vierzehn Jahren befragt hatte. Es war durchaus möglich, dass er den Aufenthaltsort erst dann preisgeben würde, wenn er sich bei Goffe nach der Echtheit des Briefs erkundigt hatte. Und wenn er herausfand, dass er, Nayler, Frances Goffe zu ihm gelotst hatte – dann war alles verloren.

Er sah sie den Abhang hinunter zur Brücke gehen. Das Ganze hatte nicht lange gedauert. Ein gutes oder ein schlechtes Zeichen? Er stand auf. Ihren Gesichtsausdruck konnte er nicht erkennen. Selbst als sie die Brücke überquert hatte und darauf wartete, dass er in den Sattel stieg, war ihre Miene unlesbar. Schweigend ritten sie davon. Sie hing ihren Gedanken nach. Er brannte darauf zu erfahren, was geschehen war, hütete sich aber zu fragen.

Erst als sie wieder in Boston waren, die Pferde zurückgebracht hatten und zu Fuß zum Gasthaus gingen, brach sie schließlich ihr Schweigen.

»Habt Dank für all die Mühen, die Ihr Euch gemacht habt, Mr Foster.«

»Ich hoffe, sie haben zum Erfolg geführt …« Er ließ den Satz als offene Frage unbeendet.

Sie ging nicht darauf ein. »Was habt Ihr jetzt vor, Mr Foster?«, fragte sie.

»Ich suche mir einen Führer, der mich nach Hadley bringt.«

»Schon bald?«

»Morgen oder übermorgen. Das ist eine lange Strecke, und morgen ist der erste November. Es wird schon kälter.«

Sie schwieg wieder. Offensichtlich dachte sie über etwas nach.

»Wie weit sind Hartford und Hadley voneinander entfernt?«

»Nicht weit, glaube ich. Auf jeden Fall ist es die gleiche Richtung.« Jetzt konnte er sich nicht mehr zurückhalten. »Was ist mit Hartford? Hält sich dort Euer Mann auf?«

»Ich weiß, die Frage ist ziemlich unverschämt, und Ihr habt mir schon so viel geholfen ... Aber wäre es möglich, dass wir zusammen reiten?«

»Es wäre mir ein Vergnügen.«

Na also. Hartford.

In jener Nacht lag er im großen Schlafraum, lauschte dem Schnarchen der Männer neben ihm und dachte darüber nach, was ihm bevorstand. Er hatte eine große Zuneigung zu Frances Goffe gefasst. Die Aussicht, eine Woche lang allein mit ihr unterwegs zu sein, war angenehm. Sie würden unter den Sternen schlafen oder Unterschlupf bei freundlich gesinnten Indianern finden. Er würde ihr seine Kenntnisse über Neuengland darlegen. Und als Schlusspunkt würde er ihren Mann töten. Er fragte sich, ob es möglich sein würde, ihren Mann umzubringen, ohne dass sie von ihm als dessen Mörder erführe. Wenn ja, würde sie sich dann nicht – allein und verwitwet in diesem riesigen und fremden Land – um Unterstützung an ihren treuen und einzigen Freund Richard Foster wenden? Das war vorstellbar. Er würde sich bemühen, einen entsprechenden Plan zu schmieden.

KAPITEL 36

Am Sonntag, dem 9. November 1679, lag Will Goffe morgens wie immer in seiner Dachkammer auf dem Bett und starrte hinauf zu den Deckenbalken. Das Haus war leer. Der Kapitän und seine Frau waren zu den Sabbatgebeten ins Versammlungshaus gegangen. Er war nun einundsechzig Jahre alt und verzweifelt. Drei Briefe an Reverend Increase Mather mit der Bitte, die Verbindung zu Frances wiederherzustellen, waren ohne Antwort geblieben. Die Geschichte in Hadley, der Mythos vom Engel, der in Gestalt eines alten Soldaten auf wundersame Weise den Ort gerettet habe, hatte sich in ganz Neuengland verbreitet und all seine Unterstützer verscheucht. Sie schienen zu glauben, er habe sie durch seinen Auftritt in der Öffentlichkeit verraten. Aber was hätte er sonst tun sollen?

Die Bulls waren wirklich angenehme Menschen, aber er merkte, dass selbst sie ihres Gastes, der nie das Haus verließ, langsam überdrüssig wurden. Er lebte ein Leben ohne Freunde und ohne jeden Sinn. Er sehnte sich nach dem Tod, aber sein Körper weigerte sich störrisch, seine weltliche Existenz aufzugeben. Er hätte jede der in der Bibel geschilderten Qualen auf sich genommen. Feuer und Skorpione, Heuschrecken und Nägel – das alles hätte ihm nichts anhaben können. Nur diese endlose Einsamkeit war mehr, als er ertragen konnte.

Alles war vergebens gewesen.

Obwohl Sabbat war, hatte er seine Bibel noch nicht zur Hand genommen. Der abgegriffene Band lag vorwurfsvoll da. In der Hoffnung auf eine frische Inspiration durch Gott, die ihn aus seinem dunklen Tal führen würde, wollte er gerade die Bibel öffnen, da vernahm er von unten ein undeutliches Geräusch.

Er setzte sich auf.

Klopfte da jemand an die Haustür? Die Bulls empfingen nur höchst selten Besuch. Obendrein war es die Zeit am Sabbat, die allein dem Gebet vorbehalten war.

Er stand auf und wollte schon die Kammerluke öffnen, als er durch das heftige Klopfen hindurch eine gedämpfte, aber deutlich zu verstehende Frauenstimme hörte.

»Will? Will? Ich bin es! Frances!«

Er wankte rückwärts. Das war Wahnsinn. Eine quälende Vision. Die abschließende Folter.

Das Klopfen hielt noch eine Weile an, dann hörte es auf. Sie war gegangen.

Er stand in der Stille da und versuchte zu begreifen, was er gerade gehört hatte. Es war unmöglich. Aber wenn sie es doch war? Er stürzte aus der Dachkammer, lief die Stufen hinunter und riss den Türriegel zur Seite. Der Hof lag leer da. Er rannte hinaus auf die Straße.

Eine Frau entfernte sich vom Haus. Sie trug eine Tasche.

»Frances?«

Sie blieb stehen und drehte sich um. Sah ihn an. Ein Fremder.

»Frances?«, sagte er noch einmal.

Aber seine Stimme, der warme Klang. Das war Will, ohne Frage.

Sie lief auf ihn zu, blieb schüchtern ein paar Schritte vor ihm stehen und ließ die Tasche fallen. Sie schauten sich an. Beide versuchten sie, die fremdartige Gestalt, die vor ihnen stand, mit der aus ihren Erinnerungen in Einklang zu bringen. Dann ging er auf sie zu und schloss sie in die Arme.

»Bist du es?«, sagte er. »Bist du wirklich?« Er strich ihr über den Rücken, über die Arme, die Schultern, das weiche Fleisch, die kantigen Knochen. Mit den Handflächen umschloss er sanft ihre mageren Wangen und sah ihr in die Augen. »Bist du wirklich?«, sagte er noch einmal. »Oder ein Phantom, das mich verspotten soll? Bist du es?«

So lange Zeit ohne seine Berührung, ohne seinen Geruch. Beides war gleichzeitig so, wie sie es sich erträumt hatte, und dennoch völlig überraschend. Sie nahm seine Hände und küsste sie. »Ich bin wirklich«, sagte sie. »Gott sei's gedankt.«

Er legte einen Arm um ihre Taille. Sie existierte, es stimmte, zerbrechlich wie ein Vogel, ja, aber sie war kein Traum. Er ließ sie nicht los, nahm ihre Tasche und ging mit ihr zurück in den Hof und dann ins Haus. »Wie ist das möglich?«

Sie lachte und weinte. Sie legte ihren Arm um seinen Nacken und küsste ihn auf den Mund. »Du hast geschrieben, und ich bin gekommen. Hast du geglaubt, dass ich das ausschlage?«

In seinem rauschhaften Glücksgefühl schienen die Worte von weit her an sein Ohr zu dringen. Er begriff ihre Bedeutung zunächst nicht.

Er hielt Frances noch ein paar Augenblicke fest umarmt, bevor er sich schließlich langsam löste. »Ich habe geschrieben?« Er war verwirrt. Irgendein Geheimnis, das er noch nicht ganz verstand, lag in all diesem Wunder verborgen. »Tatsächlich?«, sagte er. »Ich habe geschrieben?« Vielleicht gab es zwei Wahrheiten: Sie war wirklich, und er war verrückt. Und dann, leicht beunruhigt: »Wie hast du mich gefunden?«

»Über Mr Gookin.«

Ein Augenblick der Erleichterung. Das ergab Sinn. »Ach ja«, sagte er. »Der gute Daniel …« Er küsste sie wieder. Aber dann kehrte der Schatten zurück. Er war in seinen Briefen immer so vorsichtig gewesen, keinerlei Namen preiszugeben. »Aber wie bist du auf ihn gekommen?«

»Das stand doch in deiner Nachricht.«

»Was für eine Nachricht? Ich habe dir nicht geschrieben. Ich hätte gar nicht gewusst, wohin.« Er trat einen Schritt zurück, sah die aufflackernde Sorge in ihren Augen, spürte die Leere in seinem Magen. »Bist du allein gekommen?«

»Nein.« Die plötzliche Anspannung in seiner Stimme jagte ihr Angst ein. »Mr Foster …«

»Mr Foster? Wer ist Mr Foster?« Ohne eine Antwort abzuwarten, schloss er die Tür und verriegelte sie. »Nach oben!«, sagte er. »Schnell!« Er schob sie vor sich her die Treppe hinauf ins Obergeschoss und dann die Stiege hoch in seine Dachkammer. »War nur der eine Mann bei dir, oder waren noch andere dabei?«

»Nur der eine. Und ein Führer.«

»Wann hast du ihn zuletzt gesehen?«

»Vor ein paar Minuten. Einer Viertelstunde vielleicht. Wir haben uns am Ortsrand getrennt. Er hat gesagt, er reitet gleich weiter nach Hadley.« Sie sah Foster vor sich, wie er ihr den Rücken zuwandte. Für eine derart lange gemeinsame Reise war der Abschied kühl ausgefallen, aber sie hatte nicht gewollt, dass er sah, wohin sie ging, und auch er schien es nicht erwarten zu können weiterzuziehen. Sie fing an zu zittern. »Will …«

»Keine Sorge.« Er öffnete seine Tasche, nahm zwei Pistolen heraus und reichte ihr eine. »Nimm die hier.« Es war eine von Neds alten Waffen, säuberlich gereinigt und wie stets geladen. »Bleib hier. Komm erst heraus, wenn ich dich rufe.« Er legte sein Schwert an. An der Luke drehte er sich noch einmal um. »Ich werde dir ewig dankbar sein, dass du gekommen bist, meine Liebste. Einerlei, was passieren wird.«

Er lief nach unten, ging schnell von Zimmer zu Zimmer, überprüfte jedes Fenster. Der Hof, der Gemüsegarten, die Obstwiese mit den zwischen den Bäumen herumpickenden Hühnern – niemand sonst zu sehen, alles wie immer. Er schob den Riegel der Haustür zurück und öffnete sie, zunächst nur einen Spaltbreit, schaute nach draußen, dann machte er sie weiter auf. Nichts. Er ging auf das Tor zu. Die Pistole hielt er ausgestreckt auf Schulterhöhe. Er drehte sich langsam im Kreis, hellwach, auf jede Bewegung vorbereitet. Er erreichte das Tor und ließ den Blick schweifen – über die Straße, die durch einen Graben von der dahinter liegenden Wiese getrennt war, zum Connecticut hinüber.

Nichts.

»Oberst Goffe.« Eine Männerstimme dicht hinter ihm, schrecklich in ihrer Gelassenheit. »Nein, nicht umdrehen. Um Eurer Frau willen, der ich nichts zuleide tun möchte, lasst die Pistole fallen.«

Er wog seine Möglichkeiten ab, befand alles für ausweglos und ließ die Pistole fallen.

»Niederknien.«

Er kniete sich auf den Boden. *O Frances, Frances …*

Er hörte den Knall und fiel nach vorn.

*

Was für ein Augenblick des Triumphs für ihn, Richard Nayler! Was für eine Vollendung nach fast zwanzig Jahren Suche, seinen Feind wehrlos vor ihm auf dem Boden knien zu sehen – wie der König, den der Mann jenes grauenhaften Wintermorgens aufs Schafott geliefert hatte. Er hätte diesen Augenblick gern ein wenig länger ausgekostet. Das war seine Absicht gewesen – ein letztes Wort der Häme, etwas Denkwürdiges, was die Geschichte abrundete. Er hatte dieses Bild schon so lange im Kopf. Aber der Schuss musste sich vorzeitig aus seiner Pistole gelöst haben. Kurz war er verblüfft, dann spürte er einen stechenden Schmerz im Nacken. Sein Mund war voller Flüssigkeit. Er konnte nicht atmen. Er schwankte, drehte sich halb um.

Frances stand in der Tür. Die Pistole in ihrer Hand zielte genau auf ihn. Hass und Liebe verflochten sich in ihm. Seine Beine gaben nach. Er versuchte etwas zu sagen, aber es kam nur Blut über seine Lippen. Für den Bruchteil einer Sekunde sah er das bleiche Gesicht von Goodman Jones vor sich, wie es unter den Wellen versank, und dann verschluckte die schwarze Tiefe auch ihn.

*

Frances ließ die Pistole ihres Vaters fallen und lief an dem Niedergestreckten vorbei zu Will. Sie befürchtete, sie könnte auch ihn getroffen haben. »Will? Will? Mein geliebter Will.« Er bewegte sich, und sie half ihm auf die Beine. »Gott sei's gedankt.« Sie schlang die Arme um ihn, spürte sein Herz schlagen. Lange standen sie eng umschlungen da und schwankten leicht im Takt seines Herzschlags. Schließlich flüsterte er ihr ins Ohr, dass sie schleunigst verschwinden müssten.

Sie schleiften die Leiche über die Straße und rollten sie in den Graben. Will stieg hinunter und deckte sie, so gut es ging, mit Laub und Zweigen zu. Wenn sie Glück hatten, würde das für ein paar Tage reichen. Er musste sich beeilen. Sie hatten nicht mehr viel Zeit bis zum Ende des Gottesdiensts.

Alles Geld, das er erübrigen konnte, legte er auf den Küchentisch. Dann packte er in der Dachkammer seine Sachen zusammen, ging in den Stall zu dem kleinen zweirädrigen Wagen, den die Bulls für ihre Besuche bei Nachbarn benutzten, schirrte das Pferd an und führte das Gespann in den Hof. Er warf ihre beider Taschen auf den Wagen, half ihr auf den Bock und öffnete das Tor.

Eine Minute später befanden sie sich auf der Straße und fuhren ins offene Land hinaus. Sie hielt sich an seiner Hüfte fest. Was auch geschah, nichts würde sie mehr trennen.

Er hatte keine Vorstellung, wohin sie fahren sollten oder was sie tun würden oder welche Gefahren vor ihnen lagen.

Aber mit ihrer Liebe und ihrer Bibel, mit der unbedingten Gewissheit, dass die Macht des Herrn und ihre Waffen sie beschützen würden, dass die unermessliche Weite Amerikas sich wie der Tisch des Herrn vor ihnen ausbreitete – wie es im ersten Brief an die Korinther, Kapitel zehn, Vers einundzwanzig geschrieben stand –, vertraute er darauf, dass sie sich eine Zukunft erschaffen würden.

NACHWORT

Edward Whalley erlitt einen Schlaganfall und dämmerte, von seinem Schwiegersohn umsorgt, jahrelang dahin, bevor er vermutlich gegen Ende 1674 im Haus der Russells starb. Das endgültige Schicksal von William Goffe ist unbekannt. Nach dem Angriff auf Hadley 1675 und seinem Umzug nach Hartford versuchte er im April 1679 weiter verzweifelt, Kontakt zu seiner Frau aufzunehmen, und im Juli des gleichen Jahres erhielt er noch einen Brief von Peter Tilton aus Hadley. Danach gibt es keinerlei Spur mehr von ihm. Möglich, dass er kurze Zeit später gestorben ist. Auch dass er das Risiko einging und nach England zurückkehrte. Oder Frances kam tatsächlich nach Amerika, und sie sind zusammen verschwunden. Wie bei vielem anderen kann ich nicht sagen, dass es sich genau wie beschrieben zutrug. Nur, dass es so gewesen sein könnte.

Es gibt zwei exzellente Bücher über die Geschichte der Jagd nach den Königsmördern: *Killers of the King* von Charles Spencer und *The King's Revenge* von Don Jordan und Michael Walsh; zudem zwei neuere Studien speziell über deren Zeit in Neuengland: *Charles I's Killers in America* von Matthew Jenkinson und *The Great Escape of Edward Whalley and William Goffe* von Christopher Pagliuco. Lange davor gab es schon *A History of Three of the Judges of King Charles I* von Ezra Stiles, erschienen 1794, aber noch sehr nützlich.

Ich hatte das Glück, eine unveröffentlichte, 1979 von Geoffrey Jaggar an der University of Southampton eingereichte Dissertation ausfindig machen zu können, »The Fortunes of the Whalley Family of Screveton, Nottinghamshire«. Seine Witwe, Mrs Margaret Jaggar, war so freundlich, mir das einzige existierende Exemplar zu leihen. Ich danke ihr für die Großzügigkeit und ihrem verstorbenen Mann für seine Forschungsarbeit.

Im Zuge meiner Recherchen habe ich viele Bücher und Artikel über den Bürgerkrieg und seine Auswirkungen zurate gezogen. Manche der Texte sind sehr alt, manche erst erschienen, während ich noch schrieb. Hier bei weitem keine vollständige Liste, sie enthält lediglich die mir nützlichsten Titel:

W. C. Abbott, *The Writings and Speeches of Oliver Cromwell*

G. E. Aylmer, *The King's Servants; The State's Servants; The Crown's Servants*

Harral Ayres, *The Great Trail of New England*

Michael Braddick, *God's Fury, England's Fire*

Francis J. Bremer, *Building a New Jerusalem: John Davenport, a Puritan in Three Worlds*

Lisa Brooks, *Our Beloved Kin, A New History of King Philip's War*

Edward Clarendon, *The Life of Edward, Earl of Clarendon*

C. H. Firth, *Memoirs of Oberst Hutchinson* (Hg.); *Ludlow's Memoirs* (Hg.); *Cromwell's Army; The Last Years of the Protectorate*

Antonia Fraser, *Cromwell, Our Chief of Men*

S. R. Gardiner, *History of the Great Civil War*

Malcolm Gaskill, *The Ruin of Witches*

Peter Gaunt, *The English Civil War, A Military History*

Ian Gentles, *The New Model Army*

Richard L. Greaves, *Deliver Us from Evil: The Radical Underground in Britain, 1660–1663*

Ronald Hutton, *The Making of Oliver Cromwell*

Sylvester Judd, *History of Hadley*
Anna Keay, *The Restless Republic*
Paul Lay, *Providence Lost, The Rise and Fall of Cromwell's Protectorate*
Margarette Lincoln, *London and the 17th Century*
Alan Marshall, *Intelligence and Espionage in the Reign of Charles II*
David Masson, *Life of John Milton*
J. G. Muddiman, *Trial of Charles I* (Hg.)
Richard Ollard, *Clarendon and His Friends*
Rebecca Rideal, *1666: Plague, War and Hellfire*
Geoffrey Robertson, *The Tyrannicide Brief*
Ruth Spalding, *The Diary of Bulstrode Whitelocke, 1605–75*
Simon Thurley, *Palaces of Revolution*
John Thurloe, *State Papers*
C. V. Wedgwood, *The King's Peace; The King's War; The Trial of Charles I*
Blair Worden, *God's Instruments; A Voyce From the Watch Tower* (Hg.)

Ich möchte denen danken, die das Manuskript gelesen und mit dazu beigetragen haben, den Roman möglich zu machen: meiner Frau Gill, der ich dieses Buch in Liebe widme; Venetia Butterfield, Helen Conford und Gail Rebuck von Penguin Random House in London; Deirdre Molina von Penguin Random House in Kanada; Noah Eaker von Harper's in New York; Jocasta Hamilton, die das Buch als Freundin und nicht als Lektorin gelesen hat; meiner amerikanischen Agentin Suzanne Gluck; meiner Agentin für die Auslandsrechte Nicki Kennedy; und meinen Filmagenten Anthony Jones und Bob Bookman.